Buch-Updates

Registrieren Sie dieses Buch auf unserer Verlagswebsite. Sie erhalten damit Buch-Updates und weitere, exklusive Informationen zum Thema.

Galileo BUCHUPDATE

Und so geht's
> Einfach www.sap-press.de aufrufen
<<< Auf das Logo **Buch-Updates** klicken
> Unten genannten **Zugangscode** eingeben

Ihr persönlicher Zugang zu den Buch-Updates

05GP16940239

Liebe Leserin, lieber Leser,

vielen Dank, dass Sie sich für ein Buch von SAP PRESS entschieden haben.

SAP PRESS ist eine gemeinschaftliche Initiative von SAP und Galileo Press. Ziel ist es, qualifiziertes SAP-Wissen Anwendern zur Verfügung zu stellen.

SAP PRESS vereint das fachliche Know-how der SAP und die verlegerische Kompetenz von Galileo Press. Die Bücher bieten Expertenwissen zu technischen wie auch zu betriebswirtschaftlichen SAP-Themen.

Jedes unserer Bücher will Sie überzeugen. Damit uns das immer wieder neu gelingt, sind wir auf Ihre Rückmeldung angewiesen. Bitte teilen Sie uns Ihre Meinung zu diesem Buch mit. Ihre kritischen und freundlichen Anregungen, Ihre Wünsche und Ideen werden uns weiterhelfen.

Wir freuen uns auf den Dialog mit Ihnen.

Ihre Wiebke Hübner
Lektorat SAP PRESS

Galileo Press
Rheinwerkallee 4
53227 Bonn

wiebke.huebner@galileo-press.de
www.sap-press.de

SAP PRESS

SAP PRESS wird herausgegeben von
Bernhard Hochlehnert, SAP AG

Rüdiger Buck-Emden
mySAP CRM
Geschäftserfolg mit dem neuen Kundenbeziehungsmanagement
2002, 312 S., geb.
ISBN 3-89842-189-9

Heinz Forsthuber
SAP-Finanzwesen für Anwender
Praktische Einführung in SAP-FI 4.6
2002, ca. 450 S., geb.
ISBN 3-89842-179-1

Eckhard Moos
Kostencontrolling mit SAP
Business Engineering mit SAP-CO
2001, 312 S., geb.
ISBN 3-89842-290-9

Helmut Bartsch, Peter Bickenbach
Supply Chain Management mit SAP APO
Supply-Chain-Modelle mit dem Advanced Planner & Optimizer 3.1
2., aktualisierte und erweiterte Auflage 2002, 456 S., geb.
ISBN 3-89842-111-2

Aktuelle Angaben zum gesamten SAP PRESS-Programm finden Sie unter
www.sap-press.de.

Jochen Scheibler

Vertrieb mit SAP

Prozesse, Funktionen, Szenarien

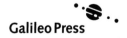

Die Deutsche Bibliothek – CIP-Einheitsaufnahme
Ein Titeldatensatz für diese Publikation
ist bei der Deutschen Bibliothek erhältlich

ISBN 3-89842-169-4

© Galileo Press, Bonn 2002
1. Auflage 2002, 3. Nachdruck 2005

Der Name Galileo Press geht auf den italienischen Mathematiker und Philosophen Galileo Galilei (1564–1642) zurück. Er gilt als Gründungsfigur der neuzeitlichen Wissenschaft und wurde berühmt als Verfechter des modernen, heliozentrischen Weltbilds. Legendär ist sein Ausspruch **Eppur se muove** (Und sie bewegt sich doch). Das Emblem von Galileo Press ist der Jupiter, umkreist von den vier Galileischen Monden. Galilei entdeckte die nach ihm benannten Monde 1610.

Lektorat Wiebke Hübner **Korrektorat** U. Hübner, Lüneburg **Einbandgestaltung** department, Köln **Herstellung** Sandra Gottmann **Satz** reemers publishing services gmbh, Krefeld **Druck und Bindung** Bercker Graphischer Betrieb, Kevelaer

Das vorliegende Werk ist in all seinen Teilen urheberrechtlich geschützt. Alle Rechte vorbehalten, insbesondere das Recht der Übersetzung, des Vortrags, der Reproduktion, der Vervielfältigung auf fotomechanischen oder anderen Wegen und der Speicherung in elektronischen Medien.

Ungeachtet der Sorgfalt, die auf die Erstellung von Text, Abbildungen und Programmen verwendet wurde, können weder Verlag noch Autor, Herausgeber oder Übersetzer für mögliche Fehler und deren Folgen eine juristische Verantwortung oder irgendeine Haftung übernehmen

Die in diesem Werk wiedergegebenen Gebrauchsnamen, Handelsnamen, Warenbezeichnungen usw. können auch ohne besondere Kennzeichnung Marken sein und als solche den gesetzlichen Bestimmungen unterliegen.

Sämtliche in diesem Werk abgedruckten Bildschirmabzüge sowie die jeweils gekennzeichneten Abbildungen unterliegen dem Urheberrecht © der SAP AG, Neurottstraße 16, D-69190 Walldorf.

SAP, das SAP-Logo, mySAP.com, mySAP, SAP R/3, SAP R/2, SAP BW, mySAPCRM, SAP B2B, SAPtronic, ABAP, ABAP/4, SAPscript, SAP Business Navigator, SAP Business Framework, AcceleratedSAP, InterSAP, SAPoffice, SAPfind, SAPfile, SAPtime, SAPmail, SAPaccess, SAP-EDI, SAP ArchiveLink, SAP Early Watch, Enjoy SAP, R/3 Retail, RIVA, SAPGUI, TeamSAP, SAP APO, SAP Business Workflow, Webflow, SAP Business Engineer, SAP Business Information Warehouse, BW Explorer, ALE/WEB, BAPI, mySAP.com e-business platform, mySAP Enterprise Portals und SAP PRESS sind Marken oder eingetragene Marken der SAP AG, Walldorf.

Für Felicitas und Lea

Inhalt

Danksagung 11

1 Einführung 13
1.1 Überblick SAP R/3 14
1.2 Organisationsstrukturen 15
1.2.1 Mandant 16
1.2.2 Buchungskreis 16
1.2.3 Werk 17
1.2.4 Lagerort 18
1.2.5 Vertriebsbereiche 18
1.2.6 Verkaufsbüros und Verkäufergruppen 20
1.2.7 Organisationseinheiten im Versand 21
1.2.8 Organisationsstrukturen im Controlling 22
1.3 Materialstamm 23
1.4 Kundenstamm 28

2 Funktionsüberblick Modul SD 33
2.1 Preisfindung 33
2.1.1 Betriebswirtschaftliche Grundlagen 33
2.1.2 Komponenten der Preisfindung 34
2.1.3 Beispiel 44

2.2 Nachrichtenfindung 49
2.2.1 Betriebswirtschaftliche Grundlagen 50
2.2.2 Komponenten der Nachrichtenfindung 51
2.2.3 Beispiel 56

2.3 Verfügbarkeitsprüfung 61
2.3.1 Betriebswirtschaftliche Grundlagen 61
2.3.2 Verfügbarkeitsprüfung in SAP R/3 62
2.3.3 Beispiel: ATP-Verfügbarkeitsprüfung 68

2.4 Versandterminierung 76
2.4.1 Überblick 77
2.4.2 Versandterminierung in SAP R/3 77
2.4.3 Beispiel für die Versandterminierung 81

2.5 Chargenfindung 84
2.5.1 Betriebswirtschaftliche Grundlagen 84
2.5.2 Chargenverwaltung in SAP R/3 85
2.5.3 Komponenten der Chargenfindung 86
2.5.4 Beispiel 89

2.6 Serialnummern 94

2.6.1   Grundlagen   94
2.6.2   Serialnummern in SAP R/3   96
2.6.3   Systembeispiel   104

2.7   Materialfindung   104
2.7.1   Grundlagen   104
2.7.2   Materialfindung in SAP R/3   105
2.7.3   Komponenten der Materialfindung   106
2.7.4   Systembeispiel Materialfindung   110
2.7.5   Systembeispiel Produktselektion   113

2.8   Materiallistung und -ausschluss   119
2.8.1   Materiallistung und -ausschluss in SAP R/3   119
2.8.2   Beispiel   121

2.9   Dynamischer Produktvorschlag   126
2.9.1   Dynamischer Produktvorschlag in SAP R/3   126
2.9.2   Systembeispiel   132

2.10   Cross-Selling   135
2.10.1   Cross-Selling in SAP R/3   135
2.10.2   Systembeispiel   136

2.11   Kreditmanagement   139
2.11.1   Betriebswirtschaftliche Grundlagen   139
2.11.2   Kreditmanagement in SAP R/3   139
2.11.3   Systembeispiel   146

2.12   Integration Controlling   151
2.12.1   Betriebswirtschaftliche Grundlagen   151
2.12.2   Funktionalität   152
2.12.3   Szenarien   154
2.12.4   Beispiel: Customizing   159

2.13   Vertriebsinformationssystem (VIS)   163
2.13.1   Betriebswirtschaftliche Grundlagen   163
2.13.2   Konzeption des Vertriebsinformationssystems   164

3   Prozessüberblick Modul SD   173

3.1   Belegstruktur   173

3.2   Belegfluss   180

3.3   Terminauftragsabwicklung   183
3.3.1   Kundenanfrage   184
3.3.2   Kundenangebot   185
3.3.3   Terminauftrag   186
3.3.4   Lieferungsbearbeitung   188
3.3.5   Fakturierung   198
3.3.6   Beispiel   202

3.4   Streckenauftragsabwicklung   215

3.4.1	Betriebswirtschaftliche Grundlagen	215
3.4.2	Streckenauftragsabwicklung in SAP R/3	217
3.4.3	Beispiel	221

3.5 Konsignationsabwicklung 227
3.5.1	Betriebswirtschaftliche Grundlagen	227
3.5.2	Konsignationsabwicklung mit SAP R/3	229
3.5.3	Beispiel	230

3.6 Leihgutabwicklung 234
3.6.1	Betriebswirtschaftliche Grundlagen	234
3.6.2	Leihgutabwicklung in SAP R/3	234
3.6.3	Fallstudie: Customizing Leihgutabwicklung und Mietgeschäft	236

3.7 Retourenabwicklung 244
3.7.1	Betriebswirtschaftliche Grundlagen	244
3.7.2	Retourenabwicklung in SAP R/3	245
3.7.3	Beispiel	251

3.8 Gut- und Lastschriften 261
3.8.1	Betriebswirtschaftliche Grundlagen	261
3.8.2	Gut- und Lastschriften in SAP R/3	261
3.8.3	Systembeispiel	265

3.9 Rahmenverträge 270
3.9.1	Betriebswirtschaftliche Grundlagen	270
3.9.2	Rahmenverträge in SAP R/3	271
3.9.3	Systembeispiel	275

3.10 Cross-Company-Geschäfte 283
3.10.1	Betriebswirtschaftliche Grundlagen	283
3.10.2	Cross-Company-Konzept in SAP R/3	285
3.10.3	Systembeispiel	297

4 Gestaltung von Wertschöpfungsketten in SAP R/3 309

4.1 Lagerverkauf mit Chargenfertigung 310
4.1.1	Produkte	310
4.1.2	Organisationsstruktur	310
4.1.3	Prozessbeschreibung	311
4.1.4	Systembeispiel	316

4.2 Vorplanung ohne Endmontage 327
4.2.1	Produkte und Märkte	327
4.2.2	Organisationsstruktur	329
4.2.3	Prozessbeschreibung	329
4.2.4	Systembeispiel	337

4.3 Kundeneinzelfertigung 359
4.3.1	Produkte und Märkte	359
4.3.2	Organisationsstrukturen	360
4.3.3	Prozessbeschreibung	360
4.3.4	Systembeispiel	369

4.4	**Weitere Szenarien** 388
4.4.1	Losfertigung 389
4.4.2	Anonyme Lagerfertigung mit Bruttoplanung 389
4.4.3	Kombination von Losfertigung und anonymer Lagerfertigung 390
4.4.4	Vorplanung mit Endmontage 391
4.4.5	Kundeneinzelfertigung mit Verrechnung gegen die Vorplanung 391
4.4.6	Variantenkonfiguration 393
4.4.7	Projektfertigung 394

5	**Prozessorientierte Einführung** 397
5.1	Prinzip Prozessorientierung 398
5.2	Prinzip Mitarbeiterorientierung 401
5.3	Projektorganisation 402

6	**Unternehmensübergreifende Geschäftsprozesse** 405
6.1	Prozessorientierung und »Collaboration« 405
6.2	Vertrieb mit mySAP.com 407
6.2.1	Beispiel 411
6.3	SAP und Web-Applikationen 412

7	**Zusammenfassung** 417

Index 419

Danksagung

Ich bedanke mich bei folgenden Mitarbeitern der PIKON International Consulting Group, ohne deren Unterstützung dieses Buch nicht zustande gekommen wäre!

Vor allem und zuerst danke ich meinem Partner Jörg Hofmann, der mir wertvolle Ideen für den grundsätzlichen Aufbau und die Ausrichtung des Buches gab. Ebenso verdanke ich ihm die weitgehende Erläuterung controllingspezifischer Zusammenhänge und wichtige Hinweise bei der Ausgestaltung der in Kapitel 4 beschriebenen Wertschöpfungsketten.

Frau Margit Gusinde und Herr Rauno Müller hatten wesentlichen Anteil an der Beschreibung der Vertriebsfunktionen. Darüber hinaus waren Herr Jürgen Neubronner und Frau Sabine Weber beteiligt.

Besonderer Dank gilt meinen Korrektoren Sabine Hofmann, Stefanie Lenz und Felicitas Scheibler für die gründliche Durchsicht der Manuskripte und die daraus resultierenden wertvollen Verbesserungsvorschläge.

Außerdem gilt mein Dank allen Mitarbeitern der PIKON und meiner Familie, die mich während des Buchprojektes unterstützt haben oder unter den Folgen zu leiden hatten.

Trotz der wertvollen Hilfe, die ich für die Erstellung des Buches erfahren habe, bin ich für die verbliebenen Fehler alleine verantwortlich.

Saarbrücken im April 2002

Jochen Scheibler

1 Einführung

Vor einigen Jahren hat die Software SAP R/3 als integriertes betriebswirtschaftliches Anwendungssystem einen Siegeszug durch die Unternehmen der ganzen Welt angetreten. Was macht den Erfolg dieser Software aus? Warum setzen so viele Unternehmen verschiedener Branchen und unterschiedlicher Größe dieses System zur Unterstützung der Prozesse im Unternehmen ein? Die Antwort ist klar und einfach: Es bietet die wichtigsten Komponenten (Vertrieb, Produktion, Materialwirtschaft, Finanzbuchhaltung und Controlling) und vor allem deren integrierte Anwendung. Außerdem können Funktionen und Prozesse über das Customizing an die unterschiedlichen Anforderungen der jeweiligen Unternehmen angepasst werden.

Ziel des Buches ist es, dem Leser ein grundlegendes Verständnis für die wesentlichen Gestaltungsmöglichkeiten der Abbildung von Geschäftsprozessen mit SAP zu vermitteln. Es geht darum, den Zusammenhang zwischen Einstellungen im Customizing und dem Ablauf von Funktionen und Prozessen in der Anwendung deutlich zu machen. Dabei wollen wir den **Vertrieb** nicht als isoliertes Modul betrachten. Vielmehr geht es um das prozessorientierte Zusammenspiel von Vertrieb, Produktion, Materialwirtschaft, Controlling und Finanzbuchhaltung zur Optimierung betrieblicher Wertschöpfungsketten.

Ziel des Buches

In **Kapitel 1** werden die Grundstrukturen der SAP-Software erläutert. Dabei stehen die Abbildung der Organisation und der Aufbau der Stammdaten im Mittelpunkt. In **Kapitel 2** wird Ihnen ein Überblick über alle wichtigen Funktionen des Moduls SD gegeben, bevor in **Kapitel 3** die Vertriebsprozesse in den Blickpubkt gerückt werden. In **Kapitel 4** zeigen wir das modulübergreifende Zusammenspiel in unterschiedlichen Szenarien der Massenfertigung und der Kundeneinzelfertigung. In den **Kapiteln 2, 3** und **4** werden die theoretischen Ausführungen dabei jeweils durch umfassende Systembeispiele ergänzt. **Kapitel 5** stellt die wichtigsten Prinzipien vor, die bei der Einführung von SAP-Systemen zu beachten sind, und **Kapitel 6** gibt einen Ausblick in die Zukunft. Dabei geht es vor allem um die Entwicklung unternehmensübergreifender Geschäftsprozesse. **Kapitel 7** schließt das Buch mit einer kurzen Zusammenfassung ab.

Systematik

1.1 Überblick SAP R/3

Der Aufbau des SAP R/3 Systems gliedert sich in unterschiedliche Module. Diese repräsentieren die verschiedenen Funktionen und Prozesse der betriebswirtschaftlichen Standardsoftware. Wenn, wie eingangs formuliert, der Nutzen der Software SAP R/3 besonders in der Integration dieser Komponenten liegt und das Buch aus diesem Grund einen prozessorientierten und modulübergreifenden Ansatz verfolgt, so ist es sinnvoll, sich zunächst einen Überblick über die einzelnen Module zu verschaffen. Dabei wollen wir uns auf die wichtigsten Module beschränken. Mit diesen werden die wesentlichen Unternehmensprozesse abgebildet. Auf Sonder- und Zusatzkomponenten, die in bestimmten Branchen oder für spezifische Funktionen eingesetzt werden, werden wir hingegen nicht eingehen.

Logistikmodule

Beginnen wir mit den Logistikmodulen. Im *Vertrieb* (SD, Sales and Distribution) wird der Verkauf (Angebote, Aufträge, Rahmenverträge), der Versand (Kommissionierung, Auslieferung) sowie die Fakturierung der gelieferten Produkte vorgenommen. Zur *Materialwirtschaft* (MM, Materials Management) gehören vor allem die Bestandsführung, der Einkauf, die Bestandsbewertung und die Rechnungsprüfung. Die Produktion wird über die *Produktionsplanung* (PP, Production Planning) unterstützt. Dazu gehören die Absatz- und Produktionsgrobplanung, die Programmplanung, die Bedarfsplanung (Disposition), die Fertigungssteuerung und die Kapazitätsplanung. Das Modul PM (Plant Maintenance) dient der Instandhaltungs- und Wartungsplanung von eigenen Anlagen. Dagegen wird das Modul CS (Customer Service) für die Planung und Durchführung der Instandhaltung von Kundenanlagen benötigt. Zum *Qualitätsmanagement* (QM, Quality Management) gehört die Planung und Durchführung von Maßnahmen zur Qualitätssicherung (z. B. Qualitätsmeldungen, Qualitätsprüfungen, Erstellung von Qualitätszeugnissen).

Modul HR

Das Modul HR (Human Resources) dient dem Thema Personalmanagement (Personalabrechnung, Personalplanung, Personalentwicklung, Organisationsmanagement, Veranstaltungsmanagement).

»Kaufmännische« Module

Zu den »kaufmännischen« Modulen gehören die *Finanzbuchhaltung*, das *Controlling* und die *Anlagenbuchhaltung*. Das Modul FI (Financial Accounting) deckt die Bereiche Hauptbuchhaltung, Debitorenbuchhaltung, Kreditorenbuchhaltung, Kreditmanagement, Konsolidierung und Bankbuchhaltung ab. Über das Modul CO (Controlling) wird die gesamte Kostenrechnung (Kostenarten, Kostenstellen, Kostenträgerstückrechnung, Betriebsergebnis) abgebildet. Die *Anlagenbuchhaltung* (AA, Asset Accounting) dient der kaufmännischen Verwaltung betrieblicher Anlagen (z. B.

Anlagenspiegel, Abschreibungen). Das Modul PS (Project Management) wird für die kaufmännische und technische Strukturierung komplexer Projekte genutzt.

Im Verlaufe des Buches (vor allem in Kapitel 4) werden wir sehen, wie diese Anwendungskomponenten modulübergreifend zur Abbildung der gesamten betrieblichen Wertschöpfungskette eingesetzt werden.

Wie bereits erwähnt, setzen viele unterschiedliche Unternehmen SAP-Software ein. Über das Customizing werden die Funktionen und Prozesse an die jeweiligen Anforderungen angepasst. Es handelt sich dabei um einen separaten Bereich, in dem vielfältige Einstellungen vorgenommen werden können, die den Ablauf der Anwendung steuern. Auch das Customizing ist in die unterschiedlichen Module gegliedert (d.h. zu jedem Modul gibt es einen eigenen Bereich im Customizing). Allerdings gibt es auch Einstellungen, die Auswirkungen in mehreren Modulen haben. In der Standardauslieferung werden viele wichtige Customizing-Einstellungen bereits zur Verfügung gestellt. Diese können im Zuge eines Einführungsprojektes erweitert und ergänzt werden. In der Regel erfolgen die Einstellungen im Customizing durch IT-Mitarbeiter und -Berater. Allerdings sollten auch so genannte »Power-User« in den Fachabteilungen über die grundsätzlichen Einstellungsmöglichkeiten Bescheid wissen. Schließlich sollte das Customizing so durchgeführt werden, dass die Anforderungen der Anwender erfüllt werden. In den weiteren Kapiteln werden wir viele Customizing-Einstellungen und deren Auswirkungen in der Anwendung kennen lernen.

Customizing

1.2 Organisationsstrukturen

Mit Hilfe von *Organisationseinheiten* wird die Aufbauorganisation des Unternehmens im SAP-System abgebildet. Die Einrichtung dieser Strukturen ist von großer Bedeutung, da hier der Rahmen für den Ablauf der Prozesse und die Gestaltung des Rechnungswesens definiert wird. Schon an dieser Stelle wird die Bedeutung der Integration deutlich, ein Aspekt, der sich wie ein roter Faden durch unser Buch ziehen wird.

Im Folgenden werden die wesentlichen Elemente zur Abbildung der Unternehmensstruktur beschrieben. Dabei werden neben den Vertriebsstrukturen auch die wichtigsten übergreifenden Organisationseinheiten der Finanzbuchhaltung, des Controllings, der Materialwirtschaft und der Produktion erklärt. Die entsprechenden Zuordnungen und Verknüpfungen der Organisationseinheiten im System zeigen die weitreichende

Integration im System SAP R/3 ein erstes Mal auf. Dies wird an verschiedenen Stellen des Buches immer wieder deutlich und aus unterschiedlichen Perspektiven beleuchtet werden.

1.2.1 Mandant

Ein Mandant ist ein eigener abgegrenzter Bereich in einem SAP-System Innerhalb eines Mandanten werden die weiteren Organisationsstrukturen sowie die Stamm- und Bewegungsdaten angelegt und verwaltet. Er kann in etwa als Konzern verstanden werden, innerhalb dessen mehrere rechtlich selbstständige Unternehmenseinheiten existieren. Jedes System kann aus mehreren Mandanten bestehen. Der Benutzer meldet sich in SAP mit seiner Benutzerkennung in einem bestimmten Mandanten an.

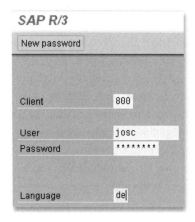

Abbildung 1.1 Anmeldebildschirm in SAP R/3

Abbildung 1.1 zeigt uns den Bildschirm beim Login. Der Benutzer meldet sich mit der Kennung JOSC im Mandanten (hier wird das Wort »Client« verwendet) 800 in der Sprache DE (Deutsch) an. Wir haben es bei einem Mandanten also mit einem eigenen Systembereich zu tun. Die meisten Daten im SAP-System sind mandantenabhängig. Auch die überwiegende Zahl der Customizing-Einstellungen sind mandantenabhängig.

1.2.2 Buchungskreis

Innerhalb eines Mandanten können mehrere *Buchungskreise* angelegt werden. Ein Buchungskreis repräsentiert eine selbstständig bilanzierende Einheit, z. B. eine Firma innerhalb eines Konzerns. Auf der Buchungskreisebene werden die vom Gesetzgeber geforderten Jahresabschlüsse erstellt. Das heißt, es werden alle buchungspflichtigen Ereignisse erfasst.

Für jede rechtlich selbstständige Einheit (Einzelunternehmen, Personengesellschaft, Kapitalgesellschaft) ist ein Buchungskreis anzulegen.

Damit können über Buchungskreise die Tochtergesellschaften eines Konzerns abgebildet werden. Innerhalb eines Mandanten kann über die Komponente *Konsolidierung* ein Konzernabschluss erstellt werden. Buchungskreise werden im Customizing eines Mandanten eingerichtet.

1.2.3 Werk

Über *Werke* werden in SAP Produktionsstandorte des Unternehmens abgebildet. Auf der Ebene eines Werks erfolgt unter anderem:

- Die Bestandsführung
- Die Bewertung und die Inventur der Bestände
- Die Programm- und Produktionsplanung
- Die Produktionssteuerung
- Die Bedarfsplanung (Disposition)

Ein Werk ist immer genau einem Buchungskreis zugeordnet. Einem Buchungskreis können mehrere Werke zugeordnet werden (siehe Abbildung 1.2).

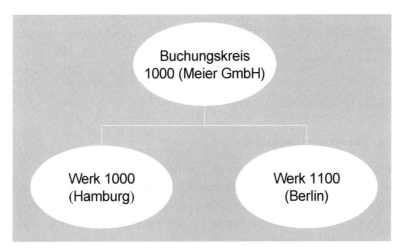

Abbildung 1.2 Zuordnung Buchungskreis und Werk

1.2.4 Lagerort

Wie zuvor erwähnt, erfolgt die Bestandsführung in SAP R/3 auf der Werksebene. Eine weitere Differenzierung der Materialbestände kann über *Lagerorte* vorgenommen werden. Eine Zusammenfassung mehrerer räumlich nahe zusammenliegender Orte mit Materialbestand innerhalb eines Werks bildet somit einen Lagerort ab. Die Bestände werden dann unterhalb des Werks auf der Ebene des Lagerorts geführt.

Zu einem Werk können mehrere Lagerorte angelegt werden (siehe Abbildung 1.3). Dabei ist die Nummer des Lagerortes nur innerhalb eines Werks eindeutig; d.h., der Lagerort 0001 kann sowohl in Werk 1000 als auch in Werk 2000 vorkommen.

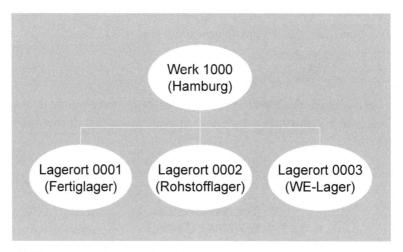

Abbildung 1.3 Zuordnung Werk und Lagerort

1.2.5 Vertriebsbereiche

Die zentrale Organisationseinheit im Vertrieb ist der *Vertriebsbereich*. Ein Vertriebsbereich ist dabei keine eigene Organisationseinheit, sondern stellt eine Kombination aus den Einheiten *Verkaufsorganisation*, *Vertriebsweg* und *Sparte* dar. Im Customizing werden diese Einheiten (Verkaufsorganisation, Vertriebsweg, Sparte) definiert. Über die Zuordnung entsteht dann der Vertriebsbereich.

Vertriebsbelege (Angebote, Aufträge) werden immer innerhalb eines Vertriebsbereiches erfasst. Auch die Stammsätze für Debitoren und die Konditionen der Preisfindung (Preise, Rabatte Zuschläge) werden für einen Vertriebsbereich gepflegt. Vertriebsstatistiken werden in der Praxis häufig auf Vertriebsbereichsebene fortgeschrieben und ausgewertet. In der Ergebnisrechnung im Modul CO-PA können Ergebnisse differenziert nach Vertriebsbereichen dargestellt werden.

Die Aufbauorganisation der Vertriebsabteilung kann im System über einzelne *Verkaufsorganisationen* abgebildet werden. Denkbar wäre z. B. eine regionale Untergliederung innerhalb eines Landes. In der Praxis wird häufig auch die Untergliederung in Inlands- und Exportvertrieb über die Verkaufsorganisationen vorgenommen. Jede Verkaufsorganisation ist genau einem Buchungskreis zugeordnet. Einem Buchungskreis können mehrere Verkaufsorganisationen zugeordnet werden.

Verkaufs-
organisation

Über *Vertriebswege* werden die Absatzkanäle des Unternehmens abgebildet. Der Vertriebsweg ist der Weg, auf dem Waren bzw. verkaufsfähige Materialien oder Dienstleistungen zum Kunden gelangen. Um eine möglichst reibungslose Bedienung des Marktes zu gewährleisten, arbeitet der Vertrieb auf verschiedenen Vertriebswegen. Großhandel, Einzelhandel, Industriekunden oder Direktverkauf ab Werk sind typische Vertriebswege. Ein Kunde kann innerhalb einer Verkaufsorganisation über mehrere Vertriebswege beliefert werden. Vertriebsrelevante Materialstammdaten, wie z. B. Preise oder Auslieferwerk, können sich je nach Verkaufsorganisation und Vertriebsweg unterscheiden. Ein Vertriebsweg kann einer oder mehreren Verkaufsorganisationen zugeordnet werden.

Vertriebsweg

Eine *Sparte* stellt eine Produktlinie oder eine Produktgruppe dar (z. B. Haushaltsgeräte, Spielwaren, Pumpen). Der Definition von Sparten kommt eine besondere Bedeutung zu. Da jeder Materialstamm (siehe Abschnitt 1.3) eindeutig einer Sparte zugeordnet werden kann, sollten Sparten stets so definiert werden, dass eine eindeutige Zuordnung von Materialien möglich ist.

Sparte

Wie oben bereits erwähnt, ist der Vertriebsbereich keine eigenständige Organisationseinheit, sondern eine Kombination aus Verkaufsorganisation, Vertriebsweg und Sparte. Über die Verkaufsorganisation ist der Vertriebsbereich eindeutig einem Buchungskreis zugeordnet. Abbildung 1.4 veranschaulicht die Bildung von Vertriebsbereichen. Die Abbildung zeigt die Zuordnung der Verkaufsorganisation zum Buchungskreis. Durch die Kombinationen von Verkaufsorganisation, Vertriebsweg und Sparte entstehen drei Vertriebsbereiche.

Zuordnungen des
Vertriebsbereichs

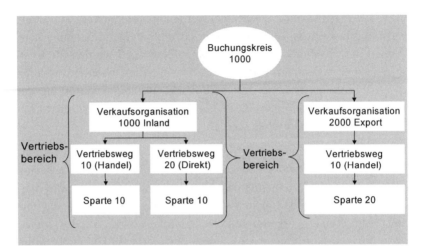

Abbildung 1.4 Vertriebsbereiche

Jeder Kombination aus Verkaufsorganisation und Vertriebsweg können mehrere Werke zugeordnet werden. Über diese Zuordnung wird für den jeweiligen Vertriebsbereich festgelegt, aus welchen Werken dieser Vertriebsbereich seine Produkte verkaufen kann.

1.2.6 Verkaufsbüros und Verkäufergruppen

Vertriebsbereiche (Verkaufsorganisation/Vertriebsweg/Sparte) dienen zur Abbildung der Organisationsstrukturen im Vertrieb. Zur weiteren Untergliederung dieser Bereiche können *Verkaufsbüros* und *Verkäufergruppen* definiert werden.

Verkaufsbüro
Verkaufsbüros dienen häufig zur Abbildung der Strukturen im Innen- und Außendienst. So kann eine Vertriebsniederlassung als Verkaufsbüro angelegt werden. Vertriebsstatistiken können auf dieser Ebene fortgeschrieben werden, und auch die Konditionengestaltung kann abhängig von Verkaufsbüros erfolgen. Auf den Formularen (Auftragsbestätigungen, Lieferscheine, Rechnungen) können die zuständigen Verkaufsbüros mit Adresse und Ansprechpartner angedruckt werden.

Verkaufsbüros sind den Vertriebsbereichen zugeordnet. Dabei können einem Vertriebsbereich mehrere Verkaufsbüros zugeordnet werden. Ebenso kann auch ein Verkaufsbüro für unterschiedliche Vertriebsbereiche tätig sein. Abbildung 1.5 zeigt die Abbildung von Verkaufsbüros.

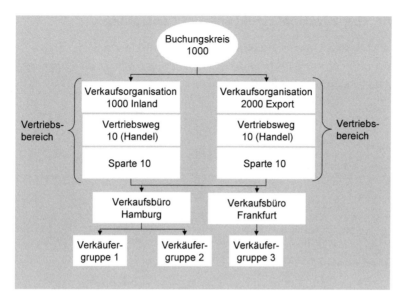

Abbildung 1.5 Verkaufsbüros

Verkaufsbüros lassen sich in einzelne Personengruppen (*Verkäufergruppen*) untergliedern. Auch für Verkäufergruppen können Statistiken fortgeschrieben werden. Die Zuständigkeit für einen Vertriebsbeleg (Anfrage, Auftrag) lässt sich über die Verkäufergruppen ermitteln, dazu stehen entsprechende Listen bereit. Jedem Verkaufsbüro können mehrere Verkäufergruppen zugeordnet werden, ebenso ist es möglich, eine Verkäufergruppe mehreren Verkaufsbüros zuzuordnen.

Verkäufergruppe

1.2.7 Organisationseinheiten im Versand

Die Einplanung und Bearbeitung von Lieferungen an Kunden wird über *Versandstellen* abgewickelt. Eine Versandstelle ist ein Ort, an dem Versandaktivitäten (Kommissionierung, Versanddisposition, Verpacken, Verladen, Transport) stattfinden. Jede Lieferung wird von einer Versandstelle bearbeitet und geht von dieser aus. Die Lieferbelege im System werden immer für eine Versandstelle erfasst.

Versandstellen können werksübergreifend definiert werden, d.h. sie sind nicht an die Organisationseinheiten Werk und Lagerort gebunden. Eine werksübergreifende Einrichtung von Versandstellen ist allerdings nur dann sinnvoll, wenn die Werke räumlich nah beieinander liegen, z.B. rechts und links einer Straße. Es können aber auch mehrere Versandstellen für ein Werk zuständig sein, die sich beispielsweise in den Ladestellen bzw. Ladehilfsmitteln oder in der Bearbeitungsdauer unterscheiden.

1.2.8 Organisationsstrukturen im Controlling

Die wichtigsten Organisationseinheiten im Controlling sind der *Ergebnisbereich* und der *Kostenrechnungskreis*. Abbildung 1.6 zeigt die Organisationsstrukturen im Controlling.

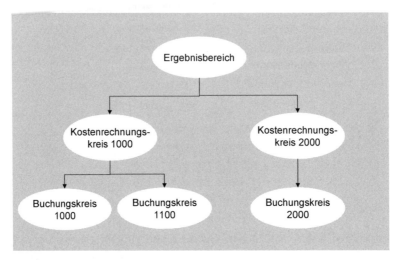

Abbildung 1.6 Organisationsstrukturen im Controlling

Ergebnisbereich Der Ergebnisbereich ist die Organisationseinheit der Ergebnis- und Marktsegmentrechnung. Diese wird uns an mehreren Stellen in diesem Buch beschäftigen. Innerhalb eines Ergebnisbereiches werden die Strukturen der Betriebsergebnisrechnung definiert. Einem Ergebnisbereich können mehrere Kostenrechnungskreise zugeordnet werden. Dagegen wird jeder Kostenrechnungskreis genau einem Ergebnisbereich zugeordnet.

Kostenrechnungskreis Der Kostenrechnungskreis bildet den Rahmen für das interne Rechnungswesen. Dazu gehören die Kostenarten-, die Kostenstellen-, die Produktkosten- und die Profit-Center-Rechnung. Einem Kostenrechnungskreis können mehrere Buchungskreise zugeordnet werden. Dagegen muss jeder Buchungskreis mit genau einem Kostenrechnungskreis verknüpft werden.

1.3 Materialstamm

Der Materialstamm ist ein zentraler Stammsatz, um die Informationen bezüglich der Artikel, Teile und Dienstleistungen zu speichern, die ein Unternehmen beschafft, fertigt und lagert.

Grundlagen

Durch die Integration aller materialspezifischen Informationen in einen einzigen zentralen Stammsatz entfällt eine redundante Datenhaltung. Die gespeicherten Informationen der Materialstammsätze sind die Grundlage für die unterschiedlichen Belege (z.B. Kundenaufträge, Bestellungen, Fertigungsaufträge) in SAP R/3.

Der Materialstamm wird von sämtlichen Abteilungen (wie z.B. Einkauf, Verkauf, Produktion, Buchhaltung, Controlling) genutzt, und die materialspezifischen Daten dieser Abteilungen werden im Materialstammsatz gespeichert. Aus diesem Grund gibt es einen engen Zusammenhang mit den Organisationsstrukturen (siehe Abschnitt 1.2): Die einzelnen Bereiche des Materialstamms werden in Abhängigkeit von den Organisationsstrukturen gepflegt. Konkret bedeutet dies, dass der Materialstamm mit der Nummer 0815 im Werk 1000 einen anderen Bewertungspreis haben kann als im Werk 2000! Allerdings gibt es auch allgemein gültige Daten, die für alle Fachbereiche gelten. Dazu gehört an erster Stelle die Materialnummer, die den Artikel eindeutig identifiziert.

Man unterscheidet im Materialstamm Haupt- und Nebendaten. Die *Hauptdaten* enthalten die eigentlichen Informationen zum Produkt aus Sicht der unterschiedlichen Unternehmensbereiche. Zusätzlich werden in so genannten *Nebendaten* Informationen zu mehrsprachigen Texten, Umrechenfaktoren von Mengeneinheiten und auch Verwaltungsdaten hinterlegt. Abbildung 1.7 zeigt die Struktur der Materialstammdaten im Überblick.

Haupt- und Nebendaten

Die Abbildung 1.7 zeigt zudem die verschiedenen Sichten (Hauptdaten) des Materialstamms. Diese sind zum Teil abhängig von der Organisationsstruktur (organisationsabhängige Daten). Einige Sichten (z.B. Grunddaten) sind mandantenweit gültig und werden deshalb als »Allgemeine Daten« bezeichnet.

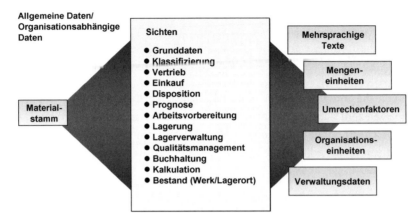

Abbildung 1.7 Struktur der Materialstammdaten (Quelle: SAP AG, Walldorf).

Sichten des Materialstamms

Im Folgenden werden die unterschiedlichen Sichten des Materialstamms dargestellt und jeweils anhand kurzer Erläuterungen beschrieben:

▶ **Grunddaten**
Dieser Bereich enthält Informationen, die von allen Fachbereichen benötigt werden. Deshalb werden die Grunddaten auf Mandantenebene gepflegt. Zu den Grunddaten gehören z. B. die Materialnummer, die Beschreibung des Materials oder die Basismengeneinheit. Außerdem wird jeder Materialstamm im Grunddatenbild einer Sparte zugeordnet, wodurch diese Zuordnung ebenfalls mandantenweit gültig ist.

▶ **Klassifizierung**
Die Klassifizierung dient dazu, Materialien (oder auch andere Objekte, wie z. B. Lieferanten) in Klassen zu gruppieren, um diese anschließend leichter wiederzufinden. Die Klassen enthalten Merkmale, über die die Materialien beschrieben werden können. Auch die Klassifizierung von Materialstämmen wird auf der Mandantenebene vorgenommen.

▶ **Vertrieb**
Auf den Vertriebsbildern werden Informationen zu Kundenaufträgen und zur Preisfindung hinterlegt, wie z. B. Verkaufsmengeneinheiten, Mengenvereinbarungen, Versanddaten und Außenhandelsdaten. Insgesamt gibt es drei Vertriebsbilder im Materialstamm. Die ersten beiden werden auf der Ebene »Verkaufsorganisation« und »Vertriebsweg« definiert. Das dritte Bild, die Vertriebs-/Werksdaten, wird abhängig vom Werk gepflegt.

- **Einkauf**
  Über die Einkaufssichten werden Daten hinterlegt, die für die externe Beschaffung relevant sind. Dies sind z.B. die Beschaffungszeiten, die zuständige Einkäufergruppe und die Bestellmengeneinheit. Einkaufsdaten werden auf der Werksebene festgelegt.

- **Disposition**
  In den Dispositionssichten werden die relevanten Daten für die Materialbedarfsplanung hinterlegt. Das sind z.B. Daten für die Dispositionsverfahren, für die Losgrößenermittlung, für die Beschaffung (Fremd- oder Eigenbeschaffung) und für die Terminierung. Die Dispositionsdaten werden werksabhängig gepflegt.

- **Prognose**
  In der Prognosesicht werden Daten zur Ermittlung des zukünftigen Materialbedarfs hinterlegt, wie z.B. Prognosemodelle, Glättungsfaktoren, zu berechnende Prognoseperioden. Auch die Progosedaten sind abhängig vom Werk.

- **Arbeitsvorbereitung**
  Über die Arbeitsvorbereitungssicht werden die benötigten Daten für die Fertigungssteuerung hinterlegt. Dies sind z.B. losgrößenabhängige Fertigungszeiten, der zuständige Fertigungssteurer oder Toleranzen in der Fertigung. Die Pflege der Arbeitsvorbereitungsdaten erfolgt auf der Werksebene.

- **Lagerung**
  Die Lagersicht enthält Informationen zur Lagerung des Materials, z.B. Lagerungsvorschriften, Haltbarkeitsdaten, Chargenpflicht. Hier wird definiert, in welchen Lagerorten das Material gelagert werden kann. Demzufolge sind diese Daten abhängig von den Organisationseinheiten Werk und Lagerort.

- **Lagerverwaltung**
  Die Lagerverwaltungssichten werden genutzt, wenn in SAP R/3 mit dem Modul WM (Warehousemanagement) gearbeitet wird. Es werden Daten für Lagerungsstrategien und Palettierung hinterlegt. Für die Komponente Warehousemanagement gibt es eigene Organisationsstrukturen. Diese werden in Abschnitt 3.3 vorgestellt.

- **Qualitätsmanagement**
  Wird mit dem Modul QM (Qualitätsmanagement) in SAP R/3 gearbeitet, werden auf dieser Sicht Informationen zur Beschaffung und zur Qualitätsprüfung hinterlegt. Die Qualitätsdaten werden auf der Werksebene gepflegt.

- **Buchhaltung**
  Es werden Daten für die Bewertung des Materials hinterlegt. Dazu gehört vor allem die Bewertungssteuerung. Materialien können mit einem Standardpreis oder mit einem gleitenden Durchschnittspreis bewertet werden. Ebenfalls im Buchhaltungsbild wird das Material einer Bewertungsklasse zugeordnet: Über die Bewertungsklasse werden bei Warenbewegungen die Konten der Finanzbuchhaltung ermittelt. Da die Bewertung auf der Werksebene erfolgt, sind auch die Buchhaltungsdaten werksabhängig.

- **Kalkulation**
  Es werden Informationen zur Kalkulation und zur Plankalkulation gespeichert, z.B. Daten zur Gemeinkostenbezuschlagung oder zur Abweichungsermittlung. Wie die Buchhaltungsdaten werden auch die Kalkulationsdaten werksabhängig gepflegt.

- **Werks- und Lagerortbestand**
  Auf diesen Sichten werden die Bestandsinformationen auf Werks- und Lagerortebene gezeigt.

Materialarten Für Materialien mit gleichen Eigenschaften kann eine einheitliche Verwaltung ermöglicht werden, indem sie in *Materialarten* zusammengefasst werden. Jeder Materialstammsatz wird bei der Erfassung einer Materialart zugeordnet, wodurch bestimmte Eigenschaften des Materials festgelegt werden. Dazu gehören die *Feldauswahl*, die *Bildfolgesteuerung* (Auswahl der Sichten) und die *Nummernvergabe* (intern durch das System, extern durch den Benutzer).

Im Standardsystem werden vorkonfigurierte Materialarten ausgeliefert, die durch eigene Materialarten ergänzt werden können. Nachfolgend sind einige Standard-Materialarten kurz beschrieben:

- **Fertigerzeugnisse (FERT)**
  Fertigerzeugnisse stellt ein Unternehmen selbst her. Da sie vom Einkauf nicht bestellt werden können, enthält ein Materialstammsatz dieser Materialart keine Einkaufsdaten.

- **Rohstoffe (ROH)**
  Rohstoffe werden ausschließlich fremdbeschafft und anschließend weiterverarbeitet. Da Rohstoffe nicht verkauft werden können, enthält ein Materialstammsatz dieser Materialart zwar Einkaufsdaten, jedoch (zumindest in der Standardauslieferung) keine Vertriebsdaten.

- **Halbfabrikate (HALB)**
  Halbfabrikate können fremdbeschafft oder eigengefertigt werden. Anschließend werden sie im Unternehmen weiterverarbeitet. Ein Materialstammsatz dieser Materialart kann Einkaufs- und Arbeitsvorbereitungsdaten enthalten.

- **Handelswaren (HAWA)**
  Handelswaren werden immer fremdbeschafft und anschließend verkauft. Ein Materialstammsatz dieser Materialart kann Einkaufs- und Vertriebsdaten enthalten.

Materialstämme können einer *Produkthierarchie* zugeordnet werden. Diese Zuordnung kann sowohl auf dem Grunddatenbild (mandantenabhängig) als auch in den Vertriebsdaten (abhängig von Verkaufsorganisation und Vertriebsweg) erfolgen. Erfolgt eine Zuordnung auf dem Grunddatenbild, so wird die gleiche Produkthierarchie bei der Erfassung der Vertriebsdaten vorgeschlagen.

Produkthierarchien

Produkthierarchien können im Customizing definiert werden. Es handelt sich dabei um eine hierarchische Gliederung des Produktprogramms. Die maximale Gliederungstiefe ist auf neun Stufen begrenzt. In der Praxis sind Produkthierarchien jedoch meist nur auf drei oder vier Stufen angelegt.

Die Produkthierarchie wird in der Preisfindung verwendet. Dort können über sie Konditionen (Preise, Zu- und Abschläge) definiert werden, die nicht nur für ein Produkt sondern für einen ganzen Teilbereich des Produktspektrums gelten. Außerdem wird die Produkthierarchie in Auswertestrukturen genutzt. Dazu zählt zum einen das Vertriebsinformationssystem VIS (siehe Abschnitt 2.13) und zum anderen die Ergebnis- und Marktsegmentrechnung im Modul CO-PA (siehe Abschnitt 2.12). Abbildung 1.8 zeigt uns ein Beispiel für die Definition einer Produkthierarchie.

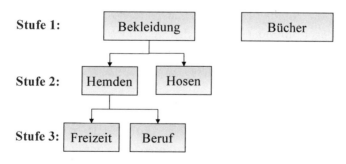

Abbildung 1.8 Beispiel für eine Produkthierarchie

1.4 Kundenstamm

Grundlagen

Im Kundenstamm pflegen die unterschiedlichen Bereiche des Unternehmens (z.B. Vertrieb und Finanzbuchhaltung) unterschiedliche Sichten auf einen zentralen Kundenstammsatz. Aus dem Kundenstamm geht auch hervor, welche Rolle der jeweilige Geschäftspartner einnehmen kann.

Im Kundenstamm werden sämtliche Informationen über die Kunden gespeichert. Von entscheidender Bedeutung ist, dass sämtliche Bereiche des Unternehmens auf einen zentralen Stammsatz zugreifen. Dies verhindert Redundanz und stellt sicher, dass ein Kunde in der Debitorenbuchhaltung unter der gleichen Kundennummer verwaltet wird wie im Vertrieb. In Abschnitt 1.2 haben wir gesehen, dass die Aufbauorganisation des Unternehmens mit Hilfe der Organisationseinheiten im SAP-System abgebildet wird. Wie im Materialstamm werden auch die Informationen des Kundenstamms abhängig von dieser Organisationsstruktur gepflegt. Im Einzelnen unterscheiden wir die folgenden Sichten:

- Allgemeine Daten (auf Mandantenebene)
- Buchhaltungsdaten (auf Buchungskreisebene)
- Vertriebsdaten (auf Vertriebsbereichsebene)

Allgemeine Daten

Zu den *allgemeinen Daten* gehören zunächst die Kundennummer und die Adresse. Sie sind mandantenweit gültig. Damit ist auch die Kundennummer innerhalb eines Mandanten eindeutig. Zu den Adressdaten gehören Landes- und Sprachkennzeichen. Über das Sprachkennzeichen wird die Sprache ermittelt, in der die Vertriebsbelege (Auftragsbestätigungen, Lieferscheine, Rechnungen) gedruckt werden. Darüber hinaus gliedern sich die allgemeinen Daten in folgende Bereiche:

- **Steuerungsdaten**
  Zu den Steuerungsdaten gehören z.B. die Kreditorennummer beim Kunden, die Zuordnung zu einer Transportzone, über die in den Vertriebsbelegen Informationen für den Versand ermittelt werden, und die Umsatzsteuer-Identnummer für die Abwicklung von Geschäften innerhalb der Europäischen Union.
- **Zahlungsverkehr**
  Dort werden vor allem die Bankverbindungen des Kunden hinterlegt.
- **Marketing**
  Zu den Marketinginformationen gehören die Zuordnung zu einem Nielsenbezirk, der Jahresumsatz des Kunden, ein Branchenschlüssel und die Anzahl der Mitarbeiter des Kunden.

- **Abladestellen**
  Hier werden die Abladestellen des Kunden mit den entsprechenden Warenannahmezeiten hinterlegt. Diese Informationen werden in der Versandsteuerung benötigt.
- **Exportdaten**
  Hier werden Kennzeichen für kritische Exportabwicklungen vergeben (dass z.B. bestimmte Technologien an diesen Kunden nicht geliefert werden dürfen).
- **Ansprechpartner**
  Die unterschiedlichen Ansprechpartner des Kunden können mit detaillierten Informationen an dieser Stelle gepflegt werden.

Die *Buchhaltungsdaten* werden auch als *Buchungskreisdaten* bezeichnet, weil sie auf der Buchungskreisebene gepflegt werden. Die Buchhaltungsdaten sind gleichzeitig das Debitorenkonto in der Debitorenbuchhaltung. Sie gliedern sich in folgende Bereiche: *(Buchhaltungsdaten)*

- **Kontoführung**
  Im Bereich Kontoführung wird vor allem das Abstimmkonto hinterlegt. Das Abstimmkonto ist ein Bilanzkonto, auf dem sämtliche debitorischen Buchungen »mitgebucht« werden. Man spricht in diesem Zusammenhang deshalb auch von einem Mitbuchkonto.
- **Zahlungsverkehr**
  In diesem Bereich werden z.B. die Hausbank und die Zahlungswege des Kunden hinterlegt.
- **Korrespondenz**
  Über dieses Bild wird unter anderem das Mahnverfahren festgelegt. Außerdem werden die für den Kunden zuständigen Mitarbeiter in der Finanzbuchhaltung gespeichert.
- **Versicherungen**
  Zu den Versicherungsdaten gehören vor allem Informationen zu Warenkreditversicherungen.

Die *Vertriebsdaten* zum Debitor werden auf der Vertriebsbereichsebene gepflegt und deshalb auch als Vertriebsbereichsdaten bezeichnet. Sie sind untergliedert in die folgenden Bereiche: *(Vertriebsdaten)*

- **Verkauf**
  In den Verkaufsdaten werden Informationen zur Steuerung der Vertriebsprozesse hinterlegt. Dazu gehört z.B. die Zuordnung zu einer Kundengruppe, zu einem Verkaufsbüro oder zu einer Verkäufergruppe. All diese Zuordnungen können z.B. in der Preisfindung zur dif-

ferenzierten Verkaufspreisermittlung genutzt werden. Weiterhin wird die Währung festgelegt, in der die Vertriebsbelege für diesen Kunden abgewickelt werden.

▶ **Versand**
Hier werden Informationen für die Versandsteuerung hinterlegt. Dazu gehören unter anderem das Auslieferwerk, welches in die Vertriebsbelege übernommen wird, die Lieferpriorität, ein Kennzeichen, ob mehrere Aufträge zu einem Lieferbeleg zusammengefasst werden dürfen, ein Teillieferkennzeichen und Toleranzwerte für die Unter- bzw. Überlieferung.

▶ **Faktura**
In den Fakturadaten wird z. B. die Erlöskontengruppe definiert. Hierüber wird das Erlöskonto in der Fakturierung ermittelt. Weiterhin werden Lieferungs- und Zahlungsbedingungen, die Rechnungstermine und eine Steuerklasse für die korrekte Ermittlung der Umsatzsteuer in Vertriebsbelegen festgelegt.

Partnerrollen Zu den wichtigsten Informationen im Kundenstamm gehört die Definition der *Partnerrollen*. An dieser Stelle wird festgelegt, welche Rollen ein Kundenstamm einnehmen kann. Die wichtigsten Partnerrollen sind:

▶ Auftraggeber

▶ Warenempfänger

▶ Rechnungsempfänger

▶ Regulierer

Welche Partnerrollen jeweils grundsätzlich erlaubt sind, legt der Anwender beim Anlegen des Kundenstammsatzes durch die Vorgabe einer Kontengruppe fest. Dabei kann ein Kundenstamm durchaus mehrere Rollen einnehmen. Wird z. B. ein Kundenstamm mit der Kontengruppe »Auftraggeber« angelegt, so werden die Rollen »Warenempfänger«, »Regulierer« und »Rechnungsempfänger« automatisch erlaubt. Es ist im Kundenstamm aber auch möglich, zusätzliche abweichende Warenempfänger, Regulierer und Rechnungsempfänger zu definieren.

Beispiel: Partnerrollen Betrachten wir diesen Zusammenhang an einem konkreten Beispiel. Abbildung 1.9 zeigt uns das Partnerrollenbild des Kundenstammsatzes für den Kunden mit der Nummer 95300 (Ingenieurbüro Meier GmbH). Dieser wurde mit der Kontengruppe »Auftraggeber« angelegt. Im Partnerbild erkennen wir, dass dieser Kunde Auftraggeber, Regulierer und Warenempfänger sein kann. Zusätzlich wurde ein weiterer möglicher Warenempfänger (der Kundenstamm mit der Nummer 95900, Kraftwerk Saar) hinterlegt.

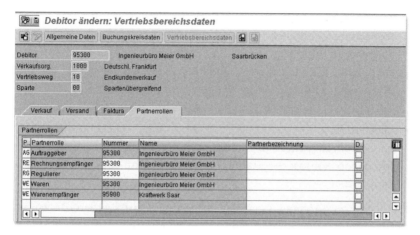

Abbildung 1.9 Partnerrollen in den Vertriebsbereichsdaten zum Kundenstamm

Wird für diesen Kunden ein Auftrag angelegt, so muss der Anwender den Warenempfänger manuell auswählen. Das System schlägt die hier definierten Warenempfänger zur Auswahl vor. Die übrigen Partnerrollen (Regulierer und Warenempfänger) werden automatisch in den Auftrag des Auftraggebers übernommen. Im Kundenstamm können jeweils mehrere abweichende Warenempfänger, Regulierer und Rechnungsempfänger hinterlegt werden. Der Auftraggeber muss jedoch eindeutig sein.

Bereits bei der Erläuterung der Partnerrollen wurde erwähnt, dass beim Anlegen eines Kundenstammsatzes immer die *Kontengruppe* mitgegeben wird. Die Kontengruppe wird im Customizing angelegt. Sie steuert unter anderem:

Kontengruppen

- Die Nummernvergabe beim Anlegen eines Kundenstammsatzes
  Dabei wird festgelegt, aus welchem Nummernkreis die Debitorennummer vergeben wird. Außerdem wird hier definiert, ob eine interne oder externe Nummernvergabe erfolgt: Bei der internen Nummernvergabe wird die Kundennummer automatisch vom System vergeben, bei der externen Nummernvergabe legt der Anwender die Debitorennummern fest.

- Welche Partnerrollen in einem Kundenstamm gepflegt werden können. Für die Kontengruppe wird festgelegt, welche Partnerrollen erlaubt sind. Außerdem wird definiert, welche Rollen obligatorisch sind und welche Partnerrollen im Kundenstamm eindeutig sein müssen. (Obligatorische Rollen sind Pflichtrollen, sie **müssen** im Kundenstamm vorhanden sein. Eindeutige Rollen kommen in jedem Kundenstamm nur genau einmal vor.) In Abbildung 1.9 haben wir es mit einer

Kontengruppe zu tun, bei der die Partnerrollen AG (Auftraggeber), WE (Warenempfänger), RG (Regulierer) und RE (Rechnungsempfänger) als Pflichtrollen hinterlegt sind. Die Partnerrolle »Auftraggeber« muss außerdem im Kundenstamm eindeutig sein. Darüber hinaus könnten noch weitere Rollen in dem Kundenstamm aus Abbildung 1.9 festgelegt werden (z. B. der zuständige Vertriebsmitarbeiter).

▶ Bildsteuerung
Im Customizing wird die Feldsteuerung für die Kontengruppe hinterlegt. Felder können den Status »Änderbar«, »Ausblenden« und »Anzeigen« haben.

Kundenhierarchien

Im Customizing können *Kundenhierarchien* aufgebaut werden. Die einzelnen Kundenstämme werden dann einem Knoten aus der Hierarchie zugeordnet. Diese Zuordnung erfolgt durch den Anwender. Kundenhierarchien können zu Auswertungszwecken in den Komponenten *Vertriebsinformationssystem, VIS* (siehe Abschnitt 2.13) und *Ergebnis- und Marktsegmentrechnung* (siehe Abschnitt 2.12) verwendet werden. In der *Preisfindung* können Konditionen für Hierarchieknoten vergeben werden. Diese Konditionen gelten dann für alle Kundenstämme, die diesem Knoten zugeordnet sind. Kundenhierarchien werden in der Praxis dazu verwendet, Einkaufsverbände, aber auch komplexe Konzernstrukturen abzubilden.

2 Funktionsüberblick Modul SD

In diesem Kapitel werden die wichtigsten Funktionen des Moduls SD beschrieben. Über diese Funktionen werden die einzelnen Schritte im Vertriebsprozess abgebildet. Dazu gehört z.B. die automatische (systemgestützte) Ermittlung von Preisen und Konditionen in den Vertriebsbelegen (siehe Abschnitt 2.1) oder die automatische Ermittlung des Liefertermins (siehe Abschnitt 2.3). Wir wollen dabei stets auf das Zusammenspiel von Einstellungen im Customizing und dem Ablauf einer Funktion hinweisen um so die Gestaltungsmöglichkeiten zu verdeutlichen, die sich bei der Einführung, aber auch bei der Optimierung des SAP-Systems ergeben. In den Kapiteln 3 und 4 werden wir dann beschreiben, wie diese Funktionen im Vertriebsprozess, also dem Ablauf mehrerer Funktionen, eingesetzt werden.

2.1 Preisfindung

Die Preisfindung ist eine der zentralen Funktionen im Vertriebsprozess. In den Vertriebsbelegen werden Preise, weitere Konditionen (z.B. Zuschläge, Rabatte oder Gebühren) und Steuern automatisch ermittelt. Zusätzlich können manuelle Konditionen vom Anwender erfasst werden.

2.1.1 Betriebswirtschaftliche Grundlagen

Die Gestaltung von Preisen für Produkte und Dienstleistungen sowie die Vereinbarung entsprechender Konditionen (Zu- und Abschläge wie z.B. Frachtzuschläge, Rabatte, Skonti) ist ein wesentlicher Bestandteil von Vertriebsprozessen. In der Praxis werden viele individuelle Absprachen mit dem Kunden getroffen, die bei der Erfassung von Angeboten und Aufträgen automatisch als Grundlage für die Preisbestimmung herangezogen werden. Preise und Konditionen werden für bestimmte Materialien, Materialgruppen oder Hierarchien vereinbart, sie gelten auf Kundengruppenebene oder auch kundenindividuell. Die SAP-Preisfindung bietet eine breite Palette von Gestaltungsmöglichkeiten, um die individuellen Anforderungen unterschiedlicher Unternehmen an die Preis- und Konditionengestaltung abzubilden. Daneben müssen bei der Rechnungsstellung auch gesetzliche Bestimmungen berücksichtigt werden. So ist zum Beispiel zu prüfen, ob ein bestimmter Vorgang mehrwertsteuerrelevant ist. Anschließend ist der entsprechende Mehrwertsteuersatz zu ermitteln.

Schließlich sind die in Aufträgen und Fakturen ermittelten Werte auch korrekt an die angrenzenden Unternehmensfunktionen zu übermitteln. So muß jede Kundenfaktura mit ihren Werten in der Finanzbuchhaltung auf den richtigen Konten verbucht werden.

Insofern stehen bei der Gestaltung der Funktion in einem Einführungsprojekt zwar vertriebliche Belange durchaus im Vordergrund. Gleichwohl ist es von großer Bedeutung, in einer frühen Phase die Aspekte der angrenzenden Funktionen zu berücksichtigen.

Grundsätzlich nimmt die Einrichtung der Preisfindung im System folgenden Verlauf:

1. Während des Einführungsprojektes wird im *Customizing* zunächst der Rahmen definiert, der dem Benutzer für die Hinterlegung von Konditionen zur Verfügung stehen soll.
2. Bei der *Konditionenpflege* entscheidet dann letztlich der Anwender der Fachabteilung darüber, welcher Teil des Gesamtrahmens für ihn relevant ist. Dazu muß er die Möglichkeiten der im System hinterlegten Logik kennen, um diese für seinen Bereich optimal zu nutzen.
3. Bei der *Erfassung der Vertriebsbelege* geschieht dann ein wesentlicher Teil der Preisfindung automatisch. Auf der Basis der Einstellungen des Customizings und der Stammdaten ermittelt das System die entsprechenden Werte selbstständig.

Ziel jeder Einführung sollte es demnach sein, zunächst einen zweckmäßigen Rahmen zu definieren. Wenn die anschließende Pflege der Stammdaten durch die Anwender gründlich erfolgt, können die Prozesse (und damit das Massengeschäft) weitgehend automatisch ablaufen.

2.1.2 Komponenten der Preisfindung

In diesem Abschnitt werden wir die Systematik der Preisfindung in SAP erläutern. Es soll deutlich werden, welche grundsätzlichen Gestaltungsmöglichkeiten im Customizing zur Verfügung stehen und an welchen Stellen der Anwender über den Ablauf der Preisfindung entscheiden kann.

Konditionstechnik Die Preisfindung in SAP R/3 erfolgt mittels der so genannten *Konditionstechnik*, die auch von weiteren Funktionen im Vertrieb genutzt wird. Folgende Funktionen werden wir in diesem Buch vorstellen, die ebenfalls auf der Konditionstechnik beruhen:

- ▶ Nachrichtenfindung (Abschnitt 2.2)
- ▶ Chargenfindung (Abschnitt 2.5)
- ▶ Materialfindung (Abschnitt 2.7)
- ▶ Materiallistung, Materialausschluss (Abschnitt 2.8)

Hat man den grundlegenden Ablauf der Konditionstechnik einmal verstanden, wird einem die Einarbeitung in diese Kapitel wesentlich leichter fallen.

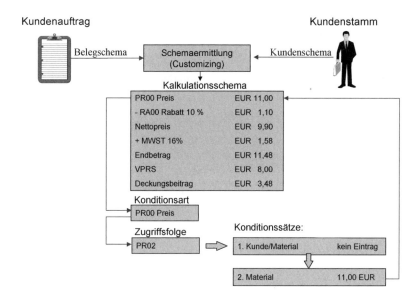

Abbildung 2.1 Ablauf der Konditionstechnik am Beispiel der Preisfindung

Abbildung 2.1 zeigt den Ablauf der Konditionstechnik am Beispiel der Preisfindung im Überblick. Aus der Auftragsart, die vom Anwender beim Erfassen des Auftrags festgelegt wird, und Daten im Kundenstamm (dem so genannten *Kundenschema*) wird über eine Tabelle im Customizing das *Kalkulationsschema* ermittelt. Dieses Schema enthält *Konditionsarten*, welche die Preisbestandteile (Preise, Konditionen) repräsentieren. Jeder Konditionsart ist eine *Zugriffsfolge* hinterlegt. Zugriffsfolgen enthalten die Zugriffsschlüssel, unter denen die *Konditionssätze* vom Anwender angelegt werden können. Ist ein Konditionssatz angelegt worden, so werden dessen Werte in den Auftrag übernommen.

Überblick

In unserem Beispiel ist die erste Konditionsart PR00. Dieser ist die Zugriffsfolge PR02 zugeordnet. In dieser Zugriffsfolge wird definiert, dass Preise entweder unter dem Schlüssel »Kunde/Material« oder »Material« abgelegt werden können. Das System findet einen materialabhängigen Preis (11,00 EUR) und übergibt diesen in den Beleg. Anschließend erfolgt die Bearbeitung der nächsten Konditionsart. Die einzelnen Komponenten (Kalkulationsschema, Konditionsart, Zugriffsfolge und Konditionssätze) wollen wir im Folgenden näher betrachten.

Kalkulations-schema

Zunächst wird in Abhängigkeit von Verkaufsbelegart und Kunde im Kundenauftrag ein *Kalkulationsschema* ermittelt. Dieses Kalkulationsschema enthält sämtliche Preisbestandteile, die in einem Verkaufsbeleg bzw. einer Verkaufsbelegposition relevant werden können. Die Preisbestandteile werden in SAP R/3 über die *Konditionsarten* abgebildet. Damit stellt das Kalkulationsschema gewissermaßen den Rahmen für die Preisfindung dar. Hier wird festgelegt, in welcher Reihenfolge die einzelnen Konditionsarten ermittelt werden und wie demzufolge die Logik der Verkaufspreiskalkulation aufgebaut ist.

Folgende Einstellungen werden innerhalb des Kalkulationsschemas pro Zeile (und damit pro Konditionsart) festgelegt:

- **Obligatorische Konditionen**
  Diese Konditionen müssen im Vertriebsbeleg immer vorhanden sein. Ansonsten erscheint eine Fehlermeldung.

- **Druck**
  Es wird festgelegt, ob die Kondition auf den Papierbelegen (Auftragsbestätigung, Rechnung) gedruckt werden soll. Auch wenn anstelle eines Papierbelegs eine elektronische Nachricht (z. B. EDI) erzeugt und versendet werden soll, steuert das Kennzeichen, ob diese Zeile im Schema an die entsprechende Datei übergeben wird. Damit wird über dieses Kennzeichen fest gelegt, inwieweit dem Kunden Transparenz über die einzelnen Bestandteile der Verkaufspreiskalkulation gegeben werden soll.

- **Manuelle Kondition**
  Es wird festgelegt, ob die Kondition automatisch ermittelt werden soll oder vom Anwender manuell vorgegeben werden muß.

- **Bedingung**
  Es wird gesteuert, unter welchen Bedingungen eine Kondition im Vertriebsbeleg relevant ist. So werden bestimmte Konditionen nur bei Verkäufen an verbundene Unternehmen verwendet.

- **Kontenschlüssel**
  Über diesen Eintrag wird gesteuert, auf welches Erlös- oder Rückstellungskonto der Wert der Kondition im Modul FI (Financial Accounting) gebucht werden soll. An dieser Stelle wird wieder die Integration der einzelnen Module deutlich.

Neben den Konditionsarten enthält das Kalkulationsschema auch *Zwischensummen*. Diese erleichtern dem Anwender die Übersicht. Außerdem kann im Customizing auch festgelegt werden, welche Zwischensummen in den Statistikdateien fortgeschrieben werden. Über derartige Zwischensummen wird z.B. auch der Grenzübergangswert bei Außenhandelsaufträgen ermittelt. Dieser wird dann in denen Dateien zur Ermittlung der Intrastat/Extrastat-Meldungen fortgeschrieben und so der Exportwert des Auftrags bestimmt.

Eigene Kalkulationsschemata erstellen

Die Standardauslieferung des SAP-Systems enthält bereits vordefinierte Kalkulationsschemata. Es ist jedoch zu empfehlen, im Verlauf des Einführungsprozesses eigene Kalkulationschemata im Customizing aufzubauen, um die individuellen Anforderungen abzudecken. Unter Umständen werden für die unterschiedlichen Prozesse sogar mehrere Schemata benötigt. Niemals sollte man die Standard-Kalkulationsschemata der SAP verändern.

Abbildung 2.2 zeigt das Customizing eines Kalkulationsschemas. Das abgebildete Schema wurde extra für die Zwecke des Buches angelegt, um wesentliche Zusammenhänge zu veranschaulichen. Ein Kalkulationsschema wird in der Praxis sehr viel komplexer aussehen – das heißt, es wird mehr Konditionsarten und Zwischensummen beinhalten. Unser Beispielschema wurde aus einem Standardschema kopiert.

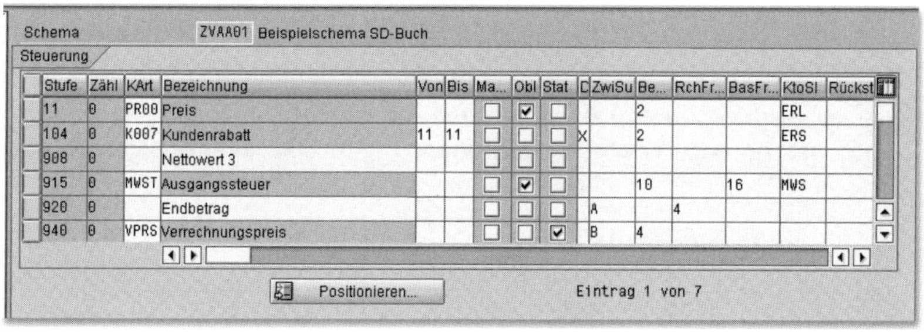
Schema ZVAA01 Beispielschema SD-Buch

Steuerung

Stufe	Zähl	KArt	Bezeichnung	Von	Bis	Ma...	Obl	Stat	D	ZwiSu	Be...	RchFr...	BasFr...	KtoSl	Rückst
11	0	PR00	Preis			☐	☑	☐			2			ERL	
104	0	K007	Kundenrabatt	11	11	☐	☐	☐	X		2			ERS	
908	0		Nettowert 3			☐	☐	☐							
915	0	MWST	Ausgangssteuer			☐	☑	☐			10		16	MWS	
920	0		Endbetrag			☐	☐	☐		A		4			
940	0	VPRS	Verrechnungspreis			☐	☐	☑		B	4				

Positionieren... Eintrag 1 von 7

Abbildung 2.2 Kalkulationsschema im SD-Customizing

Wie ist dieses Schema zu lesen? Wir sehen, dass den einzelnen Stufen jeweils Konditionsarten (KArt) zugeordnet sind. Die erste Konditionsart PR00 wird normalerweise für den Preis verwendet. Wir sehen die Kennzeichen für manuelle Konditionen (Ma), obligatorische Konditionen (Obl) und statistische Konditionen (Stat). Die Einträge in den Spalten »Von/Bis« sind nur bei solchen Zeilen relevant, in denen ein Wert berechnet wird. Damit werden die Bezugswerte definiert. In der Spalte KtoSl (Konditionsschlüssel) ist der Wert ERL zugeordnet. Hierüber wird gesteuert, dass dieser Wert in einer Rechnung auf einem Erlöskonto verbucht wird. Von diesem Preis wird der Kundenrabatt (Konditionsart K007) subtrahiert. In den Spalten »Von/Bis« erkennen wir, dass sich der Rabatt auf den Preis bezieht. Nach Abzug des Rabattes verbleibt die Zwischensumme »Nettowert 3«. In der Stufe 915 wird der Mehrwertsteuerbetrag ermittelt. Dieser wird zum Nettowert addiert. Von besonderer Bedeutung ist die Konditionsart VPRS (Verrechnungspreis) in Stufe 940. Es handelt sich dabei um eine statistische Kondition. Diese Konditionsart wird weiter unten genauer betrachtet.

Schemaermittlung

Der erste Schritt in der Preisfindung im Vertriebsbeleg ist die Ermittlung des richtigen Kalkulationsschemas. Die *Schemaermittlung* ist ein Teil des Customizings der Preisfindung. Dabei wird jeder Auftragsart ein so genanntes *Belegschema* zugeordnet. Jedem Kunden wird im Kundenstamm ein *Kundenschema* zugeordnet. Zudem hängt die Ermittlung des Kalkulationsschemas auch vom jeweiligen Vertriebsbereich ab. Abbildung 2.3 zeigt die Schemaermittlung im Customizing.

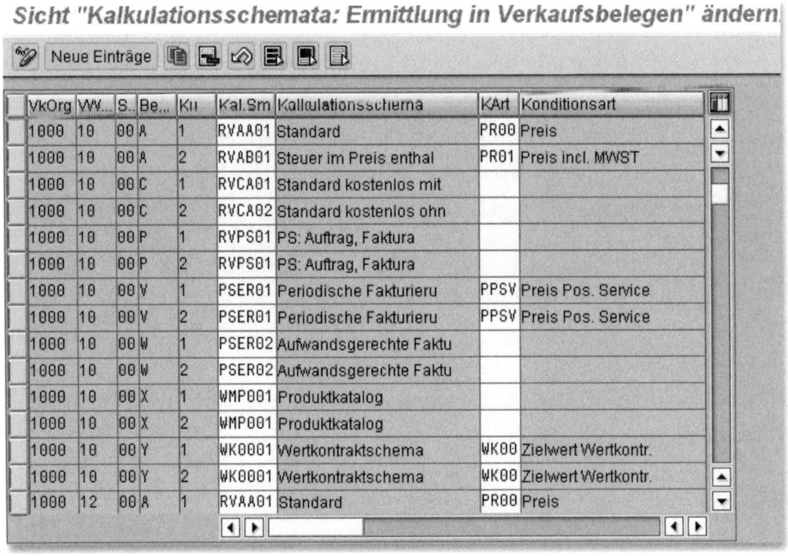

Sicht "Kalkulationsschemata: Ermittlung in Verkaufsbelegen" ändern

Neue Einträge

VkOrg	WW...	S..	Be...	Ku	Kal.Sm	Kalkulationsschema	KArt	Konditionsart
1000	10	00	A	1	RVAA01	Standard	PR00	Preis
1000	10	00	A	2	RVAB01	Steuer im Preis enthal	PR01	Preis incl. MWST
1000	10	00	C	1	RVCA01	Standard kostenlos mit		
1000	10	00	C	2	RVCA02	Standard kostenlos ohn		
1000	10	00	P	1	RVPS01	PS: Auftrag, Faktura		
1000	10	00	P	2	RVPS01	PS: Auftrag, Faktura		
1000	10	00	V	1	PSER01	Periodische Fakturieru	PPSV	Preis Pos. Service
1000	10	00	V	2	PSER01	Periodische Fakturieru	PPSV	Preis Pos. Service
1000	10	00	W	1	PSER02	Aufwandsgerechte Faktu		
1000	10	00	W	2	PSER02	Aufwandsgerechte Faktu		
1000	10	00	X	1	WMP001	Produktkatalog		
1000	10	00	X	2	WMP001	Produktkatalog		
1000	10	00	Y	1	WK0001	Wertkontraktschema	WK00	Zielwert Wertkontr.
1000	10	00	Y	2	WK0001	Wertkontraktschema	WK00	Zielwert Wertkontr.
1000	12	00	A	1	RVAA01	Standard	PR00	Preis

Abbildung 2.3 Customizing Schemaermittlung

An dieser Stelle wird deutlich, wie sehr das Customizing der Organisationsstrukturen die Einstellungsmöglichkeiten bei den übrigen Funktionen beeinflusst: Je differenzierter die Organisationsstruktur, desto größer die Möglichkeiten bei der Bestimmung des Kalkulationsschemas. Das Kalkulationsschema wird im Vertriebsbeleg also abhängig von dem Vertriebsbereich, dem Kundenschema im Debitorenstammsatz (Ku) und dem Belegschema der Auftragsart (Be) ermittelt. Die Auftragsart und der Vertriebsbereich werden bei der Auftragserfassung vom Anwender vorgegeben. Dazu kommen wir in Kapitel 3.

Wie oben beschrieben, werden die einzelnen Preisbestandteile im Kalkulationsschema durch *Konditionsarten* abgebildet. Konditionsarten steuern den Ablauf der Preisfindung. Die folgenden Customizingeinstellungen zur Konditionsart sind von besonderer Wichtigkeit:

Konditionsarten

- Über die *Konditionsklasse* und den *Konditionstyp* wird festgelegt, ob es sich um einen Preis, einen Zu- oder Abschlag, einen Verrechnungspreis, eine Steuer oder eine nachträgliche Vergütung (Bonus) handelt.
- Über die *Rechenregel* wird ermittelt, ob der Wert der Konditionsart als prozentualer Wert abhängig von einer anderen Kondition oder einem Zwischenwert zu bestimmen ist oder ob es sich um einen festen Betrag (wie z.B. bei einem Preis) handelt.
- Über die *Rundungsregel* wird festgelegt, ob auf- oder abgerundet werden soll.
- Über das *Änderungskennzeichen* wird definiert, ob die Konditionsart vom Anwender im Beleg geändert werden darf und welche Änderungen erlaubt sind.
- Über weitere *Kennzeichen* wird festgelegt, ob für die Konditionsart auf- oder absteigende Preisstaffeln definiert werden können. Unter einer Preisstaffel versteht man einen mengen- oder wertabhängige Stückpreis (z.B. bis 100 Stück 900,00 EUR, bis 200 Stück 850,00 EUR usw.).

Die wichtigsten Konditionsarten werden im SAP-Standard ausgeliefert. Eine zentrale Aufgabe in jedem Einführungsprojekt besteht jedoch darin, die kundenindividuellen Konditionsarten im System einzustellen. Dabei sollte stets eine der vorhandenen Standard-Konditionsarten kopiert, mit einer entsprechenden Bezeichnung versehen und anschließend im Kalkulationsschema eingebaut werden. Niemals sollte man Standard-Konditionsarten verändern!

Die Abbildung Abbildung 2.1 zeigt, dass über die Konditionsart auch eine *Zugriffsfolge* ermittelt wird. Die Zuordnung der Zugriffsfolge erfolgt im Customizing der Konditionsart. Über die Zugriffsfolge wird die automatische Ermittlung der Konditionssätze im Vertriebsbeleg gesteuert. Jede *Zugriffsfolge* kann aus mehreren *Zugriffen* bestehen, jeder Zugriff besteht aus einer so genannten *Konditionstabelle*. Jede Konditionstabelle wiederum besteht aus *Zugriffsfeldern*.

Zugriffsfolge

Beispiel für eine Zugriffsfolge:

1. **Zugriff »Vertriebsbereich/Kunde/Materialnummer«**
   Hinter diesem Zugriff steht eine Konditionstabelle mit den Feldern »Vertriebsbereich« (Verkaufsorganisation, Vertriebsweg, Sparte), »Kundennummer« und »Materialnummer«.

2. **Zugriff »Vertriebsbereich/Materialnummer«**
   Hinter diesem Zugriff steht eine Konditionstabelle mit den Feldern »Vertriebsbereich« und »Materialnummer«.

Konditionssätze *Konditionssätze* enthalten letztlich die Konditionen (z. B. Preise, prozentuale Abschläge, prozentuale Zuschläge usw.). Konditionssätze werden mit den Schlüsseln angelegt, die zuvor in der Zugriffsfolge definiert wurden. Bleiben wir bei unserem Beispiel mit der Zugriffsfolge: Zunächst prüft das System, ob ein so genannter Konditionssatz mit dem Schlüssel »Vertriebsbereich/Kundennummer/Materialnummer« vom Anwender angelegt worden ist. Wenn ja, so wird der entsprechende Wert in den Kundenauftrag übernommen. Die Ermittlung des Werts für diese Konditionsart ist dann abgeschlossen. Ansonsten prüft das System, ob ein Konditionssatz mit dem Schlüssel »Vertriebsbereich/Materialnummer« vorhanden ist.

Das Beispiel zeigt, dass im Customizing der Preisfindung die grundsätzlichen Möglichkeiten eingestellt werden. Dem Anwender bleibt später überlassen, welche Möglichkeiten er verwendet. Er entscheidet, auf welcher der oben beschriebenen Ebenen eine Kondition angelegt wird. Er kann also für bestimmte Kunden individuelle Preise definieren. Bei Kunden ohne individuelle Preisvereinbarung wird der allgemeine Materialpreis gezogen.

Eine weitere Möglichkeit, den Ablauf der Anwendung zu steuern, erhält der Sachbearbeiter durch die Nutzung von *Gültigkeitszeiträumen*. Damit kann der Anwender die Wirksamkeit von Konditionen auf einen bestimmten Zeitraum einschränken. Außerdem hat er die Möglichkeit, Preisänderungen frühzeitig zu erfassen und ihnen einen in der Zukunft gültigen Zeitraum zuzuweisen. Von großer Bedeutung ist auch die Vergabe von Preisstaffeln (z. B. bis 100 Stück 10,00 EUR, bis 200 Stück 9,00 EUR usw.).

In der Regel wird der Schlüssel einer Konditionstabelle immer auch Felder aus der Organisationsstruktur enthalten. Auch das obige Beispiel ist entsprechend aufgebaut. Dies zeigt erneut, dass die Gestaltung der Systemorganisation erhebliche Auswirkungen auf das weitere Customizing hat.

Steuern Inland Besondere Bedeutung kommt der Ermittlung der richtigen Mehrwertsteuerbeträge zu. Dies gilt umso mehr, als bei Auslandsgeschäften unter bestimmten Voraussetzungen keine Mehrwertsteuer anfällt. Zunächst zum klassischen Inlandsfall.

Grundsätzlich wird der Steuerbetrag über einen Konditionssatz ermittelt. Der Konditionssatz enthält ein Steuerkennzeichen. Dieses wird im Customizing des Moduls FI (Financial Accounting) gepflegt. Dort wird auch der

Wert des Steuerkennzeichens (zur Zeit in Deutschland 16% bei voller Mehrwertsteuer) definiert. Bei nicht steuerrelevanten Vorgängen wird ein Steuerkennzeichen mit dem Wert 0 angelegt. Diese Steuerkennzeichen können nicht geändert werden. Ändert der Gesetzgeber den Steuersatz, so ist im Customizing ein neues Steuerkennzeichen anzulegen.

Nach welchen Kriterien wird aber das entsprechende Steuerkennzeichen (z.B. 16%, 0%, 7%) ermittelt? Auch die Steuerermittlung erfolgt in Abhängigkeit von Informationen, die im Debitoren- und im Materialstamm zugeordnet sind. Jedem Stammsatz wird eine Steuerklasse zugeordnet. Die möglichen Steuerklassen können im Customizing definiert werden. So kann z.B. einem Debitor, der eine gemeinnützige Einrichtung ist, eine Steuerklasse 0 (keine Mehrwertsteuer) zugeordnet werden. In diesem Fall wird immer ein Konditionssatz ermittelt, der ein Steuerkennzeichen mit dem Wert 0 enthält. In Deutschland gilt bei bestimmten Produkten der halbe Steuersatz. Im Materialstamm wird in diesem Fall eine Steuerklasse 2 (halber Satz, 7%) zugeordnet.

StKla-Kd		StKla-Mat		Betrag	Steuerkz	
0	steuerbefreit	0	Keine Steuer		A0	%
0	steuerbefreit	1	Volle Steuer		A0	%
0	steuerbefreit	2	Halbe Steuer		A0	%
1	steuerpflichtig	0	Keine Steuer		A0	%
1	steuerpflichtig	1	Volle Steuer	16,000	AN	%
1	steuerpflichtig	2	Halbe Steuer	7,000	A2	%

Abbildung 2.4 Konditionssätze zur Ermittlung des Steuerkennzeichens im Inlandsfall

Abbildung 2.4 zeigt uns die Möglichkeiten für die Ermittlung des Steuerkennzeichens im Inlandsfall. Wir sehen, dass die Steuerermittlung landesabhängig ist. Das Feld StKla-KD bedeutet *Steuerklasse Kundenstamm*. Das Feld StKla-Mat steht für *Steuerklasse Materialstamm*. Die Steuerklassen bedeuten das Folgende:

▶ Steuerklasse 0: keine Steuer

▶ Steuerklasse 1: volle Steuer (in Deutschland zur Zeit 16%)

▶ Steuerklasse 2: halbe Steuer (7%)

Immer wenn für eine der beiden Stammsätze der Steuerklasse 0 zugeordnet wurde, wird in der jeweiligen Position das Steuerkennzeichen A0

(0%) ermittelt. Nur wenn beide die Steuerklasse 1 haben, zieht der volle Steuersatz. Wenn im Material die Steuerklasse 2 hinterlegt ist, wird das Steuerkennzeichen mit 7% gezogen.

Steuern Ausland Bei Verkäufen an Kunden innerhalb der EU bleibt der Vorgang unter bestimmten Vorraussetzungen mehrwertsteuerfrei, nämlich wenn der Kunde über eine entsprechende Umsatzsteueridentnummer verfügt. Wie wird das Steuerkennzeichen im Exportfall ermittelt? Grundsätzlich über die gleiche Logik wie im Inlandsfall, doch wird zusätzlich das Abgangs- und das Empfangsland der Ware ermittelt. Die Konditionssätze und damit das Steuerkennzeichen werden also über folgende Kriterien ermittelt:

- Abgangsland
- Empfangsland
- Steuerklasse Debitor
- Steuerklasse Material

Betrachten wir die Steuerermittlung im Exportfall ebenfalls an einem Beispiel: Abbildung 2.5 zeigt uns die Steuerermittlung im Exportfall. Es wird deutlich, dass die Ermittlung des richtigen Steuerkennzeichens zusätzlich vom Abgangsland (DE) und dem Empfangsland (GB) abhängt.

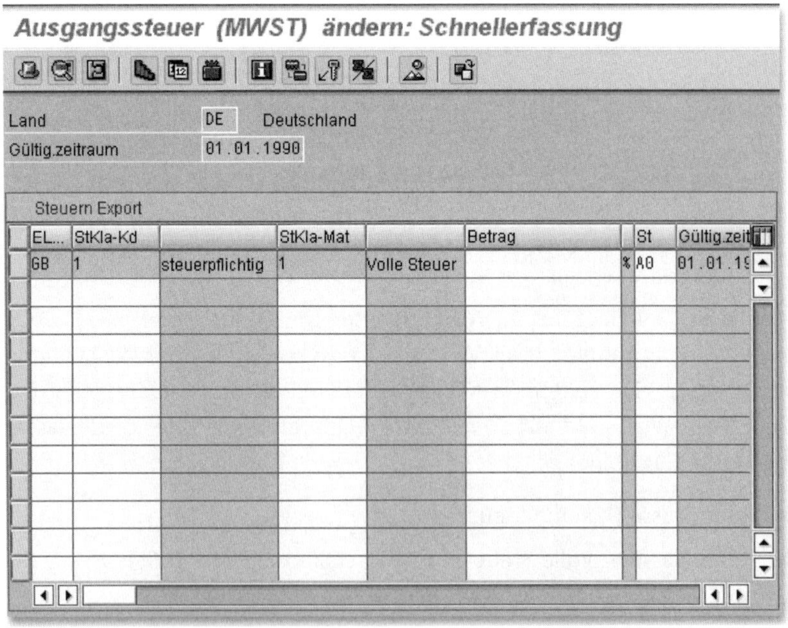

Abbildung 2.5 Konditionssätze zur Ermittlung des Steuerkennzeichens im Exportfall

Manuelle Konditionsarten sind von Konditionsarten, deren Werte im Kundenauftrag automatisch ermittelt werden, zu unterscheiden. Diese werden vom Anwender während der Belegbearbeitung erfasst. Im Customizing wird dazu im Kalkulationsschema definiert, welche Preisbestandteile im Auftrag grundsätzlich manuell erfasst werden können. Der Anwender entscheidet dann, welche Konditionsarten er nutzen will. Es sei darauf hingewiesen, dass es im SAP-Standard derzeit keine Möglichkeit zur Berechtigungsprüfung auf Konditionsebene gibt. Man kann also beispielsweise nicht festlegen, dass Anwender A nur den Rabatt A, nicht aber den Rabatt B einräumen darf. Im Online Service System der SAP (OSS) findet man zu diesem Thema wichtige Hinweise.

Manuelle Konditionen

Eine Sonderform der manuellen Konditionen sind so genannte *Kopfkonditionen*. Dies sind Konditionen, die für den gesamten Auftrag und damit für alle Positionen gültig sind. Der Anwender kann sich deshalb auch auf Kopfebene die Preisfindung anzeigen lassen, er findet dort die einzelnen Positionswerte auf Kopfebene kumuliert vor. Er kann zusätzlich Konditionsarten erfassen, die im Customizing als »Kopfkonditionen« gekennzeichnet wurden.

Kopfkonditionen

Es ist wichtig zu berücksichtigen, dass Kopfkonditionen immer auf die Positionen verteilt werden. Dies geschieht unter anderem deshalb, weil die Auswertungen in der Ergebnis- und Marktsegmentrechnung (CO-PA, siehe Abschnitt 2.12) auf Positionsebene laufen. Auch das Verbuchen von Kundenrechnungen im Modul FI erfolgt auf Positionsebene. Abhängig von Customizingeinstellungen kann die Verteilung über die Positionsmenge oder den Positionswert erfolgen.

Als Beispiel für solche Konditionen sind Frachtkonditionen zu nennen. Ein häufiges Problem besteht in der Praxis jedoch darin, dass die tatsächlichen Frachtkonditionen erst im Versand, wenn z. B. das Gewicht inkl. Verpackung bekannt ist, ermittelt werden. Damit fehlt bei der Auftragserfassung diese Information. Außerdem kommt es häufig vor, dass die einzelnen Auftragspositionen zu unterschiedlichen Zeitpunkten geliefert werden und damit nicht über gemeinsame Frachtkonditionen abgerechnet werden können. Als Lösung bietet sich hier an, die Ermittlung der Frachtkonditionen erst in der Faktura vorzunehmen. Ein anderer Weg besteht darin, mit den Kunden Pauschalbeträge für die Fracht zu vereinbaren.

Neben den automatischen Konditionsarten, deren Wert über Zugriffsfolgen und Konditionssätze ermittelt werden, gibt es weitere Konditionsarten, deren Wert vom System berechnet wird. Dazu zählt insbesondere der Verrechnungspreis, der im SAP-Standard als Konditionsart VPRS enthalten ist.

Verrechnungspreise

Preisfindung 43

Der Verrechnungspreis zeigt die Herstellkosten des Materials, das der Anwender in der Position vorgegeben hat. Der Wert wird weder über Konditionssätze ermittelt, noch manuell vorgegeben. Vielmehr ermittelt das System den Preis aus dem Bewertungssegment des Materialstamms. Bei eigengefertigten Materialien entsteht der Bewertungspreis häufig über die Kalkulation der Herstellkosten im Modul CO. Bei fremdbeschafften Materialien, z. B. Handelswaren, entsteht der Preis in der Regel durch die laufende Fortschreibung der Einkaufspreise als gleitender Durchschnittspreis. Der Verrechnungspreis hat eine doppelte Funktion: Zum einen gibt er dem Sachbearbeiter einen Hinweis auf die Marge (Umsatz – Kosten). Hier kann wieder das bereits angesprochene Berechtigungsproblem relevant werden, weil unter Umständen nicht jeder Anwender diese Marge sehen soll. Zum anderen kann der Verrechnungspreis im Modul CO-PA (Ergebnisrechnung) als Kosten des Umsatzes fortgeschrieben werden und beeinflusst so das Betriebsergebnis (siehe Abschnitt 2.12).

2.1.3 Beispiel

Im folgenden Beispiel wird die Ermittlung der Konditionsart PR00 in einem Kundenauftrag gezeigt. Dazu erfassen wir einen Kundenauftrag für unseren Kunden mit der Debitorennummer 1025 (Karl Müller GmbH). Der Kunde bestellt das Material PR4712, eine Waschlotion. In unserem Beispiel durchlaufen wir die folgenden Schritte:

1. Anzeigen des Konditionssatzes für das Material PR4712
2. Erfassen des Kundenauftrags über 250 Stück für das Material PR4712
3. Analyse der Preisfindung im Kundenauftrag
4. Vergabe einer manuellen Kondition im Kundenauftrag
5. Anzeigen der Verrechnungspreise und der Mehrwertsteuer

Schritt 1: Anzeigen des Konditionssatzes
Zunächst lassen wir uns den Konditionssatz zu der Konditionsart PR00 und unserem Beispielmaterial PR4712 anzeigen. Abbildung 2.6 zeigt, dass der Konditionssatz abhängig von den Schlüsseln Verkaufsorganisation (1000), Vertriebsweg (10) und Materialnummer (PR4712) angelegt wurde. Es handelt sich also nicht um einen kundenindividuellen Preis, sondern um einen allgemeingültigen Preis für dieses Produkt. Der Preis ist auf 15,00 EUR festgesetzt, die Gültigkeit der Kondition beginnt am 05.01.2002, und sie endet am 31.12.2002.

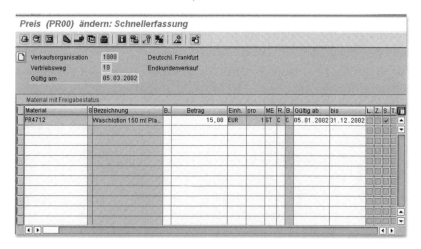

Abbildung 2.6 Konditionssatz für die Konditionsart PR00

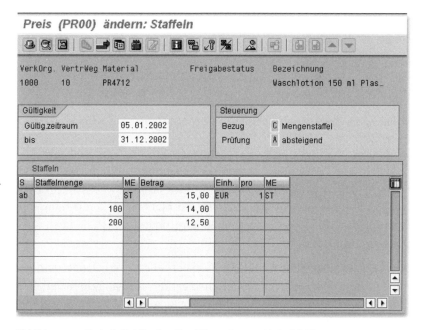

Abbildung 2.7 Preisstaffel für den Konditionssatz zum Material PR4712

Abbildung 2.7 zeigt uns, dass es sich um einen Staffelpreis handelt. Über die Preisstaffeln wird festgelegt, dass der Preis ab einer Verkaufsmenge von 100 Stück auf 14,00 EUR und ab einer Verkaufsmenge von 200 Stück auf 12,50 EUR sinkt. Wir haben es also mit einer absteigenden Staffel zu tun.

Schritt 2: Kundenauftrag erfassen

Bislang haben wir die Stammdaten zu der Konditionsart PR00 für unser Material PR4712 anzeigen lassen. Sehen wir jetzt, welche Auswirkungen die Datenpflege der Anwender beim Erfassen eines Kundenauftrags hat. Für unseren Kunden, die Karl Müller GmbH, erfassen wir dazu einen Kundenauftrag in Höhe von 250 Stück. Das System ermittelt den Preis über die Konditionsart PR00 automatisch.

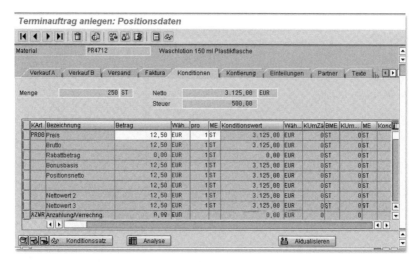

Abbildung 2.8 Ergebnis der automatischen Preisfindung im Kundenauftrag

In Abbildung 2.8 sehen wir das Ergebnis der Preisfindung. Wir sehen das Detailbild zur Preisfindung in der Kundenauftragsposition. Das System hat automatisch einen Preis von 12,50 EUR ermittelt. Bei einer Menge von 250 Stück entspricht dies aufgrund der hinterlegten Staffeln unseren Erwartungen. Über die Auftragsmenge errechnet das System einen Konditionswert in Höhe von 3125,00 EUR.

Schritt 3: Analyse der Preisfindung

Eine sehr wichtige Hilfe bietet die Funktion »Analyse«. Damit kann der Anwender nachvollziehen, über welche Zugriffsfolge das System den Preis ermittelt hat und er erkennt, welche Einstellungen im Customizing vorgenommen wurden, welche Stammdaten gepflegt wurden. Er kann damit das Ergebnis nachvollziehen und gegebenenfalls korrigieren. In unserem Beispiel führt die Funktion »Analyse« zu dem Ergebnis in Abbildung 2.9.

Der Anwender erkennt, dass die Preisfindung in diesem Auftrag über das Konditionsschema RVAA01 erfolgt. Der Konditionsart PR00 wurde im Customizing die Zugriffsfolge PR02 (sie wird in Klammern angezeigt) zugeordnet. Der erste Zugriff – Stufe 10 – erfolgt über einen kundenindividuellen Preis.

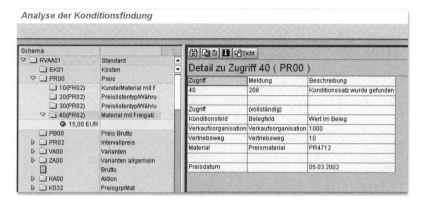

Abbildung 2.9 Analyse der Preisfindung im Kundenauftrag

Da für diesen Zugriff kein Konditionssatz vom Anwender hinterlegt wurde, wird auf dieser Stufe kein Preis ermittelt. Gleiches gilt für die Stufen 20 und 30. Erst auf der Stufe 40 findet das System einen Preis. Das Fenster rechts zeigt die Zugriffskriterien:

- Verkaufsorganisation
- Vertriebsweg
- Materialnummer

Direkt unter dem Zugriff mit der Nummer 40 zeigt das System den Preis an, der ermittelt wurde. Allerdings werden bei diesem Preis die Staffeln noch nicht berücksichtigt.

Zusätzlich zur automatisch ermittelten Konditionsart PR00 wollen wir noch eine manuelle Kondition festlegen. In unserem Auftrag wollen wir dem Kunden einen Rabatt in Höhe von 5 % einräumen. Dazu erfassen wir auf dem Konditionsbild eine Zeile mit der Konditionsart K007. Natürlich steht dem Anwender eine Auswahlhilfe zur Verfügung, die ihm die Konditionsarten des Kalkulationsschemas anbietet.

Schritt 4: Erfassen einer manuellen Kondition

In Abbildung 2.10 sehen wir, dass nun zusätzlich die Konditionsart K007 enthalten ist. In der Zeile »Nettowert 3« wird ein Zwischenbetrag in Höhe von 2965,75 EUR (Preis abzüglich Rabatt) angezeigt. Abschließend wollen wir uns noch die Steuerermittlung und die Berechnung der Konditionsart VPRS ansehen. Über die Konditionsart VPRS werden aus dem Bewertungspreis des Materialstamms die Herstellkosten des Materials ermittelt. Abbildung 2.11 zeigt uns das Bewertungsbild im Materialstamm für unser Material PR4712. Wir erkennen den Bewertungspreis in Höhe von 5,50 EUR.

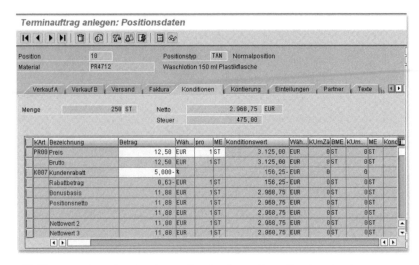

Abbildung 2.10 Vergabe einer manuellen Kondition (K007, Kundenrabatt)

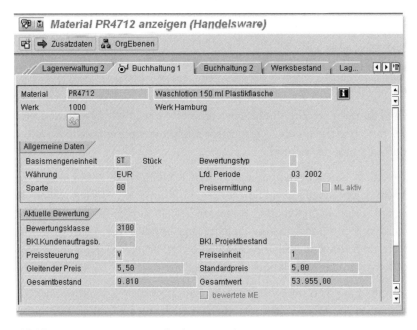

Abbildung 2.11 Bewertungspreis für das Material PR4712

Schritt 5: Anzeige MWST, Verrechnungspreise

Da es sich um einen Inlandskunden mit Steuerklasse 1 handelt und auch das Material über die Steuerklasse 1 verfügt, wird vom System ein Steuersatz in Höhe von 16% ermittelt. In Abbildung 2.12 sehen wir, wie ausgehend von dem Zwischenwert »Nettowert 3« die Steuer in Höhe von

16 % ermittelt wird. Ebenfalls ausgehend vom Zwischenwert »Nettowert 3« wird über die Konditionsart VPRS der Deckungsbeitrag und damit die Marge berechnet.

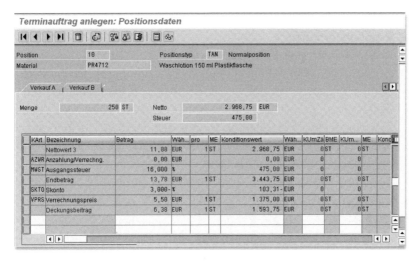

Abbildung 2.12 Anzeige der Konditionsarten für die Mehrwertsteuer und den Verrechnungspreis in der Preisfindung des Kundenauftrags

In unserem Beispiel haben wir einige Möglichkeiten der Preisfindung kennengelernt. So haben wir gesehen, wie über die Konditionsart der Preis automatisch ermittelt wurde. Wir haben die automatische Preisfindung analysiert und manuelle Konditionsarten ergänzt. Abschließend haben wir uns die Konditionsarten für die Mehrwertsteuer und den Verrechnungspreis anzeigen lassen.

2.2 Nachrichtenfindung

Mit Hilfe der Nachrichtenfindung im Modul SD wird der Informationsaustausch mit den Kunden organisiert. Der Informationsfluss zwischen Unternehmen ist vielfältig und umfasst beispielsweise das Versenden von Auftragsbestätigungen und Kundenrechnungen. Darüber hinaus gibt es Informationen, die interne Abläufe steuern, zu denen insbesondere die Erstellung von Kommissioniernachrichten gehört. Für die Übertragung kommen sowohl konventionelle Verfahren wie Druck oder Fax, in zunehmendem Maße aber auch elektronische Medien wie das Internet in Frage.

2.2.1 Betriebswirtschaftliche Grundlagen

Nachrichten im Vertriebsprozess

Jedes Unternehmen steuert die Geschäftsprozesse mit den Kunden über den Austausch von Informationen. Folgende Nachrichten werden im Verlauf des Vertriebsprozesses versendet:

▶ **Angebotsformulare**
Diesen kommt eine besondere Bedeutung zu. Klar strukturierte und zweckmäßige Informationen steigern die Auftragswahrscheinlichkeit. Darüber hinaus ist es notwendig, strukturierte Informationen (Kundennummer, Bestellnummer als Referenz, Materialnummer, Preise, Zuschläge, Rabatte, Lieferunsgs- und Zahlungsbedingungen) durch zusätzliche ergänzende Texte abzurunden. Auch dienen Angebote als Marketinginstrument, um das Interesse des Kunden auf weitere Produkte und Leistungen des Unternehmens zu lenken.

▶ **Auftragsbestätigungen**
Nach der Bestellung des Kunden ist eine umgehende Bestätigung des Auftrags wichtig. Beim Kunden wird damit die weitere Disposition in der Lieferkette gesteuert. Die Auftragsbestätigung enthält auch die endgültige Preisvereinbarung sowie das geplante Lieferdatum. Auftragsbestätigungen umfassen häufig auch die Allgemeinen Geschäftsbedingungen des Unternehmens.

▶ **Lieferavise**
Lieferavise sind Nachrichten, die dem Kunden eine bevorstehende Lieferung nochmals ankündigen. Sie werden beim Warenausgang an den Kunden versendet.

▶ **Kommissionierlisten**
Diese Listen richten sich an die eigene Lagerverwaltung. Sie geben eine Information darüber, welche Produkte wann an wen über welchen Weg geliefert werden sollen.

▶ **Lieferscheine**
Lieferscheine begleiten die Ware auf ihrem Weg zum Kunden. Sie enthalten vor allem die Adresse des Warenempfängers und die Liefermenge. Die Wareneingangsprüfung beim Kunden basiert auf diesen Dokumenten.

▶ **Rechnungen**
Mit Hilfe von Rechnungsformularen erfolgt die Berechnung von Waren und Leistungen. Sie enthalten die erbrachten Leistungen und gelieferten Produkte und deren Preis und Zahlungsbedingungen. Vor allem muss auch die entsprechende Mehrwertsteuer den gesetzlichen Vorschriften entsprechend ausgewiesen werden.

▶ **Rechnungslisten**

Neben Einzelrechnungen können Kunden auch Rechnungslisten für bestimmte Perioden zur Verfügung gestellt werden. Diese enthalten eine Auflistung aller Rechnungen dieser Periode. Der Kunde kann dann in einem Zahlungsvorgang sämtliche Rechnungen begleichen.

Grundsätzlich ist bei der Übermittlung der Informationen zwischen der *konventionellen Übertragung* (Druck und anschließender Versand über den Postweg) und der *elektronischen Übertragung* (z.B. via EDI-Nachricht und XML-Nachricht) zu unterscheiden. Bei der elektronischen Übertragung steht die Frage nach dem Inhalt der Nachricht im Mittelpunkt. Folgende Fragen sind zu beantworten:

Elektronische Übertragung

▶ Welche Informationen benötigt der Kunde, um die Nachricht in seiner Organisation und seinen EDV-Systemen verarbeiten zu können (z.B. als Referenz seine Bestellnummer, seine Kundennummer beim Lieferanten, die Auftragsmenge, Preise, Zahlungs- und Lieferungsbedingungen usw.)?

▶ Welche Informationen sind aus rechtlicher Sicht notwendig (bei Rechnungen z.B. Ausweis der Mehrwertsteuer, bei Exportrechnungen der Exportwert des Auftrags)?

Dagegen geht es bei manuellen Nachrichten nicht allein um den Inhalt, sondern auch um Form und Gestaltung. Formulare müssen den Corporate Design-Richtlinien des Unternehmens entsprechen. Außerdem müssen die Informationen übersichtlich angeordnet werden, damit sie schnell und fehlerfrei weiterverarbeitet werden können.

Konventionelle Übertragung

2.2.2 Komponenten der Nachrichtenfindung

Ähnlich wie bei der Preisfindung geht es bei der Nachrichtenfindung darum, in den einzelnen Vertriebsbelegen (z.B. Auftrag, Lieferung, Faktura) die für den Kunden relevanten Nachrichten zu finden, wobei das System automatisch den richtigen Übertragungsweg (elektronisch, manuell) ermitteln sollte. Auch bei der Nachrichtenfindung kommt wie bei der Preisfindung die *Konditionstechnik* zum Einsatz.

Im Folgenden soll deutlich werden, welche grundsätzlichen Gestaltungsmöglichkeiten im Customizing zur Verfügung stehen und an welchen Stellen der Anwender über den Ablauf der Nachrichtenfindung entscheiden kann.

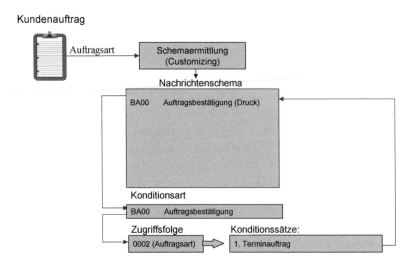

Abbildung 2.13 Ablauf der Konditionstechnik am Beispiel der Nachrichtenfindung

Überblick
Abbildung 2.13 zeigt den Ablauf der Konditionstechnik bei der Nachrichtenfindung im Überblick. Dargestellt ist der Ablauf der Nachrichtenfindung im Überblick. Über die *Auftragsart* des Vertriebsbelegs wird analog zum *Kalkulationsschema* in der Preisfindung ein *Nachrichtenschema* ermittelt. Das Nachrichtenschema enthält – analog zu den Konditionsarten der Preisfindung – die Nachrichtenarten, die in dem Vertriebsbeleg verarbeitet werden sollen. Jeder Nachrichtenart ist eine Zugriffsfolge zugeordnet. Dort werden die Schlüsselbegriffe definiert, mit denen die Anwender Konditionssätze anlegen können. In Abbildung 2.13 wird für die Nachrichtenart BA00 (Auftragsbestätigung) eine Zugriffsfolge mit dem Schlüssel »Auftragsart« ermittelt. Der Anwender hat einen Konditionssatz für die Auftragsart »Terminauftrag« angelegt.

Nachrichtenschema
Im Customizing wird jeder Vertriebsbelegart ein Nachrichtenschema zugeordnet. Über diese Zuordnung wird beim Erfassen des Vertriebsbelegs (z.B. Auftrag, Lieferschein oder Faktura) das entsprechende Nachrichtenschema ermittelt. Abbildung 2.14 zeigt die Schemaermittlung im Customizing.

VArt	Bezeichnung	NachSr	Bezeichnung	Nachr.art	Bezeichnung
01	Kundenprimärbedarf				
AA	Aktionsauftrag	V10000	Auftragsnachrichten	BA00	Auftragsbestätigung
AE	AG aus Serviceauftr.	V06000	Angebotsnachrichten	AN00	Angebot
AF	Anfrage	V05000	Anfragenachrichten	AF00	Anfrage
AG	Angebot	V06000	Angebotsnachrichten	AN00	Angebot
AP	Angebot Projekt	V06000	Angebotsnachrichten	AN00	Angebot
AR	Angebot Reparatur	V06000	Angebotsnachrichten	AN00	Angebot

Abbildung 2.14 Ermittlung des Nachrichtenschemas im Customizing

Das Nachrichtenschema enthält analog zu den Konditionsarten bei der Preisfindung die unterschiedlichen Nachrichtenarten. Damit stellt das Nachrichtenschema den Rahmen für die Nachrichtenfindung in den Vertriebsbelegen dar. Die wichtigsten Nachrichtenschemata werden im SAP-Standard ausgeliefert. Abbildung 2.15 zeigt das Customizing des Standardschemas V1000.

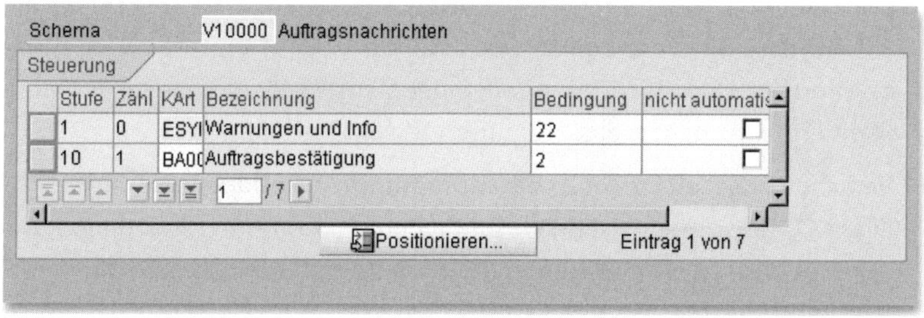

Schema		V10000	Auftragsnachrichten		
Steuerung					
Stufe	Zähl	KArt	Bezeichnung	Bedingung	nicht automatis
1	0	ESY	Warnungen und Info	22	☐
10	1	BA00	Auftragsbestätigung	2	☐

Abbildung 2.15 Customizing des Nachrichtenschemas

Die Einstellungsmöglichkeiten sind jedoch weit weniger komplex als bei der Preisfindung. In erster Linie enthält das Nachrichtenschema die Nachrichtenarten, die in einem Beleg grundsätzlich verarbeitet werden können (z. B. Auftragsbestätigung). Über das Kennzeichen »nicht automatisch« wird festgelegt, ob die Nachrichtenart automatisch über vom Anwender gepflegte Kondtionssätze ermittelt wird oder vom Anwender manuell während der Belegbearbeitung vorzugeben ist. Über Bedingungen kann die Relevanz einer Nachricht von bestimmten Ereignissen abhängig gemacht werden.

Über die Nachrichtenart wird zunächst das Sendemedium im Customizing eingestellt. Die wichtigsten Sendemedien im Modul SD sind:

Nachrichtenarten

▶ **Druckausgabe**
Aus dem Vertriebsbeleg heraus wird ein Formular gedruckt und anschließend versendet.

- Telefax

  Das Formular wird nicht gedruckt, sondern über einen Faxserver an den Kunden per Faxnachricht übermittelt.

- EDI

  Aus dem Vertriebsbeleg heraus wird zunächst eine Datei im IDoc-Format erzeugt. IDoc steht für *Intermediate Document.* Die IDoc-Dateien werden über die Nachrichtensteuerung an einen EDI-Konverter versendet. Dort findet die Umsetzung in standardisierte EDI-Formate und die Versendung der Nachricht statt.

Verarbeitungszeitpunkt einstellen

Ebenfalls auf der Ebene der Nachrichtenart wird im Customizing ein Vorschlagswert für den Verarbeitungszeitpunkt eingestellt. Dieser kann später vom Anwender sowohl im Konditionssatz als auch im Vertriebsbeleg verändert werden. Folgende Verarbeitungszeitpunkte sind möglich:

- **Verarbeitungszeitpunkt 1: Batchprogramm**

  Die Nachricht wird im Vertriebsbeleg ermittelt und später durch ein Batchprogramm verarbeitet. Das Programm wird von der Basisadministration als so genannter *Job* eingeplant (z.B. einmal täglich). Im Standard wird hierzu das Programm RSNAST ausgeliefert.

- **Verarbeitungszeitpunkt 2: Batchprogramm + Zeitangabe**

  Diese Option entspricht im wesentlichen der Option 1. Allerdings kann der Anwender zusätzlich einen Zeitpunkt definieren, zu dem die Verarbeitung frühestens erfolgen soll.

- **Verarbeitungszeitpunkt 3: Ausgabetransaktion**

  In diesem Fall muss der Anwender durch eine eigene Transaktion die Verarbeitung der Nachricht explizit anstoßen.

- **Verarbeitungszeitpunkt 4: Automatisch**

  Die Nachricht wird automatisch beim Sichern des Beleges verarbeitet.

Formulargestaltung

Jeder Nachrichtenart wird im Customizing ein so genanntes *Druckprogramm* und ein entsprechendes Formular zugeordnet. Das Druckprogramm steuert die Ermittlung der Daten, die im Formular angezeigt werden sollen. Im Formular werden die Anordnung der Informationen und das grafische Design festgelegt. In nahezu jedem Einführungsprojekt werden Druckprogramme und Formulare angepasst. Dies ist v.a. deshalb erwähnenswert, weil die Anpassungen nicht über das Customizing erfolgen.

Das Druckprogramm ist in der SAP-Programmiersprache ABAP/4 entwickelt. Es handelt sich deshalb bei der Anpassung des Programms um eine Erweiterung des SAP-Standards. Abhängig von den vorgenommenen Erweiterungen wird eine Anpassung beim Releasewechsel notwendig. In der Regel kopiert man das vorhandene Standard-Druckprogramm und ergänzt die Informationen, die zusätzlich im Formular benötigt werden. Anschließend wird das neue Druckprogramm der entsprechenden Nachrichtenart zugeordnet. Als Beispiel für eine Erweiterung des Druckprogramms sei hier die Anforderung eines Kunden der PIKON genannt: In der Auftragsbestätigung des Kunden sollten neben den Auftragsdaten auch die Daten aller rückständigen Aufträge (Aufträge mit überschrittenem Liefertermin) gedruckt werden.

Druckprogramm

Formulare werden in der Programmiersprache der SAP-eigenen Textverarbeitung SAPscript erstellt. Im SAP-Standard werden die wichtigsten Formulare ausgeliefert, die dann in der Regel kopiert und gemäß den unternehmensspezifischen Anforderungen geändert werden. Zu den wichtigsten Anpassungen gehören beispielsweise der Druck des Firmenlogos auf dem Formular, doch ist auch die übersichtliche Anordnung von Informationen sehr wichtig. Häufig müssen die Formulare so gestaltet werden, dass sie auf vorgedrucktem Geschäftspapier ausgegeben werden können. Formulare sind sprachabhängig. Für jede Sprache, in der die Nachricht ausgegeben werden soll, ist ein entsprechendes Formular zu gestalten.

Wie bei den Konditionsarten der Preisfindung wird auch den Nachrichtenarten jeweils eine *Zugriffsfolge* zugeordnet. Ausgenommen sind die manuellen Nachrichtenarten, die vom Anwender erfasst werden müssen. Über die Zugriffsfolge wird die automatische Ermittlung der Nachricht im Vertriebsbeleg gesteuert. Jede Zugriffsfolge kann aus mehreren *Zugriffen* bestehen. Jeder Zugriff besteht aus einer so genannten *Konditionstabelle*. Jede Konditionstabelle besteht aus *Zugriffsfeldern*.

Zugriffsfolge

Beispiel für eine Zugriffsfolge in der Nachrichtenfindung:

1. **Zugriff: Vertriebsbereich/Belegart/Kunde**
   Hinter diesem Zugriff steht eine Konditionstabelle mit den Feldern »Vertriebsbereich« (Verkaufsorganisation, Vertriebsweg, Sparte) »Belegart« (z.B. Terminauftrag) und »Kundennummer«.

2. **Zugriff: Vertriebsbereich/Belegart**
   Hinter diesem Zugriff steht eine Konditionstabelle mit den Feldern »Vertriebsbereich« und »Belegart«.

Konditionssätze Bei der Nachrichtenfindung im Vertriebsbeleg prüft das System zunächst, ob ein so genannter *Konditionssatz* mit den Schlüsseln »Vertriebsbereich/ Belegart/Kundennummer« vom Anwender angelegt worden ist. Mit diesem Zugriff kann die Nachrichtenfindung kundenindividuell gesteuert werden. In der Praxis wird dies dann erforderlich, wenn man mit einigen wenigen Kunden einen Nachrichtenaustausch über EDI oder XML-Nachrichten eingestellt hat. Mit den restlichen Kunden kommuniziert man über Drucknachrichten. Wird also für den ersten Zugriff eine Nachricht gefunden, so wird diese in den Vertriebsbeleg übernommen. Die Nachrichtenfindung ist abgeschlossen. Ansonsten prüft das System, ob ein Konditionssatz mit dem Schlüssel »Belegart« vorhanden ist.

Das Beispiel zeigt, dass im Customizing der Nachrichtenfindung der Rahmen definiert wird. Durch die Pflege der Konditionssätze entscheidet der Anwender letztlich über den Ablauf der Anwendung.

2.2.3 Beispiel

Im folgenden Beispiel wird die Ermittlung der Auftragsbestätigung im Kundenauftrag gezeigt. Wir werden dabei folgende Schritte unternehmen:

1. Anzeige des Konditionssatzes für die Nachrichtenart BA00 (Auftragsbestätigung)
2. Anlegen eines Kundenauftrags mit der Auftragsart TA (Terminauftrag)
3. Anzeige der Nachrichtenfindung im Kundenauftrag
4. Ausdrucken der Nachricht

Schritt 1: Konditionssatz anzeigen Für die Auftragsbestätigung existiert die Nachrichtenart BA00. Abbildung 2.16 zeigt den Konditionssatz, den der Anwender im Modul SD erfasst hat. In dem Konditionssatz wird festgelegt, dass für die Vertriebsbelegart TA (Terminauftrag) die Nachrichtenart BA00 (Auftragsbestätigung) ermittelt wird. Diese Nachricht ist der Partnerrolle AG (Auftraggeber) zugeordnet. Damit wird die Nachricht an den Auftraggeber versendet, der im Kundenauftrag erfasst wurde. Als Medium ermittelt das System die Option 1 (Druck). Der Vorschlag für den Verarbeitungszeitpunkt lautet auf 3. Damit muss der Anwender den Druck der Nachricht nach dem Sichern des Belegs durch eine Onlinetransaktion selbst anstoßen. Diese Option kann im Auftrag geändert werden.

Abbildung 2.17 zeigt das Detailbild des Konditionssatzes, wo zusätzliche Druckoptionen gepflegt werden können.

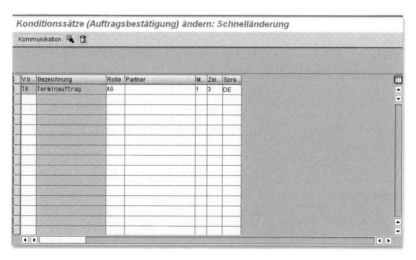

Abbildung 2.16 Konditionssatz in der Nachrichtenfindung

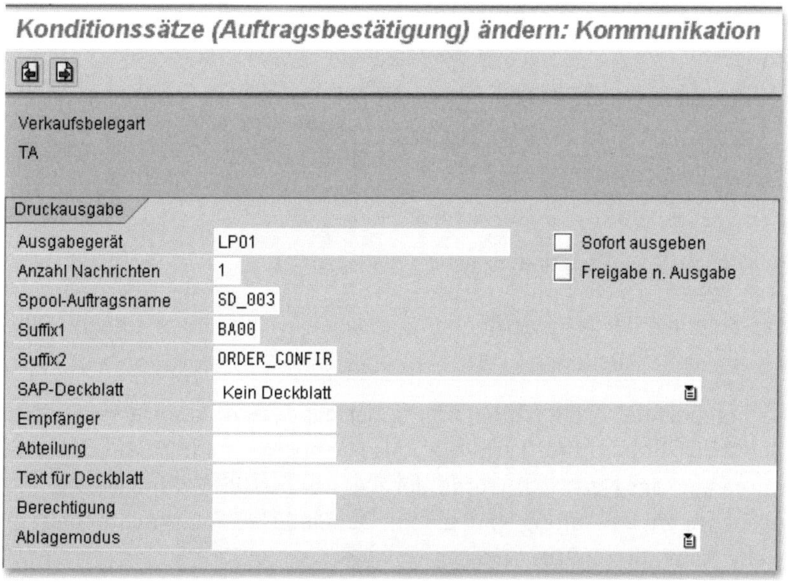

Abbildung 2.17 Druckoptionen im Konditionssatz der Nachrichtenfindung

Neben dem Drucker, auf dem die Nachricht ausgegeben wird (in Abbildung 2.17 ist dies der Drucker LP01), kann der Anwender festlegen wie viele Kopien (Anzahl Nachrichten) erzeugt werden sollen, ob ein Deckblatt gedruckt werden soll und welchen Namen der Eintrag im Spoolingsystem haben soll. Über die Option »Sofort ausgeben« wird gesteuert, ob nach dem Start der Nachrichtenverarbeitung eine zusätzliche Freigabe im

Spoolingsystem notwendig ist. Dies ist jedoch nur bei der Batchverarbeitung der Nachrichten sinnvoll. Über das Spoolingsystem werden die Druckausgaben verwaltet. Dort können sich Administratoren die Druckaufträge und deren Status anzeigen lassen.

Schritt 2: Kundenauftrag anlegen

Im zweiten Schritt erfassen wir einen Kundenauftrag mit der Auftragsart TA (wird vom Anwender bei der Erfassung vorgegeben) für unseren Kunden mit der Debitorennummer 95100 (Lebensmittel Klein & Fein OHG). In der Auftragsposition erfassen wir das Material PR4712. Abbildung 2.18 zeigt uns die Auftragserfassung.

Abbildung 2.18 Auftragserfassung mit der Auftragsart TA

Schritt 3: Anzeige der Nachrichtenfindung

Das Ergebnis der Nachrichtenfindung sehen wir in einem eigenen Bildschirm (siehe Abbildung 2.19).

Als Ergebnis der Nachrichtenfindung hat das System in unserem Auftrag die Nachrichtenart BA00 ermittelt. Als Nachrichtenpartner und damit als Empfänger der Nachricht wurde der Debitor 95100 (Auftraggeber) festgelegt. Auch im Auftrag gibt es ein Detailbild zur Nachrichtenfindung (siehe Abbildung 2.20).

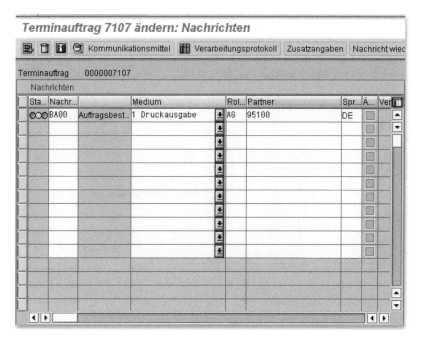

Abbildung 2.19 Ergebnis der Nachrichtenfindung im Kundenauftrag

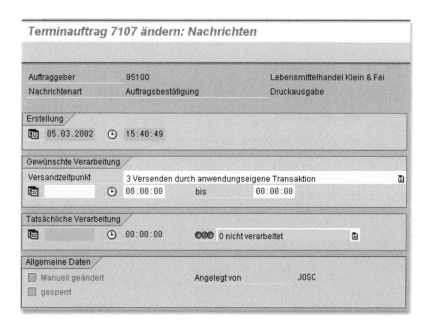

Abbildung 2.20 Ergebnis der Nachrichtenfindung im Kundenauftrag (Detailbild)

**Schritt 4:
Ausdrucken der
Nachricht**

Wir sehen in Abbildung 2.20, dass der Druckzeitpunkt aus dem Konditionssatz in den Beleg übernommen wurde. Der Anwender muss den Belegdruck selbst initiieren. In Abbildung 2.21 sehen wir eine gedruckte Auftragsbestätigung.

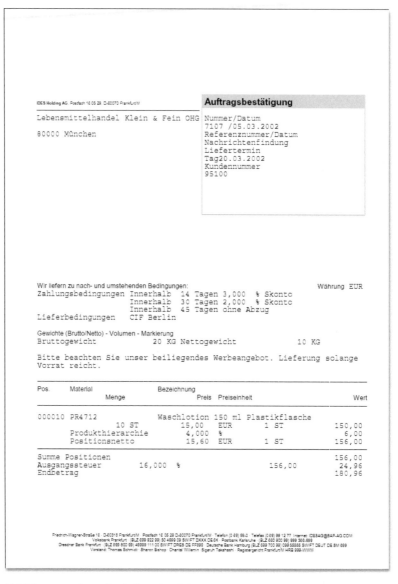

Abbildung 2.21 Formular Auftragsbestätigung

2.3 Verfügbarkeitsprüfung

Neben Preisen und Konditionen, den Lieferbedingungen und der Produktqualität entscheidet der Liefertermin oft über den erfolgreichen Verkaufsabschluss. Dabei ist die Aussage über die Verfügbarkeit nicht einfach zu treffen: Eine enge Abstimmung zwischen Vertrieb, Materialwirtschaft und Produktion ist erforderlich, um dem Kunden die Ware zum gewünschten Termin zusagen zu können. Wenn es eine Funktion gibt, an der sich die Notwendigkeit von bereichs- und modulübergreifendem Denken veranschaulichen lässt, so ist dies ganz sicher die Verfügbarkeitsprüfung. An ihr wird die Sinnhaftigkeit der prozessorientierten Gestaltung und Einführung von SAP R/3 Systemen deutlich.

2.3.1 Betriebswirtschaftliche Grundlagen

Die Verfügbarkeit eines Produktes wird über eine dynamische Verfügbarkeitsprüfung ermittelt. Dabei werden neben dem vorhandenen Lagerbestand die geplanten Zugänge aus der Fertigung (oder bei Handelswaren aus Bestellungen beim Lieferanten) und die geplanten Abgänge (aus Kundenaufträgen) berücksichtigt. Innerhalb des SAP-Systems bezeichnet man diese Vorgehensweise auch als ATP-(Available-to-Promise-)Prüfung. Abbildung 2.22 zeigt diesen Zusammenhang.

ATP-Prüfung

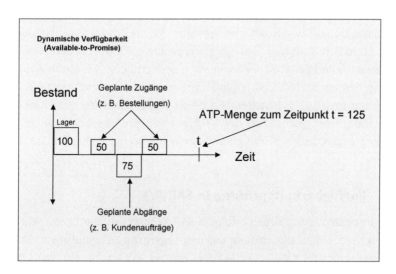

Abbildung 2.22 Dynamische Verfügbarkeitsprüfung

Schon an dieser Stelle wird der enge Zusammenhang zur Produktionsplanung und -steuerung des Unternehmens deutlich. Die geplanten Zugänge, z. B. in Form von Planaufträgen, ergeben sich nämlich aus dem Produktionsplan des Unternehmens. Die Bedarfe aus den Vertriebsbelegen werden in diesen Plan eingelastet und verändern damit permanent die Situation in Vertrieb und Produktion. Die vorhandenen Bestände sind ebenfalls Bestandteil der Verfügbarkeitsprüfung. Sie werden über die Materialwirtschaft verwaltet und verändern sich mit jeder Warenbewegung.

Verrechnung gegen Vorplanung Neben der dynamischen Verfügbarkeitsprüfung im ATP-Verfahren kennt man auch die so genannte *Verrechnung gegen die Vorplanung*. Dabei erfolgt in der Produktionsplanung eine auftragsunabhängige Vorplanung. Jeder eintreffende Kundenauftrag verrechnet sich gegen diese Vorplanung, d.h. die Aufträge bauen die Vorplanung schrittweise ab. Ein Produkt gilt in diesem Verfahren dann als verfügbar, wenn noch eine Vorplanungsmenge in der Produktionsplanung vorhanden ist, und zwar unabhängig von tatsächlich vorhandenen Beständen. Die bei der Verrechnungssystematik nicht berücksichtigt werden.

SAP R/3 bietet außerdem die Möglichkeit, eine Verfügbarkeitsprüfung gegen Kontingente durchzuführen. Kontingente können für Regionen oder einzelne Kunden definiert werden. Mit Kontingenten soll sichergestellt werden, dass die vorhandenen Produkte nicht durch einzelne Kunden oder Aufträge aufgebraucht werden.

Aus den genannten Verfahren zur Ermittlung der Verfügbarkeit eines Produktes (ATP, Verrechnung gegen die Vorplanung) ergeben sich unterschiedliche betriebswirtschaftliche Szenarien für die Produktionsplanung. Diese Szenarien kommen den unterschiedlichen Produktionsszenarien (Kundeneinzelfertigung, Serienfertigung, Lagerfertigung) gleich. In Kapitel 4 werden wir diese Szenarien mit entsprechenden modulübergreifenden Systembeispielen vorstellen. An dieser Stelle sollen der Ablauf und die Gestaltungsmöglichkeiten der Verfügbarkeitsprüfung bzw. der Verrechnung gegen die Vorplanung nun allgemein und beispielhaft erläutert werden.

2.3.2 Verfügbarkeitsprüfung in SAP R/3

Die Prüfung der Verfügbarkeit erfolgt in SAP R/3 stets auf der Ebene Werk und Lagerort. Damit die Prüfung auf den Lagerort durchgeführt werden kann, muss auch im Kundenauftrag der Lagerort vorhanden sein. Im Customizing kann die Prüfung auf Lagerortebene ausgeschaltet werden.

Die Produktionsplanung und die Materialbedarfsplanung (Disposition) werden ebenfalls auf Werksebene durchgeführt. In den Vertriebsbelegen wird das Auslieferwerk automatisch ermittelt. Sowohl im Kundenstamm als auch im Materialstamm ist ein Auslieferwerk definiert, wobei das Auslieferwerk des Kundenstamms Priorität hat. Nur wenn kein Auslieferwerk im Kundenstamm definiert ist, wird der Eintrag aus dem Materialstamm gezogen. Der Anwender kann das Auslieferwerk im Kundenauftrag manuell ändern.

Ausgangspunkt der Verfügbarkeitsprüfung in den Vertriebsbelegen ist stets die Bedarfsart. Sie steuert den Ablauf der Verfügbarkeitsprüfung in den Vertriebsbelegen. Sie wird über eine der folgenden Quellen automatisch ermittelt:

Bedarfsart

- **Strategiegruppe im Materialstamm (Dispositionsdatenbild)**
  Auf dem Dispositionsdatenbild wird dem Materialstamm eine Strategiegruppe zugeordnet. Im Customizing des Moduls PP (Produktionsplanung) wird der Strategiegruppe eine Bedarfsart für die Vertriebsabwicklung zugeordnet, die dann an den Kundenauftrag übergeben wird.

- **Dispositionsgruppe im Materialstamm (Dispositionsdatenbild)**
  Die zweite Möglichkeit besteht darin, im Materialstamm eine Dispogruppe zuzuordnen. Zur Dispogruppe werden im PP-Customizing die relevanten Parameter für die Durchführung der Materialbedarfsplanung hinterlegt. Dazu gehört unter anderem auch die Strategiegruppe. Innerhalb der Strategiegruppe wird dann im Customizing (siehe voriger Absatz) die Bedarfsart zugeordnet.

- **Kombination aus Positionstyp und Dispositionsmerkmal im Customizing des Moduls SD**
  Die dritte Möglichkeit besteht darin, die Ermittlung der Bedarfsart unabhängig von Einstellungen im Modul PP zu ermitteln. Im SD-Customizing wird aus der Kombination Positionstyp und Dispomerkmal die Bedarfsart festgelegt. Das Dispomerkmal wird im Materialstamm zugeordnet und regelt das Dispositionsverfahren für das Material (verbrauchsgesteuerte deterministische Disposition). Der Positionstyp steuert im Vetriebsbeleg den Ablauf der Positionsbearbeitung. Im SD-Customizing kann festgelegt werden, dass diese Ermittlung der Bedarfsart Priorität hat. Dann wird die Bedarfsart in jedem Fall (unabhängig von der Strategiegruppe) über den Positionstyp ermittelt.

Über die *Bedarfsart* wird im SD-Customizing eine *Bedarfsklasse* ermittelt. In der Bedarfsklasse werden die Customizing-Einstellungen für die Verfügbarkeitsprüfung und die Bedarfsübergabe vorgenommen. Abbildung 2.23 zeigt einen Teil der Steuerungsmöglichkeiten, die für eine Bedarfsklasse im Customizing eingestellt werden.

Bedarfsklasse

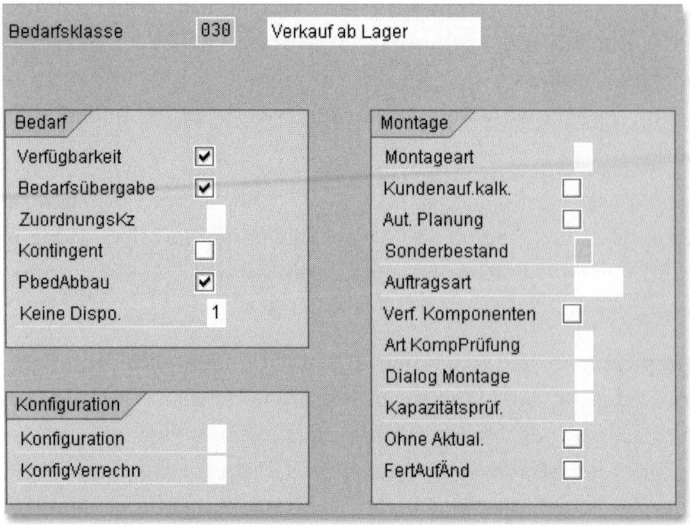

| Bedarfsklasse | 030 | Verkauf ab Lager |

Bedarf
- Verfügbarkeit ☑
- Bedarfsübergabe ☑
- ZuordnungsKz
- Kontingent ☐
- PbedAbbau ☑
- Keine Dispo. 1

Konfiguration
- Konfiguration
- KonfigVerrechn

Montage
- Montageart
- Kundenauf.kalk. ☐
- Aut. Planung ☐
- Sonderbestand
- Auftragsart
- Verf. Komponenten ☐
- Art KompPrüfung
- Dialog Montage
- Kapazitätsprüf.
- Ohne Aktual. ☐
- FertAufÄnd ☐

Abbildung 2.23 Customizing der Bedarfsklasse in SAP R/3

Dabei wird deutlich, dass die Bedarfsklasse das zentrale Objekt zur Einstellung der Verfügbarkeitsprüfung ist. Im Folgenden werden wir noch Einstellungen zur Bedarfsklasse zeigen, die die Module PP und CO betreffen. Doch zunächst zu den relevanten Einstellungen für die Verfügbarkeitsprüfung und die Bedarfsübergabe: Grundsätzlich wird für die Bedarfsklasse eingestellt, ob überhaupt eine Bedarfsübergabe bzw. eine Verfügbarkeitsprüfung erfolgt (siehe Abbildung 2.23 im Bereich »Bedarf«).

Bedarfsübergabe Unter *Bedarfsübergabe* ist die Übergabe des Kundenauftragsbedarfes an die Disposition zu verstehen. Ist die Bedarfsübergabe aktiviert, so wird der Bedarf anschließend in der *Aktuellen Bedarfs- und Bestandsliste* angezeigt. Diese Liste zeigt die aktuellen Bestände sowie alle dispositionsrelevanten Zu- und Abgänge. Sie ist eines der Hauptwerkzeuge der Disponenten im Unternehmen. Über das Kennzeichen »keine Dispo.« wird eingestellt, welche Auswirkung der Kundenbedarf in der Disposition haben soll. Folgende Optionen sind möglich:

- Der Bedarf wird disponiert, d.h. er beeinflusst die Produktionsplanung, indem bei Unterdeckung eine Beschaffung ausgelöst wird.
- Der Bedarf wird angezeigt aber nicht disponiert, d.h. der Bedarf erscheint in der Aktuellen Bedarfs- und Bestandsliste, er hat aber keine Auswirkung auf die Produktion. Er dient nur zur Information des Disponenten.
- Der Bedarf wird weder angezeigt noch disponiert.

Über das *Zuordnungskennzeichen* (siehe Abbildung 2.23) wird festgelegt, ob eine Verrechnung gegen die Vorplanung erfolgt. Folgende Einstellungen sind möglich:

▶ Keine Verrechnung
▶ Verrechnung gegen Vorplanung mit Endmontage
▶ Verrechnung gegen Vorplanung ohne Endmontage
▶ Verrechnung gegen Vorplanungsmaterial

Bei der Option *Vorplanung mit Endmontage* wird eine Vorplanung (z. B. aus einem Absatzplan) für das Fertigprodukt angelegt. Die Planung löst unabhängig von vorliegenden Kundenaufträgen Produktionsbedarfe aus und initiiert damit die Fertigung. Die eingehenden Kundenaufträge verrechnen sich gegen die Vorplanung. Bei der Verrechnung werden Vorplanungsbedarfe abgebaut. Gleichzeitig wird ein Kundenauftragsbedarf an die Disposition übergeben. Ist der Auftragsbedarf größer als der Vorplanungsbedarf, so wird die geplante Produktionsmenge erhöht! Ist der Kundenauftragsbedarf kleiner oder gleich der vorgeplanten Menge, ändert sich die Produktionsplanung nicht. Man nutzt diese Strategie dann, wenn man zwar den Absatz relativ gut planen kann, aber eine Anpassung des Produktionsprogramms an eingehende Kundenaufträge vornehmen will.

Vorplanung mit Endmontage

Bei diesem Szenario wird die Verfügbarkeitsprüfung auf der *ATP-Logik* durchgeführt. Hier wird deutlich, dass Verrechnungslogik und ATP-Logik kombiniert werden können: In diesem Fall wird der Vorplanungsbedarf über die Verrechnung abgebaut, die Verfügbarkeit jedoch über die ATP-Logik bestimmt.

Bei der Option *Vorplanung ohne Endmontage* erfolgt lediglich die Planung der Komponenten auftragsunabhängig. Die Endmontage erfolgt dagegen erst, wenn konkrete Kundenaufträge vorliegen. Da die Endprodukte zum Zeitpunkt des Auftragseingangs noch nicht am Lager sind, empfiehlt sich hier eine reine Verrechnungslogik ohne ATP-Verfügbarkeitsprüfung. Bei dieser Strategie kann sehr schnell auf Kundenanforderungen reagiert werden. Auch lassen sich Variantenprodukte mit kundenindividueller Endmontage darüber abbilden.

Vorplanung ohne Endmontage

Bei der Option *Vorplanung mit Vorplanungsmaterial* erfolgt die Planung auf der Basis eines Vorplanungsmaterials. Dabei handelt es sich um »virtuelles Material«, welches nicht gefertigt wird, sondern lediglich zur Planung dient. Materialien, die über eine gemeinsame Fertigungsstraße produziert werden, können über ein gemeinsames Vorplanungsmaterial

Vorplanung mit Vorplanungsmaterial

eingeplant werden. Dabei geht man davon aus, dass die Materialien gleiche Komponenten benötigen. Die Endmontage erfolgt dann wieder kundenindividuell. Eine ATP-Prüfung ist hier grundsätzlich nicht sinnvoll. Die Verfügbarkeit kann nur über die Verrechnung gegen die Vorplanung ermittelt werden.

Abbau Planprimärbedarf
Das Kennzeichen »PbedAbbau« (siehe Abbildung 2.23) steuert den Abbau von Planprimärbedarfen. Dies ist vor allem bei der anonymen Lagerfertigung sinnvoll. Kundenauftragsbedarfe verrechnen sich bei diesem Szenario nicht gegen die Vorplanung, der Planprimärbedarf der Produktionsplanung wird erst beim Buchen des Warenausgangs durch die Lieferung abgebaut.

Über die Bedarfsklasse erfolgen auch Einstellungen zur Steuerung der Abläufe in den Modulen CO (Controlling) und PP (Produktionsplanung und -steuerung). Abbildung 2.24 zeigt diese Optionen.

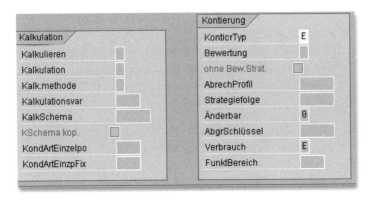

Abbildung 2.24 Customizing Bedarfsklasse (Module CO und PP)

Über die Option »Kalkulieren« wird festgelegt, ob eine Kundenauftragskalkulation zur Ermittlung der Herstell- bzw. der Selbstkosten (Selbstkosten = Herstellkosten + Gemeinkostenzuschläge) erfolgt. Mit dem Kontierungstyp wird eingestellt, ob es sich um eine Kundeneinzelfertigung handelt. Bei der Kundeneinzelfertigung wird mit der Bedarfsübergabe ein so genanntes *Einzelbestandssegment* angelegt. Damit wird ein Bestand auf der Ebene der Kundenauftragsposition verwaltet und disponiert. An dieser Stelle wollen wir auf den Zusammenhang zu den Szenarien im Controlling hinweisen. Wir kommen auf die Thematik der Einzelbestände in Abschnitt 2.12 zurück. In Abschnitt 4.3 werden wir ein Szenario zur Kundeneinzelfertigung mit einem Kundeneinzelbestand mit durchgängigem Systembeispiel kennen lernen.

Außerhalb der Bedarfsklasse gibt es weitere wichtige Customizingeinstellungen, die den Ablauf der Verfügbarkeitsprüfung steuern. Dabei werden folgende Punkte festgelegt:

Umfang der ATP-Prüfung

- Werden aus dem Auftrag Einzel- oder Sammelbedarfe an die Disposition übergeben?
- Welche Bestandsarten (freie Bestände, Sperrbestände, Sicherheitsbestände) werden bei der ATP-Prüfung berücksichtigt?
- Welche geplanten Zugänge (Planaufträge, Fertigungsaufträge, Bestellanforderungen, Bestellungen) werden berücksichtigt?
- Welche geplanten Abgänge (Kundenaufträge, Lieferungen, Reservierungen) werden berücksichtigt?
- Wird die Wiederbeschaffungszeit eingerechnet?

Die Unterscheidung in Einzel- und Sammelbedarfe bewirkt, dass in der Aktuellen Bedarfs- und Bestandsliste entweder für jeden einzelnen Auftrag ein Eintrag erzeugt wird oder dass Aufträge zu Sammelbedarfen pro Periode zusammengefasst werden. Dies erfolgt abhängig von einem Eintrag im Materialstamm. Bei Einzelbedarfen kann der Disponent direkt aus der Aktuellen Bedarfs- und Bestandsliste in den Auftrag verzweigen.

Die übrigen Parameter der Verfügbarkeitsprüfung werden im Customizing abhängig von dem Einzel-/Sammelbedarfskennzeichen des Vertriebsbelegs und der Prüfregel ermittelt. Die Prüfregel ist einem Vertriebsbelegtyp fest zugeordnet. Damit lässt sich die Zuordnung der Prüfregel zur Auftragsart nicht im Customizing einstellen. Benötigt man in einem Einführungsprojekt eine eigene ATP-Steuerung, so kann man jedoch ein neues Bedarfskennzeichen einstellen. Abbildung 2.25 zeigt die Steuerung der Verfügbarkeitsprüfung im Customizing.

Besondere Erwähnung verdient an dieser Stelle die Option »Ohne WBZ prüfen«. Unter WBZ versteht man die Wiederbeschaffungszeit, die im Materialstamm hinterlegt ist. Ist dieses Kennzeichen nicht gesetzt, so ist das Material außerhalb der Wiederbeschaffungszeit grenzenlos verfügbar. Dahinter verbirgt sich also die Annahme, dass ein Material innerhalb der Wiederbeschaffungszeit in jeder beliebigen Menge beschafft werden kann. Ergebnis einer solchen ATP-Prüfung ist also immer mindestens **ein** möglicher Liefertermin – derjenige am Ende der Wiederbeschaffungszeit.

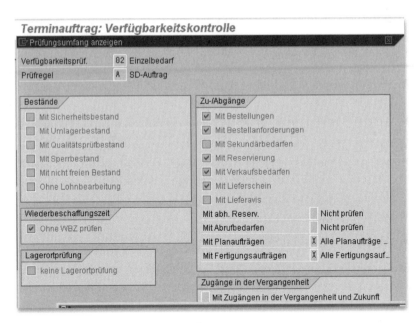

Abbildung 2.25 Steuerung der ATP-Prüfung

Werksübergreifende Verfügbarkeitsprüfung

Eingangs wurde erwähnt, dass die Verfügbarkeit stets auf Werksebene geprüft wird. Für den Fall, dass ein Produkt in einem Werk nicht in der erforderlichen Stückzahl vorhanden ist, hat der Anwender jedoch die Möglichkeit, sich die Verfügbarkeitssituation in anderen Werken anzeigen zu lassen. Er kann dann die Auslieferung aus diesem Werk vornehmen. Voraussetzung ist lediglich, dass im Customizing der Organisationsstrukturen eingestellt wurde, dass der Verkauf aus diesem Werk zulässig ist. Dazu muss das Werk, aus dem verkauft werden soll, der Kombination aus Verkaufsorganisation und Vertriebsweg aus dem Auftrag zugeordnet werden. Diese Funktion kann einen wichtigen Beitrag zur Senkung von Beständen leisten, da es ausreicht, die Bestände in einem Werk vorzuhalten.

Lagerortprüfung

Sofern der Anwender im Kundenauftrag den Lagerort erfasst, aus dem der Bestand entnommen werden soll, erfolgt die ATP-Prüfung auch auf Lagerortebene. Dies ist nicht möglich, wenn bei der Steuerung der Verfügbarkeitsprüfung das Kennzeichen »Keine Lagerortprüfung« gesetzt ist.

2.3.3 Beispiel: ATP-Verfügbarkeitsprüfung

Ablauf

In unserem Beispiel mit dem Material VFP0815 gehen wir davon aus, dass zunächst weder eine Vorplanung stattgefunden hat, noch ein Bestand vorhanden ist. Das Beispielmaterial ist eine Handelsware. Diese soll dann beim Lieferanten bestellt werden, wenn entsprechende Kundenaufträge vorliegen. In Kapitel 4 werden die Themen Verfügbarkeitsprüfung, Bedarfsübergabe, Planungsstrategie und Controllingkonzept modulübergreifend behandelt. Auch auf die Aspekte dieses Kapitels werden wir dabei zurückkommen.

Das Beispiel in diesem Kapitel umfasst die folgenden Schritte:

1. Anzeigen der Aktuellen Bedarfs- und Bestandsliste (Bestand = 0)
2. Erfassen eines Kundenauftrags über 100 Stück
3. Durchführung der Materialbedarfsplanung (Disposition)
4. Erneute Verfügbarkeitsprüfung im Kundenauftrag
5. Erstellung Lieferbeleg

Abbildung 2.26 zeigt die Aktuelle Bedarfs- und Bestandsliste für das Beispielmaterial VFP0815 im Werk 1000 (Hamburg).

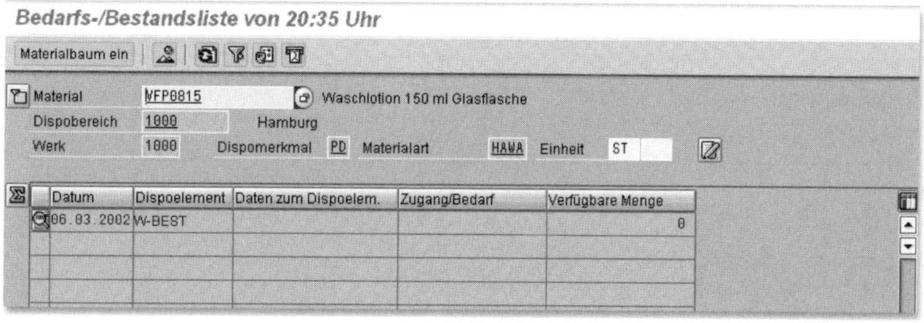

Schritt 1: Aktuelle Bedarfs- und Bestandsliste

Abbildung 2.26 Aktuelle Bedarfs- und Bestandsliste für das Material VFP0815 im Werk 1000

Die Übersicht in Abbildung 2.26 zeigt, dass bei diesem Material kein Bestand (Zeile W-BEST) vorhanden ist. Außerdem existieren auch keine geplanten Zu- oder Abgänge.

Die Situation ändert sich mit der Erfassung des Kundenauftrags über 100 Stück zu diesem Material. In Abbildung 2.27 sehen wir die Positionsübersicht im Kundenauftrag. Als Bedarfsart wurde für diese Position 041 ermittelt. Im Customizing des Moduls SD ist dieser Bedarfsart die gleichnamige Bedarfsklasse 041 zugeordnet. Da in der Bedarfsklasse zentrale Einstellungen für die Funktion »Verfügbarkeitsprüfung« vorgenommen werden, zeigen wir diese in Abbildung 2.28.

Schritt 2: Kundenauftrag erfassen

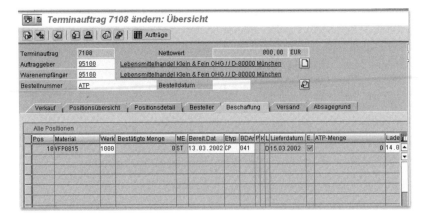

Abbildung 2.27 Erfassung Kundenauftrag

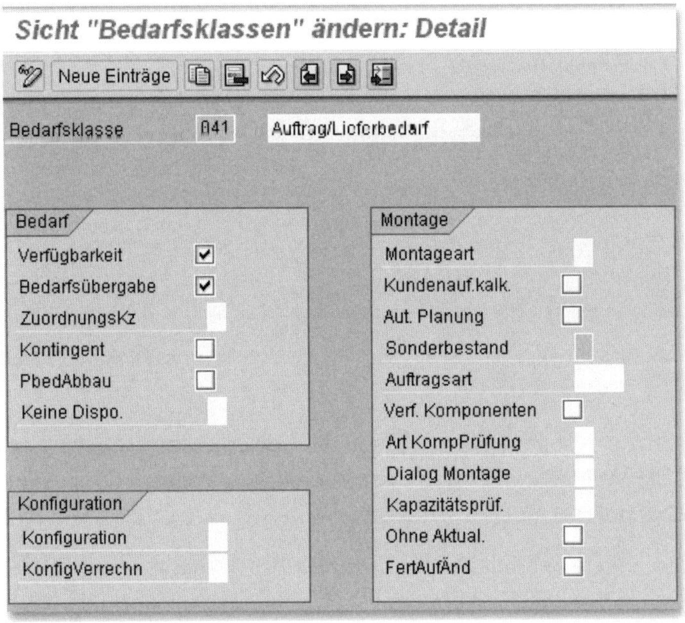

Abbildung 2.28 Customizing der Bedarfsklasse 041

Wir sehen, dass für die Bedarfsklasse »Verfügbarkeitsprüfung« und »Bedarfsübergabe« aktiviert sind. Da die Option »Keine Dispo« mit dem Wert »blank« belegt ist, werden diese Kundenbedarfe in der Disposition berücksichtigt! Abbildung 2.29 zeigt uns das Ergebnis der Verfügbarkeitsprüfung in unserem Auftrag.

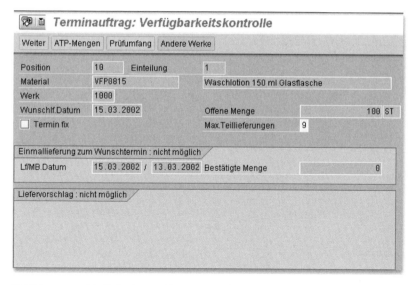

Abbildung 2.29 Verfügbarkeitsprüfung im Kundenauftrag

Es zeigt sich, dass zum Wunschlieferdatum des Kunden (15.03.2002) eine Lieferung nicht möglich ist. In diesem Fall versucht das System zunächst, einen Liefervorschlag zum nächstmöglichen Termin zu unterbreiten. Da aber weder Bestand noch geplante Zu- oder Abgänge vorhanden sind, meldet das System »Liefervorschlag: nicht möglich«. Wir erkennen auch, dass im Feld »Bestätigte Menge« der Wert 0 steht. Der Auftrag ist damit noch nicht bestätigt. Die Erstellung eines Lieferbeleges ist für einen solchen Auftrag nicht möglich.

Lassen wir uns einmal über den Button »Prüfumfang« anzeigen, welche Größen in die ATP-Prüfung eingehen (siehe Abbildung 2.30). Wir sehen, dass die Option »Ohne WBZ prüfen« aktiviert ist. Damit berücksichtigt das System die Wiederbeschaffungszeit nicht. Wäre diese Option im Customizing nicht aktiviert, würde das System einen Liefervorschlag zum Ende der Wiederbeschaffungszeit unterbreiten.

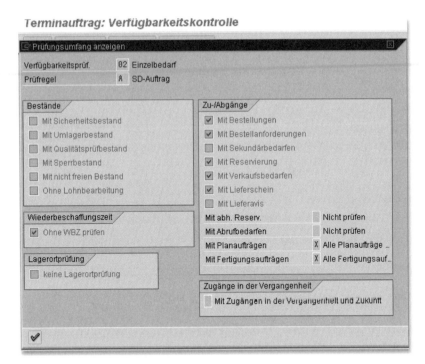

Abbildung 2.30 Anzeige des Prüfumfangs in der ATP-Prüfung des Terminauftrags

Schritt 3: Disposition

Werfen wir als Nächstes einen Blick auf die Aktuelle Bedarfs- und Bestandsliste nach Erfassung des Kundenauftrags (Abbildung 2.31). In unserem Beispielmaterial wurde das Kennzeichen »Einzelbedarfe« gesetzt. Damit wird für jeden Kundenauftrag eine eigene Zeile in der Aktuellen Bedarfs- und Bestandsliste erfasst. Das *Einzelbedarfskennzeichen* ist auf keinen Fall zu verwechseln mit *Kundeneinzelbeständen* (siehe Abschnitt 4.3).

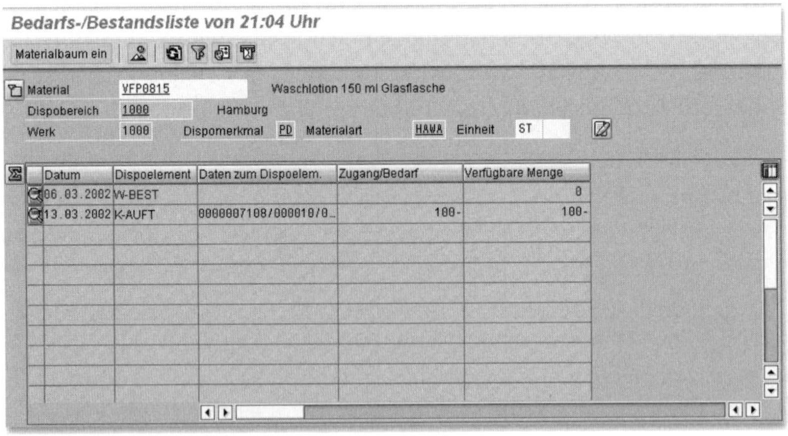

Abbildung 2.31 Aktuelle Bedarfs- und Bestandsliste nach Auftragseingang

Wir erkennen nun in Abbildung 2.31, dass die Aktuelle Bedarfs- und Bestandsliste einen geplanten Abgang in Form eines Kundenauftrags enthält: Die verfügbare Menge wird negativ (–100 Stück). Der nächste Schritt besteht in der Durchführung der Materialbedarfsplanung. Diese erzeugt nun abhängig von den Einstellungen im Materialstamm und im Customizing Vorschläge zur Bedarfsdeckung. Unser Material VFP0815 wurde so gepflegt, dass eine *Plangesteuerte Disposition* durchgeführt wird. Im Unterschied zur *Verbrauchsgesteuerten Disposition* (z.B. über Bestellzeitpunkte) wird dabei eine exakte Bedarfsunterdeckung (Bestand + Zugänge – Abgänge) ermittelt. Für diese Bedarfsunterdeckung wird mit Hilfe eines Losgrößenverfahrens (Einstellung ebenfalls im Materialstamm) ein Beschaffungsvorschlag unterbreitet. Für unser Material wurde das Verfahren »Exakte Losgröße« eingestellt. Damit wird exakt die Menge bestellt, die zur Deckung des Auftrags benötigt wird. Da es sich bei unserem Material um eine Handelsware handelt, erzeugt die Disposition einen Beschaffungsvorschlag in Form einer Bestellanforderung. Abbildung 2.32 zeigt die Aktuelle Bedarfs- und Bestandsliste nach dem Dispositionslauf.

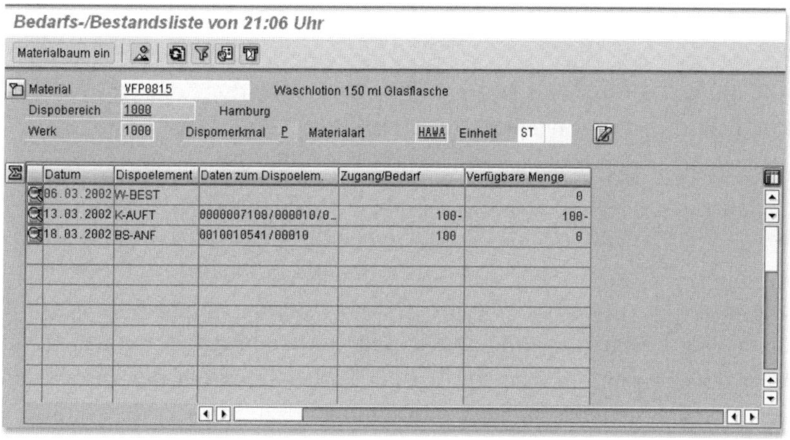

Abbildung 2.32 Aktuelle Bedarfs- und Bestandsliste nach der Disposition

Der geplante Abgang in Form eines Kundenauftrags (K-AUFT) wird nun durch einen geplanten Zugang in Form einer Bestellanforderung (BS-ANF) gedeckt. Allerdings erfolgt der geplante Zugang erst zum 18.03.2001 und damit nach dem Wunschlieferdatum des Kunden. Wie wirkt sich diese Situation im Kundenauftrag aus? Grundsätzlich wissen wir, dass Bestellanforderungen als geplante Zugänge auch bei der ATP-Prüfung unseres Auftrags berücksichtigt werden (siehe Abbildung 2.30). Allerdings muss die Verfügbarkeitsprüfung im Kundenauftrag neu durchgeführt werden.

Schritt 4: Erneute ATP-Prüfung im Auftrag

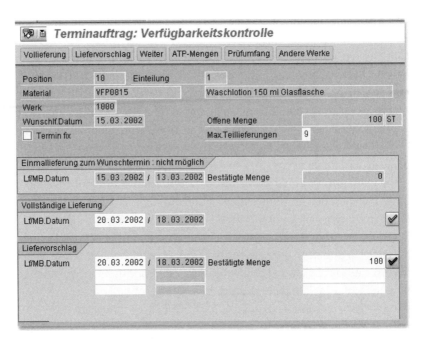

Abbildung 2.33 Verfügbarkeitsprüfung im Kundenauftrag (nach der Disposition)

Abbildung 2.33 zeigt das Ergebnis der erneuten Verfügbarkeitsprüfung im Kundenauftrag. Im Gegensatz zur ersten Prüfung unterbreitet das System jetzt einen Liefervorschlag zum 20.03.2002. Zu diesem Termin hat der Auftrag eine bestätigte Menge; d.h. die Menge wird zum 18.03.02 bestätigt und das System rechnet 2 Tage Versandterminierung ein. Das Thema Versandterminierung uns im nächsten Kapitel beschäftigen. Der Anwender kann den Liefervorschlag des Systems akzeptieren, der Auftrag erhält dann eine bestätigte Menge zu diesem Termin. Setzt er zusätzlich das Kennzeichen »Termin fix«, so wird der Bedarfstermin in der Disposition auf diesen Termin hin angepasst. Das führt dazu, dass in der Aktuellen Bedarfs- und Bestandsliste der Wunschliefertermin des Kunden nicht mehr angezeigt wird. Der Disponent wird nicht mehr versuchen, den Wunschliefertermin zu halten, da er davon ausgeht, dass der bestätigte Termin mit dem Kunden abgesprochen und damit fixiert wurde.

Automatische Neuterminierung Die erneute Verfügbarkeitsprüfung im Kundenauftrag kann auch automatisiert werden: Ein Batchprogramm kann regelmäßig laufen und die Verfügbarkeit neu prüfen. Über Listen wird der Sachbearbeiter über die Veränderungen in den Kundenaufträgen informiert. In der Praxis wird dieses Programm meist automatisch nach der Durchführung der Materialbedarfsplanung gestartet.

Zu unserem Kundenauftrag kann zum bestätigten Termin auch ein entsprechender Lieferbeleg erzeugt werden. Beim Anlegen des Lieferbelegs sollte die Verfügbarkeit erneut geprüft werden. Dabei sollte der Prüfumfang im Customizing so eingestellt werden, dass nur noch Lagerbestände berücksichtigt werden. In unserem Beispiel gehen wir davon aus, dass die Bestellanforderung zwischenzeitlich in eine Einkaufsbestellung umgesetzt wurde und die Wareneingangsbuchung zu dieser Bestellung ebenfalls erfolgte.

Schritt 5: Lieferbeleg erstellen

Abbildung 2.34 Aktuelle Bedarfs- und Bestandsliste nach der Wareneingangsbuchung

In Abbildung 2.34 sehen wir die Aktuelle Bedarfs- und Bestandsliste nach dem Wareneingang. Die Abbildung zeigt uns, dass mit der Wareneingangsbuchung jetzt ein Bestand von 100 Stück vorhanden ist (Zeile W-BEST). Wir können nun zu unserem Auftrag einen Lieferbeleg erzeugen. Nach der Erstellung des Lieferbelegs zeigt unsere Aktuelle Bedarfs- und Bestandsliste das in Abbildung 2.35 dargestellte Bild.

Der Auftragsbedarf ist jetzt in einen Lieferbedarf (LIEFER) umgesetzt worden. Der Disponent erkennt, dass die Auslieferung bevorsteht. Aus dem Lieferbeleg erfolgt die Warenausgangsbuchung. Nach diesem Schritt stellt sich unsere Aktuelle Bedarfs- und Bestandsliste wie in Abbildung 2.36 dar: Nach der Warenausgangsbuchung im Lieferbeleg hat unsere Aktuelle Bedarfs- und Bestandsliste das gleiche Bild wie zu Beginn unseres Beispiels.

Abbildung 2.35 Aktuelle Bedarfs- und Bestandslist nach der Erstellung des Lieferbelegs

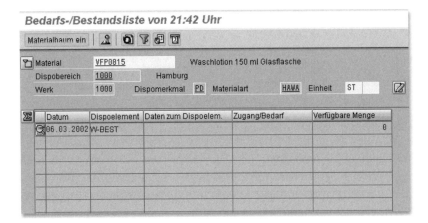

Abbildung 2.36 Aktuelle Bedarfs-und Bestandsliste nach der Warenausgangsbuchung

2.4 Versandterminierung

Bereits in Abschnitt 2.3 wurde die Bedeutung des möglichen Liefertermins für den Verkaufsabschluss angesprochen. Der Kunde interessiert sich jedoch nicht dafür, wann die Ware im Lager des Lieferanten bereitgestellt werden kann (diese Aussage liefert die Verfügbarkeitsprüfung), sondern der Kunde will vielmehr wissen, wann die Ware bei ihm angeliefert wird. Diese Aussage wird über die Versandterminierung ermittelt. Sie umfasst die Planung der Aktivitäten im Versandlager – von der Bereitstellung und Kommissionierung der Ware bis hin zum Verladen und dem Versand zum Kunden.

2.4.1 Überblick

Bei der Versandterminierung geht es also um die zeitliche Planung der Versandaktivitäten. Ziel ist einerseits die Bestimmung des endgültigen Liefertermins für den Kunden, andererseits wird sichergestellt, dass die notwendigen Schritte rechtzeitig erfolgen und der zugesagte Liefertermin gehalten werden kann.

Dabei sind folgende Aktivitäten zu berücksichtigen:

- Die Kommissionierung (Entnahme der Ware aus dem Lager und Bereitstellung in der Versandzone)
- Der Verpackungsvorgang
- Die Einplanung entsprechender Transportmittel (LKW, Schiff, Flugzeug) bzw. die Beauftragung entsprechender Dienstleister (Spediteure, Lagerhalter)
- Die Verladung
- Die Versendung zum Kunden

Aktivitäten bei Versandterminierung

2.4.2 Versandterminierung in SAP R/3

Die Terminierung der Versandaktivitäten erfolgt in SAP R/3 über die Berücksichtigung folgender Zeitabschnitte:

- **Transportdispositionszeit**
  Unter der Transportdispositionszeit versteht man die Zeit, die vergeht, um die entsprechenden Transportmittel einzuplanen und zu reservieren.
- **Richtzeit**
  Unter der Richtzeit versteht man die Zeit, die notwendig ist, um die Ware zu kommissionieren und »versandfertig« zu machen.
- **Ladezeit**
  Unter der Ladezeit versteht man die Zeit, die vergeht, bis die Ware auf dem Transportmittel verladen ist.
- **Transitzeit**
  Die Transitzeit ist die Zeit, die für den Transport zum Kunden benötigt wird.

Bei der Erfassung eines Kundenauftrags wird innerhalb der Versandterminierung zunächst eine *Rückwärtsterminierung* durchgeführt. Dabei errechnet das System – ausgehend vom Wunschlieferdatum des Kunden – den Termin, zu dem die Versandaktivitäten beginnen müssen. Abbildung 2.37 zeigt diesen Zusammenhang.

Rückwärtsterminierung

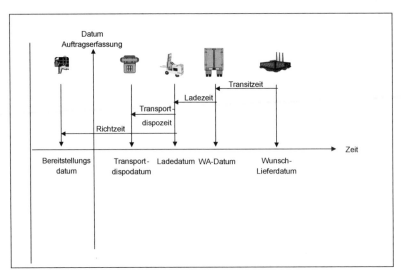

Abbildung 2.37 Rückwärtsterminierung

Der Ablauf der Rückwärtsterminierung gestaltet sich folgendermaßen:

1. Ausgehend vom *Wunschlieferdatum* wird über die *Transitzeit* das geplante *Warenausgangsdatum* errechnet.
2. Vom Warenausgangsdatum wird über die *Ladezeit* das *Ladedatum* errechnet.
3. Vom Ladedatum wird über die *Tranportdispositionszeit* das *Transportdispositionsdatum* errechnet. Ebenfalls vom Ladedatum wird über die *Richtzeit* das *Materialbereitstellungsdatum* errechnet.

Die Versandaktivitäten beginnen immer mit dem früheren Datum, also entweder der Materialbereitstellung oder der Transportdisposition. Alle weiteren Versandaktivitäten (Kommissionieren, Laden, Transportieren) basieren auf dem SD-Lieferbeleg (siehe Abschnitt 3.3). Deshalb muss zu diesem Datum (Materialbereitstellungsdatum oder Transportdispositionsdatum) der SD-Lieferbeleg erstellt werden.

Vorwärtsterminierung Die Ermittlung des Termins (Bereitstellungsdatum oder Transportdispositionsdatum) über die Rückwärtsterminierung kann im Zusammenspiel mit der Verfügbarkeitsprüfung zu folgenden Ergebnissen führen:

▶ **Fall 1**
Der Termin liegt in der Zukunft, und die Ware ist verfügbar. In diesem Fall wird das Wunschlieferdatum des Kunden bestätigt.

▶ **Fall 2**
Der Termin liegt in der Zukunft, die Ware ist aber nicht verfügbar. In diesem Fall ermittelt das System über die Verfügbarkeitsprüfung den frühestmöglichen Bereitstellungstermin. Ausgehend von diesem Bereitstellungstermin wird dann über eine Vorwärtsterminierung ein mögliches Lieferdatum errechnet.

▶ **Fall 3**
Der Termin liegt in der Vergangenheit. In diesem Fall wird ausgehend vom aktuellen Datum (Auftragserfassung) die Verfügbarkeit geprüft. Ist die Ware verfügbar, so wird über die Vorwärtsterminierung ein mögliches Lieferdatum errechnet. Ist die Ware nicht verfügbar, so wird wie in Fall 2 zunächst das frühestmögliche Bereitstellungs- und anschließend das frühestmögliche Lieferdatum berechnet.

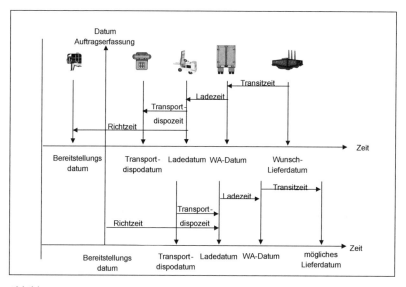

Abbildung 2.38 Vorwärtsterminierung

Die Zeiten der Versandterminierung werden im Customizing definiert. Wir wollen nun darstellen, von welchen Objekten die Ermittlung der Versandzeiten abhängt. Dabei gehen wir nach folgender Reihenfolge vor:

Customizing

1. Ermittlung der Richtzeit
2. Ermittlung der Ladezeit
3. Ermittlung der Transportdispositionszeit
4. Ermittlung der Transitzeit

Richtzeit Die *Richtzeit* kann im Customizing über unterschiedliche Regeln ermittelt werden. Das einfachste Verfahren besteht darin, die Richtzeit für eine Versandstelle fest zu hinterlegen. Die Versandstelle gehört zu den Organisationsstrukturen in SAP R/3. Da an unterschiedlichen Versandstellen unterschiedliche personelle und technische Gegebenheiten (Rampen, Kräne, Stapler usw.) vorliegen können, ist es sinnvoll, die Richtzeit abhängig von der Versandstelle zu hinterlegen. Die Richtzeit kann aber auch abhängig von der Kombination folgender Merkmale festgelegt werden:

- **Route**
  Über die Route wird der Versandweg vom Lieferanten zum Kunden festgelegt.
- **Gewicht**
  Im Materialstamm wird das Gewicht des Produkts hinterlegt. Im Customizing kann dann abhängig von Gewichtsgruppen (z. B. »bis 50 kg«, »50 bis 500 kg«, »über 500 kg«) die Richtzeit ermittelt werden.

Ladezeit Wie die Richtzeit, kann auch die *Ladezeit* über die Versandstelle ermittelt werden. Außerdem ist es möglich, die Ladezeit über eine Kombination folgender Merkmale zu ermitteln:

- Route
- Ladegruppe
  Jedem Materialstamm wird eine Ladegruppe zugeordnet. Damit kann abhängig von der Zuordnung des Materials zu einer bestimmten Ladegruppe eine unterschiedliche Richtzeit definiert werden. Viele Unternehmen nutzen die Ladegruppe, um die Produkte hinsichtlich der Komplexität des Verpackungs- und Verladevorgangs zu klassifizieren.

Das Verfahren, nach dem die Zeiten ermittelt werden, ist im Customizing je Versandstelle einstellbar. Damit wird im Einführungsprojekt festgelegt, wie differenziert die Ermittlung der Zeiten im Vertriebsprozess gesteuert wird.

Routenfindung Sowohl die Transitzeit als auch die Transportdispositionszeit wird über die Route ermittelt. Da auch die Lade- und Richtzeiten abhängig von der Route hinterlegt werden können, wollen wir das Thema *Routenfindung* im Überblick darstellen. Über eine Route wird festgelegt, auf welchem Weg, über welche Transportmittel und welche Zwischenstationen (so genannte Verkehrsknoten) der Warenversand erfolgt. Im Customizing werden u.a. *Verkehrsknoten* und *Routen* definiert. Ein Verkehrsknoten kann als Umschlagspunkt, Flughafen, Bahnhof, Grenzübergang, See- oder Binnenhafen definiert werden. Außerdem kann jedem Knoten eine zuständige Zollstelle zugeordnet werden. Innerhalb der Routen werden die einzelnen Verkehrsknoten über Abschnitte miteinander verbunden. Jeder Abschnitt besteht aus einem Abgangs- und einem Zielknoten. Zusätzlich kann pro Abschnitt die Entfernung und der Dienstleister (z.B. Spediteur) festgelegt werden. Routen werden auch in der Transportkomponente genutzt. Diese dient der Abwicklung von eingehenden und ausgehenden Transporten. Dabei können mehrere SD-Lieferungen in einem Transport zusammengefasst und gemeinsam abgewickelt werden. Auf diese Komponenten werden wir in diesem Buch jedoch nicht näher eingehen.

In Vertriebsbelegen können Routen automatisch ermittelt werden. Die entsprechenden Einstellungen werden im Customizing vorgenommen. Routen können in Abhängigkeit von der Versandzone (Abgangszone, Empfangszone) und der Gewichtsgruppe ermittelt werden. Die Abgangszone wird im Customizing der Versandstelle festgelegt. Die Empfangszone gelangt über den Debitorenstamm in den Beleg. Dabei wird jedem Debitor im Debitorenstamm eine Transportzone zugeordnet; die möglichen Transportzonen werden im Customizing eingerichtet. Die Gewichtsgruppe wird über das Gewicht aus dem Materialstamm bestimmt.

2.4.3 Beispiel für die Versandterminierung

Die Versandterminierung wollen wir uns am Beispiel des Materialstamms VST4712 ansehen. In diesem Beispiel werden wir folgende Schritte durchlaufen:

1. Anzeigen der Aktuellen Bedarfs- und Bestandsliste

2. Kundenauftrag erfassen

3. Customizing anzeigen

4. Versandterminierung im Kundenauftrag durchführen

Zunächst werfen wir einen Blick auf die uns bereits aus Abschnitt 2.3 bekannte *Aktuelle Bedarfs- und Bestandsliste*. Diese zeigt uns, dass derzeit ein Bestand von 10 Stück im Werk 1000 (Hamburg) vorrätig ist. Da keine anderen Aufträge vorhanden sind, ist dieser Bestand auch frei verfügbar.

Schritt 1: Aktuelle Bedarfs- und Bestandsliste

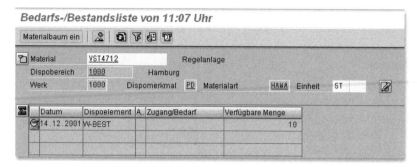

Abbildung 2.39 Aktuelle Bedarfs- und Bestandsliste Material VST 4711 im Werk 1000

Schritt 2: Kundenauftrag erstellen

Erfassen wir heute (Freitag, den 14.12.2001) einen Kundenauftrag zu diesem Material. Der Kunde hat als Wunschlieferdatum Montag, den 17.12.2001 angegeben. Im Customizing wurden folgende Zeiten eingestellt:

- Ladezeit: 2 Tage (zur Versandstelle 1000)
- Richtzeit: 1 Tag (zur Versandstelle 1000)
- Transportdispositionszeit: 1 Tag (zur Route R00001)
- Transitzeit: 1 Tag (zur Route R00001)

Schritt 3: Customizing anzeigen

Abbildung 2.40 zeigt die Customizingeinstellungen für die Ladezeit und die Richtzeit auf Ebene der Versandstelle.

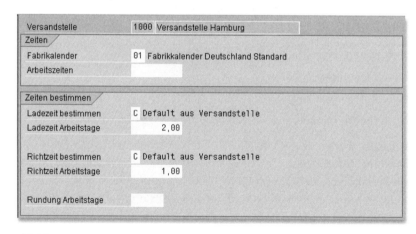

Abbildung 2.40 Customizing Richtzeit/Ladezeit einer Versandstelle

Abbildung 2.41 zeigt die Customizingeinstellungen für die Transitzeit und die Transportdispositionszeit für die Route R00001.

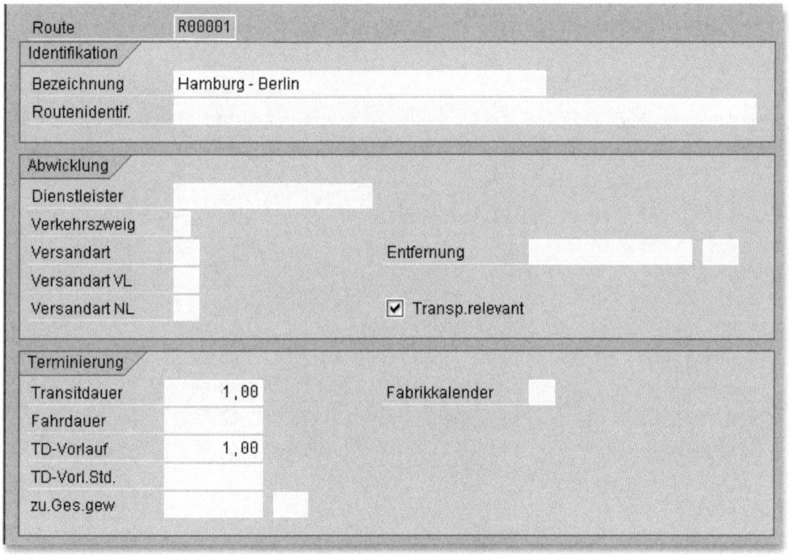

Abbildung 2.41 Customizing Transitzeit/Transportdispositionszeit für eine Route

Über die Rückwärtsterminierung ermittelt das System zunächst das Bereitstellungsdatum (Dienstag, den 11.12.2001). Das System geht vom Wunschlieferdatum (17.12.2001) aus und zieht die Transitzeit (1 Tag) ab – daraus ergibt sich das Warenausgangsdatum (14.12.2001). Über die Ladezeit (2 Tage) errechnet sich das Ladedatum (12.12.2001). Über die Richtzeit (1 Tag) und die Transportdispositionszeit (1 Tag) werden das Bereitstellungsdatum (11.12.2001) und das Transportdispositionsdatum (11.12.2001) ermittelt. Da dieses Datum in der Vergangenheit liegt, wird über die Vorwärtsterminierung das Lieferdatum ermittelt. Dabei wird ausgehend vom Bereitstellungsdatum (14.12.2001) das frühestmögliche Lieferdatum (Donnerstag, 20.12.2001) ermittelt. Abbildung 2.42 zeigt das Ergebnis dieser Vorwärtsterminierung im Kundenauftrag.

Schritt 4: Versandterminierung im Kundenauftrag

Obwohl das Material verfügbar ist, kann also der Wunschliefertermin des Kunden nicht bestätigt werden. An diesem Beispiel wird das Zusammenspiel von Verfügbarkeitsprüfung und Versandterminierung deutlich. Abbildung 2.42 zeigt auch, dass in diesem Auftrag die Versandstelle 1000 und die Route R00001 ermittelt wurden. Für diese Objekte wurden im Customizing die Zeiten eingestellt.

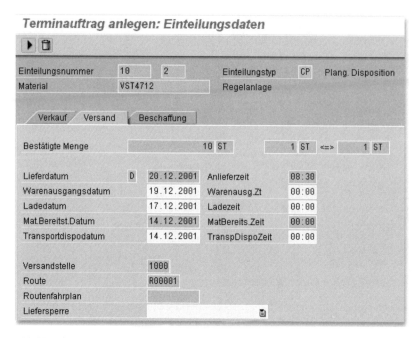

Abbildung 2.42 Ergebnis der Versandterminierung im Kundenauftrag

2.5 Chargenfindung

Unter einer *Charge* versteht man einen Teilbestand an Produkten, die in einem Produktionsgang gefertigt worden sind und damit identische Merkmale hinsichtlich Fertigungszeitpunkt und Produktqualität aufweisen. Die Verwaltung von Chargen ist vor allem in der chemischen und der pharmazeutischen Industrie von großer Bedeutung. Im Vertrieb dient die Chargenfindung dazu, dem Kunden nur Chargen zu liefern, deren Merkmale seinen Anforderungen entsprechen. Für Unternehmen, die chargenpflichtige Produkte herstellen oder vertreiben, ist die Chargenfindung ein unverzichtbares Instrument bei der Gestaltung der Vertriebsprozesse.

2.5.1 Betriebswirtschaftliche Grundlagen

Produktmerkmale auf Chargenebene

Grundsätzlich dient die Chargenverwaltung dazu, Teilbestände und Produktmerkmale unterhalb der Ebene der Materialnummer zu definieren. Alle Produkte, die in einem Produktionsgang gefertigt wurden, werden zu einem Chargenbestand zusammengefasst. Außerdem werden auf der Chargenebene Produktmerkmale definiert, die unterhalb der Ebene der Artikelnummer vergeben werden müssen. Ein klassisches Beispiel sind Materialien mit einer begrenzten Haltbarkeit. Dazu zählen insbesondere:

- Lebensmittel
- Pharmazeutische Produkte (Medikamente)
- Medizinprodukte
- Chemieprodukte

Die Haltbarkeit wird auf der Ebene der Charge vergeben. Alle Produkte einer Charge verfügen demnach z.B. über die gleiche Restlaufzeit. Weitere Merkmale, die auf der Chargenebene definiert werden können, sind vor allem Qualitätsmerkmale (z.B. Stoffgehalt, Viskosität, Dichte, Farbreinheit usw.).

Im Vertriebsprozess geht es darum, die Chargen zu finden, die den Kriterien des Kunden entsprechen. Oft akzeptieren Kunden nur Produkte mit einer bestimmten Mindestrestlaufzeit. Darüber hinaus müssen bestimmte Qualitätskriterien erfüllt sein (z.B. Reinheitsgehalt > 95%). Eine weitere Anforderung kann sein, dass Kunden keinen Chargensplit erlauben. In diesem Fall ist der gesamte Auftrag aus einer Charge zu beliefern. Selbst wenn Kunden mit einen Chargensplit einverstanden sind, werden sie die Anzahl der gelieferten Chargen pro Auftrag begrenzen wollen. Aus Sicht des verkaufenden Unternehmens ist es wichtig, die Lagerbestände nach dem Prinzip »first-in-first-out« abzubauen. Damit wird verhindert, dass Produkte vor dem Verkauf ihre Haltbarkeit verlieren und demzufolge vernichtet werden müssen.

Kundenanforderungen

2.5.2 Chargenverwaltung in SAP R/3

Die Chargenverwaltung wird im SAP-Materialstamm auf Mandantenebene definiert. Die jeweilige Chargennummer ist bei jeder Warenbewegung des Materials (Wareneingang, Umbuchung, Warenausgang) zu erfassen. Abbildung 2.43 zeigt eine Bestandsübersicht für das chargengeführte Material mit der Materialnummer CHF4711.

Chargenverwaltung auf Mandantenebene

Der Gesamtbestand wird auf Werksebene geführt (im Werk 1000 sind 170 Stück eingelagert). Darunter befinden sich die unterschiedlichen Chargen mit ihren Beständen. Für jede Charge wird ein Chargenstammsatz angelegt, welcher beim Wareneingang automatisch erzeugt werden kann. In diesem werden die Merkmale der Charge beschrieben. Dazu gehören insbesondere:

- Herstelldatum
- Verfallsdatum
- Chargenzustand (frei/gesperrt)

- Lieferant
- Chargennummer des Lieferanten
- Ursprungsland
- Letzer Wareneingang

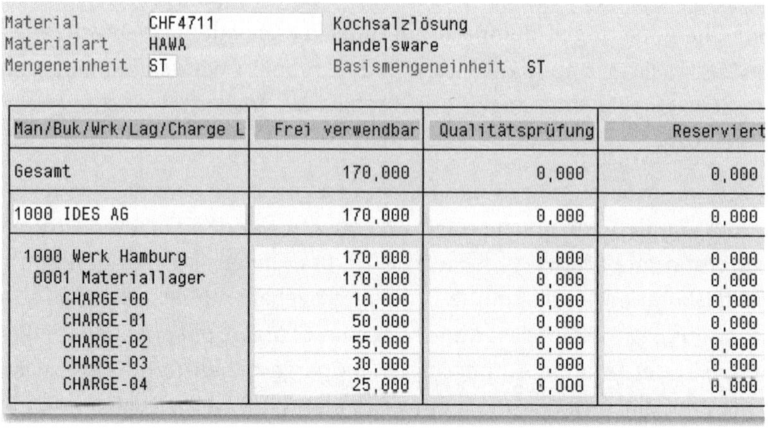

Material	CHF4711	Kochsalzlösung
Materialart	HAWA	Handelsware
Mengeneinheit	ST	Basismengeneinheit ST

Man/Buk/Wrk/Lag/Charge L	Frei verwendbar	Qualitätsprüfung	Reserviert
Gesamt	170,000	0,000	0,000
1000 IDES AG	170,000	0,000	0,000
1000 Werk Hamburg	170,000	0,000	0,000
0001 Materiallager	170,000	0,000	0,000
CHARGE-00	10,000	0,000	0,000
CHARGE-01	50,000	0,000	0,000
CHARGE-02	55,000	0,000	0,000
CHARGE-03	30,000	0,000	0,000
CHARGE-04	25,000	0,000	0,000

Abbildung 2.43 Bestandsübersicht Material mit Chargenverwaltung

Klassifizierung von Chargen   Mit Hilfe der modulübergreifenden SAP-Komponente *Klassifizierung* können Chargen zusätzlich klassifiziert werden. Dabei wird ein Material einer Chargenklasse zugeordnet. Anschließend kann jede Charge dieses Materialstamms über die Merkmale dieser Klasse bewertet werden. So kann jedes Unternehmen seine individuellen Merkmale zur Beschreibung von Chargen definieren. Typische Beispiele für Merkmale einer Chargenklasse sind:

- Reinheitsgrad
- Viskosität
- Säuregehalt
- Farbreinheit

2.5.3 Komponenten der Chargenfindung

Konditionstechnik in der Chargenfindung   Auch bei der Chargenfindung kommt – ähnlich wie bei der Preis- und der Nachrichtenfindung – die Konditionstechnik zum Einsatz. An dieser Stelle sei auch darauf hingewiesen, dass es sich bei der Chargenfindung um eine Funktion handelt, die in mehreren SAP-Modulen eingesetzt wird. Neben dem Vertrieb sind dies:

- PP: Fertigungsaufträge
- PP-PS: Prozessaufträge

- MM: Bestandsführung
- Lagerverwaltung (Komponente WM, Warehouse Management)

Abbildung 2.44 zeigt den Ablauf der Konditionstechnik am Beispiel der Chargenfindung.

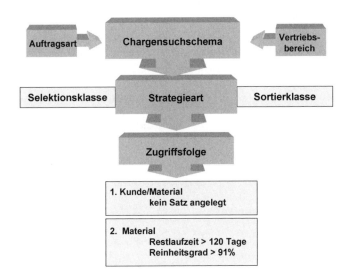

Abbildung 2.44 Ablauf der Chargenfindung

Entlang dieses Ablaufs werden wir im Folgenden der Zusammenhang zwischen Einstellungen im Customizing und dem Ablauf der Preisfindung im Vertriebsbeleg erläutern. Dabei werden nacheinander folgende Punkte erklärt:

1. Ermittlung des Chargensuchschemas
2. Ermittlung der Strategieart über das Chargensuchschema
3. Beschreibung der Customizingeinstellungen zur Strategieart
4. Ermittlung einer Zugriffsfolge über die Strategieart
5. Bedeutung der Strategiesätze einer Zugriffsfolge

Anschließend wird in einem Systembeispiel die Funktionsweise im SAP-System erläutert.

Über Einstellungen im Customizing wird abhängig von Auftragsart und Vertriebsbereich ein *Chargensuchschema* ermittelt. Dieses Schema enthält eine oder mehrere *Chargenfindungsstrategien*. Abbildung 2.45 zeigt ein solches Chargensuchschema.

Chargensuchschema, Strategieart

Abbildung 2.45 Suchschema Chargenfindung

Über das Suchschema wird somit die Strategieart (KArt) ZSD0 ermittelt. Abbildung 2.46 zeigt das Customizing der Strategieart ZSD0.

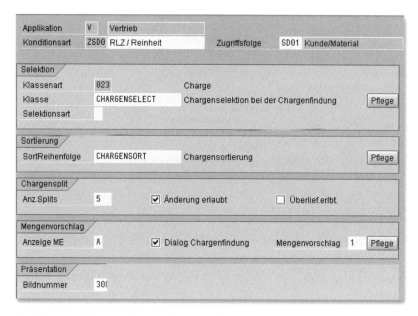

Abbildung 2.46 Customizing der Strategieart

Jeder Strategie ist eine *Selektionsklasse* zugeordnet. Die Selektionsklassen werden im Klassensystem angelegt. Im Beispiel wurde die Klasse CHARGENSELECT als Selektionsklasse festgelegt. Die Merkmale der Selektionsklasse sind gleichzeitig die Selektionskriterien für die Chargenfindung. In der Praxis werden hier vor allem die Restlaufzeit, aber auch qualitative Kriterien wie z.B. der Reinheitsgrad als Selektionsmerkmale definiert. Neben der Selektionsklasse wird in der Strategieart auch eine Sortierklasse zugeordnet. Bei der Strategieart ZSD0 ist dies die Sortierklasse CHARGENSORT. Über die Merkmale dieser Klasse wird die Sortierung der selektierten Chargen vorgenommen. Als Sortierkriterien kommt wiederum die Restlaufzeit in Frage. Damit werden dann innerhalb der erlaubten Restlaufzeit die ältesten Chargen zuerst ausgeliefert.

Innerhalb der Strategieart wird auch eine *Zugriffsfolge* definiert. Abbildung 2.46 zeigt, dass der Strategieart ZSD0 die Zugriffsfolge SD01 zugeordnet ist. Über die Zugriffsfolge wird die Ermittlung der Chargensuchstrategie in Vertriebsbelegen gesteuert. Jede Zugriffsfolge kann aus mehreren Zugriffen bestehen. Jeder Zugriff besteht aus einer Konditionstabelle. Hier ein Beispiel für eine Zugriffsfolge in der Chargenfindung:

Zugriffsfolge

1. **Zugriff »Kunde/Material«**
   Hinter diesem Zugriff steht eine Konditionstabelle mit den Feldern »Kundennummer« und »Materialnummer«.
2. **Zugriff »Material«**
   Hinter diesem Zugriff steht eine Konditionstabelle mit dem Feld »Materialnummer«.

Das System prüft zunächst, ob ein Strategiesatz mit den Feldern »Kundennummer/Materialnummer« angelegt wurde. Wenn dies der Fall ist, wird die Chargenermittlung anhand dieses Satzes vorgenommen. In dem Strategiesatz legt der Anwender die Selektionsbedingungen fest. Er definiert also selbst, welche Merkmalsausprägung der Charge noch akzeptiert wird. Ist kein Satz mit dem Schlüssel vorhanden, prüft das System, ob ein Satz mit dem Schlüssel »Material« definiert wurde. Somit werden im Customizing die Merkmale für die automatische Chargenfindung festgelegt. Durch die Pflege der Strategiesätze definiert aber letztlich der Anwender, welche Merkmalswerte erfüllt sein müssen.

Strategiesätze

2.5.4 Beispiel

Die Funktion der Chargenfindung soll am Beispiel des Materialstamms CHF4711, einer Kochsalzlösung, erläutert werden. Es handelt sich dabei um ein chargengeführtes Material, zu dem mehrere Chargen existieren. Im Materialstamm wurde festgelegt, dass die Chargen des Materials zusätzlich klassifiziert werden müssen. Dies soll über die Merkmale

- Reinheitsgrad
- Verfallsdatum

geschehen. Über das *Verfallsdatum* errechnet das System bei der Chargenfindung die Restlaufzeit. Der *Reinheitsgrad* stellt ein Qualitätskriterium dar. Wir durchlaufen die folgenden Schritte:

1. Anzeigen der Chargenbestände des Materials CHF4711
2. Anzeigen der Merkmalswerte der verschiedenen Chargen des Materials CHF4711

3. Anzeigen des Konditionssatzes zur Chargenfindung

4. Erfassen eines Kundenauftrags

5. Erfassen einer Lieferung mit automatischer Chargenfindung

Schritt 1: Chargenbestände anzeigen

Abbildung 2.47 zeigt eine Listauswertung zum Material CHF4711. Aufgeführt sind sämtliche Chargen des Materials, die jeweilige Restlaufzeit (RestL), das Verfallsdatum (Verf./MHD) und die Bestandsmenge je Charge (Frei verwendbar BME).

```
Material            Materialkurztext                      Werk LOrt
  RestL         Verf./MHD    Charge        Frei verwendbar BME

  CHF4711                    Kochsalzlösung                     1000 0001
      18 Tage   01.12.2001   CHARGE-00               20   ST
     168 Tage   30.04.2002   CHARGE-01               50   ST
     138 Tage   31.03.2002   CHARGE-02               85   ST
      48 Tage   31.12.2001   CHARGE-03               20   ST

  * CHF4711
                                                    175   ST

  ** Summe
                                                    175   ST
```

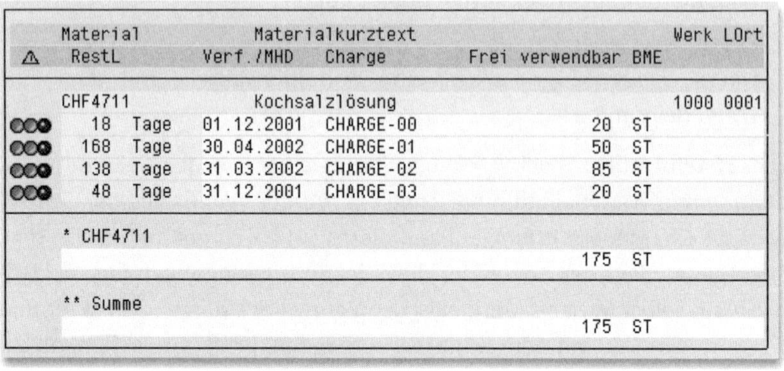

Abbildung 2.47 Liste der Chargenbestände zum Material CHF4711

Schritt 2: Anzeigen der Chargenmerkmale

Die Abbildungen 2.48 bis 2.51 zeigen die Klassifizierungsdaten der Chargenstammsätze. Bestandteil der Klassifizierungsdaten sind jeweils der Reinheitsgrad und das Verfallsdatum.

Abbildung 2.48 Klassifizierungsdaten der Beispielcharge CHARGE-00

Abbildung 2.49 Klassifizierungsdaten der Beispielcharge CHARGE-01

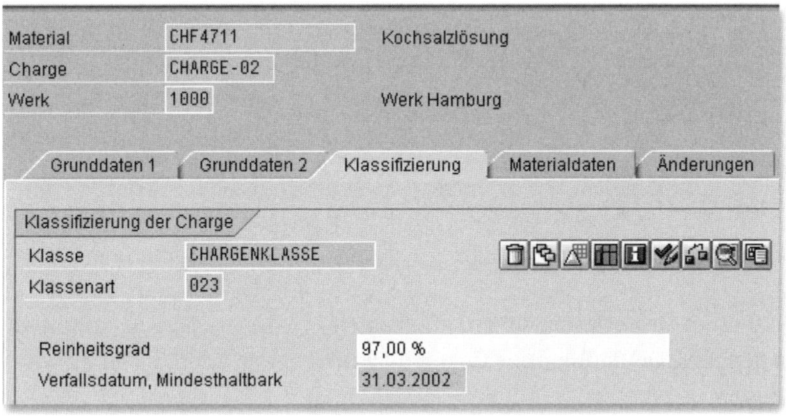

Abbildung 2.50 Klassifizierungsdaten der Beispielcharge CHARGE-02

Abbildung 2.51 Klassifizierungsdaten der Beispielcharge CHARGE-03

Schritt 3: Anzeigen des Konditionssatzes

Zur Steuerung der Chargenfindung hat der Anwender die folgenden Selektionskriterien im Konditionssatz (Strategiesatz) für das Material CHF4711 angelegt (siehe Abbildung 2.52).

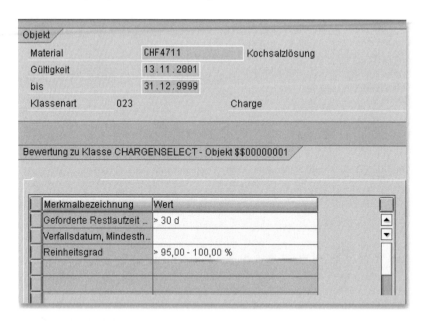

Abbildung 2.52 Strategiesatz für das Material CHF4711

In diesem Strategiesatz wird damit festgelegt, dass im Zuge der automatischen Chargenfindung nur Chargen mit folgenden Merkmalen ermittelt werden:

- Restlaufzeit von mehr als 30 Tagen
- Reinheitsgrad von 95 - 100%

Die Zahl der zulässigen Chargensplits ist auf fünf begrenzt. Die Sortierung der Chargen erfolgt auch über die Restlaufzeit. Diese Einstellungen werden ebenfalls im Strategiesatz vorgenommen, sie sind jedoch in der obigen Abbildung nicht zu sehen.

Schritt 4: Kundenauftrag erfassen

Im Beispiel wird zunächst ein Kundenauftrag über 75 Stück des Materials CHF4711 erfasst. Im Kundenauftrag wird noch nicht festgelegt, welche Chargen der Kunde erhält. Abbildung 2.53 zeigt den Kundenauftrag.

Abbildung 2.53 Kundenauftrag über 75 Stück des Materials CHF4711

Der nächste Schritt besteht darin, dass zu diesem Kundenauftrag ein Lieferbeleg erzeugt wird. Beim Erzeugen des Lieferbelegs wird automatisch die Funktion »Chargenfindung« gestartet. Der Anwender erhält damit im Lieferbeleg automatisch einen Vorschlag für die Chargen, die geliefert werden sollen. Das Ergebnis der Chargenfindung zeigt Abbildung 2.54.

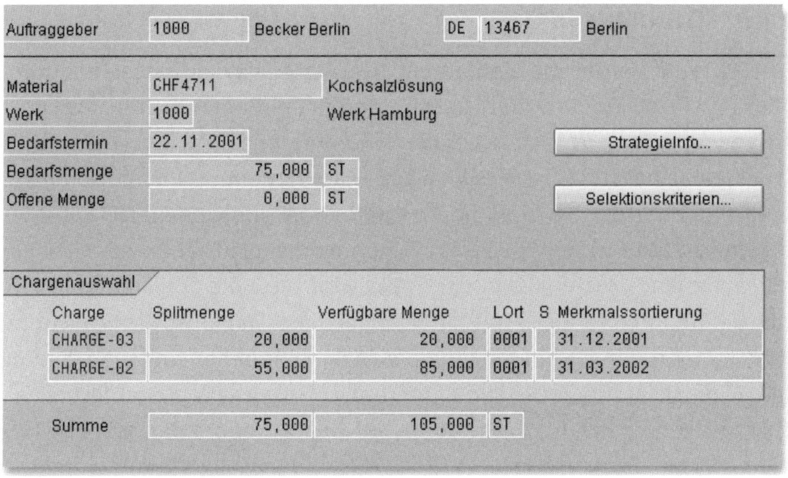

Schritt 5:
Lieferbeleg mit
automatischer
Chargenfindung

Abbildung 2.54 Ergebnis der Chargenfindung im Lieferbeleg

Die Charge CHARGE-00 entspricht nicht den Selektionsbedingungen. Das Verfallsdatum dieser Charge ist der 01.12.2001. Da der Lieferbeleg am 13.11.2001 erzeugt wurde, ergibt sich eine Restlaufzeit, die kleiner ist als die geforderten 30 Tage.

Die Charge CHARGE-01 entspricht ebenfalls nicht den Selektionsbedingungen. Zwar ist die Restlaufzeit ausreichend, aber der Reinheitsgrad entspricht nicht dem im Strategiesatz hinterlegten Mindestwert von 95 %.

Die Charge CHARGE-02 wird selektiert, da beide Kriterien erfüllt sind. Insgesamt sind 85 Stück verfügbar. Allerdings werden nur 55 Stück benötigt.

Der Rest (20 Stück) wird aus der Charge CHARGE-03 entnommen. Diese liegt in der Sortierung vor der Charge CHARGE-02, da ihre Restlaufzeit geringer ist. Über die Sortierung der Chargen nach dem Verfallsdatum wird sichergestellt, dass zunächst die Charge mit geringerer Haltbarkeit ausgeliefert wird.

2.6 Serialnummern

Serialnummern dienen der Individualisierung von Materialien. Damit wird eine Unterscheidung von Produkten mit der gleichen Materialnummer möglich. Serialnummern werden vor allem im Maschinen- und Anlagenbau sowie im Gerätebau eingesetzt. Dort geht es darum, jedes Einzelstück eindeutig identifizieren zu können.

2.6.1 Grundlagen

Individualisierung In Kapitel 1 wurde die Bedeutung des Materialstammsatzes erläutert. Gleiche Produkte werden über eine gemeinsame Materialnummer zusammengefasst. Mit Hilfe von Serialnummern lässt sich nun zusätzlich jedes einzelne Stück innerhalb eines Materialstamms identifizieren. Es wird mit Hilfe der Serialnummern dadurch als individuelles Einzelstück erkennbar. Man spricht in diesem Zusammenhang auch von der *Individualisierung* eines Materials. In der Praxis wird über die Serialnummer z.B. die Gerätenummer einer Maschine abgebildet. Dabei ist die Serialnummer immer nur in Verbindung mit der Materialnummer eindeutig. Wurde im Materialstamm die Serialnummernpflicht für das Material festgelegt, so muss innerhalb der Prozesse darauf Bezug genommen werden. Bei einem Wareneingang zu einem Produkt ist die jeweilige Serialnummer zu erfassen. Gleiches gilt in Kundenaufträgen und bei Auslieferungen. Dadurch entsteht eine Historie, die den »Lebenslauf« des individuellen Einzelstücks nachvollziehbar macht.

Beispiel Verdeutlichen wir uns den Zusammenhang am Beispiel: Als Hersteller medizintechnischer Geräte verkaufen wir Infusionsgeräte an unsere Kunden – Krankenhäuser, Pflegedienste und Arztpraxen. Außerdem erbringen wir Kundendienstleistungen, die entweder in der Garantie enthalten sind oder gesondert in Rechnung gestellt werden. Wir möchten wissen, an welchen Kunden welche Geräte geliefert wurden, welche Garantiebedingungen je Gerät vereinbart sind und welche Kundendiensteinsätze je

Infusionsapparat stattgefunden haben. Falls der Kunde Geräte zurückschickt, wollen wir auch wissen, was weiterhin in unserem Unternehmen damit geschieht. Es ist also notwendig, stets ein Gerät eindeutig identifizieren zu können und alle relevanten Daten zusammenhängend analysieren zu können. Jedes Gerät wird deshalb über eine Gerätenummer – die Serialnummer – identifiziert.

Serialnummern identifizieren Objekte also eindeutig. Voraussetzung ist allerdings, dass sie in allen relevanten logistischen Vorgängen (z. B. in Aufträgen, bei der Lieferung oder der Retoure) auch eingegeben werden. Ähnliche Eigenschaften in der Logistik haben die Chargen (siehe Abschnitt 2.5). Es gibt allerdings einige entscheidende Unterschiede:

Abgrenzung: Charge, Serialnummer

- Im Gegensatz zur Serialnummer, die genau ein eindeutiges Element einer Menge darstellt, grenzt die Charge eine über Merkmale abgrenzbare Menge eines Artikels ab. Zwischen den einzelnen Elementen innerhalb einer Charge wird nicht unterschieden.
- Serialnummern können bei Bedarf zu vollständigen Equipmentstammsätzen im Modul PM-CS (PM = Plant Maintenance, CS = Customer Service) erweitert werden. Unter einem Equipmentstammsatz versteht man ein eindeutiges Objekt, für das eine Wartung vorzunehmen ist. Dabei kann es sich um eigene technische Anlagen (z. B. Produktionsanlagen, EDV-Anlagen usw.) oder um so genannte Kundenequipments handeln. Kundenequipments sind Anlagen, die bei einem Kunden installiert wurden.
- In einem Serialnummernstammsatz werden automatisch Bestands- und Kundeninformationen festgehalten. Damit kann exakt festgestellt werden, wo sich die Serialnummer (bzw. das entsprechende Produkt) zur Zeit befindet. Chargenbestände können dagegen auf mehrere Lager (eigene und Kundenlager) verteilt werden.
- Zu einer Serialnummer können zusätzliche Informationen wie Dokumente, z. B. Gebrauchsanweisungen, technische Dokumentationen oder Garantieinformationen hinterlegt werden.
- Chargen können im Rahmen der getrennten Bewertung (siehe Abschnitt 3.7.2) einen vom Materialstammsatz abweichenden Bewertungspreis haben. Serialnummern haben keine eigene Bewertung, können aber wiederum bewerteten Chargen zugeordnet werden.

Chargennummer und Serialnummern können auch gemeinsam eingesetzt werden. Dann dient die Charge z. B. der Abgrenzung einer Herstellungsserie oder zur getrennten Bewertung, während die Serialnummer nach wie vor das Einzelobjekt identifiziert.

2.6.2 Serialnummern in SAP R/3

In diesem Kapitel beschäftigt uns das Konzept der Serialnummernverwaltung innerhalb von SAP R/3. Von besonderer Bedeutung sind dabei stets die Schnittstellen zum Modul PM (Plant Maintenance, Instandhaltung). Wir sehen uns zunächst an, wie im Materialstammsatz die Serialnummernpflicht festgelegt wird. Im zweiten Schritt lernen wir die wesentlichen Customizingeinstellungen zur Vergabe von Serialnummern kennen. Auf der Basis dieser Erkenntnisse werden wir uns die Zusammenhänge von Materialstammsätzen, Serialnummern und Equipments im Modul PM (Instandhaltung) erarbeiten. Im letzten Schritt sehen wir uns die Daten an, die zu einem Serialnummernstammsatz gepflegt werden können.

Materialstamm Damit Materialien mit gleicher Materialnummer über die Serialnummer unterschieden und damit individualisiert werden können, muss im Materialstamm ein Serialnummernprofil zugeordnet werden. Abbildung 2.55 zeigt uns das Material SE1200, dem das Serialnummernprofil 0001 zugeordnet wurde.

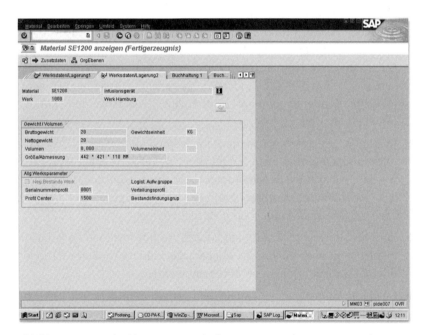

Abbildung 2.55 Werksabhängige Vertriebsdaten im Materialstamm mit Serialnummernprofil

Die Serialnummer wird im Materialstamm festgelegt, das Serialnummernprofil wird auf Werksebene definiert. Es ist also auch möglich, dass ein Material in einem Werk serialnummernpflichtig ist und in einem anderen Werk keine Serialnummernpflicht besteht.

Für ein Serialnummernprofil werden im Customizing die Eigenschaften der Serialnummernverwaltung gesteuert. Die wichtigsten Einstellungen stellen wir in Abbildung 2.56 vor.

Customizing

Abbildung 2.56 Customizing der Serialnummernprofile

▸ **Existenzpflicht für Serialnummern (Exist.Pfl.)**
Hier wird festgelegt, ob die Serialnummern vor der Verwendung in einem betriebswirtschaftlichen Vorgang (z.B. einem Kundenauftrag, einer Lieferung oder einer Retoure) bereits vorhanden sein muss. Ist dies nicht der Fall, kann die Serialnummer während der verschiedenen Vorgänge, z.B. während der Auftragserfassung, angelegt werden. Unser Profil 0001 ist so eingestellt, dass die Serialnummer nicht vorhanden sein muss (siehe Abbildung 2.56).

▸ **Bestandsverprobung (BstVP)**
Über diese Prüfung wird festgelegt, ob der Bestand bei der Durchführung einer Warenbewegung geprüft wird. Befindet sich ein bestimmtes Gerät z.B. beim Kunden, so kann dafür kein Warenausgang aus dem Lager gebucht werden. Die möglichen Reaktionen bei der Bestandsverprobung sind:

▸ Keine Reaktion (keine Bestandsverprobung)

▸ Warnmeldung

▸ Fehlermeldung

Eine *Warnmeldung* kann vom Anwender übergangen werden. Eine *Fehlermeldung* führt dazu, dass dieser Vorgang nicht durchgeführt werden kann. Im Profil 0001 wurde der Wert 1 (Warnmeldung) eingestellt.

Außerdem werden im Customizing für jedes Serialnummerprofil die erlaubten Vorgänge definiert. Abbildung 2.57 zeigt uns die Vorgänge zu unserem Profil 0001.

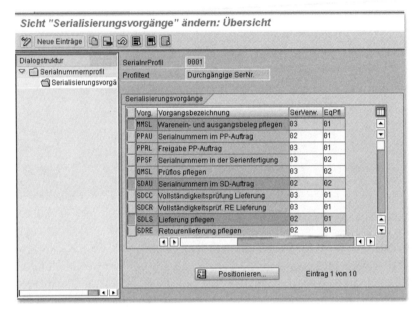

Abbildung 2.57 Customizing der Vorgänge zum Serialnummernprofil 0001

Grundsätzlich wird für jeden zugeordneten Vorgang Folgendes eingestellt:

▶ **Serialnummernverwaltung (SerVerw.)**

In dieser Option wird festgelegt, ob innerhalb dieses Vorgangs eine Serialnummernvergabe stattfindet. Folgende Auswahlmöglichkeiten stehen zur Verfügung:

▷ Keine Serialnummernvergabe (Option 01)

▷ Serialnummernvergabe **kann** erfolgen (Option 02)

▷ Serialnummernvergabe **muss** erfolgen (Option 03)

▷ Serialnummernvergabe wird durch das System **automatisch** durchgeführt (Option 04)

In der Abbildung 2.57 wurden die Vorgänge MMSL (Warenbewegung), SDAU (Auftragserfassung) und SDL5 (Lieferung) markiert. Mit diesen wollen wir uns beschäftigen, um das Prinzip dieser Einstellungen zu verstehen. Bei der Auftragserfassung **kann** der Anwender die Serialnummern vorgeben. Bei der Erstellung der Lieferung zum Auftrag besteht ebenfalls die Möglichkeit (**kann**), die Serialnummernvergabe vorzunehmen. Bei der Warenausgangsbuchung in der Lieferung **muss** jedoch spätestens die Serialnummervergabe erfolgen (zum Prozessablauf siehe Abschnitt 3.3). Wir sehen auch, dass im Vorgang PPRL (Freigabe im Fertigungsauftrag) die Vergabe obligatorisch ist. Ein Fertigungsauftrag kann nur freigegeben werden, wenn vorher die Serialnummern der Produkte, die gefertigt werden, festgelegt wurden. Besonders dieser Aspekt wird uns im Beispiel in Abschnitt 4.2 wieder begegnen.

▶ **Equipmentpflicht (EQPfl.)**
Hier wird eingestellt, ob mit der Vergabe der Serialnummer automatisch der Serialnummernstamm zu einem Equipmentstammsatz im Modul PM (Plant Maintenance, Instandhaltung) erweitert werden soll.

Mit dieser letzten Option, dem Zusammenhang zwischen Serialnummer und Equipment, wollen wir uns jetzt näher beschäftigen. Die Serialnummer identifiziert ein Objekt nur zusammen mit einer Materialnummer eindeutig. Die Serialnummer allein reicht also nicht aus. Mit dem Anlegen einer Serialnummer über einen Vorgang wird ein Serialnummernstammsatz im System erzeugt. Dieser Stammsatz kann anschließend durch einen Anwender manuell zu einem Equipmentstammsatz erweitert werden. Für ein solches Equipment kann dann im Modul PM (Instandhaltung) eine Wartungsplanung und eine Durchführung der Wartung über Instandhaltungsaufträge erfolgen. Abhängig von unserer Customizingeinstellung zur Equipmentpflicht im Serialnummernprofil kann der Equipmentstammsatz auch automatisch im System angelegt werden.

Serialnummer und Equipmentstammsatz

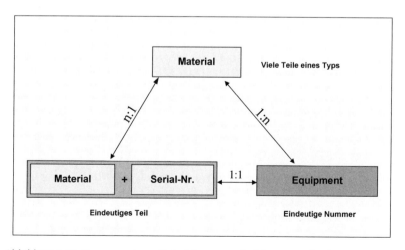

Abbildung 2.58 Zusammenhang Materialnummer, Serialnummer, Equipment

Abbildung 2.58 zeigt den Zusammenhang zwischen den Objekten *Materialstamm*, *Serialnummer* und *Equipment*. Wir sehen, dass zu jeder Kombination aus Materialnummer und Serialnummer ein Equipmentstammsatz mit einer eindeutigen Nummer angelegt werden kann. Ein Equipmentstammsatz repräsentiert genau **ein** Objekt und damit **ein** physisches Einzelstück. Auf der anderen Seite kann ein Equipmentstammsatz auch ohne Serialnummerndaten angelegt und verwendet werden. Lediglich die Integration in die Materialwirtschaft und den Vertrieb ist dann nicht gegeben. Die Serialnummer wird also verwendet, um den Objektstammsatz in die Logistik zu integrieren.

Serialnummernstammsatz

Kommen wir jetzt zu den Informationen, die in einem Serialnummernstammsatz enthalten sind. Der Serialnummernstammsatz enthält folgende Teilbereiche:

- Logistikinformationen
- Partnerinformationen
- Garantieinformationen
- Statusinformationen

Logistikinformationen

Innerhalb der *Logistikinformationen* werden vor allem Informationen über den aktuellen Ort und Zustand des Einzelstücks mit dieser Serialnummer festgehalten. Falls das Objekt sich noch im Lager befindet, erkennt man hier, in welchem Werk und welchem Lagerort das Gerät eingelagert ist. Falls es schon einem Kundenauftrag zugeordnet wurde, ist dies hier auch erkennbar. Über den Button »Historie« können alle logistischen Belege zu dieser Serialnummer aufgerufen werden. Abbildung 2.59 zeigt uns die Logistikdaten (Serialdaten) zum Serialnummernstammsatz des Materials SE1200 mit der Serialnummer 1.

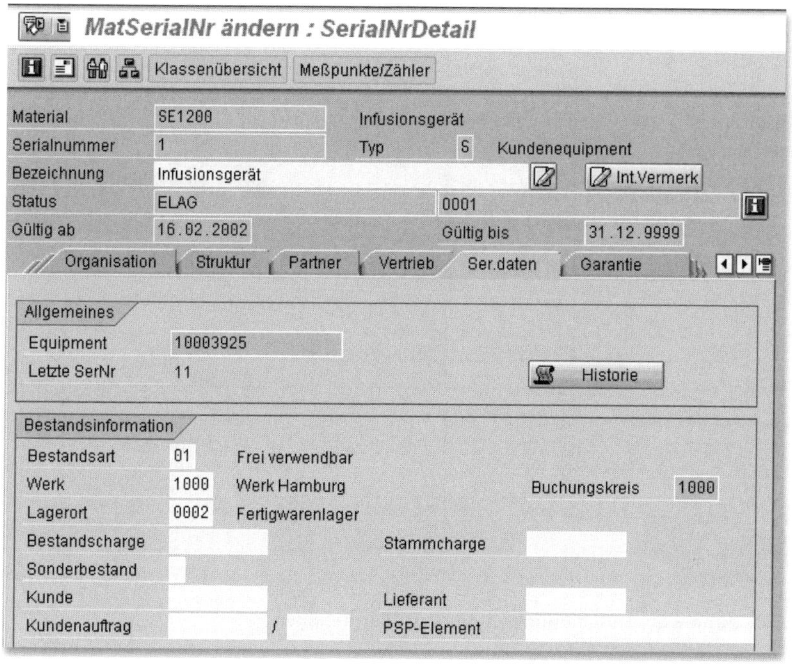

```
          MatSerialNr ändern : SerialNrDetail
          Klassenübersicht   Meßpunkte/Zähler
  Material         SE1200              Infusionsgerät
  Serialnummer    1                    Typ        S    Kundenequipment
  Bezeichnung     Infusionsgerät                            Int.Vermerk
  Status          ELAG                            0001
  Gültig ab       16.02.2002           Gültig bis      31.12.9999
     Organisation  |  Struktur  |  Partner  |  Vertrieb  |  Ser.daten  |  Garantie

  ┌ Allgemeines ─────────────────────────────────────────────────┐
  │  Equipment       10003925                                     │
  │  Letzte SerNr    11                              Historie     │
  └──────────────────────────────────────────────────────────────┘

  ┌ Bestandsinformation ────────────────────────────────────────┐
  │  Bestandsart     01    Frei verwendbar                       │
  │  Werk          1000    Werk Hamburg        Buchungskreis  1000│
  │  Lagerort      0002    Fertigwarenlager                      │
  │  Bestandscharge                            Stammcharge       │
  │  Sonderbestand                                               │
  │  Kunde                                     Lieferant         │
  │  Kundenauftrag           /                 PSP-Element       │
  └──────────────────────────────────────────────────────────────┘
```

Abbildung 2.59 Serialnummernstamm zum Material SE1200 mit der Serialnummer 1

Im Serialnummernstammsatz können verschiedene *Partnerinformationen* hinterlegt werden. Dies sind der aktuelle Kunde, der Lieferant und der Auftraggeber. Die Felder werden zum Teil automatisch bei Materialbuchungen gefüllt. Zum Beispiel wird bei der Warenausgangsbuchung in der SD-Lieferung (siehe Kaptitel 3.3) automatisch der aktuelle Warenempfänger in das Feld »Kunde« der Serialnummer übertragen. Auf dem Partnerbild können zusätzlich noch beliebige weitere Partner eingetragen werden (z. B. der Verkäufer, der Key Accounter etc.).

Partnerinformationen

Abbildung 2.60 zeigt uns die Partnerdaten zu unserem Material SE1200 mit der Serialnummer 1. Wir können der Abbildung entnehmen, dass sich das Material derzeit noch im eigenen Lager befindet. Aus diesem Grund ist noch kein Partner eingetragen. In Abschnitt 4.2 werden wir sehen, wie die Informationen im Partnerbild durch logistische Prozesse verändert werden.

Abbildung 2.60 Serialnummernstammsatz Partnerdaten

Garantiedaten | In den *Garantiedaten* kann hinterlegt werden, von wann bis wann eine Garantie gewährt wird. Um die Garantiebedingungen exakter zu beschreiben, kann eine Mustergarantie hinterlegt werden, die weitere Details enthält. Außerdem wird über den Prüfungsstatus angezeigt, ob zum aktuellen Zeitpunkt noch Garantie besteht. Serialnummern können auch in so genannte Hierarchien eingebunden werden. So können beispielsweise mehrere Einzelstücke mit jeweils einer Serialnummer in einer Installation eingesetzt werden. Die Garantie der eingebauten Serialnummern bestimmt sich aus den Garantiedaten der Installation. Dann kann über den Schalter »Garantie erben« die Garantieinformation aus der übergeordneten Installation übernommen werden und braucht nicht für jede einzelne Serialnummer separat gepflegt zu werden. Abbildung 2.61 zeigt uns die Garantiedaten zu unserem Material SE1200 mit der Serialnummer 1.

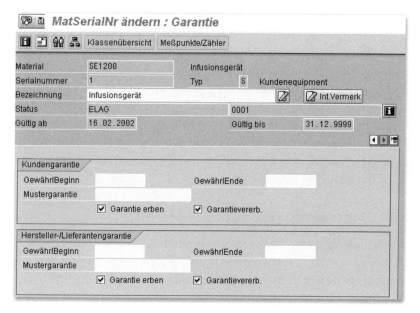

Abbildung 2.61 Serialnummernstammsatz Garantiedaten

Über den *Status* wird zum einen der aktuelle Zustand der Serialnummer dokumentiert, zum anderen wird damit die Verwendbarkeit gesteuert. Eine Serialnummer, die sich zur Zeit beim Kunden befindet, besitzt den Status EKUN. Damit kann sie zum Beispiel nicht erneut in eine Auslieferung eingebunden werden.

Statusinformationen

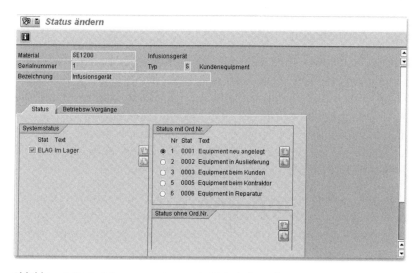

Abbildung 2.62 Serialnummernstammsatz Statusinformation

Serialnummern **103**

Abbildung 2.62 zeigt uns die Statusinformationen zu unserem Material SE1200 mit der Serialnummer 1. Wir erkennen erkennen wir den Systemstatus für den Serialnummernstammsatz. Unser Material SE1200 mit der Serialnummer 1 hat derzeit den Status ELAG (im Lager). Der Systemstatus wird vom System automatisch fortgeschrieben. Weiterhin besteht die Möglichkeit, einen Anwenderstatus zu vergeben. Dieser kann im Customizing frei definiert werden und sowohl manuell als auch automatisch durch Vorgänge gesetzt werden. Es kann auch mehr als ein Status gleichzeitig gültig sein. Einem Status wiederum ist hinterlegt, welche Vorgänge durch ihn erlaubt oder verboten sind.

2.6.3 Systembeispiel

Wir wollen an dieser Stelle auf ein eigenes Systembeispiel verzichten. Statt dessen wird die Serialnummernvergabe wesentlicher Bestandteil des Szenarios in Abschnitt 4.2 sein, bitte schlagen Sie auch dort nach.

2.7 Materialfindung

Mittels der *Materialfindung* können die während der Auftragserfassung eingegebenen Materialien durch Substitutionsmaterialien ersetzt werden. Diese Substitution kann vollkommen automatisch erfolgen, dem Anwender kann während der Auftragerfassung aber auch ein Substitutionsvorschlag unterbreitet werden. Die Materialfindung wird zum Beispiel im Falle von Auslaufmaterialien oder Sonderaktionen eingesetzt.

2.7.1 Grundlagen

Anwendungen der Materialfindung

Die Materialfindung ermöglicht die Substitution eines Materials während der Auftragserfassung. Eingesetzt wird die Materialfindung besonders häufig zur Substitution von Auslaufmaterialien durch aktuelle Artikel. Die Materialfindung ermöglicht es dem Anwender, einen Auftrag mit der alten Materialnummer zu erfassen. Ein Grund dafür kann sein, dass dem Anwender die aktuelle Materialnummer noch nicht geläufig ist, oder aber der Kunde bestellt noch unter der alten Materialnummer.

Eine weitere Anwendung der Materialfindung ist das saisonale Ersetzen eines Artikels zum Beispiel während der Weihnachts- oder Urlaubszeit durch einen gleichartigen Artikel mit besonders werbewirksamer Verpackung.

Manche Kunden bestellen Ware bei ihrem Lieferanten mit einer kundeneigenen Materialnummer. Diese kann allerdings für den internen Ablauf nicht verwendet werden, da sie zum Beispiel im Lager nicht bekannt ist oder auch für die Preisfindung nicht verwendet werden kann. Mittels der Materialfindung kann die kundenspezifische Artikelnummer durch die eigene Materialnummer ersetzt werden. Ähnlich ist es mit der Substitution von Positionen, in denen eine Europäische Artikelnummer (EAN-Nummer) erfasst wurde. Die EAN-Nummer wird automatisch durch die eigene Artikelnummer ersetzt.

Durch die Materialfindung wird die Auftragserfassung für den Anwender vereinfacht. Er muss die Materialnummer des Substitutionsmaterials nicht kennen, sondern kann den Auftrag unter der Artikelnummer des Kunden erfassen.

2.7.2 Materialfindung in SAP R/3

Die Materialfindung im Verkaufsbeleg kann manuell oder automatisch erfolgen. Bei der *manuellen Materialfindung* wird dem Anwender ein Fenster mit einem oder mehreren Substitutionsmaterialien angezeigt. Der Anwender kann daraufhin ein Substitutionsmaterial auswählen. Wird bei der manuellen Materialfindung die Substitution unter Berücksichtigung der Verfügbarkeitsprüfung nach ATP-Logik (siehe Abschnitt 2.3) durchgeführt, wird für jedes Alternativmaterial zusätzlich die zum Wunschliefertermin verfügbare Menge angegeben.

Manuelle Materialfindung

Bei der *automatischen Materialfindung* läuft die Substitution für den Anwender unsichtbar im Hintergrund. Besteht ein gültiger Konditionssatz, in dem einem Material Alternativmaterialien zugeordnet sind, dann wird die Substitution automatisch ausgeführt. Bei der automatischen Materialfindung wird für die Alternativmaterialien immer eine Verfügbarkeitsprüfung nach ATP-Logik durchgeführt. Das Originalmaterial wird im Verkaufsbeleg automatisch unter Berücksichtigung der im Konditionssatz festgelegten Priorität der Alternativmaterialien und deren Verfügbarkeit ersetzt.

Automatische Materialfindung

Eine Variante der automatischen Materialfindung ist die *automatische Produktselektion*. Dabei wird das eingegebene Material nicht ersetzt. Vielmehr legt das System Unterpositionen zu der erfassten Position an. Dies eröffnet weitere Gestaltungsspielräume gegenüber der automatischen Materialfindung. So kann im Customizing festgelegt werden, ob beispielsweise Preise auf der Ebene der übergeordneten Position oder auf der Ebene der Unterposition vergeben werden sollen. Die automatische

Automatische Produktselektion

Produktselektion kann auch im Lieferbeleg erneut durchgeführt werden. Haben sich die Verfügbarkeiten der Substitutionsmaterialien verändert, so wird diesem Umstand damit Rechnung getragen. Die Verwendung der Alternativmaterialien erfolgt nach der im Konditionssatz festgelegten Reihenfolge und der Verfügbarkeit der Substitutionsmaterialien zum Wunschliefertermin.

Damit ein Material ersetzt werden kann, muss ein Konditionssatz vorhanden sein. In diesem Konditionssatz werden einem Material ein oder mehrere Alternativmaterialien und ein Substitutionsgrund zugeordnet. Letzterer steuert unter anderem, ob die Substitution manuell oder automatisch erfolgt. Werden einem Material mehrere Substitutionsmaterialien zugeordnet, gibt die Reihenfolge die Priorität der Materialien vor. Wird die Substitution mit ATP-Prüfung durchgeführt, ist es unter Umständen auch sinnvoll, das Originalmaterial als erstes Alternativmaterial zu erfassen. Das Material wird dann nur substituiert, wenn der verfügbare Bestand nicht ausreicht, um den Bedarf zu decken. Dies ist häufig bei Auslaufmaterialien der Fall, wenn zunächst der Bestand des alten Materials abverkauft werden soll.

Für die automatische Produktselektion kann eines der Substitutionsmaterialien mit dem Dispositionskennzeichen versehen werden. Im Falle einer Bedarfsunterdeckung wird für dieses Material eine Unterposition erzeugt und der Bedarf an die Disposition übergeleitet. Für jeden Konditionssatz muss ein Gültigkeitszeitraum angegeben werden. Dadurch kann der Zeitraum der Substitution begrenzt werden.

2.7.3 Komponenten der Materialfindung

Konditionstechnik

Im vorigen Kapitel haben wir erfahren, dass die Materialfindung über Konditionssätze abgebildet wird. Konditionssätze sind ein Element der Konditionstechnik, die wir unter anderem bei der Preis- und der Nachrichtenfindung (siehe Abschnitt 2.1 und 2.2) kennen gelernt haben. Die Materialfindung in SAP R/3 erfolgt also ebenfalls mittels der *Konditionstechnik.*

Schemazuordnung

Die Materialfindung wird je nach Verkaufsbelegart aktiviert, indem den relevanten Verkaufsbelegarten ein Schema für die Materialfindung zugeordnet wird. Abbildung 2.63 zeigt die Zuordnung der Materialfindungsschemata zu den Verkaufsbelegarten.

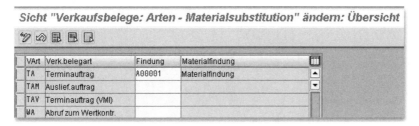

Abbildung 2.63 Schemaermittlung im Customizing der Materialfindung

Das Schema enthält eine oder mehrere Konditionsarten. Die Anwendung der Konditionsarten kann über Bedingungen eingeschränkt werden. Abbildung 2.64 zeigt ein Materialfindungsschema mit der Konditionsart A001.

Schema

Abbildung 2.64 Customizing eines Materialfindungsschemas

Jeder Konditionsart ist eine Zugriffsfolge mit einer oder mehreren Konditionstabellen zugeordnet. Die Zugriffsfolgen enthalten die Zugriffsfelder.

Konditionsart

Jeder Konditionssatz muss mit einem Gültigkeitsintervall versehen sein. Beim Customizing der Konditionsart kann festgelegt werden, welche Vorschlagswerte beim Erfassen des Konditionssatzes angeboten werden. Folgende Optionen stehen zur Auswahl:

- Kein Vorschlag
- Erster Tag der Woche
- Erster Tag des Monats
- Erster Tag des Jahres

Darüber hinaus verfügt die Konditionsart über keine weiteren Steuerungsparameter.

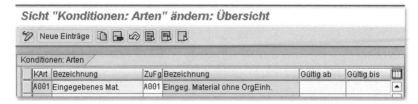

Abbildung 2.65 Customizing einer Konditionsart für Materialfindung

Zugriffsfolge Abbildung 2.65 zeigt das Customizing der Konditionsart. Der Konditionsart wird eine Zugriffsfolge zugeordnet. wir sehen, dass der Konditionsart A001 die Zugriffsfolge A001 zugeordnet ist. Über die Zugriffsfolge wird die Ermittlung eines Konditionssatzes gesteuert. Jede Zugriffsfolge kann aus mehreren Zugriffen bestehen. Jeder Zugriff besteht aus einer Konditionstabelle. Beispiel für eine Zugriffsfolge in der Materialfindung:

1. Zugriff »Verkaufsorganisation, Vertriebsweg, Eingegebenes Material«
Hinter diesem Zugriff steht eine Konditionstabelle mit den Feldern »Verkaufsorganisation«, »Vertriebsweg« und »Eingegebene Materialnummer«. Über Konditionssätze, die zu dieser Schlüsselkombination angelegt werden, definiert man eine Materialfindung, die nur für die Kombination aus Verkaufsorganisation und Vertriebsweg gültig ist.

2. Zugriff »Eingegebenes Material«
Hinter diesem Zugriff steht eine Konditionstabelle mit dem Feld »Eingegebene Materialnummer«. Über Konditionssätze mit diesem Schlüssel definiert man eine Materialfindung unabhängig von der Verkaufsorganisation, in der der Auftrag erfasst wird. Vielmehr ist diese Materialfindung ausschließlich vom erfassten Material abhängig.

Konditionssätze Das System prüft zunächst, ob ein Konditionssatz mit den Feldern »Verkaufsorganisation«, »Vertriebsweg« und »Eingegebenes Material« angelegt wurde. Wenn dies der Fall ist, wird das zugeordnete Substitutionsmaterial in den Vertriebsbeleg eingestellt oder bei einer manuellen Materialfindung als Substitutionsmaterial vorgeschlagen. Wird beim ersten Zugriff kein gültiger Konditionssatz ermittelt, prüft das System, ob ein Satz mit dem Schlüssel »Eingegebenes Material« definiert wurde.

Substitutionsgrund Über den *Substitutionsgrund* (siehe Abbildung 2.66) wird gesteuert, wie das System die Materialfindung durchführt. So wird über einen Eintrag im Feld »Eingabe« zum Beispiel festgelegt, dass auf Formularen wie Auftragsbestätigungen und Lieferscheinen Materialnummer und -text des eingegebenen Materials angedruckt werden und nicht die Daten des Substitutionsmaterials verwendet werden.

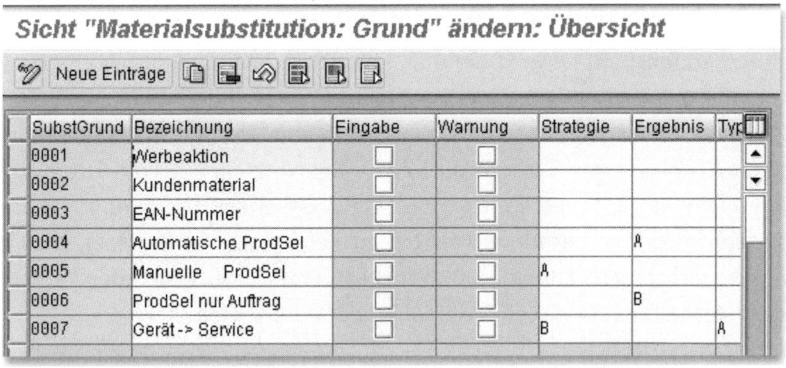

Sicht "Materialsubstitution: Grund" ändern: Übersicht

Neue Einträge

SubstGrund	Bezeichnung	Eingabe	Warnung	Strategie	Ergebnis	Typ
0001	Werbeaktion	☐	☐			
0002	Kundenmaterial	☐	☐			
0003	EAN-Nummer	☐	☐			
0004	Automatische ProdSel	☐	☐		A	
0005	Manuelle ProdSel	☐	☐	A		
0006	ProdSel nur Auftrag	☐	☐		B	
0007	Gerät -> Service	☐	☐	B		A

Abbildung 2.66 Customizing der Substitutionsgründe

Soll dem Anwender während der Verkaufsbelegbearbeitung in der Statusleiste eine Warnung angezeigt werden, die ihn auf die Substitution hinweist, wird das ebenfalls im Substitutionsgrund hinterlegt (Option »Warnung« in Abbildung 2.66). Im Falle der automatischen Produktselektion darf allerdings keine Warnung ausgegeben werden, da diese sonst nicht durchgeführt werden kann!

Substitutionsstrategie

Über die Strategie (Abbildung 2.66) wird festgelegt, ob die Materialfindung manuell oder automatisch erfolgen soll. Für die manuelle Materialfindung besteht die Option, diese auf der Grundlage einer Verfügbarkeitsprüfung nach ATP-Logik durchzuführen. Die automatische Materialfindung wird im Hintergrund durchgeführt. Dabei wird für die Substitutionsmaterialien immer eine Verfügbarkeitsprüfung nach ATP-Logik durchgeführt, d.h. ein Originalmaterial wird im Verkaufsbeleg durch die im Konditionssatz zugeordneten Alternativmaterialien automatisch nach deren Priorität und Verfügbarkeit zum Wunschliefertermin ersetzt.

Substitutionsergebnis

Folgende Substitutionsergebnisse (Abbildung 2.66) können eingestellt werden:

- Die Position wird ausgetauscht (Option »blank«). Dies geschieht bei der automatischen und bei der manuellen Materialfindung.
- Es werden Unterpositionen angelegt (Option A), die Materialfindung wird im Lieferbeleg erneut durchgeführt. Dies geschieht bei der automatischen Produktselektion.
- Es werden Unterpositionen angelegt (Option B), die Materialfindung wird jedoch nur im Auftrag durchgeführt. Die Positionen werden in die Lieferung kopiert. Dies geschieht bei der automatischen Produktselektion, die nur im Auftrag ausgeführt werden soll.

2.7.4 Systembeispiel Materialfindung

Manuelle Materialfindung

Im folgenden Beispiel wird die manuelle Materialfindung in einem Kundenauftrag gezeigt. Als Beispielfirma dient uns dabei die Abteilung Ersatzteilservice eines Computerherstellers. Aufgabe unseres Sachbearbeiters ist die Erfassung von Ersatzteilaufträgen. Bei Netzteilen für die Stromversorgung von Laptopgeräten gibt es die Möglichkeit, dem Kunden das standardmäßig vorgesehene Netzteil zu liefern oder auf andere, inzwischen verbesserte Geräte mit höherem Preis zurückzugreifen. Unser Sachbearbeiter verwendet dabei folgende Materialstämme:

- Materialnummer NE100: Netzteil NT100 (Standard)
- Materialnummer NE200: Netzteil NT200 (verbessertes Gerät mit höherem Preis)
- Materialnummer NE300: Netzteil NT300 (das neueste Gerät aus unserem Programm)

Ziel unseres Sachbearbeiters ist es, bei der Auftragserfassung zunächst die Nummer des Standardgerätes zu erfassen. Das System soll ihm dann die Geräte vorschlagen, die als Alternative in Frage kommen. Dazu geht er wie folgt vor:

1. Erfassung eines Konditionssatzes für die Materialfindung
2. Erfassung eines Kundenauftrags mit dem Material NE100
3. Auswahl aus den Substitutionsvorschlägen
4. Sichern des Auftrags

Schritt 1: Konditionssatz für Materialfindung anlegen

Gehen wir die einzelnen Schritte mit unserem Sachbearbeiter durch. Zunächst ist ein Konditionssatz für die Materialfindung unseres Standardmaterials NE100 anzulegen. Dabei werden die Materialien NE200 und NE300 als Substitutionsmaterialien festgelegt. Da unter Umständen auch das Standardgerät geliefert werden soll, wird dieses als erstes Substitutionsmaterial erfasst. In Abbildung 2.67 sehen wir den Konditionssatz für die manuelle Materialfindung für unser Material NE100.

In Abbildung 2.67 zum Konditionssatz wird auch deutlich, dass als Substitutionsgrund die Option 0005 »Manuelle Produktselektion« ausgewählt wurde. Darüber wird gesteuert, dass die Auswahl der Produkte nicht automatisch, sondern durch den Anwender bei der Auftragserfassung erfolgt.

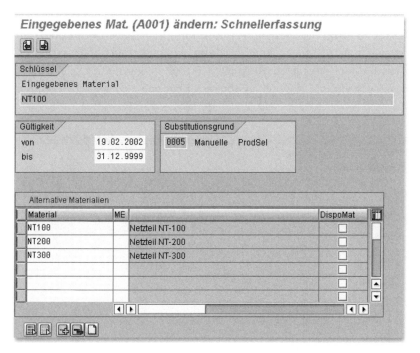

Abbildung 2.67 Konditionssatz für die Materialfindung

Im zweiten Schritt erfasst unser Sachbearbeiter jetzt einen Kundenauftrag mit dem Standardmaterial NT100. Abbildung 2.68 zeigt uns den Einstieg in die Auftragserfassung.

Schritt 2: Kundenauftrag erfassen

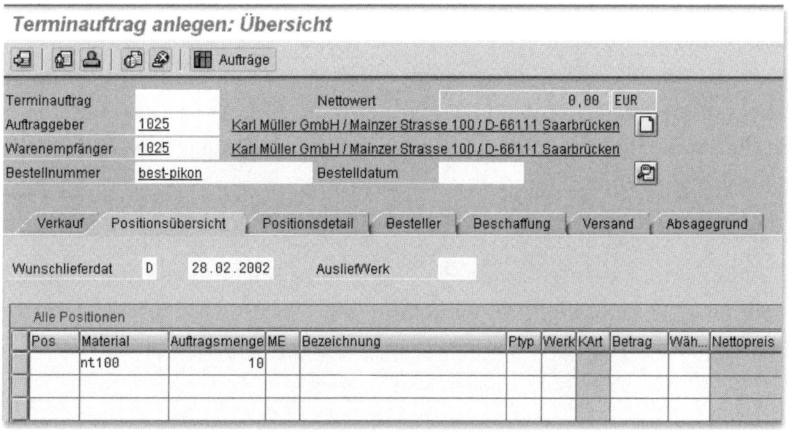

Abbildung 2.68 Erfassung Kundenauftrag für das Material NT100

Materialfindung **111**

Schritt 3: Auswahl der Substitutionsmaterialien

Nach der Erfassung der Position mit dem Material »Standard-Netzteil NT100« schlägt das System die Substitutionsmaterialien vor. Dabei sieht der Sachbearbeiter neben der Materialnummer auch die verfügbare Menge zu den jeweiligen Materialien. Er trifft in unserem Beispiel die Entscheidung für das Material NE300. In Abbildung 2.69 erkennen wir dies daran, dass die Zeile mit diesem Material markiert wurde.

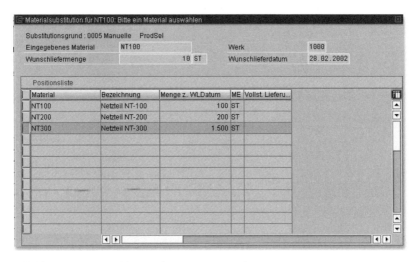

Abbildung 2.69 Auswahl der Substitutionsmaterialien

Schritt 4: Sichern des Auftrags

Nach der Auswahl des entsprechenden Substitutionsmaterials wird diese Position in den Auftrag übernommen und der Auftrag 7071 im System angelegt. In Abbildung 2.70 wird deutlich, dass in der Auftragsposition 00010 nur das Material NE300 enthalten ist: Das ursprünglich erfasste Material wurde ersetzt. Allerdings erhalten wir auch eine Information über die Materialnummer, die ursprünglich im Auftrag erfasst wurde. Dies ist die Materialnummer NT100, sichtbar im Feld »Eingeg. Material« (siehe Abbildung 2.70).

Der Prozess wird durch die Erstellung eines Lieferbeleges und durch eine Kundenfaktura abgeschlossen. Der komplette Ablauf einer Auftragsbearbeitung wird in Kapitel 3 beschrieben.

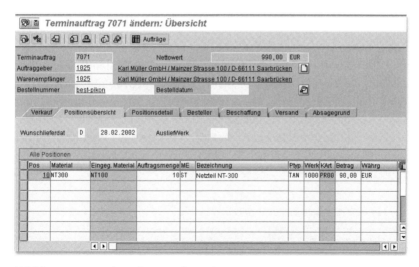

Abbildung 2.70 Kundenauftrag mit der Auftragsnummer 7071

2.7.5 Systembeispiel Produktselektion

In Abschnitt 2.7.1 haben wir unterschiedliche Verfahren der Materialfindung (manuelle Materialfindung, automatische Materialfindung, automatische Produktselektion) kennen gelernt. Da sich die Strategie *Produktselektion* erheblich von den übrigen Optionen unterscheidet, wollen wir an dieser Stelle eine zweite Fallstudie betrachten.

Wir demonstrieren die *automatische Produktselektion* am Beispiel eines Getränkeherstellers. Dieser will sein Sortiment schrittweise von Glas- auf Kunststoffflaschen (so genannte PET-Flaschen) umstellen. Dabei sollen die vorhandenen Glasflaschen zuerst abverkauft werden, um das Lager zu räumen. Anschließend wird er seine Produkte nur noch in PET-Flaschen anbieten. Er beginnt die Umstellung bei dem Produkt Orangensaft. Dieser wird bislang über das Material FS2000 mit der Bezeichnung »Orangensaft in 1-Liter-Glasflasche« verkauft. Dieser Materialstamm wird in Zukunft abgelöst durch den neuen Materialstamm FS3000P. Dieses Material trägt die Bezeichnung »Orangensaft in 1-Liter-PET-Flasche«. Der Vertriebsinnendienst – zuständig für die Erfassung der Kundenaufträge der Händler – soll weitgehend entlastet werden. Die Vertriebsmitarbeiter verwenden deshalb weiterhin die Materialnummer FS2000. Das System soll dann so lange Glasflaschen liefern, bis der Restbestand aufgebraucht ist. Begleiten wir unseren Getränkehersteller bei der Umstellung. Sie läuft in folgenden Schritten ab:

Ausgangslage

1. Anzeige der vorhandenen Bestände an Glas- und PET-Flaschen
2. Anlegen eines Konditionssatzes für die Materialfindung

3. Erfassung eines Auftrags für die Materialnummer FS2000
4. Erstellung eines Lieferbeleges zu diesem Kundenauftrag

Schritt 1: Bestandsanzeige

Im ersten Schritt werfen wir also einen Blick auf die Bestände. Wir wollen das Beispiel einfach halten. Deshalb gehen wir davon aus, dass derzeit keine weiteren geplanten Zu- und Abgänge im System vorhanden sind. Somit ist die gesamte Lagermenge auch verfügbar. In der Aktuellen Bedarfs- und Bestandsliste in Abbildung 2.71 sehen wir, dass derzeit noch 1000 Glasflaschen (Material FS2000) unseres Orangensaftes im Werk 1000 vorhanden sind.

Abbildung 2.71 Aktuelle Bedarfs- und Bestandsliste für das Material FS2000

Die Aktuelle Bedarfs- und Bestandsliste für das Material FS3000P zeigt uns, dass der Bestand an neuen PET-Flaschen im Werk 1000 (Hamburg) 10000 Stück beträgt (siehe Abbildung 2.72).

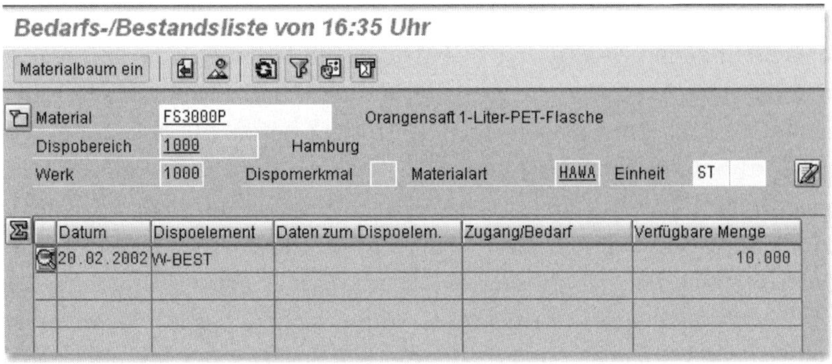

Abbildung 2.72 Aktuelle Bedarfs- und Bestandsliste für das Material FS3000P

Schritt 2: Anlegen des Konditionssatzes

Ähnlich wie im Systembeispiel des Abschnitts 2.7.3 legen wir jetzt einen Konditionssatz für die Materialfindung bei dem Material FS2000 (Orangensaft in 1-Liter-Flasche) an. Als erstes Substitutionsmaterial erfassen wir genau dieses Material (Materialnummer FS2000). Dies ist notwendig, da zunächst der vorhandene Bestand an alten Flaschen geräumt werden soll. Als zweite Position erfassen wir das Material FS3000P – unsere PET-Flaschen. Für die neuen PET-Flaschen aktivieren wir das Kennzeichen »Disposition«. Dieses Kennzeichen bewirkt das Folgende: Kann der Auftragsbedarf nicht gedeckt werden, so wird für die PET-Flaschen ein Bedarf an die Disposition übergeben. Dort wird dann die Beschaffung weiterer Flaschen ausgelöst. Abbildung 2.73 zeigt uns den Konditionssatz der Materialfindung.

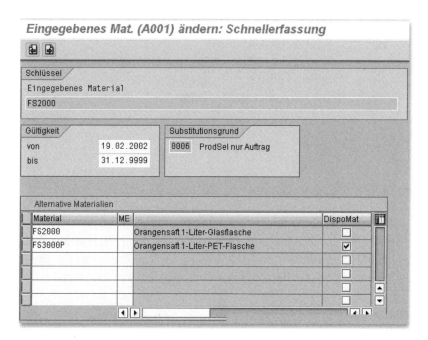

Abbildung 2.73 Konditionssatz zur Materialfindung für das Material FS2000

Als Substitutionsgrund wählen wir jedoch im Unterschied zum Beispiel aus Abschnitt 2.7.3 jetzt die Option 0006 »Produktselektion nur im Auftrag«. Damit ist die automatische Produktselektion gemeint. Diese führt dazu, dass im Kundenauftrag Unterpositionen mit den Substitutionsmaterialien angelegt werden. Im Customizing für diesen Substitutionsgrund wurde festgelegt, dass die Produktselektion nur im Auftrag stattfindet (siehe Abbildung 2.66). Die Positionen werden dann in die Lieferung übergeben. Im Lieferbeleg findet aber keine neue Produktselektion statt.

Kommen wir zur Auftragserfassung. Ähnlich wie im vorigen Beispiel (Abschnitt 2.7.3) erfasst der Vertriebsmitarbeiter eine Position mit dem Material FS2000 (Orangensaft in 1-Liter-Flaschen). Als Auftragsmenge gibt er 15 000 Stück an. Aus unserer Bestandsübersicht wissen wir natür-

Schritt 3: Auftragserfassung

lich, dass derzeit insgesamt 11.000 Glas- **und** PET-Flaschen verfügbar sind. In Abbildung 2.74 sehen wir das Ergebnis der Verfügbarkeitsprüfung bei der Auftragserfassung.

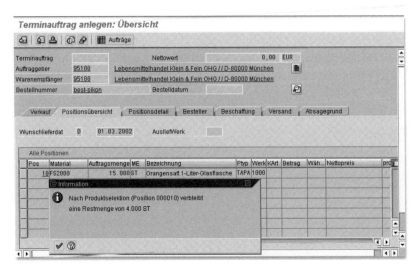

Abbildung 2.74 Verfügbarkeitsprüfung im Kundenauftrag

Das System (siehe Abbildung 2.74) gibt uns einen Hinweis, dass nicht die gesamte Auftragsmenge verfügbar ist. Nachdem der Anwender diese Meldung bestätigt hat, führt das System die Produktselektion automatisch durch. Dabei werden so genannte *Unterpositionen* angelegt.

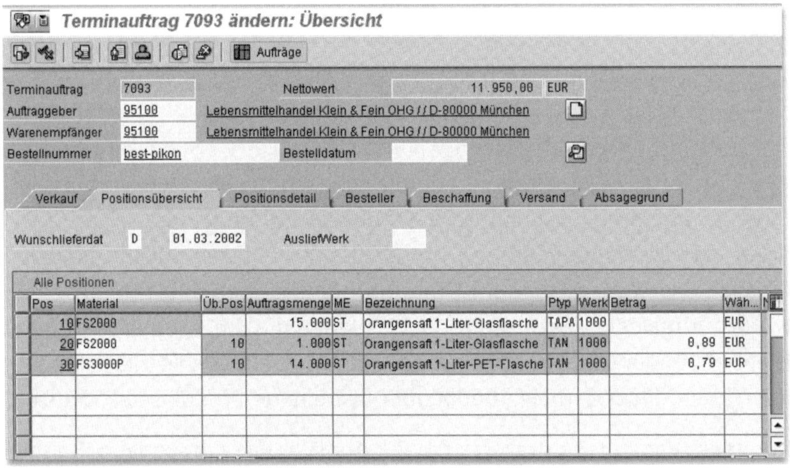

Abbildung 2.75 Positionsübersicht im Kundenauftrag nach der Durchführung der automatischen Produktselektion

Abbildung 2.75 zeigt uns die Positionsübersicht des Auftrags mit der Auftragsnummer 7093. Die Materialien der Unterpositionen 20 und 30 (siehe Abbildung 2.75) werden gemäß der Reihenfolge im Konditionssatz (siehe Abbildung 2.73) erzeugt. Zuerst wird eine Position mit dem auslaufenden Material FS2000 angelegt. Das System versucht die gesamte Auftragsmenge mit diesem Material abzudecken. In unserem Fall reichen die noch vorhandenen 1.000 Glasflaschen mit der Materialnummer FS2000 jedoch nicht aus. Deshalb wurde über die Produktselektion eine weitere Unterposition (Positionsnummer 30) mit dem Material FS3000P angelegt. Jedoch auch der Bestand an PET-Flaschen reicht nicht aus, um die Auftragsmenge zu decken. Aus diesem Grund wird ein Bedarf von 4000 Stück für das Material FS3000P an die Disposition übergeben. Wir sehen, dass diese Systematik automatisch dazu führt, dass zunächst die alten Flaschen aus dem Lager entnommen werden, bevor die neuen PET-Flaschen geliefert werden. In Abbildung 2.75 sehen wir auch, dass die Preise auf der Ebene der Unterposition vergeben wurden. Nur diese Unterpositionen werden in die Lieferung und anschließend in die Faktura übergeben. Die Preisfindung könnte jedoch auch auf der Ebene der Hauptposition erfolgen. Gesteuert wird das im Customizing der jeweiligen Positionstypen (siehe Kapitel 3). Bevor wir zur Lieferung kommen, prüfen wir nochmals unsere Aktuelle Bedarfs- und Bestandsliste (siehe Abbildung 2.76).

Unterpositionen

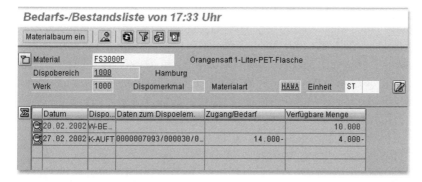

Abbildung 2.76 Aktuelle Bedarfs- und Bestandsliste für das Material FS3000P nach der Auftragserfassung

Wir sehen, dass die gesamte verfügbare Menge an PET-Flaschen für unsere Auftragsposition reserviert wurde. Darüber hinaus enthält die Aktuelle Bedarfs- und Bestandsliste für das Material FS3000P jetzt eine Unterdeckung in Höhe von 4000 Stück. Diese Unterdeckung führt in der Materialbedarfsplanung zu einem entsprechenden Beschaffungsvorschlag.

Schritt 4: Lieferbeleg erstellen

Im letzten Schritt unseres Beispiels erzeugen wir einen Lieferbeleg zu unserem Kundenauftrag. Über den Substitutionsgrund wurde gesteuert, dass bei der Erfassung der Lieferung keine neue Produktselektion durchgeführt werden soll. Deshalb werden nur die Positionen 20 und 30 in die Lieferung übernommen.

Abbildung 2.77 Lieferbeleg zu unserem Auftrag 7093

Abbildung 2.77 zeigt uns den Lieferbeleg zum Kundenauftrag 7093. In den Lieferbeleg werden nur die bestätigten Auftragsmengen übernommen. Nach der Warenausgangsbuchung im Lieferbeleg haben unsere Aktuellen Bedarfs- und Bestandslisten sich wiederum verändert. Abbildung 2.78 zeigt das Material FS2000 (Orangensaft in 1-Liter-Glasflaschen). Wir sehen, dass der Bestand an Glasflaschen komplett geräumt wurde.

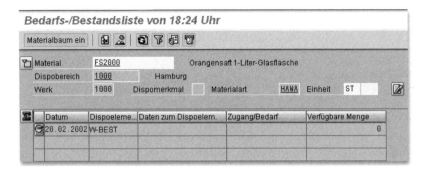

Abbildung 2.78 Aktuelle Bedarfs- und Bestandsliste für das Material FS2000 nach der Warenausgangsbuchung

In Abbildung 2.79 wird deutlich, dass zwar auch die PET-Flaschen aufgebraucht wurden. Zur Deckung des ausstehenden Auftragsbedarfes wird jedoch in der Materialbedarfsplanung ein Beschaffungsvorschlag erzeugt.

Abbildung 2.79 Aktuelle Bedarfs- und Bestandsliste für das Material FS3000P nach der Warenausgangsbuchung

Über diesen Beschaffungsvorschlag wird letztlich erneut Bestand an PET-Flaschen aufgebaut. Im nächsten Kundenauftrag wird der Vertriebsmitarbeiter wieder das Material FS2000 erfassen. Das System wird dann über die Produktselektion erkennen, dass kein Bestand an Glasflaschen mehr vorhanden ist und somit die gesamte Auftragsmenge aus PET-Flaschen decken.

2.8 Materiallistung und -ausschluss

Mittels der Funktion *Materiallistung* kann der Bezug eines Kunden auf bestimmte Materialien aus dem Gesamtsortiment eines Lieferanten eingeschränkt werden. Der *Materialausschluss* legt hingegen fest, welche Materialien ein Kunde nicht beziehen darf.

2.8.1 Materiallistung und -ausschluss in SAP R/3

In der Praxis ist es häufig erforderlich, den Bezug eines Kunden auf bestimmte Materialien einzuschränken bzw. auch bestimmte Materialien vom Bezug ausdrücklich auszuschließen. Insbesondere in der Markenartikelindustrie werden durch Kunden nur bestimmte Artikel gelistet. In diesem Fall dürfen diese Kunden auch nur die gelisteten Materialien beziehen.

Anwendungsgebiete

Im umgekehrten Fall muss sichergestellt werden, dass bestimmte Kunden oder Kundengruppen bestimmte Materialien nicht beziehen. In der Pharmaindustrie dürfen z.B. apothekenpflichtige Materialien nur an Apotheken ausgeliefert werden und nicht an Endverbraucher. Zu den Endverbrauchern zählen dabei auch Krankenhäuser. Diese werden ihrerseits durch Apotheken beliefert. Einige Unternehmen legen aufgrund der politischen Situation auch Wert darauf, Materialien mit hebräischen Sprachversionen nicht in arabischsprachige Länder zu liefern.

In SAP R/3 werden diese Anforderungen mittels der Funktionen *Materiallistung* und *Materialausschluss* abgebildet. Während die Materiallistung jene Materialien enthält, die ein Kunde beziehen darf, stellt der Materialausschluss eine Negativliste dar. Diese enthält die Artikel, die der Kunde nicht beziehen darf. Im System werden hierzu Konditionssätze hinterlegt, die während der Auftragserfassung geprüft werden. Ist für den Kunden das eingegebene Material nicht gelistet, erhält der Anwender bei der Erfassung einer Position mit diesem Material eine Fehlermeldung. Gleiches gilt, wenn das Material vom Bezug ausgeschlossen wurde.

Partnerrollen Bei der Überprüfung von Materiallistung und -ausschluss während der Verkaufsbelegbearbeitung berücksichtigt das System zwei Partnerrollen. Zunächst wird ermittelt, ob für den Auftraggeber eine Materiallistung bzw. ein Materialausschluss besteht. Können für den Auftraggeber keine entsprechenden Stammdaten ermittelt werden, überprüft das System die Stammsätze für den Regulierer, sofern dieser vom Auftraggeber abweicht. Ist weder für den Auftraggeber noch für den Regulierer eine Materiallistung oder ein Materialausschluss hinterlegt, kann der Kunde jedes beliebige Material beziehen.

Konditionstechnik Die Funktion Materiallistung und -ausschluss basiert wie beispielsweise die Preis- oder die Nachrichtenfindung auf der Konditionstechnik (vergleiche Abschnitt 2.1). Materiallistung und -ausschluss werden je nach Verkaufsbelegart aktiviert. Dazu wird den relevanten Verkaufsbelegarten maximal je ein Schema für Materiallistung oder -ausschluss zugeordnet. Ist einer Verkaufsbelegart sowohl ein Schema für Materiallistung als auch eines für Materialausschluss zugeordnet, wird während der Verkaufsbelegbearbeitung zuerst der Materialausschluss für ein eingegebenes Material geprüft. Ist ein Material vom Bezug ausgeschlossen, wird die Materiallistung nicht mehr durchlaufen.

Einem Schema für Materiallistung und Materialausschluss werden Konditionsarten zugeordnet. Diese Konditionsarten steuern den weiteren Ablauf von Listung bzw. Ausschluss. Jeder Konditionsart ist eine Zugriffsfolge zugeordnet. Jede Zugriffsfolge stellt dabei eine Suchstrategie dar, nach der das System nach gültigen Konditionssätzen durchsucht wird. Jeder Zugriff innerhalb einer Zugriffsfolge enthält dazu eine Konditionstabelle. Konditionstabellen legen die Felder fest, die beim Anlegen eines

Konditionssatzes als Schlüsselfelder gefüllt werden müssen. Über diese Schlüssel wird der Konditionssatz im Beleg ermittelt. Bei der Suche nach gültigen Konditionssätzen wird jeder Zugriff berücksichtigt, deshalb kann es vorkommen, dass mehrere gültige Listungen ermittelt werden. Dies kann z. B. der Fall sein, wenn eine Listung für den Auftraggeber und eine weitere für die übergeordnete Kundengruppe besteht. Für diesen Fall kann bei der Zuordnung des Listungsschemas zur Verkaufsbelegart ein Verfahren festgelegt werden, wie sich das System verhalten soll, wenn es während der Belegbearbeitung mehrere gültige Listungen ermittelt. Vom gewählten Verfahren wird zum Teil erheblich der Umfang der zulässigen Materialien beeinflusst. In der Standardeinstellung berücksichtigt das System jene Listung, die in der Zugriffsfolge als Erste ermittelt wird. Optional kann jedoch auch jene Listung berücksichtigt werden, die mit dem letzten Zugriff ermittelt wurde. Die umfangreichste Materiallistung wird erzielt, indem jene Option gewählt wird, die prüft, ob das eingegebene Material lediglich in einer der Listungen enthalten ist. Das strengste Verfahren erfordert hingegen, dass der Bezug eines Materials gemäß allen Listungen zulässig sein muss.

2.8.2 Beispiel

Im folgenden Beispiel werden Materiallistung und Materialausschluss im Kundenauftrag gezeigt. Für die Materiallistung wird die Standardkonditionsart A001 verwendet, für den Ausschluss Konditionsart B001. Abbildung 2.80 zeigt die Konditionssätze für Materialfindung, die der Anwender im Modul SD erfasst hat.

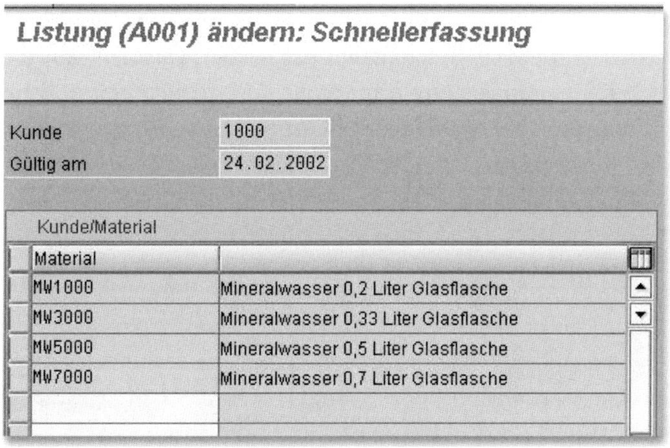

Ausgangslage

Abbildung 2.80 Konditionssatz für Materiallistung

Für den Kunden 1000 sind die Materialien MW1000, MW3000, MW5000 und MW7000 gelistet. Damit wird festgelegt, dass der Kunde mit der Debitorennummer 1000 nur diese Materialien beziehen darf. Für denselben Kunden existiert außerdem ein Materialausschluss für die Materialien MW2000 und MW8000. Diesen sehen wir in Abbildung 2.81.

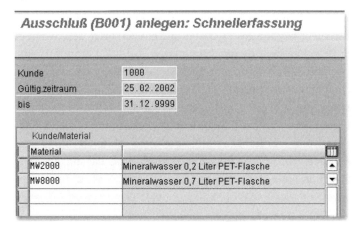

Abbildung 2.81 Konditionssatz für Materialausschluss

Für den Kunden 1000 soll nun ein Kundenauftrag (Verkaufsbelegart TA) mit den Materialien MW1000 und MW4000 und MW8000 erfasst werden. Während der Belegbearbeitung nutzen wir die Funktion *Analyse für Materiallistung und -ausschluss*.

Analyse   Für die Materiallistung und den Materialausschluss im Verkaufsbeleg kann über den Menüpfad **Umfeld • Analyse • Listung/Ausschluss • Ein** eine Findungsanalyse aktiviert werden. Mit Hilfe dieser Analyse kann überprüft werden, mit welchen Schlüsseln das System versucht, auf die Konditionssätze für Materiallistung und -ausschluss zuzugreifen und ob die Materiallistung bzw. der Materialausschluss erfolgreich war.

Abbildung 2.82 Konditionsanalyse Materialausschluss

Im Auftrag wird eine Position für Material MW1000 erfasst. Die Konditionsanalyse zeigt das Bild aus Abbildung 2.82. Der Verkaufsbelegart TA ist sowohl ein Schema für Materiallistung als auch ein Schema für Materialausschluss zugeordnet. Zuerst wird der Materialausschluss geprüft. Das System ermittelt über die Verkaufsbelegart TA das Schema B0001 für den Ausschluss. In Schema B0001 ist die Konditionsart B001 enthalten. Die Konditionsart B001 verweist auf die Zugriffsfolge B001 mit zwei Zugriffen. Zunächst sucht das System nach einem Konditionssatz mit den Schlüsselfeldern »Kunde/Material« anschließend nach einem Satz mit den Feldern »Regulierer/Material«. In beiden Fällen findet das System keinen gültigen Konditionssatz, so dass das Material MW1000 von der Auftragserfassung nicht ausgeschlossen werden kann.

Die Abbildungen 2.83 und 2.84 zeigen die Konditionsanalyse für die beiden der Zugriffsfolge B001 zugeordneten Konditionstabellen. Zunächst sucht das System nach einem Konditionssatz für den Auftraggeber 1000 (siehe Abbildung 2.83).

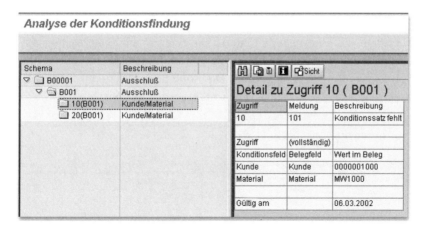

Abbildung 2.83 Konditionsanalyse Ausschluss Zugriff 10

Ist die Suche erfolglos, versucht das System, einen Konditionssatz für den Regulierer 1050 zu ermitteln (siehe Abbildung 2.84).

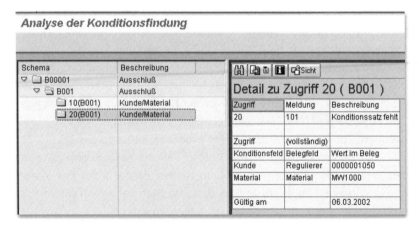

Abbildung 2.84 Konditionsanalyse Ausschluss Zugriff 20

In beiden Fällen (siehe Abbildung 2.83 und Abbildung 2.84) kommt das System zu dem Ergebnis »Konditionssatz fehlt«. Das entspricht unseren Erwartungen. Schließlich hatten wir für dieses Material keinen Ausschluss angelegt (siehe Abbildung 2.81)

Nachdem das eingegebene Material die Prüfung auf einen Materialausschluss durchlaufen hat und kein gültiger Konditionssatz ermittelt werden konnte, wird die Listung geprüft. Die Konditionsanalyse der Materiallistung zeigt, dass für Zugriff 10 ein Konditionssatz besteht.

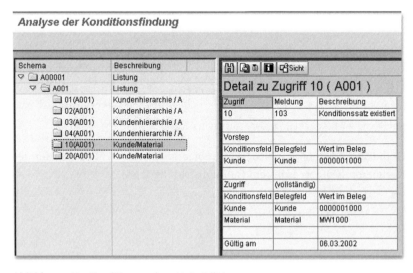

Abbildung 2.85 Konditionsanalyse Materiallistung

Wie die Analyse in Abbildung 2.85 zeigt, ist für den Kunden 1000 das Material MW1000 gelistet, es kann somit im Auftrag erfasst werden. Anders verhält es sich mit Material MW4000. Gibt man diese Materialnummer im Kundenauftrag ein, wird die Eingabe abgewiesen. Das System gibt eine Fehlermeldung aus, da für den Kunden 1000 dieses Material nicht gelistet ist (siehe Abbildung 2.86).

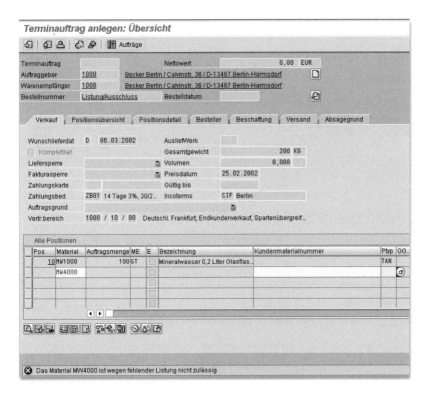

Abbildung 2.86 Fehlermeldung bei fehlender Materiallistung

Entsprechend verhält sich das System, wenn ein Material aufgrund eines Ausschlusses abgewiesen werden muss (siehe Abbildung 2.87). Im Kundenauftrag wird das Material MW8000 erfasst. Das Material wird abgewiesen, da für Auftraggeber 1000 ein entsprechender Materialausschluss angelegt wurde. Der Beleg wird zur weiteren Bearbeitung erst wieder freigegeben, wenn die Materialnummer des abgewiesenen Materials im Auftrag gelöscht wird.

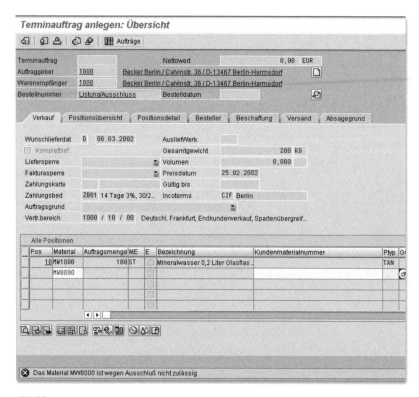

Abbildung 2.87 Fehlermeldung bei Materialausschluss

2.9 Dynamischer Produktvorschlag

Maßnahmen zur Verkaufsförderung sind generell ein wichtiger Bestandteil des Marketing-Mix. In zunehmendem Maße werden auch Softwaretools dabei eingesetzt. Dazu zählt auch die Standardsoftware zur Gestaltung der Vertriebsprozesse. Die beiden folgenden Abschnitt 2.9 und 2.10 zeigen uns einige Möglichkeiten der SAP-Software auf diesem Gebiet.

2.9.1 Dynamischer Produktvorschlag in SAP R/3

Innerhalb dieser Funktion werden dem Sachbearbeiter bei der Auftragserfassung bestimmte Materialien automatisch vorgeschlagen. Die Liste der Materialien, die vorgeschlagen werden, ist abhängig vom Kunden. Im Gegensatz zum *Cross-Selling* (siehe Abschnitt 2.10), bei dem der Produktvorschlag in Abhängigkeit von den im Auftrag eingegebenen Materialien erfolgt, ist der *dynamische Produktvorschlag* **nur** vom Kunden abhängig und wird direkt nach Eingabe und Bestätigung der Kundennummer angezeigt. Vor allem in neuen Vertriebskanälen (z. B. Telefonverkauf, Call-Center-Vertrieb) dient der dynamische Produktvorschlag als Erfassungshilfe und zur Verkaufsförderung, da während der Auftragserfassung diejenigen Materialien angezeigt werden, die für den entsprechenden Kunden von besonderer Bedeutung sind. Häufig werden vor allem die Materialien vorgeschlagen, die der Kunde in der Vergangenheit gekauft hat. Diese Funktion wird umso wichtiger, als viele Kunden diesen Service heute als selbstverständlichen Bestandteil eines Verkaufsgespräches erwarten.

Der dynamische Produktvorschlag kann aus folgenden Datenquellen generiert werden:

Datenquellen

- Auftragshistorie
- Gelistete Materialien
- Ausgeschlossene Materialien
- Positionsvorschlag
- Kunde-Material-Info-Sätze
- Kundeneigene Datenquellen

Die verschiedenen Datenquellen können für den dynamischen Produktvorschlag kombiniert werden. Sollen zum Beispiel die Auftragshistorie und eine Materiallistung als Datenquelle herangezogen werden, dann umfasst der Produktvorschlag nur jene Materialien der Auftragshistorie, die für diesen Kunden zum Wunschliefertermin gelistet sind.

Pro Material aus dem Produktvorschlag wird im Positionsdatenbild eine Zeile eingestellt. Zu den Positionen des Produktvorschlags werden historische Wunschliefermengen des Kunden angezeigt. Ob diese Daten je Verkaufsbeleg, Tag, Woche oder Monat angezeigt werden, kann im Customizing definiert werden. Erst wenn die Bestellmenge für ein Material eingegeben wird, laufen Prüfungen ab, wie zum Beispiel die Verfügbarkeitsprüfung und die Preisfindung, und eine Positionsnummer wird vergeben. Der dynamische Produktvorschlag ist nur beim Anlegen eines Kundenauftrags aktiv. Im Ändern- oder Anzeigenmodus kann die Funktionalität nicht genutzt werden.

Die Steuerung der Datenselektion und der Datenaufbereitung im Verkaufsbeleg wird im Produktvorschlagsschema festgelegt. Für jedes Produktvorschlagsschema wird definiert, wie die historischen Wunschliefermengen für die Materialien aus dem Produktvorschlag in der Positionsübersicht dargestellt werden. Dazu sind die Anzahl der Perioden bzw. Verkaufsbelege und der Grad der Verdichtung der Daten zu wählen. Je Periode wird in der Positionsübersicht eine Spalte mit historischen Daten erzeugt. Die

Schema

Spaltenüberschrift wird im Produktvorschlagsschema festgelegt. Maximal zwölf Perioden bzw. historische Verkaufsbelege können für den dynamischen Produktvorschlag ausgewertet werden. Diese Daten können je Verkaufsbeleg ausgegeben werden oder pro Tag, Woche oder Monat aufsummiert werden. Abbildung 2.88 zeigt das Customizing des Produktvorschlagsschemas.

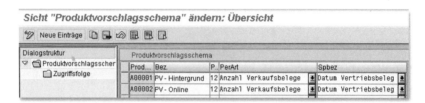

Abbildung 2.88 Produktvorschlagsschema

Datenselektion Die Datenselektion für den dynamischen Produktvorschlag kann online, d.h. während der Verkaufsbelegbearbeitung oder im Hintergrund mittels eines Jobs erfolgen. Auch eine Kombination beider Methoden ist möglich. Die Hintergrundverarbeitung empfiehlt sich, wenn für den dynamischen Produktvorschlag umfangreiche Datenquellen überprüft werden sollen. Durch die Hintergrundverarbeitung kann die Systembelastung im Online-Betrieb minimiert werden. Soll die Datenselektion im Hintergrund erfolgen, ist dafür ein eigenes Poduktvorschlagsschema zu definieren. Die Datenselektion erfolgt über einen regelmäßigen Job, innerhalb dessen das Programm SDPVGEN, ein so genanntes Report-Programm, einzuplanen ist. Die selektierten Daten werden auf die Datenbank geschrieben. Während der Verkaufsbelegbearbeitung werden diese Daten über ein Online-Produktvorschlagsschema in den dynamischen Produktvorschlag einbezogen.

Zugriffsfolge Jedem Produktvorschlagsschema ist eine Zugriffsfolge mit einem oder mehreren Zugriffen zugeordnet (siehe Abbildung 2.89). Jeder Zugriff steht dabei für eine Datenquelle, aus der die Materialien für den Produktvorschlag selektiert werden. Folgende Datenquellen stehen für den dynamischen Produktvorschlag zur Verfügung:

- **Auftragshistorie**
  Das System wertet die Auftragshistorie des Kunden aus und stellt die dort enthaltenen Materialien mit ihren Wunschliefermengen in den Produktvorschlag ein. Im Produktvorschlag können die Daten in unterschiedlichen Datumsformaten (z.B. Tag, Woche, Monat) aggregiert werden.

- **Materiallistung**

  Das System ermittelt, ob für den Kunden eine gültige Materiallistung (siehe Abschnitt 2.8) besteht. Die Materialien aus der Listung werden in den Positionsvorschlag übernommen.

- **Materialausschluss**

  Ausgeschlossene Materialien, d.h. Materialien, die nicht an den Kunden geliefert werden dürfen (siehe Abschnitt 2.8), können aus einem Produktvorschlag eliminiert werden. Das System prüft hierzu, ob für einen Kunden ein gültiger Materialauschluss existiert.

- **Kunden-Material-Info**

  Das System wertet alle zum Kunden bestehenden Kunden-Material-Info-Sätze aus und übernimmt die Materialien in den Produktvorschlag.

- **Positionsvorschlag**

  Der Positionsvorschlag wird einem Kunden im Kundenstamm zugeordnet. Ein Positionsvorschlag ist eine Liste von Materialien, die der Kunde normalerweise bestellt. Bei der Auftragerfassung für diesen Kunden werden die im Positionsvorschlag enthaltenen Materialien automatisch vorgeschlagen. Wird der Positionsvorschlag als Datenquelle für den Produktvorschlag herangezogen, übernimmt das System alle Materialien des Positionsvorschlags in den Produktvorschlag.

- **Kundeneigene Datenquellen**

  Zur Generierung des dynamischen Produktvorschlags können auch weitere, nicht im Standard vorgesehene Datenquellen herangezogen werden. Um die Datenquelle auszuwerten, muss allerdings ein eigenes Programm (Funktionsbaustein) entwickelt werden.

Damit das System die entsprechenden Materialien aus den Datenquellen selektieren kann, muss für jeden Zugriff ein der Datenquelle entsprechender Funktionsbaustein hinterlegt werden (siehe Abbildung 2.89). Im Standard existiert zu jeder Datenquelle ein Funktionsbaustein, es können jedoch auch eigene Funktionsbausteine entwickelt werden. Im Standard gibt es zu den einzelnen Datenquellen folgende Funktionsbausteine: *Funktionsbausteine*

- Auftragshistorie: SD_DPP_HISTORY
- Materiallistung: SD_DPP_LISTING
- Materialausschluss: SD_DPP_EXCLUSION
- Kunden-Material-Info: SD_DPP_CUSTOMER_MATERIAL_INFO
- Positionsvorschlag: SD_DPP_PRODUCT_PROPOSAL

Ein weiterer Funktionsbaustein (SD_DPP_READ) besteht, um den über die Hintergrundverarbeitung in der Datenbank hinterlegten Produktvorschlag zu lesen. Wird die Online- und die Hintergrundverarbeitung in einer Zugriffsfolge kombiniert, muss der Funktionsbaustein SD_DPP_READ immer an erster Stelle der Zugriffsfolge stehen. Abbildung 2.89 zeigt das Customizing einer Zugriffsfolge für den dynamischen Produktvorschlag.

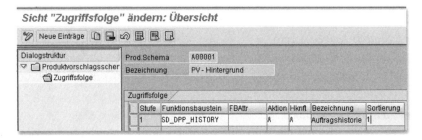

Abbildung 2.89 Customizing einer Zugriffsfolge für einen Produktvorschlag

Funktionsbausteinattribute

Zu jedem Funktionsbaustein kann ein Funktionsbausteinattribut angegeben werden (siehe Abbildung 2.89). Dabei handelt es sich um einen Festwert, der an den Funktionsbaustein übergeben wird. Soll ein Positionsvorschlag z.B. nicht vom einzelnen Kunden abhängen, kann in der Zugriffsfolge die Nummer eines Positionsvorschlags hinterlegt werden. Der Parameter wird an den entsprechenden Funktionsbaustein übergeben, und die in diesem Positionsvorschlag enthaltenen Materialien werden in den Produktvorschlag übernommen.

Die Anordnung der Zugriffe bestimmt, in welcher Reihenfolge die Datenquellen durchsucht werden. Für jeden Zugriff wird zudem festgelegt, wie das System mit den selektierten Daten verfährt. Das Aktionskennzeichen legt dabei fest, ob die mit einem Zugriff selektierten Daten in den Produktvorschlag aufgenommen werden (Kennzeichen A), wie zum Beispiel im Falle der Auftragshistorie, oder ob die entsprechenden Materialien aus dem Produktvorschlag entfernt werden, wie bei einem Ausschluss (Kennzeichen B). Enthält die Zugriffsfolge eine Listung, wird das Ergebnis dieses Zugriffs mit den bis dahin selektierten Daten abgeglichen, nicht gelistete Materialien werden entfernt (Kennzeichen C).

Zu jedem Zugriff wird die Datenquelle (Feld »Herkunft« in Abbildung 2.89) hinterlegt. Die Datenquelle wird im Verkaufsbeleg zu jedem Material des Produktvorschlags angegeben. Wird ein Material über mehrere Zugriffe ermittelt, wird die Datenquelle des ersten erfolgreichen Zugriffs angezeigt.

Der Eintrag im Feld »Sortierung« (siehe Abbildung 2.89) wirkt sich nur auf die Anordnung der Materialien im Produktvorschlag aus und nicht auf die Reihenfolge, in der die Funktionsbausteine durchlaufen werden. Materialien, die über einen Zugriff mit niedrigem Wert selektiert werden, erscheinen im Verkaufsbeleg an vorderer Stelle.

Die Schemaermittlung ist ebenfalls ein Teil des Customizings des dynamischen Produktvorschlags. Dabei wird jeder Auftragsart ein so genanntes Belegschema zugeordnet. Jedem Kunden, bei dem der dynamische Produktvorschlag angewendet werden soll, wird im Kundenstamm ein Kundenschema für den Produktvorschlag zugeordnet.

Schemaermittlung

Bei der Ermittlung des Produktvorschlagsschemas für die Online-Verarbeitung wird neben dem Vertriebsbereich des Verkaufsbeleges das Kundenschema des Kunden und das Belegschema der Verkaufsbelegart berücksichtigt. Abbildung 2.90 zeigt die Ermittlung des Schemas für die Online-Verarbeitung.

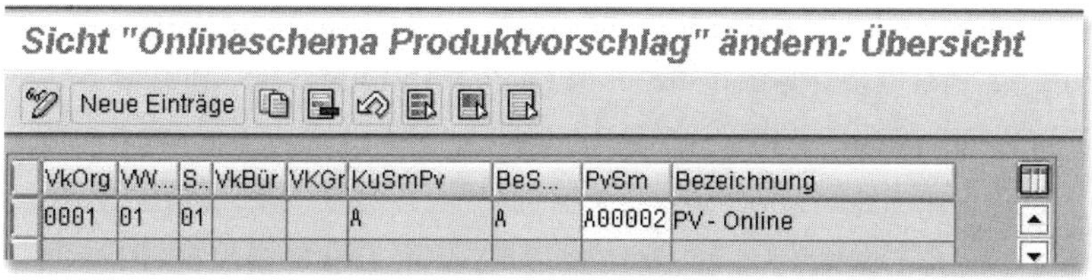

Abbildung 2.90 Schemaermittlung Online-Verarbeitung

Bei der Ermittlung des Produktvorschlagsschemas für die Hintergrundverarbeitung werden der Vertriebsbereich aus dem Kundenstamm und das im Kundenstamm hinterlegte Kundenschema berücksichtigt. Das Belegschema kann bei der Hintergrundverarbeitung nicht berücksichtigt werden, da die verwendete Verkaufsbelegart und damit das zugeordnete Belegschema nicht bekannt sind. Abbildung 2.91 zeigt die Ermittlung des Schemas für die Hintergrundverarbeitung.

Abbildung 2.91 Schemaermittlung für die Hintergrundverarbeitung

2.9.2 Systembeispiel

Im folgenden Beispiel wird der dynamische Produktvorschlag im Kundenauftrag gezeigt. Für den Mitarbeiter im Kundenservice soll die Auftragerfassung erleichtert und beschleunigt werden. Nach Eingabe der Kundennummer sollen im Verkaufsbeleg die von diesem Kunden in den letzten vier Aufträgen bestellten Materialien mit den jeweiligen Wunschliefermengen eingeblendet werden.

Ausgangslage Im Vertriebsbereich 1000/10/00 wird ein Kundenauftrag der Verkaufsbelegart TA für den Kunden mit der Kundennummer 1000 erfasst. Abbildung 2.92 zeigt den Produktvorschlag im Kundenauftrag. Nach Eingabe der Kundennummer werden die letzten vier Aufträge des Kunden ausgewertet und die bestellten Materialien mit den jeweiligen Wunschliefermengen in der Positionsübersicht eingeblendet. Der Kunde 1000 hat in den letzten vier Aufträgen die Materialien MW1000, MW3000, MW5000, MW7000 und SE1200 bestellt. Aktuell bestellt der Kunde 100 Stück des Materials MW3000. Sobald die Bestellmenge für dieses Material eingetragen wird, werden die üblichen Prüfungen durchgeführt, wie z.B. die Preisfindung und die Verfügbarkeitsprüfung, und die Zeile wird mit einer Positionsnummer versehen.

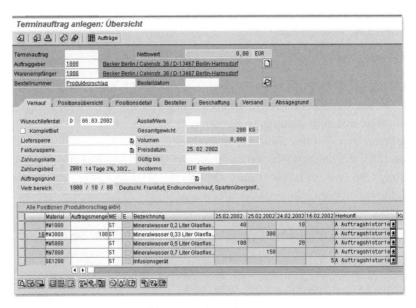

Abbildung 2.92 Produktvorschlag im Kundenauftrag

Im Folgenden wollen wir uns die notwendigen Einstellungen im Customizing ansehen. Diese haben dazu geführt, dass unserem Vertriebssachbearbeiter der Produktvorschlag in Abbildung 2.92 unterbreitet wird. Der Reihe nach werden wir uns folgende Einstellungen ansehen:

1. Ermittlung des Produktvorschlagsschemas
2. Customizing des Produktvorschlagsschemas
3. Customizing der Zugriffsfolge

Der dynamische Produktvorschlag wird je Kunde und Verkaufsbelegart aktiviert. Hierzu muss dem Kunden ein Kundenschema und der Verkaufsbelegart ein Belegschema zugeordnet werden. Der Verkaufsbelegart TA ist das Belegschema A zugeordnet. Dem Kunden 1000 wurde das Kundenschema A zugewiesen. Abbildung 2.93 zeigt die Zuordnung des Produktvorschlagsschemas im Kundenstamm.

Schritt 1: Ermittlung Produktvorschlagsschema

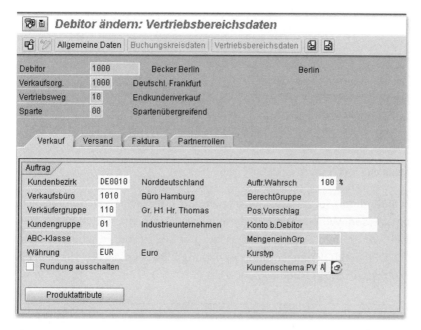

Abbildung 2.93 Zuordnung des Produktvorschlagsschemas (Kundenschema PV) im Kundenstamm

Nach Eingabe der Kundennummer im Kundenauftrag ermittelt das System in Abhängigkeit vom Vertriebsbereich, dem Kunden und der Verkaufsbelegart das Produktvorschlagsschema. In unserem Beispiel ermittelt das System für den Vertriebsbereich 1000/10/00 das Kundenschema A und für das Belegschema A das Produktvorschlagsschema Z00001. Abbildung 2.94 zeigt die Ermittlung des Produktvorschlagsschemas Z00001.

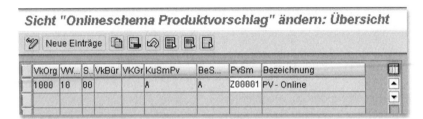

Abbildung 2.94 Ermittlung des Produktvorschlagsschemas Z00001

Schritt 2: Customizing des Produktvorschlagsschemas

Während der Auftragerfassung sollen historische Abverkaufsdaten zum eingegebenen Kunden angezeigt werden. Die Materialien der letzten vier Kundenaufträge werden mit ihren Wunschliefermengen berücksichtigt. Zur Darstellung der Wunschliefermengen wird in der Positionsübersicht je Kundenauftrag eine Spalte hinzugefügt. Abbildung 2.95 zeigt das Customizing des Produktvorschlagsschemas Z00001.

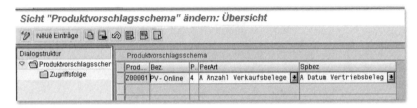

Abbildung 2.95 Produktvorschlagsschema Z00001

Schritt 3: Customizing der Zugriffsfolge

Während der Auftragserfassung sollen nur historische Daten berücksichtigt werden. Wir benötigen in diesem Fall also nur eine Datenquelle. Deshalb wurde dem Schema Z00001 nur ein Zugriff mit Funktionsbaustein SD_DPP_HISTORY zugeordnet. Abbildung 2.96 zeigt die Zugriffsfolge des Produktvorschlagsschemas Z00001.

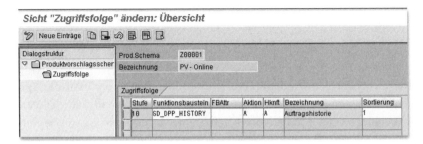

Abbildung 2.96 Zugriffsfolge des Produktvorschlagsschemas Z00001

2.10 Cross-Selling

Cross-Selling ist ein Mittel zur Verkaufsförderung und wird hauptsächlich im Telefonverkauf eingesetzt. In Abhängigkeit von einem im Kundenauftrag eingegebenen Material werden zusätzliche Materialien vorgeschlagen, die der Mitarbeiter in der Auftragsannahme dann dem Kunden anbieten kann.

Im Gegensatz zum dynamischen Produktvorschlag, bei dem dem Anwender Materialien in Abhängigkeit vom eingegebenen Kunden automatisch vorgeschlagen werden, ermittelt das System die Zusatzmaterialien beim Cross-Selling in Abhängigkeit vom eingegebenen Material. Somit wird es dem Mitarbeiter in der Kundenauftragsbearbeitung ermöglicht, zusätzlich zum Kundenwunsch noch ergänzende Materialien anzubieten. Bestellt ein Kunde einen Tintenstrahldrucker, können zum Beispiel das passende Druckerpapier und die Tintenpatrone als Cross-Selling-Materialien definiert werden. Erfasst der Anwender einen Kundenauftrag für den Drucker, werden das Papier und die Tintenpatrone automatisch als Zusatzartikel vorgeschlagen.

2.10.1 Cross-Selling in SAP R/3

Im System werden für das Cross-Selling Konditionssätze hinterlegt, die während der Auftragserfassung geprüft werden. Zu jedem Material können in einem Konditionssatz ein oder mehrere Materialien als Zusatzmaterialien definiert werden. Existiert zu einem im Kundenauftrag eingegebenen Material ein Cross-Selling-Konditionssatz, werden die Zusatzmaterialien in einem Popup-Fenster zur Auswahl angeboten. Der Anwender kann diese Auswahl akzeptieren oder ablehnen. Im Konditionssatz wird zudem für jedes Zusatzmaterial festgelegt, ob dessen Auslieferung unabhängig vom Hauptmaterial erfolgen kann oder ob sich zumindest eine Teilmenge des Hauptmaterials in derselben Lieferung befinden muss.

Die Funktion des Cross-Selling basiert wie z.B. die Preis- oder die Nachrichtenfindung auf der Konditionstechnik (siehe Abschnitt 2.1). Während der Verkaufsbelegbearbeitung wird in Abhängigkeit vom Vertriebsbereich, dem Produktvorschlagsschema im Kundenstamm und dem Belegschema der verwendeten Verkaufsbelegart ein Cross-Selling-Profil ermittelt. Dieses steuert den Ablauf während der Verkaufsbelegbearbeitung.

Konditionstechnik

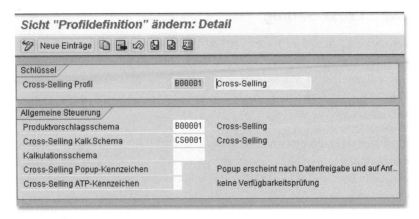

Abbildung 2.97 Customizing eines Cross-Selling-Profils

Abbildung 2.97 zeigt das Customizing des Cross-Selling-Profils: Bei diesem Vorgang wird das anzuwendende Produktvorschlagsschema festgelegt. Über das Produktvorschlagsschema wird das zu verwendende Programm (Funktionsbaustein) für die Ermittlung der Cross-Selling-Materialien festgelegt. Des Weiteren wird dem Cross-Selling-Profil ein Kalkulationsschema zugeordnet. Dieses enthält Konditionsarten, die den weiteren Ablauf steuern. Jeder Konditionsart ist eine Zugriffsfolge zugeordnet. Jede Zugriffsfolge stellt dabei eine Suchstrategie dar, nach der das System nach gültigen Konditionssätzen durchsucht wird. Jeder Zugriff innerhalb einer Zugriffsfolge enthält dazu eine Konditionstabelle. Konditionstabellen legen die Felder fest, die beim Anlegen eines Konditionssatzes als Schlüsselfelder gefüllt werden müssen. Über diese Schlüssel wird der Konditionssatz im Beleg ermittelt.

2.10.2 Systembeispiel

Im folgenden Beispiel wird das Cross-Selling im Kundenauftrag gezeigt. Wir verwenden dabei die Standardkonditionsart CS01. Abbildung 2.98 zeigt einen Konditionssatz für das Cross-Selling, den der Anwender im Modul SD erfasst hat.

Für das Material TD1000 sind die Materialien DP1000 und DP1500 als Cross-Selling-Materialien definiert. Sobald nun ein Kundenauftrag für das Material TD1000 eingegeben wird, werden automatisch die Materialien DP1000 und DP 1500 als Zusatzmaterialien vorgeschlagen.

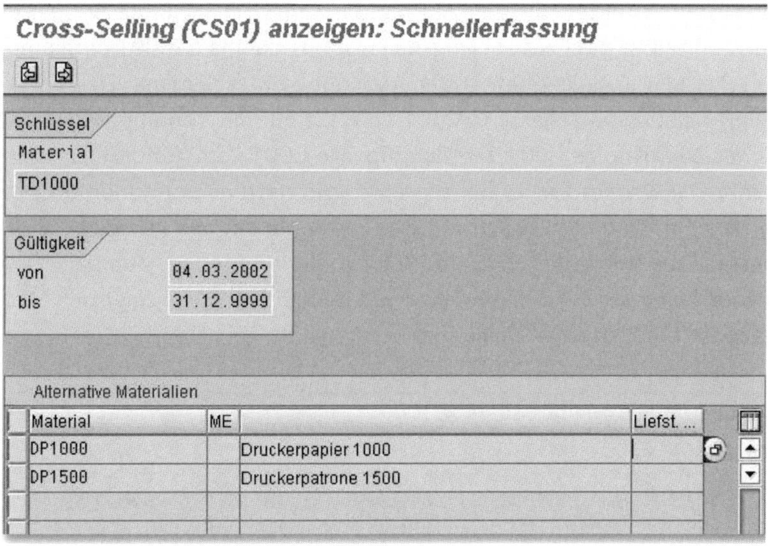

Abbildung 2.98 Konditionssatz für Cross-Selling

Für den Kunden mit der Debitorennummer 1000 soll nun ein Kundenauftrag mit der Verkaufsbelegart TA und dem Material TD1000 erfasst werden. Während der Belegbearbeitung nutzen wir die Funktion *Analyse für Cross-Selling*.

Mit Hilfe dieser Analyse kann überprüft werden, mit welchen Schlüsseln das System versucht, auf die Konditionssätze für Cross-Selling zuzugreifen und ob das Cross-Selling erfolgreich war. Im Auftrag wird eine Position für Material TD1000 erfasst. Die Konditionsanalyse zeigt das in Abbildung 2.99 dargestellte Bild.

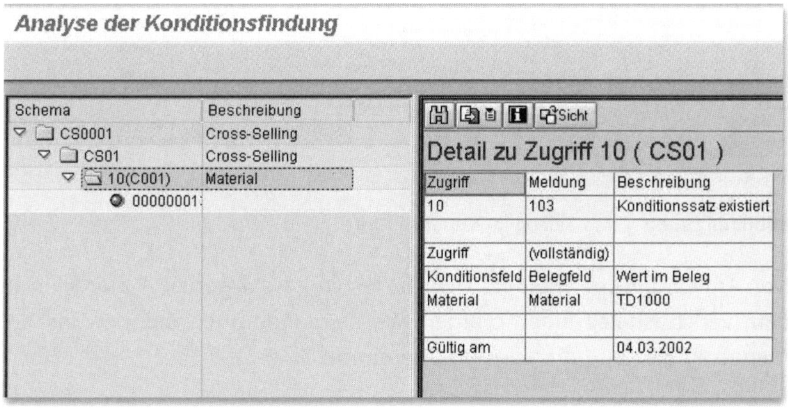

Analyse

Abbildung 2.99 Konditionsanalyse für Cross-Selling

Das System ermittelt für den Auftrag das Cross-Selling-Profil B0001. In diesem Profil ist das Cross-Selling-Kalkulationsschema CS0001 enthalten; wir erkennen es links oben in der Abbildung unter Schema. Das Cross-Selling-Kalkulationsschema CS0001 verweist auf die Konditionsart CS01 mit der Zugriffsfolge C001. Die Zugriffsfolge C001 verfügt nur über einen Zugriff. Das System sucht über diesen Zugriff nach einem Konditionssatz mit dem Schlüsselfeld »Material«. Das System findet den gültigen Konditionssatz aus Abbildung 2.98 und schlägt die ermittelten Materialien im Verkaufsbeleg als Zusatzmaterialien vor. Abbildung 2.100 zeigt den Vorschlag für die Zusatzmaterialien im Kundenauftrag.

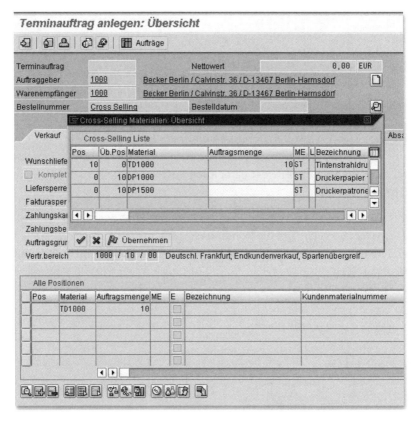

Abbildung 2.100 Cross-Selling im Kundenauftrag

Der Anwender entscheidet, welche der vorgeschlagenen Materialien in den Verkaufsbeleg übernommen werden, indem er die gewünschte Menge eingibt und die Position übernimmt.

2.11 Kreditmanagement

Forderungsausfälle gehören zu den wesentlichen Risiken, denen Unternehmen ausgesetzt sind. Deshalb ist es von großer Bedeutung, vor der Annahme und der Ausführung eines Auftrags zunächst die Kreditwürdigkeit des Kunden zu prüfen. Dies erfordert eine enge Abstimmung zwischen Vertrieb und Finanzbuchhaltung. Das Kreditmanagement in SAP R/3 zeigt, dass die Module FI (Finanzwesen) und SD (Vertrieb) nicht nur bei der Fakturierung zusammenspielen.

2.11.1 Betriebswirtschaftliche Grundlagen

Das Kreditmanagement hat demnach die Aufgabe, die Bonität des Kunden vor Auftragsannahme zu prüfen, um so den Ausfall der späteren Forderung zu verhindern. In der Praxis stellt sich diese Prüfung jedoch häufig als Gratwanderung heraus. Einerseits sollen Forderungsausfälle vermieden werden. Andererseits kann eine übertriebene Kreditlimitprüfung dazu führen, dass Aufträge verloren gehen. Deshalb ist es für die Gestaltung der Prozesse im Unternehmen von größter Bedeutung, eine differenzierte Prüfung des Kreditlimits vornehmen zu können. Die Qualität einer Unternehmenssoftware zur Unterstützung dieser Funktion hängt von folgenden Faktoren ab:

1. Kann die Aufbauorganisation eines Unternehmens bei der Gestaltung der Prüfung berücksichtigt werden?
2. Wie kann die Prüfung in die Ablauforganisation integriert werden?
3. Wie differenziert lässt sich die Prüfung abhängig von unterschiedlichen Kunden einstellen?
4. Wie flexibel kann das Ergebnis der Prüfung eingestellt werden?
5. Wie flexibel kann der Zeitpunkt der Prüfung definiert werden?
6. Wie differenziert lässt sich der Umfang der Prüfung festlegen?

Diese Fragen sollen bei der Erläuterung der Gestaltungsmöglichkeiten des Kreditmanagements mit SAP R/3 beantwortet werden. Anschließend wird in Punkt 2.11.3 der Ablauf an einem Beispiel veranschaulicht.

2.11.2 Kreditmanagement in SAP R/3

Zur Beantwortung der ersten Frage sei nochmals an die Bedeutung der Organisationsstrukturen für die Gestaltung der Geschäftsprozesse erinnert. Für das Kreditmanagement steht als zusätzliche Organisationseinheit der Kreditkontrollbereich zur Verfügung. Dabei können mehrere

Aufbauorganisation

rechtliche selbständige Unternehmen eines Konzerns (Buchungskreise) zu einem Kreditkontrollbereich zusammengefasst werden.

Das Kreditlimit wird pro Debitorenstamm in den Kreditstammdaten im Modul FI festgelegt. Dabei wird unterschieden in:

- Zentrale Kreditstammdaten
- Kreditkontrollbereichsdaten

In den *Zentralen Kreditstammdaten* wird das maximale Kreditlimit für alle Kreditkontrollbereiche vergeben. Außerdem kann festgelegt werden, wie hoch das Kreditlimit in einem Kreditkontrollbereich maximal sein darf. In den *Kreditkontrollbereichsdaten* wird unter anderem festgelegt, wie hoch das Limit in diesem Kreditkontrollbereich sein darf. Die Abbildung 2.101 zeigt den Zusammenhang zwischen Zentraldaten und Kreditkontrollbereichsdaten.

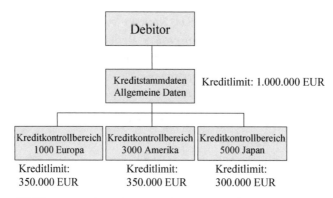

Abbildung 2.101 Organisationsstrukturen im Kreditmanagement

Über die Abbildung der organisatorischen Struktur des Unternehmens über Kreditkontrollbereiche wird erreicht, dass die Sperrung eines Kunden gleich für alle Unternehmensbereiche gilt. Hier wird wiederum der Vorteil eines integrierten Anwendungssystems deutlich.

Ablauforganisation
Es soll nun die zweite Frage beantwortet werden, wie das Kreditmanagement in die Ablauforganisation des Unternehmens integriert werden kann. Ist die Prüfung im Customizing aktiviert worden, so läuft diese automatisch bei der Erfassung eines Vertriebsbeleges ab. Ist das Kreditlimit überschritten, wird der Beleg gesperrt. Er kann dann durch einen Mitarbeiter der Finanzbuchhaltung freigegeben werden. Somit wird an dieser Stelle das »Vier-Augen-Prinzip« gewährleistet. Der zuständige Kreditsachbearbeiter wird automatisch im Kundenauftrag ermittelt. Über die

Nachrichtenfindung kann er eine elektronische Nachricht erhalten. Aus dieser Mail heraus kann die Freigabe oder die Absage des Auftrags erfolgen. Im Fall der Absage gilt der Auftrag als abgelehnt und kann nicht beliefert werden.

In der Praxis nutzen viele Unternehmen bereits Systeme außerhalb SAP, mit denen die Mitarbeiter elektronische Nachrichten verarbeiten können. Ein weit verbreitetes Werkzeug ist Lotus Notes oder Microsoft Office. Es ist durchaus möglich, eine SAP-E-Mail an ein solches System weiterzuleiten. Dazu sind einige Einstellungen in der Systembasis notwendig.

Die dritte Frage zielt auf eine kundenabhängige Steuerung der Prüfung. In der Praxis werden nicht bei allen Kunden die gleichen Maßstäbe angelegt. So werden häufig Neukunden anders behandelt als Bestandskunden, zu denen eine gewachsene, langjährige Kundenbeziehung besteht. Innerhalb SAP R/3 werden die Debitorenstämme in so genannte Risikoklassen eingeteilt. Umfang und Ergebnis der Prüfung werden im Customizing abhängig von der Risikoklasse eingestellt. In den Kreditstammdaten wird jeder Debitor einer Risikoklasse zugeordnet. Abhängig von diesen Daten im Customizing und in den Stammdaten erfolgt dann die Prüfung. An dieser Stelle sei darauf hingewiesen, dass jedes Unternehmen gemäß seinen Anforderungen unterschiedlich viele Risikoklassen definieren kann. Über die Anzahl der Risikoklassen wird das Ausmaß an Differenzierung festgelegt.

Kundenabhängige Prüfung

Zur Beantwortung von Frage 4 werden die Zeitpunkte aufgezählt, zu denen die Prüfung des Kreditlimits stattfinden kann:

Zeitpunkt der Prüfung

- Angebotserfassung
- Erfassung von Rahmenverträgen
- Auftragserfassung
- Lieferungserstellung

Im Customizing wird pro Kreditkontrollbereich festgelegt, zu welchem Ergebnis (Frage 5) die Kreditprüfung führen soll. Dabei stehen folgende Möglichkeiten zu Verfügung:

Ergebnis der Prüfung

- Warnmeldung
- Fehlermeldung

Im Fehlerfall wird die Bearbeitung des Vertriebsbelegs abgebrochen. Der Vertriebsbeleg kann nicht angelegt werden. Im Falle der Warnmeldung wird der Sachbearbeiter bei der Erfassung des Vertriebsbelegs über die Überschreitung des Kreditlimits informiert. Er entscheidet jedoch selbst, ob der Beleg angelegt werden soll oder nicht. Außerdem wird im Customizing festgelegt, ob der Beleg gesperrt wird. Gesperrte Belege erhalten den Kreditstatus »Kreditprüfung durchgeführt, Vorgang nicht o.k.«. Über diesen Status können Folgefunktionen verhindert werden. Zu diesen Folgefunktionen gehören:

- Erstellung einer Auftragsbestätigung
- Bedarfsübergabe an das Modul PP (siehe Abschnitt 2.3)
- Erstellung einer Bestellanforderung zu einem Kundenauftrag (z.B. im Streckengeschäft, siehe Abschnitt 3.4)
- Erstellung von Lieferungen zu einem Kundenauftrag
- Erstellung von Fertigungsaufträgen
- Erstellung eines Lieferscheines
- Buchung des Warenausgangs bei einer Lieferung

An diesem Beispiel soll in einem Exkurs die Bedeutung von so genannten *Bedingungen* zur Steuerung der Prozesse erläutert werden.

Exkurs: Bedingungspflege in SAP R/3

Bisher haben wir gesehen, dass die Vertriebsprozesse über Customizingeinstellungen gesteuert werden. Eine wichtige Ergänzung zum Customizing stellen *Bedingungen* dar. Dabei handelt es sich gewissermaßen um User-Exits – also um Programmbestandteile, die von Standardprogrammen aufgerufen werden. Der Quellcode dieser Bedingungen kann geändert und erweitert werden, ohne gleich Standardprogramme zu modifizieren. Damit bleiben diese Änderungen bei einem Releasewechsel bestehen. Die Erfahrung zeigt zwar, dass beim Releasewechsel gerade an diesen Stellen besondere Vorsicht geboten ist. Dennoch sind diese Änderungen weit weniger problematisch als »echte« Modifikationen. Um den Quellcode der Bedingungen verändern zu können, benötigt man einen Entwicklerschlüssel und einen Objektschlüssel. Beides kann im SAP Service-Marketplace *http://www.sap-ag.de/services/* (vormals OSS – Online Service System) beantragt werden.

Bedingungen werden zum Teil bestimmten Customizing-Objekten zugeordnet. So kann z.B. einer Konditionsart in der Preisfindung eine Bedingung zugeordnet werden. In der Bedingung wird dann geprüft, ob die Konditionsart berücksichtigt werden soll oder nicht. Einige Bedingungen werden bereits im Standard ausgeliefert. So gibt es in der Preisfindung eine Bedingung, die die Preisrelevanz der Position prüft. Handelt es sich beispielsweise um eine *kostenlose Position*, so wird die Konditionsart nicht berücksichtigt. Diese Bedingung ist nahezu jeder Konditionsart zugeordnet. Zusätzlich kann es jetzt aber sinnvoll sein, weitere Abfragen in die Bedingung einzubauen. So kann eine Konditionsart abhängig von der Auftragsart oder dem Vertriebsbereich oder einem bestimmten Status ermittelt werden. Wichtig ist beim Ändern einer Bedingung darauf zu achten, welche Tabellen (und damit welche Daten) an dieser Stelle des Rahmenprogramms zur Verfügung stehen. Nur auf diese Daten können sich entsprechende Abfragen richten. Es sei noch darauf hingewiesen, dass man die vorhandenen Standard-Bedingungen niemals wirklich ändern sollte. Vielmehr kopiert man diese Bedingungen und nimmt anschließend in der »neuen« Bedingung die entsprechenden Änderungen vor.

Doch zurück zum Beispiel des Kreditmanagements. Ein gesperrter Beleg erhält also den Kreditstatus »Vorgang nicht o.k.«. Systemtechnisch ausgedrückt bedeutet dies, das Feld CMGST (Gesamtstatus der Kreditprüfungen) in der Tabelle VBUK (Vertriebsbeleg-Kopfstatus) nimmt den Wert B (Kreditprüfung durchgeführt, Vorgang nicht o.k.) an. Die Bedarfsübergabe aus dem Kundenauftrag in das Modul PP (Produktionsplanung und -steuerung) wird über die Bedingung 101 gesteuert. Abbildung 2.102 zeigt das Listing dieser Bedingung.

```
*---------------------------------------------------------------*
*       FORM BEDINGUNG_PRUEFEN_101                               *
*       User checks for subsequent functions from a sales document *
*                                                                *
*       Confirmation of ATP quantities                           *
*---------------------------------------------------------------*
FORM BEDINGUNG_PRUEFEN_101.
* Remove the reservation of goods when the sales order is locked
* by credit
  IF VBUK-CMGST CA 'B'.
* Read the subsequent function information for the message
    PERFORM FOFUN_TEXT_READ USING    GL_FOFUN
                            CHANGING FOFUN_TEXT.
    MESSAGE ID 'V1' TYPE 'E' NUMBER '849'
            WITH FOFUN_TEXT
            RAISING ERROR.
  ENDIF.
ENDFORM.
```

Abbildung 2.102 Listung Bedingung Bedarfsübergabe

Die If-Abfrage auf das Feld VBUK-CMGST führt zu einer Fehlermeldung. In diesem Fall (Kreditsperre gesetzt) wird kein Bedarf an die Disposition übergeben. Abschließend ist zu erwähnen, dass die Pflege der Bedingungen über den Transaktionscode VOFM erfolgt. Dort findet man Menüs für die Pflege von Bedingungen in der Preisfindung, in der Nachrichtenfindung, der Belegsteuerung usw.

Umfang der Prüfung

So viel zur Bedeutung von Bedingungen als ergänzende Steuerungsmöglichkeit. Im Customizing wird abhängig von den Kriterien Kreditkontrollbereich, Risikoklasse des Kunden und Kreditgruppe der Umfang der Kreditprüfung eingestellt. Die Bedeutung des Kreditkontrollbereichs und der Risikogruppe wurde oben bereits erläutert. Die Kreditgruppe wird pro Auftragsart zugeordnet. Damit kann sich der Prüfungsumfang und auch die Systemreaktion bei der Angebotserfassung vom Prüfungsumfang in der Auftragserfassung unterscheiden.

Um diese Frage zu beantworten, werden zunächst die einzelnen Prüfmethoden aufgezählt:

- Statische Prüfung
- Dynamische Prüfung
- Belegwert
- Kritische Felder
- Nächstes Prüfdatum
- Verhältnis »fälliger offener Posten« zu den gesamten offenen Posten
- Ältester offener Posten
- Maximale Mahnstufe

Diese unterschiedlichen Prüfungen werden im Folgenden erklärt.

Statische Prüfung

Bei der *Statischen Prüfung* werden zum Auftragswert folgende Werte addiert:

- Offene Aufträge (alle nicht belieferten Aufträge)
- Offene Lieferungen (alle nicht fakturierten Lieferungen)
- Offene Fakturen (Fakturen, die noch nicht an die Finanzbuchhaltung weitergeleitet und dort verbucht worden sind)
- Offene Posten (alle gebuchten Fakturen, die noch nicht bezahlt wurden)

Übersteigt die Summe das Kreditlimit, erhält der Sachbearbeiter eine Warnung oder eine Fehlermeldung.

Dynamische Prüfung

Die *Dynamische Prüfung* entspricht im Wesentlichen der *Statischen Prüfung*. Allerdings werden hier nur offene Aufträge in einem bestimmten Zeithorizont berücksichtigt. Der Zeithorizont wird im Customizing eingestellt. Damit kann verhindert werden, dass künftige Aufträge das Kreditlimit ausschöpfen. Beide Prüfungen (statisch und dynamisch) können nicht parallel eingesetzt werden. Im Customizing wird festgelegt, welche Prüfung durchgeführt wird.

Die im Folgenden aufgeführten Prüfungen können zusätzlich zur statischen bzw. dynamischen Prüfung des Kreditlimits aktiviert werden:

Weitere Prüfungen

- Bei der Prüfung »maximaler Belegwert« kann im Customizing ein maximaler Belegwert eingestellt werden. Wird dieser überschritten, erfolgt unabhängig von der bisherigen Inanspruchnahme des Limits eine Warnung bzw. eine Fehlermeldung.

- Ist die Option »kritische Felder« eingestellt, so wird beim Ändern so genannter *kritischer Felder* im Auftrag (gegenüber den automatisch ermittelten Werten aus dem Kundenstamm) eine Warnung bzw. eine Fehlermeldung erzeugt. Folgende Felder sind für diese Prüfung relevant:
  - Zahlungsbedingungen
  - Valutadatum
  - Zusätzliche Valutatage

- Nächste Prüfung: In den Kreditstammdaten des Debitoren wird festgelegt, an welchem Tag die nächste Bonitätsprüfung des Kunden durchgeführt wird. Ist dieses Datum überschritten (im Customizing kann eine Karenzzeit erfasst werden), erhält der Anwender eine Warnung bzw. eine Fehlermeldung.

- Bei der Prüfung »fällige offene Posten zu offenen Posten« wird das Verhältnis zwischen den »fälligen offenen Posten« der Finanzbuchhaltung zu den »gesamten offenen Posten« bestimmt. Ist der im Customizing festgelegte Prozentsatz überschritten, erhält der Sachbearbeiter eine Warnung bzw. eine Fehlermeldung.

- »Ältester offener Posten«: Bei dieser Prüfung wird errechnet, wie lange der älteste offene Posten bereits überfällig ist. Wird der im Customizing definierte Wert überschritten, so erfolgt eine Warn- bzw. Fehlermeldung.

- Bei der »Mahnstufe« wird die maximal zulässige Mahnstufe des Kunden überprüft. Bei jeder Mahnung, die ein Kunde erhält, wird seine Mahnstufe um den Wert Eins erhöht. Ist die im Customizing des Kreditmanagements definierte zulässige Mahnstufe überschritten, erfolgt eine Warnung bzw. eine Fehlermeldung.

Abschließend wollen wir noch auf die Möglichkeiten der *einfachen Kreditlimitprüfung* in SAP R/3 hinweisen. Diese existiert parallel zum eigentlichen Kreditmanagement und stammt noch aus Release 2.2. Hier wird pro Belegart eine Systemreaktion (Warnung, Fehler, Liefersperre) einge-

Einfache Prüfung

stellt. Dabei wird zum Auftragswert der Wert der offenen Posten addiert. Übersteigt dieser Wert das Kreditlimit, so erhält der Anwender eine Warnung, Fehlermeldung bzw. die Liefersperre.

2.11.3 Systembeispiel

Auch an dieser Stelle wollen wir das in Abschnitt 2.11.2 Dargestellte an einem Systembeispiel verdeutlichen. Wir gehen dabei wie folgt vor:

1. Anzeige der Kreditstammdaten
2. Anzeige Customizing
3. Erfassen eines Kundenauftrags
4. Anzeige des gesperrten Auftrags
5. Information des Sachbearbeiters in der Finanzbuchhaltung über eine elektronische Nachricht
6. Freigabe des Kundenauftrags durch den Sachbearbeiter
7. Anzeige des freigegebenen Kundenauftrags
8. Anzeige der Kreditstammdaten

Schritt 1: Kreditstammdaten anzeigen

In unserem Beispiel werden wir für den Kunden, die Karl Müller GmbH (Debitoren-Nummer: 1025), einen Auftrag anlegen. Zunächst werfen wir jedoch einen Blick auf die Kreditstammdaten zu diesem Debitor in Abbildung 2.103.

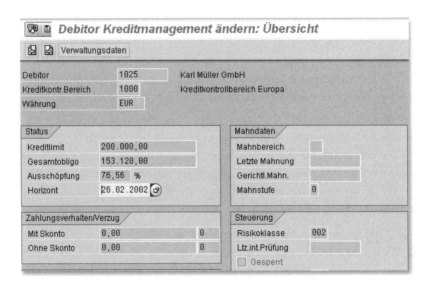

Abbildung 2.103 Stammdaten Kreditmanagement

Die Abbildung zeigt uns, dass für die Karl Müller GmbH im Kreditkontrollbereich 1000 ein Kreditlimit von 200 000,00 EUR eingerichtet wurde. Über offene Aufträge, offene Lieferungen, offene Fakturen und offene Posten sind bereits 153 120,00 EUR ausgeschöpft. Das entspricht 76,56 % des gesamten Werts. In den Steuerungsdaten erkennen wir, dass der Debitor 1025 der Risikoklasse 002 (= hohes Risiko) zugeordnet wurde.

Nach den Stammdaten wollen wir uns jetzt die Customizingeinstellungen ansehen. In Abbildung 2.104 wird deutlich, wie die Kreditprüfung für den Kreditkontrollbereich 1000 und die Risikoklasse 002 eingestellt wurde.

Schritt 2: Customizing anzeigen

KKBr	RKl	KG	Kreditkontrolle		Währg	Fortsc
1000	002	01	Aufträge: Hohes Risiko		EUR	000012

Belegsteuerung

Keine Prüfung		Abweichung %	10
☑ PosPrüfung		Anzahl Tage	7

Kreditlimit Saisonfaktor

%	Minus gültig von	bis

Prüfungen Finanzbuchhaltung/Alter Kreditvektor

☐ Regulierer		
Erlaubte Tage		Erlaubte Stunden

Prüfungen

	Reaktion	Status/Sperre		
☐ Statisch		☐	off. Aufträge	☐ o. Lieferungen
☑ Dynamisch	C	☑	Horizont	2 M
☑ Belegwert	C	☑	max. Belegwert	100.000,00
☐ krit. Felder		☐		
☑ NäPrüfdatum	C	☑	Anzahl Tage	2
☐ off. Posten		☐	max. o. Post %	Anz. Tage OP
☑ ält. o. Posten	A	☑	Tage ält. OP	30
☐ max. Mahnstufe		☐	max. Mahnstufe	

Abbildung 2.104 Customizing Kreditprüfung

Die Optionen »Dynamische Kreditprüfung«, »max. Belegwert«, »nächstes Prüfdatum« und »ältester offener Posten« sind aktiviert. In unserem Beispiel wird die dynamische Prüfung zu einer Überschreitung des Kreditlimits führen. Dabei wird das System eine Warnmeldung (Reaktion C) ausgeben und den Beleg sperren (die Option »Status/Sperre« wurde aktiviert).

Doch erfassen wir zunächst einen Kundenauftrag mit der Auftragsart TA (Terminauftrag) im Vertriebsbereich 1000/10/00. Über die Verkaufsorganisation ermittelt das System den Buchungskreis, und über den Buchungskreis ist der Kreditkontrollbereich bekannt. Die Abbildung 2.105 zeigt uns das Ergebnis der dynamischen Kreditprüfung.

Schritt 3: Auftrag erfassen

Abbildung 2.105 Ergebnis Kreditprüfung bei der Auftragserfassung

Der Auftrag mit einem Wert von 96000,00 EUR führt gemäß den Einstellungen im Customizing (siehe Abbildung 2.104) zu einer Warnmeldung. Die Meldung zeigt uns, dass das Kreditlimit um 64480,00 EUR überschritten ist. Da im Customizing die Option »Sperre« aktiviert wurde, wird der Beleg nach dem Sichern gesperrt. Wir legen den Auftrag mit der Auftragsnummer 6996 an.

Schritt 4: Auftrag anzeigen Lassen wir uns den Auftrag 6996 über die Transaktion »Auftrag ändern« anzeigen. Abbildung 2.106 zeigt uns den Auftragsstatus.

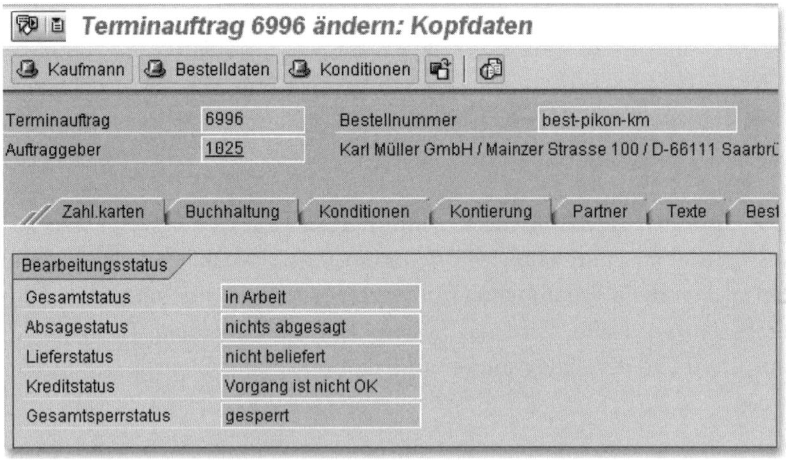

Abbildung 2.106 Auftrag mit Kreditstatus Vorgang nicht o.k.

Wir sehen den Kreditstatus »Vorgang ist nicht o.k.«. Damit kann weder ein Bedarf übergeben noch ein Lieferbeleg erzeugt werden. Der Auftrag ist also für die Weiterbearbeitung gesperrt. Mit dem Sichern des Auftrags wurde gleichzeitig der zuständige Mitarbeiter in der Finanzbuchhaltung informiert. Über die Nachrichtenfindung des SAP-Systems wurde eine elektronische Nachricht gesendet. Sehen wir uns den Nachrichtensatz im Beleg in Abbildung 2.107 an.

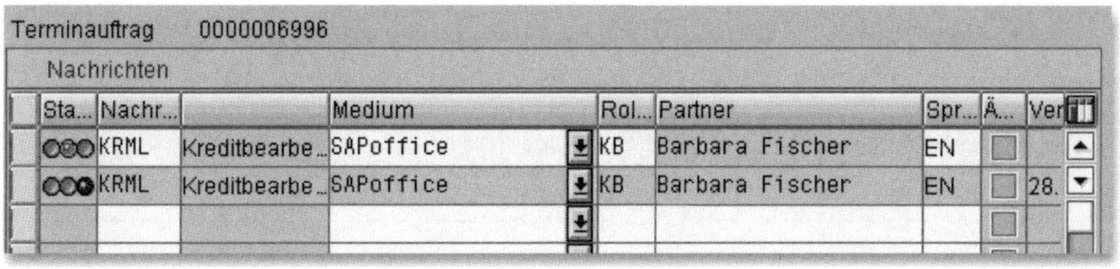

Schritt 5: Kreditsachbearbeiter benachrichtigen

Abbildung 2.107 Benachrichtigung des Kreditsachbearbeiters

Die Nachricht sagt uns, dass der Kreditsachbearbeiter, in diesem Fall Frau Barbara Fischer, über eine elektronische Nachricht informiert wurde. Wir erkennen dies an der Status-Ampel (Sta, ganz links). Diese steht auf Grün, damit wurde die Nachricht versendet.

Jetzt melden wir uns mit der Benutzerkennung von Frau Fischer im System an. Wir lassen uns den Eingangskorb der SAP R/3-Komponente *Business Workplace* anzeigen. Dort findet Frau Fischer folgende Nachricht (siehe Abbildung 2.108).

Abbildung 2.108 Eingangskorb der Kreditsachbearbeiterin B. Fischer

Schritt 6: Auftrag freigeben Frau Fischer erhält die Nachricht »Order for Customer 1025 blocked due to credit limit being exceeded« und kann jetzt direkt aus dieser Mail in die Freigabefunktion für die Vertriebsbelege verzweigen. Abbildung 2.109 zeigt uns diese Funktion für unseren Auftrag 6996. Frau Fischer gibt den Auftrag frei.

Abbildung 2.109 Freigabe des Vertriebsbelegs

Schritt 7: Auftrag anzeigen Nachdem der Vertriebsbeleg nun freigegeben worden ist, wollen wir den Status des Belegs kontrollieren. Abbildung 2.110 zeigt uns das Statusbild. Der Kreditstatus wurde nach der Freigabe durch den Kreditsachbearbeiter auf »Vorgang freigegeben« gesetzt. Jetzt kann der Auftrag weiter bearbeitet werden.

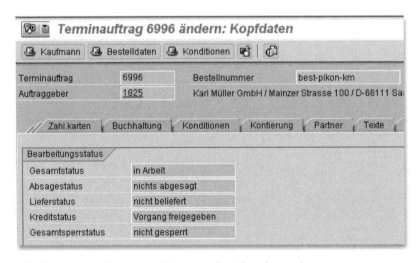

Abbildung 2.110 Auftrag nach erfolgter Kreditprüfung freigegeben

Schritt 8: Kreditstammdaten anzeigen Abschließend zeigt uns Abbildung 2.111 die Kreditstammdaten unseres Debitors 1025. Wir sehen, dass nach der Freigabe des Auftrags 6996 das Kreditlimit überschritten ist. Der Ausschöpfungsgrad liegt nun bei 132,24 %.

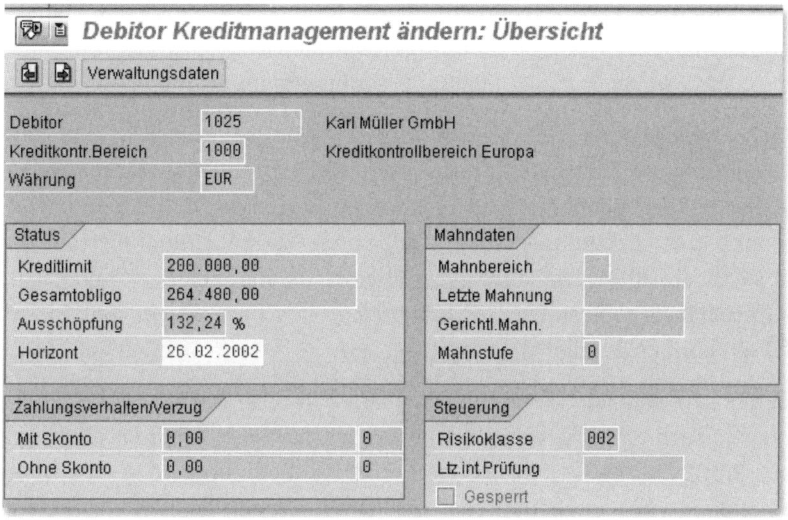

Abbildung 2.111 Stammdaten Kreditmanagement

2.12 Integration Controlling

Die Ergebnis- und Marktsegmentrechnung (CO-PA) dient der periodischen Erfolgsrechnung nach dem Umsatzkostenverfahren und liefert entscheidungsrelevante Informationen für das Management. Das Modul SD ist ein wichtiger Datenlieferant für CO-PA.

2.12.1 Betriebswirtschaftliche Grundlagen

CO-PA realisiert eine Kostenträgerzeitrechnung, welche im Hinblick auf Vertriebsprozesse Antworten auf die folgenden Fragen bietet:

- Welches sind die stärksten Produktgruppen bezüglich Auftragseingang und Umsatz in einem bestimmten Zeitabschnitt?
- Mit welchen Kunden werden die höchsten Deckungsbeiträge erzielt?
- In welchen Ländern treten die größten Plan/Ist-Abweichungen bezüglich der Verkaufsmenge auf?

Der Ergebnisbereich als Organisationseinheit des CO-PA kann mehrere Kostenrechungskreise umfassen und somit buchungskreisübergreifend aufgebaut werden. Damit kann die Ergebnisrechnung über mehrere rechtlich selbstständige Gesellschaften eines Konzerns hinweg abgebildet werden. Dies ist in vielen Unternehmen von großer Bedeutung, da die Organisation der operativen Einheiten zunehmend unabhängig von der

Organisationsstrukturen

rechtlichen Struktur gesehen wird. Typische Beispiele für diese Organisationsform ist die Spartenorganisation oder die Gliederung des Unternehmens in *Business Units* mit eigener Ergebnisverantwortung.

Formen der Ergebnisrechnung

Man unterscheidet die kalkulatorische Ergebnisrechnung, welche eine Gliederung des Zahlenwerks nach einem Deckungsbeitragsschema bietet, während die buchhalterische Ergebnisrechnung eine Sachkontendarstellung bietet. Letztere Methode erleichtert die Abstimmung mit der Finanzbuchhaltung, hat aber gegenüber der häufiger eingesetzten kalkulatorischen Ergebnisrechnung funktionale Einschränkungen. Beide Verfahren können parallel eingesetzt werden.

Parallele Bewertung

Bei Einsatz paralleler Bewertungsszenarien im Controlling werden Preise und Verrechnungspreise nicht nur aus legaler Sicht, sondern zusätzlich aus Profit-Center-Sicht gespeichert. Diese Betrachtungsweise ist bei der Abbildung von Geschäften zwischen Unternehmen eines Konzerns von großer Bedeutung. Hierdurch kann ein von handels- und steuerrechtlichen Erwägungen unabhängiges Profit-Center Berichtswesen auf der Basis interner Transferpreise aufgebaut werden. CO-PA kann nun einen Verkaufsvorgang sowohl aus legaler als auch aus Profit-Center-Sicht abbilden. Beispiel: Zwei Unternehmen eines Konzerns, die als Profit-Center geführt werden, verkaufen einander Waren. Aus steuerlichen Gründen wird ein niedriger Verkaufspreis gewählt. Dieser ist in der legalen Sicht wiederzufinden. Aus Profit-Center-Sicht kann nun parallel ein gänzlich anderer, zum Beispiel verhandelter Preis geführt und in CO-PA gebucht werden. Somit können im CO-PA-Berichtswesen beide Sichtweisen dargestellt und analysiert werden.

Abgrenzung zum Vertriebsinformationssystem

Im Unterschied zum Vertriebsinformationssystem VIS bietet CO-PA erweiterte Möglichkeiten der Deckungsbeitragsermittlung, z. B. durch das Heranziehen von Produktkalkulationen, sowie Planungsfunktionalitäten. Eine klare Aufgabentrennung zwischen VIS und CO-PA sowie eine einheitliche Logik bei der Datenfortschreibung in beiden Applikationen ist wichtig zur späteren Vermeidung von Datenredundanz und Abstimmaufwand.

2.12.2 Funktionalität

Struktur

Vertriebszahlen werden in CO-PA unter so genannten *Merkmalen* abgespeichert und können nach beliebigen Merkmalskombinationen analysiert werden. Die richtige Auswahl der Merkmale in der Einführungsphase ist von hoher Bedeutung für den Projekterfolg, da einerseits die Systemperformance entscheidend von der Anzahl der Merkmalskombinationen beeinflusst wird und andererseits nachträgliche (gegebenenfalls sogar rückwirkende) Änderungen der Merkmale mit erheblichem Aufwand verbunden sind.

Aus vertrieblicher Sicht kann man im Wesentlichen produktbezogene Merkmale (z.B. Artikelnummer, Warengruppe, Produkthierarchie), kundenbezogene Merkmale (z.B. Auftraggeber, Warenempfänger, Land, Kundengruppe, Kundenhierarchie) und organisationsbezogene Merkmale (z.B. Buchungskreis, Verkaufsorganisation, Vertriebsweg, Sparte, Verkäufergruppe, Werk, Profit-Center) unterscheiden. Diese Merkmale können aus den Stammdatentabellen (Kunde, Material) und aus den Vertriebsbelegen selbst übernommen werden. Zusätzlich können im SAP-System nicht vorhandene Merkmale aus anderen Merkmalen per Customizing oder User-Exit abgeleitet werden, so zum Beispiel Verkaufsregion »Europa« aus dem Land »Deutschland«. Dieses Beispiel könnte alternativ über eine Merkmalshierarchie zum Merkmal Land abgebildet werden, die dann erst zur Laufzeit der CO-PA-Berichte gelesen wird. In diesem Fall werden Hierarchieänderungen auch rückwirkend im Berichtswesen wirksam.

Bei kalkulatorischer Ergebnisrechnung werden die aus SD übernommenen Daten in so genannten Wertfeldern gespeichert. Dies können sowohl Beträge (bei Serienfertigung Konditionen wie Preise, Rabatte, Verrechnungspreise etc.) als auch Mengen und Gewichte (fakturierte Menge in unterschiedlichen Mengeneinheiten, Brutto- und Nettogewicht, Volumen) sein. Die Beträge werden über Konditionsarten der Preisfindung in den SD-Belegen ermittelt. In Abschnitt 2.1 haben wir diese Konditionsarten kennen gelernt. Über die Konditionsart wird jedoch nicht nur der Betrag an sich geliefert, sondern auch ein Erlöskontenschlüssel. Dieser Schlüssel dient der Ermittlung des richtigen Erlöskontos in der Finanzbuchhaltung.

Kalkulatorische Ergebnisrechnung

In die Ergebnisrechnung (CO-PA) müssen solche Konditionsarten übernommen werden, die in FI unter einem Sachkonto verbucht werden, welches in CO als Erlöskostenart (Kostenartentyp 11 oder 12) angelegt worden ist, z.B. die Konditionsart PR00 für den Verkaufspreis. Optional können statistische Konditionsarten, z.B. der Verrechnungspreis VPRS (siehe Abschnitt 2.1), übernommen werden. Dabei können die Beträge sowohl in Buchungskreis- als auch in Ergebnisbereichswährung fortgeschrieben werden. Die Währung des Vertriebsbeleges sowie der verwendete Umrechnungskurs werden nur im CO-PA-Einzelposten vermerkt, nicht jedoch in den für die meisten CO-PA-Berichte verwendeten Summensätzen.

Buchhalterische Ergebnisrechnung Bei buchhalterischer Ergebnisrechnung werden die Konten der Finanzbuchhaltung (Erlöskonten, Bestandsveränderungs- oder Kosten des Umsatzes Konten) »Eins-zu-Eins« in der Ergebnisrechnung fortgeschrieben.

Ermittlung der Umsatzkosten Bei der Überleitung der Vertriebsdaten an die kalkulatorische Ergebnisrechnung ist optional eine kalkulatorische Bewertung der Daten möglich. Beispielsweise kann bei der Fakturierung eines Artikels eine Erzeugniskalkulation aus dem Modul PP zur Ermittlung der Standard-Herstell- oder -Selbstkosten herangezogen werden. Dabei ist im Gegensatz zur Übernahme der Verrechnungspreis Konditionsart VPRS eine Aufspaltung in Kostenelemente wie etwa Material- und Fertigungskosten möglich.

Weiterhin kann ähnlich wie bei der SD-Preisfindung ein Kalkulationsschema zur Berechnung von Konditionen verwendet werden, wobei die ermittelten Konditionen wiederum in Wertfelder übergeleitet werden. Beispiele hierfür sind kalkulatorische Jahresumsatzprämien (in Prozent vom Umsatz) und kalkulatorische Frachten (etwa als Staffelpreis abhängig vom Bruttogewicht). Beim Szenario *Verkauf ab Lager* können bereits übernommene Wertfelder abhängig von der Fakturaart wieder gelöscht werden. Dies geschieht typischerweise bei Wertgut- oder Lastschriften, bei denen im Standard auch Mengen und Kosten des Umsatzes fortgeschrieben würden, was aber betriebswirtschaftlich meist nicht sinnvoll ist. Auch bei der kalkulatorischen Bewertung steht ein User-Exit zur Abbildung individueller Anforderungen zur Verfügung.

2.12.3 Szenarien

Schon in Abschnitt 2.3 hat uns die Frage der Produktionsplanungs- und Fertigungsszenarien beschäftigt. Abhängig von der Frage, ob das jeweilige Unternehmen Produkte für einen anonymen Massenmarkt produziert oder kundenindividuelle Einzelprodukte (z.B. im Anlagenbau) herstellt, sind auch die Schwerpunkte im Controlling zu setzen. In Kapitel 4 werden wir einige dieser Szenarien modulübergreifend erläutern. Dabei werden jeweils die Auswirkungen im Controlling erklärt. Der nicht an Controllingdetails interessierte Leser kann dieses Kapitel überspringen und stattdessen die Wertschöpfungsketten in Kapitel 4 aus logistischer Sicht betrachten.

Hier werden wir zunächst das Prinzip der Massenfertigung erläutern. Anschließend werden wir die unterschiedlichen Szenarien der Einzelfertigung vorstellen. Im Vertriebsbeleg wird beides, die Produktionsstrategie und die Controllingstrategie, über die Bedarfsklasse aus dem Customizing im Modul SD ermittelt. Zunächst wollen wir die möglichen Strategien zum Aufbau der Ergebnisrechnung ansehen.

Betrachten wir zunächst eine (Kunden-)Anonyme Massen- oder Serienfertigung. Auf diesem Szenario basieren unsere modulübergreifenden Wertschöpfungsketten in den Abschnitten 4.1 und 4.2. Dort findet man konkrete Systembeispiele, in denen der Ablauf Schritt für Schritt erklärt wird. Aus Sicht des Controllings ist meist das Produkt und/oder der Kunde Gegenstand des Ergebniscontrollings, nicht jedoch der einzelne Vertriebsbeleg. Daher wird man die Kundenauftragsnummer nicht als Summensatzmerkmal in CO-PA verwenden, bei sehr hohem Belegvolumen eventuell auch nicht den einzelnen Kunden und/oder Artikel, sondern entsprechende Hierarchiestufen (Produktgruppe, Kundengruppe).

Anonyme Massenfertigung

Bereits bei der Erfassung einer Kundenauftragsposition kann ein Auftragseingang in CO-PA fortgeschrieben werden. Die SD-Umsätze werden erst bei der Fakturierung übergeleitet, wobei die Konditionsarten aus der Fakturaposition den Wertfeldern zuzuordnen sind. Die Kosten des Umsatzes erhält man entweder durch die Übernahme des Verrechnungspreises (Konditionsart VPRS, siehe Abschnitt 2.1) oder – besser weil detaillierter – durch kalkulatorische Bewertung mit einer Erzeugniskalkulation. Somit erhält man auf der Ebene Kunde/Artikel einen kalkulatorischen oder Standard-Deckungsbeitrag. Abweichungen aus der Produktion werden nicht den Kundenaufträgen zugerechnet, sondern den Produkten.

Da in der Finanzbuchhaltung die Kosten des Umsatzes bereits beim Warenausgang verbucht wurden, liegt hier eine potenzielle Quelle für wert- und periodenmäßige Abweichungen zwischen FI und CO-PA. Diesen kann man dadurch begegnen, dass man einerseits bei Einsatz von PP die Standardpreise für verkaufsfähige Artikel und damit den Bewertungspreis im Materialstamm durch eine Erzeugniskalkulation setzt, welche auch in CO-PA zur Ermittlung der Umsatzkosten herangezogen wird, und andererseits eine zeitnahe Fakturierung alle Lieferungen mit Warenausgang sicherstellt. Dadurch werden die Kosten des Umsatzes in FI und CO-PA in der selben Periode verbucht und das Risiko von Bewertungspreisänderungen zwischen Warenausgang und Fakturierung wird verringert. Weiterhin besteht die Möglichkeit, beim Warenausgang in FI ein Rückstellungskonto zu bebuchen und dieses bei der Fakturierung aufzulösen, so dass die Kosten des Umsatzes faktisch bei der Fakturierung gebucht werden.

Das Gegenteil zur Anonymen Massenfertigung ist die Kundeneinzelfertigung. Dabei werden Produkte für einen bestimmten Kundenauftrag entwickelt und produziert. In der Bestandsführung wird ein so genannter *Einzelbestand*, bezogen auf die Kundenauftragsposition, aufgebaut. Dieser

Kundeneinzelfertigung

Bestand ist explizit der Auftragsposition zugeordnet. Er ist für andere Aufträge, auch Aufträge des gleichen Kunden, nicht verfügbar. Innerhalb der Kundeneinzelfertigung sind die folgenden Szenarien zu unterscheiden:

- Kundeneinzelfertigung mit bewertetem Kundeneinzelbestand
- Kundeneinzelfertigung mit unbewertetem Kundeneinzelbestand
- Projektfertigung
- Kundenauftragsbezogene Massenfertigung (als Sonderfall)

Diese Szenarien werden wir im Folgenden vorstellen.

Kundeneinzelfertigung mit bewertetem Einzelbestand

Das Szenario *Kundeneinzelfertigung mit bewertetem Kundeneinzelbestand* kommt in Unternehmen zum Einsatz, die Massenprodukte kundenindividuell konfigurieren. Gewissermaßen werden hier die Szenarien Serienfertigung und Kundeneinzelfertigung kombiniert – eine besondere Herausforderung für Vertrieb, Produktion und Controlling! Aus Sicht der Logistik wird diese Funktionalität in SAP über die Variantenkonfiguration abgebildet. Dabei werden im Kundenauftrag Produkte auftragsspezifisch konfiguriert. Über die Bewertung von Merkmalen wird aus einer Maximalstückliste, die alle möglichen Ausprägungen eines Produkts enthält, die gewünschte Auftragsstückliste abgeleitet. Aus Sicht des Controllings unterscheidet sich diese Strategie von dem Szenario *Anonyme Massenfertigung* im Wesentlichen durch die Überleitung von SD nach CO-PA! Hier wird nämlich bei der Fakturierung noch kein CO-PA-Beleg erzeugt, sondern die bebuchten Sachkonten in FI (Erlöse, Erlösschmälerungen, Rabatte) werden auf die Kundenauftragsposition kontiert.

Die Kundenauftragsposition besitzt ein so genanntes CO-Objekt. Dieses CO-Objekt »Kundenauftragsposition« übernimmt damit die Funktion eines Kosten- und Erlössammlers. Außerdem wird, wie bei der Einzelfertigung üblich, ein Einzelbestand auf der Ebene der Auftragsposition erzeugt. Dabei handelt es sich bei diesem Szenario im Gegensatz zur reinen Kundeneinzelfertigung (siehe unten) um einen bewerteten Bestand!

Erst im Rahmen des Monatsabschlusses wird die Kundenauftragsposition nach CO-PA abgerechnet, wobei die Wertfeldzuordnung nicht über die SD-Konditionsarten, sondern über ein so genanntes *Ergebnisschema* erfolgt. In diesem werden die auf der Kundenauftragsposition verbuchten Kostenarten Wertfeldern zugeordnet. Somit können statistische Konditionsarten wie z.B. Skonti nicht übernommen werden, da sie nicht verbucht werden; einen Ausweg bietet eine kalkulatorische Bewertung in CO-PA. Die Kosten des Umsatzes werden zum Zeitpunkt des Warenausganges auf der Kundenauftragsposition verbucht und ebenfalls an CO-PA abgerechnet. Die Bewertung des Kundenauftragsbestandes kann z.B. durch eine Kundenauftragskalkulation oder den Standardpreis des Materials gesetzt werden. Insofern wird auch in diesem Szenario ein Standard-Deckungsbeitrag des Vertriebsbeleges ermittelt, d.h. auf der Basis der Plan-Herstellkosten. Damit bietet dieses Szenario im Unterschied zum Szenario Anonyme Massenfertigung Folgendes:

- Verwaltung von Kundeneinzelbeständen (Bestandsführung auf der Ebene der Kundenauftragsposition)
- Ermittlung des Ergebnisses auf der Ebene Auftragsposition. Dies ist interessant, wenn kundenspezifische Änderungen an den vordefinierten Varianten vorgenommen oder spezifische Dienstleistungen (z.B. Montage vor Ort) erbracht werden.

Trotzdem bietet die Kundeneinzelfertigung – wie auch das Szenario Massenfertigung – die Möglichkeit, das Ergebnis auf der Basis kalkulierter Standardkosten zu errechnen und nicht auf Basis von Istkosten wie bei der »reinen« Kundeneinzelfertigung. Genau darin besteht der Vorteil bewerteter Kundeneinzelbestände im Vergleich zu den unbewerteten Einzelbeständen bei der »reinen« Kundeneinzelfertigung!

Weitere Gestaltungsspielräume ergeben sich daraus, dass auch die Produktionsabweichungen auf die Kundenauftragsposition gebucht werden können. Dann wird das Ergebnis auf der Ebene Kundenauftragsposition mit Ist-Kosten ermittelt. Um diese Option wahrnehmen zu können, sind jedoch spezielle Einstellungen im Customizing notwendig. Dies beschreibt die SAP in einem eigenen Service-Hinweis mit der Nummer 183250.

Bei Verwendung der *Kundeneinzelfertigung mit unbewerteten Kundeneinzelbeständen* dagegen, auf deren Szenario unsere Wertschöpfungskette aus Abschnitt 4.3 basiert, spricht man von einem *Kundenauftragscontrolling*. In diesem Fall wird nämlich ein Ist-Ergebnis ermittelt, so dass beim Einsatz von kundenauftragskontierten Fertigungsaufträgen diese ihre Ist-Kosten auf die Vertriebsbelegposition abrechnen. Abweichungen aus der Fertigung werden somit den einzelnen Kundenaufträgen zugerechnet. Erlöse und Kosten werden wiederum auf der Kundenauftragsposition gesammelt und monatlich an CO-PA abgerechnet. Bei langlebigen Kundenauftragspositionen wird häufig vorab eine Ergebnisermittlung (Abgrenzung) der Erlöse und Kosten vorgenommen, so dass in diesem Falle abgegrenzte Werte nach CO-PA abgerechnet werden. Dabei müssen im Ergebnisschema die Abgrenzungskostenarten (Kostenartentyp 31) den

Reine Kundeneinzelfertigung

Wertfeldern zugeordnet werden. Obwohl unbewertete Kundenauftragsbestände nicht das von SAP empfohlene Szenario sind, werden sie nach wie vor häufig bei Einzelfertigern eingesetzt, welche die detaillierten Ist-Kosten einer Kundenauftragsposition überwachen wollen und keine Abweichungsanalyse auf Produktebene benötigen. Im Gegensatz zu den Serien- und Massenfertigungszenarien wird man in der Regel die Kundenauftragsnummer und die Position als Merkmal in CO-PA führen.

Projektfertigung Bei einer *Projektfertigung*, z. B. großtechnische Anlagen, aber auch komplexe Dienstleistungen, kommen Projektstrukturpläne aus dem Modul PS (Projektsystem) zum Einsatz. Diese strukturieren eine Kundenauftragsposition aus organisatorischer oder technischer Sicht (z. B. Zerlegung in Projektphasen oder in eine Baugruppensicht) zum Zwecke einer detaillierten Planung und Überwachung. In diesem Fall besitzt die Kundenauftragsposition kein eigenes CO-Objekt, sondern ist auf ein so genanntes Projektstrukturplanelement (PSP-Element) kontiert. Bei der Fakturierung werden somit die Erlöse auf dem PSP-Element verbucht, dort laufen auch die Kosten auf. Auch hier unterscheidet man bewertete und unbewertete Projekteinzelbestände, die Vor- und Nachteile sind analog zu den Kundenauftragsbeständen. Die PSP-Elemente werden im Rahmen des Periodenabschlusses an CO-PA abgerechnet, häufig erst nach einer Ergebnisermittlung (Abgrenzung).

Kundenauftragsbezogene Massenfertigung Um einen Spezialfall handelt es sich bei der *Kundenauftragsbezogenen Massenfertigung* (z. B. in der Elektronik- oder Automobilindustrie). Ein klassisches Beispiel ist das Auto. Ein bestimmter Typ (z. B. BMW der 5er-Reihe) kann in unterschiedlichen Varianten (Motor, Reifen, Ausstattung, Autoradio, Farbe usw.) geliefert werden. Jeder Kunde erhält quasi ein »anderes« – sein individuelles Auto. In diesem Szenario beginnt die Fertigung erst, wenn Kundenaufträge vorliegen. Es werden bewertete Kundeneinzelbestände verwaltet, aber die Kundenaufträge fungieren nicht als Kosten- und Erlössammler. Insofern werden die Erlöse und die Standard-Kosten des Umsatzes wie bei der Massenfertigung übergeleitet, die Herstellkosten werden auf so genannten Produktkostensammlern gesammelt, die Abweichungen pro konfigurierbarem Produkt ermittelt und an CO-PA abgerechnet. Es handelt sich somit um ein produktgetriebenes Controlling.

2.12.4 Beispiel: Customizing

Das Beispiel zeigt das Customizing der SD/CO-PA-Schnittstelle für das Szenario *Anonyme Massenfertigung*. Es wird nur die kalkulatorische Ergebnisrechnung betrachtet.

Zunächst sehen wir uns an, wie die Merkmale des CO-PA mit Daten aus SD und anderen Quellen befüllt werden. Die Abbildung 2.112 zeigt die Ableitung von CO-PA-Merkmalen aus SD.

Merkmalsableitung

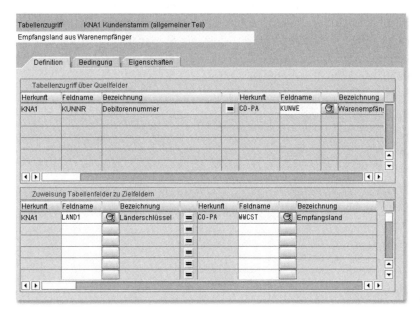

Abbildung 2.112 Ableitung aus einem Tabellenfeld

Die gezeigte Ableitungstabelle wird beim Anlegen eines Ergebnisbereiches mit Vorschlagswerten befüllt und kann im Rahmen des Customizing manipuliert werden. Das Merkmal »Empfangsland« (WWCST) wird aus der Kundenstammsatztabelle KNA1 abgeleitet. Da der Primärschlüssel dieser Tabelle die Debitorennummer (KUNNR) ist, muss diese von CO-PA versorgt werden, um einen eindeutigen Zugriff gewährleisten zu können. Im gezeigten Beispiel wird die Debitorennummer aus dem CO-PA-Merkmal Warenempfänger (KUNWE) ermittelt. Dies entspricht der Partnerrolle »Warenempfänger« aus der Kundenauftragsposition. Somit kann man im CO-PA-Berichtswesen die Zahlen nach dem Land des Warenempfängers analysieren. Alternativ könnte man auch das Land des Auftraggebers verwenden. In diesem Fall müsste statt des Merkmals KUNWE das Merkmal KNDNR (Kunde) eingetragen werden.

Definition von Zugriffshierarchien

Diese Customizing-Einstellung besitzt eine sehr hohe Flexibilität. So kann man auch regelrechte Zugriffshierarchien definieren: Das Merkmal *Kundengruppe* könnte zunächst aus den kaufmännischen Daten der Kundenauftragsposition (Tabelle VBKD) ermittelt werden. Ist dieser Zugriff nicht erfolgreich, weil das entsprechende Feld dort nicht gepflegt ist, kann ein weiterer Zugriff auf die Vertriebsdaten des Kundenstammsatzes erfolgen (Tabelle KNVV). Ist auch dieser Zugriff nicht erfolgreich, kann optional eine Fehlermeldung ausgegeben werden. In diesem Fall kann die Faktura nicht an CO-PA und aus Konsistenzgründen auch nicht an die Finanzbuchhaltung übergeleitet werden, bis der Fehler behoben ist. Weiterhin ist es möglich, nur Teile eines Feldes als Merkmal zu übernehmen. So könnte beispielsweise ein »Ausschnitt« der Produkthierarchie des Artikels in ein Merkmal übernommen werden.

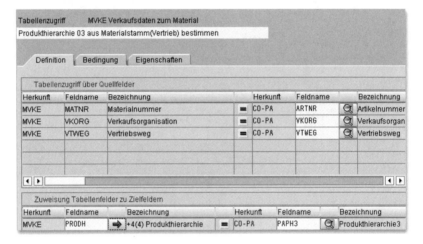

Abbildung 2.113 Ableitung aus einem Teilfeld

Abbildung 2.113 zeigt, dass das Merkmal »Produkthierarchie 03« (PAPH3) aus den Vertriebsdaten des Materialstamms (Tabelle MVKE) ermittelt wird. Auf diese Tabelle wird eindeutig mit den Merkmalen »Artikelnummer« (ARTNR), »Verkaufsorganisation« (VKORG) und »Vertriebsweg« (VTWEG) zugegriffen. Die vorgenannten Merkmale wurden zuvor aus dem Kundenauftrag abgeleitet, woraus klar wird, dass die richtige Reihenfolge eine große Rolle in der Ableitung spielt. Das Feld »Produkthierarchie« (PRODH) wird nun nicht in voller Länge (18 Zeichen) in unser Merkmal übernommen, sondern nur vier Stellen ab der vierten Stelle gerechnet. Dies ist in der Abbildung als +4(4) dargestellt. Man kann in der Ableitung nicht nur auf Daten aus SAP-Tabellen zurückgreifen, sondern auch Merkmale aus bereits vorhandenen Merkmalen ableiten. So könnte beispielsweise aus dem Merkmal »Empfangsland« ein freies Merkmal »Ländergruppe« (zum Beispiel Region Nordeuropa) abgeleitet werden. Für komplexe Ableitungslogiken steht ein User-Exit bereit, der anhand aller Informationen aus dem CO-PA-Einzelposten Merkmalswerte manipulieren kann.

Wie werden nun die CO-PA-Wertfelder befüllt? In Abbildung 2.114 werden die Konditionsarten des SD den CO-PA-Wertfeldern zugeordnet. Es müssen alle in FI gebuchten Konditionsarten zugeordnet werden. Statistische Konditionsarten sind optional. Mehrere Konditionsarten können in das gleiche Wertfeld eingehen, wobei dann die Vorzeichenlogik zu beachten ist. Im Unterschied zum FI werden **alle** Konditionsarten aus SD mit positivem Vorzeichen übernommen, mit Ausnahme von Gutschriften oder Stornos. Würde man demnach eine Erlös- und eine Rabattkonditionsart dem gleichen Wertfeld zuordnen, so würden sich die Konditionswerte addieren statt saldieren. Um dies zu vermeiden, muss in diesen Fällen der Schalter *Vorzeichengerechte Übernahme* gesetzt werden (zur Problematik der Vorzeichenlogik in CO-PA siehe SAP-Service-Hinweis 33178).

Wertfeldzuordnung

Ergebnisbereich	IDEA	Ergebnisbereich IDES global		
KArt	Bezeichnung	Wertfeld	Kurzbeschreibung	Vorz. Über...
PCVP	PrCtr Verr.Preis	VV140	Wareneinstandswert	☐
PI01	PreisInterneVerrechn	VV145	Warenein.Wert altern	☐
PN00	Preis Netto	VV010	Erlöse	☐
PPAG	Preis Pos. MatGruppe	VV060	Sonstige Rabatte	☐
PPSV	Preis Pos. Service	VV010	Erlöse	☐
PR00	Preis	VV010	Erlöse	☐
PR02	Intervallpreis	VV010	Erlöse	☐
R100	100%-Abschlag	VV060	Sonstige Rabatte	☐
RA00	Proz. v. verm.	VV030	Kundenrabatt	☐
SKTO	Skonto	VV070	Skonto Kalk.	☐
SKTV	Skonto	VV070	Skonto Kalk.	☐
VA00	Varianten	VV010	Erlöse	☐
VA01	Varianten %	VV010	Erlöse	☐
VPRS	Verrechnungspreis	VV140	Wareneinstandswert	☐
ZA00	Varianten allgemein	VV010	Erlöse	☐
ZB07	K-Hierachie/P-Gruppe	VV090	Bonus Kalk.	☑

Abbildung 2.114 Zuordnung von Wertfeldern

Neben der reinen Übernahme von Konditionsarten ist auch eine komplexere Bewertung von CO-PA-Einzelposten möglich. In Abbildung 2.115 wird zusätzlich zur Übernahme der Wertfelder noch eine kalkulatorische Bewertung der SD-Daten vorgenommen.

Bewertungsstrategie

Im Beispiel der hier gezeigten IST-Online-Bewertung, die bei jeder Überleitung einer Faktura an CO-PA erfolgt, wird dazu zunächst eine Erzeugniskalkulation herangezogen. Damit diese auf die fakturierte Menge umgerechnet werden kann, muss das entsprechende CO-PA-Mengenfeld (hier: VVIQT, die fakturierte Menge) eingetragen werden. Ist beispielsweise die Erzeugniskalkulation für eine Losgröße von 100 Stück berechnet worden, es wurden aber 50 Stück verkauft, so müssen die Plan-Herstellkosten entsprechend herunter gerechnet werden.

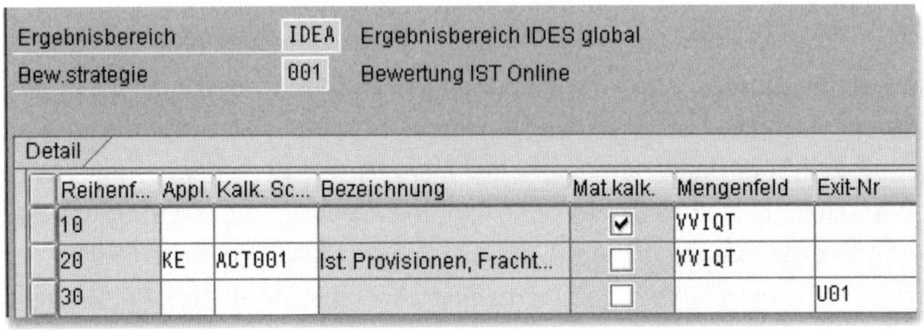

Abbildung 2.115 Kalkulatorische Bewertung

Anschließend erfolgt eine Bewertung mit einem Kalkulationsschema (hier das Schema ACT001), mit dem beispielsweise materialabhängig Provisionen und gewichtsabhängig kalkulatorische Frachtkosten ermittelt werden. Abschließend wird noch eine Bewertung mit Hilfe eines User-Exits (U01) vorgenommen. Hier können durch den Einsatz von ABAP-Programmierung weitere Wertfelder manipuliert oder neu gefüllt werden. Dem User-Exit steht hierzu die gesamte Information des CO-PA-Einzelpostens zur Verfügung, so dass den Anwendungsmöglichkeiten praktisch keine Grenzen gesetzt sind.

Zurücksetzen von Wertfeldern

Manchmal kann es unerwünscht sein, dass bestimmte Wertfelder befüllt werden. Da die Zuordnung der Konditionsarten zu Wertfeldern nicht von Bedingungen abhängig gemacht werden kann, außer durch den Einsatz des User-Exits der Bewertung, muss man sich mit dem Zurücksetzen (Löschen) von Wertfeldern behelfen.

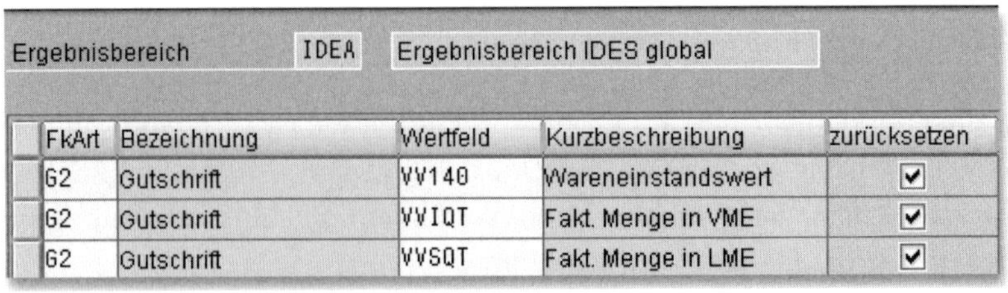

Abbildung 2.116 Zurücksetzen von Wertfeldern

In der in Abbildung 2.116 gezeigten Tabelle können abhängig von der Fakturaart bereits gefüllte Wertfelder wieder auf Null gesetzt werden. Im Beispiel werden für die Fakturaart G2 (Gutschrift) die Wertfelder VVIQT (fakturierte Menge) und VV140 (Wareneinstandswert) zurückgesetzt. Somit werden durch die Gutschrift letztlich nur die Erlöse in CO-PA reduziert, nicht jedoch die verkaufte Menge und der Wareneinstandswert. Hierdurch wird die Marge des betroffenen Produktes reduziert. Diese Einstellung ist sinnvoll für eine Wertgutschrift, wenn also beispielsweise Ware schlechter Qualität geliefert wurde und dem Kunden deshalb ein nachträglicher Preisnachlass gewährt wird.

Werden im SD sowohl Retouren als auch Mengen- und Wertgutschriften eingesetzt, so ist es aus Controlling-Sicht unerlässlich, hierfür separate Fakturaarten einzusetzen (siehe auch Abschnitt 3.8).

2.13 Vertriebsinformationssystem (VIS)

Mit einem Informationssystem können vorhandene Problembereiche über aussagekräftige Kennzahlen schnell erkannt und deren Entstehung analysiert werden. Basis dieser Kennzahlen sind betriebswirtschaftliche Vorgänge, die täglich oft tausendfach abgewickelt werden. Aus diesem Grunde muß ein Informationssystem auf verdichtete Daten zugreifen, um einen raschen Überblick zu ermöglichen.

2.13.1 Betriebswirtschaftliche Grundlagen

SAP ist in erster Linie ein OLTP-(Online-Transaction-Processing-)System zur Abwicklung von Geschäftsprozessen. Es werden Transaktionsdaten, wie z. B. Kundenaufträge, Lieferbelege, Fakturen und Buchhaltungsbelege, sowie Stammdaten, wie z. B. Kundenstämme und Materialstämme, erfasst. Diese Informationen bieten neben ihrer Prozesssteuerungsfunktion auch die Möglichkeit, Auswertungen, Statistiken und Analysen durchzuführen. Man spricht in diesem Zusammenhang auch von einem OLAP-(Online-Analytical-Processing-)System. Oft sind nicht nur die einzelnen Belege von Interesse, sondern auch aggregierte Informationen, wie z. B. der Umsatz, gegliedert nach Artikelgruppen.

Bedeutung von Statistiken

Es wird zwischen zwei Typen von Auswertungen unterschieden:

Auswertungstypen

- **Ad-hoc-Analysen**
  Sie werden oft sehr kurzfristig benötigt. Häufig soll ein Sachverhalt aus verschiedenen Perspektiven betrachtet werden können. Die benötigten Informationen variieren von Auswertung zu Auswertung.

- **Regelmäßige Auswertungen**
  Diese Analysen werden regelmäßig zu einem Stichtag erstellt (z. B. zum Monatsende). Es werden immer die gleichen Informationen benötigt. Die Listerstellung ist planbar, damit verliert die Laufzeit der Analyseprogramme an Bedeutung.

Sowohl die Ad-hoc-Auswertungen als auch die regelmäßigen Analysen werden meistens als ausgedruckte Liste benötigt. Bei der Ad-hoc-Analyse ist allerdings auch eine interaktive Online-Bearbeitung notwendig, um die interessanten Daten zu finden.

Datenquellen Als Grundlage der Auswertungen sind in SAP mehrere Datenquellen möglich:

- **Bewegungs- und Stammdaten**
  Hier erfolgt die Auswahl auf Einzelbelegebene. Sie bieten damit die größtmögliche Genauigkeit und Datenvielfalt. Allerdings können die Auswertungen bei großem Belegvolumen erhebliche Laufzeiten beanspruchen.

- **Statistiktabellen des Vertriebssinformationssystems**
  Sie enthalten aggregierte Datensätze, die bei der Belegerfassung fortgeschrieben wurden. Sie können sehr schnell und flexibel nach vorgegebenen Merkmalen ausgewertet werden.

- **Externe Daten**
  Zusätzlich zu den im SAP-System erfassten Informationen sind auch externe Zusatzdaten für Auswertungen von Interesse. Beispiel: Branchenumsatzzahlen als Vergleichsgröße zum eigenen Umsatz.

2.13.2 Konzeption des Vertriebsinformationssystems

Informations-struktur der VIS Im VIS werden Informationen in Gruppen zusammengefasst, die für eine Verdichtung und anschließende Auswertung benötigt werden. Eine Gruppe wird als Informationsstruktur bezeichnet. SAP liefert einige Strukturen im Standard aus. Es besteht jedoch auch die Möglichkeit, eigene Informationsstrukturen im Customizing anzulegen.

Eine Informationsstruktur des VIS besteht immer aus 3 Teilen:

- **Merkmale**
  Merkmale sind Kriterien, nach denen Daten verdichtet und analysiert werden sollen. Eine Infostruktur kann maximal 9 Merkmale enthalten. Beispiel: Kundennummer, Materialnummer, Verkaufsorganisation.

▶ **Zeitbezug**

Die Verdichtung der Kennzahlen erfolgt immer mit einem Zeitbezug. Beispiel: Die Umsatzwerte werden auf Wochenebene aggregiert. Mögliche Zeitbezüge sind Monat, Woche, Tag, Buchungsperiode.

▶ **Kennzahlen**

Das sind die Werte, die analysiert werden sollen. Eine Infostruktur kann beliebig viele Kennzahlen enthalten. Beispiel: Absatzmengen, Umsatzwert.

In Abbildung 2.117 sehen wir den Aufbau einer Informationsstruktur.

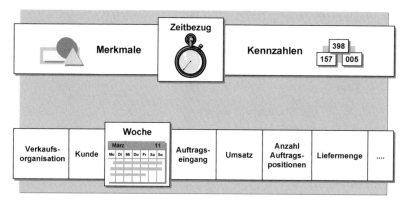

Abbildung 2.117 Aufbau einer Informationsstruktur (Quelle: SAP AG, Walldorf)

Bei der Verbuchung von Belegen wird anhand von Regeln ermittelt, welche Informationsstrukturen aktualisiert werden müssen. Damit enthalten die image1Infostrukturen ständig die aktuellen Daten.

Von SAP werden die folgenden Infostrukturen im Standard ausgeliefert:

Standard-Infostrukturen

▶ S001 Kunde
▶ S002 Verkaufsbüro
▶ S003 Verkaufsorganisation
▶ S004 Material
▶ S005 Versandstelle
▶ S006 Vertriebsbeauftragter
▶ S009/14 Vertriebsunterstützung
▶ S060 Bonusabwicklung
▶ S066/67 Kreditmanagement

Unterschiede in der Auswertung von Belegdaten und Statistiken

Folgende Gründe sprechen dafür, Auswertungen auf der Basis von Infostrukturen anstatt der Originalbelege zu erstellen:

- **Unabhängigkeit von Belegen**
  Belegdaten werden in der Regel nach einer gewissen Verweildauer im System archiviert und sind dann für Auswertungen nur noch schwer erreichbar. Auf echten Belegen basierende Auswertungen können also nur einen engen Zeitraum umfassen. Infostrukturen dagegen können die Daten über mehrere Jahre aufbewahren.

- **Performance**
  Wenn in Auswertungen nur aggregierte Kennzahlen benötigt werden, können diese wesentlich schneller aus einer Infostruktur ermittelt werden. Dort sind die Kennzahlen bereits auf der richtigen Ebene zusammengefasst. Selbst wenn noch weitere Berechnungen notwendig sind, laufen diese aufgrund des geringeren Datenvolumens wesentlich schneller.

- **Funktionen der Standardanalysen**
  Mit der Standardanalyse stellt SAP eine mächtige Werkzeugsammlung zur Auswertung von Infostrukturen zur Verfügung. Damit können Auswertungen interaktiv und nach individuellen Anforderungen durchgeführt werden. Die Standardanalyse steht ausschließlich für Infostrukturen (auch selbsterstellte) zur Verfügung.

- **Einfache Programmierung von Auswertereports**
  Da alle relevanten Informationen in einer Tabelle (= Infostruktur) gesammelt sind, ist es sehr einfach, eigene Reports auf dieser Basis zu programmieren. Wenn die Auswertung auf Belegdaten basieren soll, müssen oft mehrere Tabellen miteinander verknüpft werden.

Auf der anderen Seite sollte eine Auswertung auf Belegdaten beruhen, wenn sehr detaillierte Informationen gezeigt werden müssen, wie dies zum Beispiel bei einem Fakturajournal oder der Liste der offenen Aufträge der Fall ist. Es ist zwar prinzipiell auch möglich, Informationsstrukturen mit dieser Detailtiefe anzulegen; allerdings geht dann der eigentliche Vorteil der kompakten Speicherung der Kennzahlen verloren. Weiterhin ist zu bedenken, dass auch die Online-Fortschreibung der Infostrukturen Performance beansprucht und die Fortschreibungsregel eingerichtet werden muss.

Es ist also im Einzelfall abzuwägen, ob eine Auswertung auf einer Infostruktur oder auf den Belegdaten beruhen sollte.

Für jede Informationsstruktur kann eine Standardanalyse durchgeführt werden. Bei selbstdefinierten Strukturen werden die notwendigen Programme und Strukturen automatisch generiert.

Standardanalyse

Nach Eingabe von Selektionskriterien wird vom System zunächst die *Grundliste* erzeugt. Hier werden einige der möglichen Kennzahlen zu einem Merkmal gezeigt (siehe Abbildung 2.118).

Grundliste

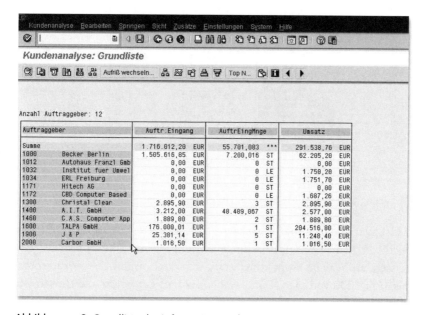

Abbildung 2.118 Grundliste der Informationsstruktur S001 (Kundenanalyse)

Aus der Grundliste können nun viele Funktionen aufgerufen werden. Zum einen kann die Darstellung mit einer *Aufrissliste* detailliert werden. In einer Aufrissliste werden die Werte einer Zeile zum gewählten Merkmal feiner analysiert. Wenn wir zum Kunden 1000 wissen möchten, mit welchen Materialien wir unseren Umsatz erzielt haben, können wir dazu eine Aufrissliste erzeugen. In der Abbildung 2.119 sehen wir die Aufrissliste zur vorherigen Auswertung. Zwischen den Aufrissmerkmalen kann beliebig umgeschaltet werden.

Aufrissliste

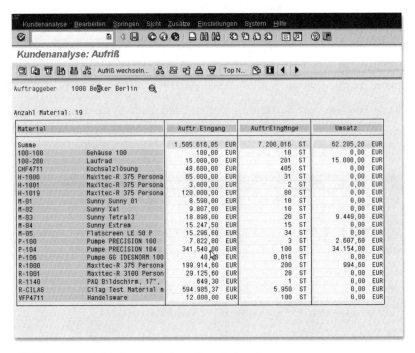

Abbildung 2.119 Aufrissliste zur Informationsstruktur S001

Hierarchien Es ist auch möglich, nach externen *Hierarchien* zu analysieren. Diese sind nicht direkt in der Infostruktur enthalten. Wir möchten beispielsweise wissen, auf welche Produkthierarchie sich die Umsätze der Verkaufsorganisation 1000 verteilen. Dafür wählen wir als Grundliste die Umsatzliste zum Merkmal »Verkaufsorganisation« und erzeugen dann einen Hierarchieaufriss nach der Produkthierarchie (siehe Abbildung 2.120). Die Produkthierarchie ist kein Merkmal der Infostruktur, aber über das Merkmal »Materialnummer« kann die Hierarchie abgeleitet werden.

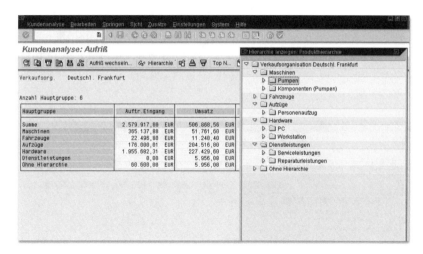

Abbildung 2.120 Aufriss nach der externen Hierarchie: Produkthierarchie

Neben den Aufrissmöglichkeiten stehen eine Reihe weiterer Analysewerkzeuge zur Verfügung:

- Summenkurve
- Korrelation
- ABC-Analyse
- Segmentierung
- Klassifikation
- Rangliste
- Liste sortieren
- Plan/Ist-Vergleich
- Vorjahresvergleich
- Vergleich zweier Kennzahlen
- Währungsumrechnung
- Datenübergabe an XXL
- Sichern von Daten in eine PC-Datei

Weitere Analysewerkzeuge

Im Folgenden betrachten wir als Beispiel eine *ABC-Analyse* des Auftragseingangs des Kunden 1000. In einer ABC-Analyse können zwei Kennzahlen zueinander ins Verhältnis gesetzt werden, z.B. der Auftragseingangswert zu der Anzahl der Materialien. Ausgangspunkt ist die Liste aus Abbildung 2.119. Danach ist die Strategie zu wählen. In unserem Beispiel erfolgt die Analyse nach *Summe Auftragseingang*. Im nächsten Fenster wird festgelegt, aus welchen Grenzwerten ein Segment besteht. Das Sys-

ABC-Analyse

tem erstellt dann eine Grafik, in der das Ergebnis der Analyse präsentiert wird. Wir können hier erkennen, dass wir mit 15% der Materialien 75% unseres Auftragseingangs bei diesem Kunden erzielen. Mit den Buttons am rechten Rand der Grafik kann zu Detaillisten der Segmente verzweigt werden.

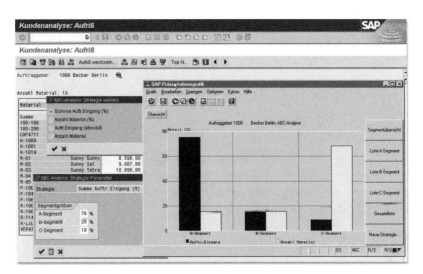

Abbildung 2.121 ABC-Analyse zur Infostruktur

Flexible Analyse   Neben den Standardanalysen steht für jede Infostruktur auch die *flexible Analyse* zur Verfügung. Die notwendigen technischen Strukturen werden ebenfalls für jede Infostruktur, also auch selbstdefinierte, automatisch vom System generiert. In der flexiblen Analyse können Daten individuell zusammengestellt, verdichtet und als Bericht ausgegeben werden. Dabei ist sie sowohl als Online-Analyse-Tool als auch als Listendruck-Tool einsetzbar. Basis der Analysen sind Auswertestrukturen, in denen interessierende Informationen aus verschiedenen Quellen zusammengefasst werden können.

Es gibt mehrere Anzeigetypen, die die Layoutgestaltung der flexiblen Analyse bestimmen:

▶ Normale Darstellung
  Die Merkmale werden in der linken Spalte dargestellt, die gewählten Kennzahlen rechts daneben. Auf jeder Merkmalstufe kann verdichtet werden. Ein Beispiel sehen wir in Abbildung 2.122.

Merkmal /Kennzahl	Auftragseingangswert	Auftragseingangsmenge
Kunde		
Material		
Periode		

Abbildung 2.122 Flexible Analyse: normale Darstellung

- Spaltenvergleich einzelner Merkmalswerte, getrennt für jede Kennzahl: Für jede Kennzahl wird ein Vergleich je gewähltem Merkmal durchgeführt. Es kann nur genau ein Merkmal verwendet werden. Ein Beispiel sehen wir in Abbildung 2.123.

Kennzahl	Auftragseingangswert		Auftragseingangsmenge	
Merkmal	Kunde 1	Kunde 2	Kunde 1	Kunde 2
Material				
Periode				

Abbildung 2.123 Flexible Analyse: Spaltenvergleich einzelner Merkmalswerte, getrennt für jede Kennzahl

- Spaltenvergleich der Kennzahlen, getrennt für einzelne Merkmalswerte: Für das gewählte Merkmal wird ein Spaltenvergleich der Kennzahlen durchgeführt. Ein Beispiel sehen wir in Abbildung 2.124.

Merkmal	Kunde 1		Kunde 2	
Kennzahl	Auftragseingangswert	Auftragseingangsmenge	Auftragseingangswert	Auftragseingangsmenge
Material				
Periode				

Abbildung 2.124 Flexible Analyse: Spaltenvergleich der Kennzahlen, getrennt für einzelne Merkmalswerte

- Merkmal nur zur Selektion: Dieses Merkmal wird nur für die Selektion verwendet, in der Analyse wird es nicht gezeigt.

Es können auch Kennzahlen zur Laufzeit der Analyse mit Hilfe von Formeln berechnet werden. Innerhalb des Berichts kann der Benutzer navigieren, beispielsweise um die Verdichtungsebene zu bestimmen oder um Zeilen auszublenden.

Frühwarnsystem Das Frühwarnsystem ermöglicht die Suche nach Ausnahmesituationen und hilft, drohende Fehlentwicklungen frühzeitig zu erkennen. Die Basis bilden die Kennzahlen des Vertriebsinfosystems. Es können Ausnahmebedingungen, so genannte *Exceptions*, definiert werden, bei deren Erreichen automatisch per Workflow eine zuständige Stelle informiert werden kann. Weiterhin können die Bedingungen so gestaltet werden, dass beim Eintreten einer Exception diese beim Ausführen einer Standardanalyse farblich hervorgehoben wird. Somit wird es den verantwortlichen Stellen erleichtert, Ausnahmesituationen zu erkennen.

Folgende Exception-Typen können verwendet werden:

- Schwellwert
  (z. B. Materialien/Kunden, deren Umsatz größer als 5000 EUR ist)
- Trend
  (z. B. Materialien/Kunden mit einem negativen Trend bei Umsatz oder Durchlaufzeiten)
- Plan/Ist-Vergleich
  (z. B. bei welchen Kunden die Planerfüllung beim Auftragseingang bei weniger als 80% liegt)

3 Prozessüberblick Modul SD

In diesem Kapitel wird zunächst der grundlegende Aufbau von Vertriebsbelegen beschrieben. Anschließend wird der Belegfluss und damit der Ablauf vorgestellt. Abschnitt 3.3 zeigt dann die Standardabwicklung eines Verkaufsprozesses. Die übrigen Kapitel sind Variationen dieses Ablaufs zur Abbildung spezifischer Geschäftsprozesse. Von daher empfiehlt es sich, zunächst die Abschnitte 3.1, 3.2 und 3.3 durchzuarbeiten. Anschließend kann man sich dann – seinen Interessen entsprechend – den restlichen Kapiteln widmen. Diese basieren aber immer auf den Inhalten der ersten drei Unterkapitel.

3.1 Belegstruktur

An dieser Stelle wird die grundlegende Struktur von Belegen im Vertrieb, im Versand und bei der Fakturierung vorgestellt. Damit wird hier eine wichtige Grundlage für die weiteren Kapitel gelegt.

Grundsätzlich werden SAP-Vertriebsbelege in folgende Bereiche unterteilt:

- Auftragskopf
- Position
- Einteilung

Der Auftragskopf enthält Informationen, die für den gesamten Auftrag (also alle Positionen und Einteilungen) gelten. Dazu gehören beispielsweise die Kundennummer des Auftraggebers, die Bestellnummer des Kunden und die Zahlungsbedingungen. — Auftragskopf

Auf Positionsebene werden die Produkte und Leistungen festgelegt, die der Kunde bestellt. Dort findet man unter anderem die Materialnummer, die Auftragsmenge, das Lieferdatum und den Preis sowie die Konditionen (Zu- und Abschläge, Steuern). — Position

Zusätzlich kann sich eine Position in mehrere Einteilungen untergliedern. Bestellt ein Kunde z. B. 10 Stück eines Materials, und er wünscht die Lieferung zu unterschiedlichen Terminen, so wird für jeden Liefertermin eine Einteilung angelegt. Abbildung 3.1 zeigt diese Struktur. — Einteilung

Abbildung 3.1 Struktur von Vertriebsbelegen

Einteilungen ergeben sich auch als Ergebnis der Verfügbarkeitsprüfung (siehe Abschnitt 2.3). Wünscht der Kunde nur einen einzigen Liefertermin und ist die Ware zu diesem Termin auch verfügbar, so wird nur eine Einteilung angelegt. Die bestätigte Menge der Einteilung entspricht dann der gesamten Positionsmenge. Ist die Ware zum Wunschliefertermin nicht verfügbar, so werden zwei Einteilungen angelegt. Die erste Einteilung enthält dann das Wunschlieferdatum und die bestätigte Menge 0. Die zweite Einteilung wird zum nächstmöglichen Liefertermin erzeugt. Ergebnis der Verfügbarkeitsprüfung kann auch ein Split auf mehrere Einteilungen sein.

Am besten verdeutlichen wir diesen Zusammenhang an einem Beispiel. In einer Position wurden insgesamt 100 Stück bestellt. Das Wunschlieferdatum des Kunden ist der 15.01.2002. Zu diesem Termin ist keine Menge verfügbar. Zum 30.01.2002 können 50 Stück und zum 15.02.2002 weitere 50 Stück geliefert werden. Akzeptiert der Anwender diesen Liefervorschlag, so entstehen die folgenden Einteilungen:

- **Einteilung 1**
  - Menge = 100 Stück
  - Termin: 15.01.2002
  - bestätigte Menge = 0
- **Einteilung 2**
  - Menge = 50 Stück
  - Termin: 30.01.2002
  - bestätigte Menge = 50

▶ **Einteilung 3**
  ▷ Menge = 50 Stück
  ▷ Termin: 15.02.2002
  ▷ bestätigte Menge = 50

Die erste Einteilung wird bei der Erstellung einer Lieferung nicht berücksichtigt, da sie über keine bestätigte Menge verfügt. Sie ist für die Folgebelege des Auftrags nicht relevant.

Es gibt jedoch auch Auftragspositionen ohne Einteilungen. Dazu gehören z. B. Gut- und Lastschriftspositionen, die nicht zu einer Lieferung führen. Ob eine Position einteilungsrelevant ist, wird im Customizing definiert. Dazu kommen wir in Abschnitt 3.1.2.

Positionen ohne Einteilungen

Die Untergliederung in Auftragskopf, Position und Einteilung gilt allerdings nicht für sämtliche Vertriebsbelege, sondern vor allem für alle Verkaufsbelege (Anfragen, Angebote, Aufträge, Rahmenverträge). Versand- und Fakturabelege enthalten dagegen nur Kopf- und Positionsdaten. In Lieferbelegen gibt es aber zu der jeweiligen Lieferung auch Unterpositionen. Diese werden notwendig, wenn eine Lieferposition aus unterschiedlichen Chargen besteht. In diesem Fall (*Chargensplit*) werden mehrere Unterpositionen angelegt (siehe hierzu auch Abschnitt 2.5).

Versand- und Fakturabelege

Auch im Kundenauftrag kann es Unterpositionen geben, was z. B. für eine Setabwicklung wichtig ist. Bei einer Setabwicklung besteht ein Produkt aus mehreren Komponenten. Klassisches Beispiel ist ein PC, der aus dem Monitor, der Tastatur, dem Rechner und der Maus und ggf. einem Drucker oder weiteren Peripheriegeräten bestehen kann. Auch im Anlagenbau ist diese Möglichkeit der Auftragsstrukturierung von großer Bedeutung. Anlagen bestehen häufig aus mehreren Komponenten, die durchaus getrennt geliefert, aber als eine Anlage berechnet werden. In diesen Fällen wird für das Gesamtsystem eine *Position* angelegt (z. B. der PC oder die gesamte Anlage). Für jede einzelne Komponente (z. B. Festplatte, Bildschirm, Maus, Drucker) wird jeweils eine *Unterposition* angelegt. Im Customizing kann festgelegt werden, ob z. B. die Preisfindung auf der Ebene der einzelnen Komponente (also auf der Ebene der Unterposition) ermittelt wird oder ob ein Gesamtpreis für die übergeordnete Position ermittelt wird. Es ist jedoch nicht möglich die Preise der einzelnen Komponenten zu einem Gesamtpreis für das System zu kumulieren. Über die *Versandfähigkeit* wird definiert, ob eine Komponente als einzelne Einheit versendet wird oder die gesamte Anlage zusammen ausgeliefert wird. Ein Beispiel für die Bedeutung von Unterpositionen liefert uns auch die Funktion *Automatische Produktselektion* aus Abschnitt 2.7.

Untergeordnete Positionen

Belegstruktur **175**

Customizing

Schon in Kapitel 2 wurde gezeigt, wie Customizing und Stammdatenpflege den Ablauf der Vertriebsfunktionen, z. B. die Verfügbarkeitsprüfung und die Preisfindung, steuern. Dies gilt natürlich auch für die Gestaltung der Prozesse. Folgende Customizingobjekte sind für die Vertriebsbelege von Bedeutung:

- Für den Auftragskopf: die Auftragsart
- Für die Position: der Positionstyp
- Für die Einteilung: der Einteilungstyp

Im Folgenden werden wir die Bedeutung dieser Objekte nacheinander vorstellen.

Auftragsart Die *Auftragsart* ist eines der zentralen Objekte des Customizings im Modul SD. Der Anwender bestimmt beim Anlegen eines Auftrags die Auftragsart und steuert somit auch den weiteren Ablauf. Unter anderem werden folgende Punkte abhängig von der Auftragsart festgelegt:

- Um welche Art Vertriebsbelegstyp (Anfrage, Angebot, Auftrag, Lieferplan, Kontrakt, Retoure, Gutschriftsanforderung, Lastschriftsanforderung) handelt es sich? Über diese Option werden Vertriebsbelege unterschieden.
- Aus welchem Nummernkreis wird die Auftragsnummer vergeben, und handelt es sich um eine interne oder externe Nummernvergabe?
- Welche Positionstypen sollen innerhalb eines Auftrags ermittelt werden?
- In welche Folgebelege kann ein Auftrag kopiert werden? Hiermit wird beispielsweise festgelegt, ob ein Auftrag als Kopiervorlage für einen anderen Auftrag verwendet werden kann.
- Wird die Kreditlimitprüfung (siehe Abschnitt 2.10) durchgeführt – und wenn ja, in welcher Form?
- Werden die Funktionen Materialfindung (siehe Abschnitt 2.7) und Materiallistung (siehe Abschnitt 2.8) durchgeführt – und wenn ja, in welcher Form?
- Wie laufen die Transaktionen der Auftragsbearbeitung ab? So kann z. B. abhängig von der Auftragsart bei der Auftragserfassung ein Hinweis auf vorliegende Angebote oder Rahmenverträge des Kunden gegeben werden.
- Welche Belegarten werden für die Folgebelege (Lieferungen, Fakturen) vorgeschlagen?

Auftragsarten anpassen

Ein wesentlicher Bestandteil eines Einführungsprojektes ist die Festlegung von Geschäftsprozessen. Aus diesen können dann die benötigten Auftragsarten abgeleitet werden. Im SAP-Standard werden eine ganze Reihe wichtiger Auftragsarten ausgeliefert. In der Regel wird man Standard-Auftragsarten kopieren und diese gemäß den Anforderungen des jeweiligen Unternehmens aussteuern. Dies gilt selbstverständlich auch für Positions- und Einteilungstypen. Die neuen Objekte (Auftragsart, Positionstypen, Einteilungstypen) sollten stets in einem eigens vorgesehenen Kundennamensraum (in der Regel mit Z oder Y beginnend) angelegt werden. Dadurch wird verhindert, dass die neuen Objekte beim Releasewechsel überschrieben werden.

Positionstypen

Ein wichtiger Baustein der Gestaltung von Vertriebsprozessen ist die automatische Ermittlung des richtigen *Positionstyps*. Im Customizing werden für die unterschiedlichen Positionstypen Einstellungen vorgenommen. Diese Einstellungen steuern den Ablauf der Auftragsbearbeitung in dieser Position. Unter anderem wird dabei Folgendes geregelt:

- Handelt es sich um eine Position mit Preisrelevanz? Nur in diesem Fall kann eine Preisfindung auf dieser Position durchgeführt werden. Andernfalls handelt es sich um eine kostenlose Position.
- Sind Einteilungen innerhalb der Position erlaubt? Ist dies der Fall, existiert immer mindestens eine Einteilung pro Position.
- Kann eine Position kopiert werden? In welche Folgebelege kann sie dann kopiert werden?
- Handelt es sich um eine Retourenposition?
- Handelt es sich um eine fakturarelevante Postition? In der Praxis ist meist jede preisrelevante Position auch eine fakturarelevante Position.
- Ermittlung der Einteilungstypen und damit die weitere Steuerung der Einteilungsbearbeitung

Ermittlung Positionstyp

Von besonderer Bedeutung ist die automatische Ermittlung des Positionstyps in einem Auftrag. Diese erfolgt abhängig von folgenden Kriterien:

- **Auftragsart**
- **Positionstypengruppe**
  Im Materialstamm wird das Material einer Positionstypengruppe zugeordent (z. B. NORM für den »normalen« Terminauftrag). Im Customizing können beliebig viele Positionstypengruppen definiert werden. Damit kann die Prozesssteuerung differenziert pro Material festgelegt werden.

- **Übergeordneter Positionstyp**
  Wenn es sich um eine Unterposition handelt, hängt die Ermittlung des Positionstyps zusätzlich an dem Positiontyp der übergeordneten Position.
- **Verwendung**
  Dieses Merkmal wird nicht durch Stammdaten oder Customizingeinstellungen ermittelt, vielmehr greift dies automatisch bei bestimmten Funktionen (z. B. Chargensplit, Produktselektion).

Abbildung 3.2 zeigt uns die Positionstypenermittlung für den Positionstyp TAN (Terminauftrag Normalposition). Wir sehen, dass mehrere Positionstypen eingestellt werden können. Dabei wird der erste Eintrag automatisch in die Auftragsposition übernommen. Die übrigen Einträge sind die möglichen Einträge für die manuelle Änderung durch den Anwender.

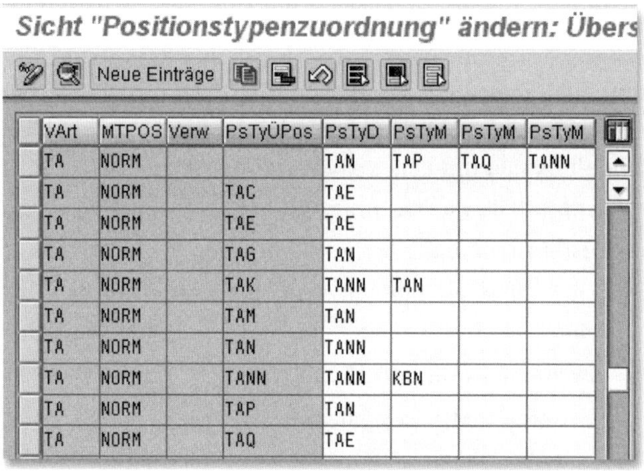
Sicht "Positionstypenzuordnung" ändern: Übers

Neue Einträge

VArt	MTPOS	Verw	PsTyÜPos	PsTyD	PsTyM	PsTyM	PsTyM
TA	NORM			TAN	TAP	TAQ	TANN
TA	NORM		TAC	TAE			
TA	NORM		TAE	TAE			
TA	NORM		TAG	TAN			
TA	NORM		TAK	TANN	TAN		
TA	NORM		TAM	TAN			
TA	NORM		TAN	TANN			
TA	NORM		TANN	TANN	KBN		
TA	NORM		TAP	TAN			
TA	NORM		TAQ	TAE			

Abbildung 3.2 Automatische Positionstypenermittlung im Customizing

Die Abbildung zeigt, dass im Falle der Auftragsart TA (Terminauftrag) zunächst der Positionstyp TAN (Normalposition) ermittelt wird. Voraussetzung dafür ist, dass es sich nicht um eine Unterposition handelt und im Materialstamm die Positionstypengruppe NORM (steht für »Normalposition«) zugeordnet wurde. Der Anwender kann diesen Eintrag während der Auftragserfassung auf z. B. auf den Positionstyp TANN (Kostenlose Position) ändern.

Einteilungstypen

Auf der Ebene des Einteilungstyps werden folgende Einstellungen im Customizing vorgenommen:

- Die Lieferrelevanz einer Einteilung wird festgelegt. Nur lieferrelevante Einteilungen können in einen SD-Lieferbeleg kopiert werden.

- Die Bewegungsart, mit der die Warenausgangsbuchung in der Lieferung durchgeführt wird. Die Bewegungsart ist ein Customizingobjekt im Modul MM (Materialwirtschaft). Darüber werden die Materialbewegungen gesteuert. Für den Einteilungstyp kann z. B. festgelegt werden, ob es sich um eine Auslieferung oder eine Retoure handelt.
- Es kann festgelegt werden, dass abhängig vom Einteilungstyp eine Liefersperre im Auftrag gesetzt wird. Diese ist vom Anwender manuell zu entfernen, bevor eine Lieferung angelegt werden kann.

Für den Einteilungstyp wird festgelegt, ob eine *Verfügbarkeitsprüfung* und eine *Bedarfsübergabe* im Vertriebsbeleg durchgeführt wird. In Abschnitt 2.3 haben wir gesehen, dass diese Funktionen von der Bedarfsklasse abhängen. Die Bedarfsklasse wiederum wird über Daten im Materialstamm (Dispositionsgruppe) ermittelt. Warum also nochmal an dieser Stelle die gleiche Einstellungsmöglichkeit? Es handelt sich hierbei um eine zusätzliche Option. Verfügbarkeitsprüfung und Bedarfsübergabe können hier auch nur **ausgeschaltet** werden. Ist sie also auf der Ebene der Bedarfsklasse nicht eingeschaltet, so kann sie hier auch nicht aktiviert werden. In der Praxis wird diese Möglichkeit relevant, wenn bei bestimmten Aufträgen die Verfügbarkeit nicht geprüft werden soll (z. B. bei Sonderaufträgen).

Ebenso wie der Positionstyp wird der Einteilungstyp über das Customizing automatisch ermittelt. Auch hier ist eine manuelle Änderung des Einteilungstyps durch den Anwender im Vertriebsbeleg möglich. Die automatische Ermittlung hängt von folgenden Kriterien ab:

Ermittlung Einteilungstyp

- Positionstyp: Aus dem Positionstyp der Position, zu der die Einteilung gehört
- Dispomerkmal: Aus dem Materialstamm (siehe Abschnitt 2.3)

Auftragsarten und Positionstypen haben auch im Versand ihre Bedeutung. Für die Lieferbelege im Versand werden eigene Lieferarten definiert. Die wichtigsten Einstellungen zur Lieferart sind:

Lieferarten

- Nummernkreis
  Aus dem Nummernkreis wird die Belegnummer vergeben
- Kopiersteuerung
  Dabei wird definiert, welche Vorgänger- und welche Nachfolgebelege eine Lieferart haben kann.
- Transaktionssteuerung
- Vertriebsbelegtyp

Im SAP-Standard werden die wichtigsten Lieferarten ausgeliefert. Es ist möglich, zusätzliche Lieferarten gemäß den jeweiligen Anforderungen im Customizing anzulegen.

Positionstypen in der Lieferung
Die Positionstypen werden aus den Aufträgen in die Lieferung übernommen. Den Positionstyp TAN findet man demzufolge im Auftrag und auch im Lieferbeleg. Allerdings können im Customizing des Versands zusätzliche Einstellungen für den Positionstyp vorgenommen werden. Hierüber kann z. B. gesteuert werden, ob der Lagerort zu einer Lieferposition automatisch ermittelt wird und ob eine Kommissionierung durchgeführt werden soll. Das klassische Beispiel einer Lieferposition ohne Kommissionierung ist die Retourenposition: Da der Kunde in diesem Fall etwas zurückschickt, findet keine Kommissionierung beim empfangenden Unternehmen statt.

Fakturaarten
Für die Fakturabelege werden Fakturaarten definiert. Zu den wichtigsten Customizingeinstellungen der Fakturaart gehören:

- Vertriebsbelegtyp (Rechnung, Gutschrift, Lastschrift)
- Kopiersteuerung
- Nummernkreis
- Stornobelegart

Positionstypen werden von den Vorgängerbelegen übernommen. Eigene Positionstypen für die Fakturabelege gibt es nicht. Es gibt auch keine zusätzlichen Einstellungen zu Positionstypen wie etwa im Versand.

3.2 Belegfluss

Das vorhergehende Kapitel zeigt den Aufbau der Vertriebsbelege. Diese entstehen in unterschiedlichen Phasen des Vertriebsprozesses. Der folgende Abschnitt zeigt nun den Belegfluss.

Abbildung 3.3 zeigt die Vertriebsbelege in den unterschiedlichen Phasen des Vertriebsprozesses. Dabei werden die Daten in einem Beleg erfasst und in den Folgebeleg kopiert. Eine doppelte Erfassung der benötigten Informationen entfällt. Das spart Zeit und vermeidet Fehler. Diese Kopierfunktion ist ein wichtiger Bestandteil der Steuerung von Prozessen in SAP R/3. Der Belegfluss kann in jedem Beleg angezeigt werden. Damit besteht in einem Beleg Transparenz über Vorgänger und Nachfolger. Der Anwender hat die Möglichkeit, direkt in diese Belege zu navigieren.

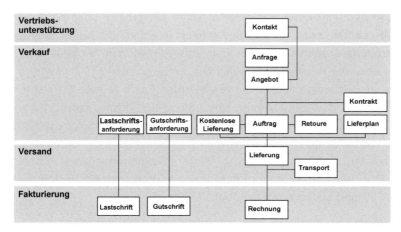

Abbildung 3.3 Übersicht Vertriebsbelege

Die Phase *Vertriebsunterstützung* dient dazu, die Auftragsvergabe und die Auftragsbearbeitung vorzubereiten. In Kontaktbelegen werden vor allem Vertriebsaktivitäten (Telefonate, Kundenbesuche, Messekontakte) dokumentiert und verwaltet. Es besteht die Möglichkeit, Gesprächsnotizen zu hinterlegen und Folgeaktivitäten (erneuter Anruf, Versenden von Werbematerial usw.) zu planen und durchzuführen.

Vertriebsunterstützung

Konkreter wird es, wenn der Kunde in der *Verkaufsphase* Konditionen und Liefertermine zu Produkten des Unternehmens anfragt. In einem Anfragebeleg werden die Kundennummer erfasst und die gewünschten Artikel (Materialstämme) in den Auftragspositionen hinzugefügt. Außerdem können in Freitexten Sonderwünsche des Kunden hinterlegt werden. Mit Bezug auf diese Anfrage kann der Anwender dann ein Angebot erfassen. Die Konditionen (Preise, Rabatte, Steuer) sowie die Lieferdaten werden automatisch vom System ermittelt. Der Anwender hat die Möglichkeit, über die Nachrichtenfindung ein Angebot zu drucken und an den Kunden zu versenden.

Verkauf

Ebenfalls zur Verkaufsphase gehört die Erfassung von *Kontrakten*. Kontrakte sind Rahmenvereinbarungen, in denen mit dem Kunden die Abnahme von bestimmten Mengen oder Werten in einem bestimmten Zeitraum vereinbart werden kann. In diesen Vereinbarungen können auch Konditionen hinterlegt werden, die dann in die einzelnen Abrufaufträge übernommen werden können. Ebenfalls zu den Rahmenverträgen zählen *Lieferpläne*. Im Gegensatz zu den Kontrakten werden in Lieferplänen konkrete Liefertermine vereinbart.

Kundenaufträge können entweder ohne Vorgängerbeleg oder mit Bezug zu Angeboten oder Kontrakten angelegt werden. Im Kundenauftrag ermittelt das System die Konditionen (entweder aus dem Vorgängerbeleg oder über die *Preisfindung*). Außerdem ermittelt die *Verfügbarkeitsprüfung*, zu welchem Zeitpunkt die gewünschten Produkte geliefert werden können. Aus dem Auftrag kann eine Auftragsbestätigung gedruckt werden, die an den Kunden versendet wird. Neben dem »normalen« Verkauf sind auch Retouren abzuwickeln. Dafür stehen eigene Auftragsarten (Retourenaufträge) zur Verfügung. Weitere Sonderformen des Auftrags sind Gut- und Lastschriftsanforderungen. Diese werden zur Berechnung von Gut- und Lastschriften benötigt.

Versand Mit Bezug zum Kundenauftrag (oder dem Lieferplan) wird dann ein Lieferbeleg erstellt. Damit hat die *Versandphase* begonnen. Über den Lieferbeleg werden die Aktivitäten beim Warenausgang, der Kommissionierung und dem Versand gesteuert. Bei der Kommissionierung wird die entnommene Menge in den Beleg eingetragen. Sobald dies geschehen ist, kann der Warenausgang gebucht werden. Diese Buchung aktualisiert den physischen Lagerbestand und führt in der Finanzbuchhaltung eine entsprechende Buchung durch. Außerdem können aus der Lieferung die Warenbegleitpapiere gedruckt werden. Retourenaufträge werden durch entsprechende Retourenlieferungen unterstützt. Retourenlieferungen führen zu Wareneingangsbuchungen.

Fakturierung Nach der Erfassung der Lieferung wird in der Phase *Fakturierung* die Kundenrechnung (Faktura) erzeugt. Dabei werden die ausgelieferten Mengen übernommen. Die Preise werden aus dem Kundenauftrag übergeben. Aus dem Fakturabeleg wird eine Rechnung gedruckt, die an den Kunden versendet wird. Außerdem werden die notwendigen Erlösbuchungen in der Finanzbuchhaltung und dem Controlling erzeugt.

Integration Schon der Überblick über die Belegsteuerung in SAP zeigt den hohen Integrationsgrad der Lösung. Sobald im Vertrieb ein Warenausgang gebucht wird, werden auch die Materialwirtschaft und die Finanzbuchhaltung aktualisiert. Gleiches gilt beim Buchen der Kundenfaktura. Dort werden die Buchungen im Controlling (Betriebsergebnisrechnung) und in der Finanzbuchhaltung zeitgleich durchgeführt.

Customizing Der Belegfluss wird im Customizing durch die Kopiersteuerung festgelegt. Die Kopiersteuerung legt unter anderem folgende Punkte fest:

- In welche Folgebelege darf eine bestimmte Belegart kopiert werden?
- Welche Daten dürfen in die Folgebelege übergeben werden?
  So können z.B. die Chargensplitpositionen einer Lieferung in die Faktura übergeben werden. In diesem Fall enthält die Faktura die gleiche Anzahl von Positionen wie die Lieferung. Es ist jedoch auch möglich, die Chargensplitpositionen der Lieferung zu einer einzigen Fakturaposition zu kumulieren.
- Nach welchen Regeln wird ein Vorgängerbeleg als erledigt gekennzeichnet?
  In der Praxis spielt dies vor allem bei Angeboten eine Rolle. Darüber kann die Frage beantwortet werden, ob Angebote nur einmalig zu einem Auftrag führen dürfen oder ob beliebig viele Referenzbelege erzeugt werden können.
- Nach welchen Regeln werden Vorgängerbelege überführt?
  So können z.B. mehrere Aufträge zu einer Lieferung und mehrere Lieferungen zu einer Faktura zusammengefasst werden.
- Wie werden die Funktionen in den Nachfolgebelegen gesteuert?
  So wird bei der Erstellung einer Faktura über die Kopiersteuerung festgelegt, ob die Preise aus dem Auftrag übernommen werden oder ob eine neue Preisfindung durchgeführt wird.

Die Kopiersteuerung nutzt vor allem Kopierbedingungen und User-Exits (vergleiche Abschnitt 2.9)

3.3 Terminauftragsabwicklung

Im Folgenden wird der Vertriebsprozess beschrieben – von der Anfrage des Kunden über die Auftragsbearbeitung bis zur Fakturierung. Dabei wird Bezug auf die in Kapitel 2 beschriebenen Funktionen genommen. Die nachfolgenden Abschnitte (3.4 bis 3.10) stellen Variationen dieses Ablaufs dar. Insofern betrachten wir in diesem Kapitel die Kernprozesse des Moduls SD.

An dieser Stelle wollen wir bewusst auf die Behandlung der Vertriebsunterstützung (Kontaktbearbeitung) verzichten. Zwar ist es in SAP R/3 möglich, Kundenkontakte zu erfassen und diese auch als Vorlage für die Angebots- bzw. Auftragserfassung zu verwenden. Die Praxis zeigt jedoch, dass diese Funktionen mehr und mehr durch eigene CRM-(Customer-Relationship-Management-)Systeme übernommen werden.

Abbildung 3.4 zeigt uns den Standard-Vertriebsprozess. Er besteht aus den folgenden Schritten:

1. Kundenanfrage
2. Kundenangebot
3. Terminauftrag
4. Lieferungsbearbeitung
5. Fakturierung

Diese Abläufe werden wir im Folgenden näher vorstellen.

Abbildung 3.4 Überblick Vertriebsprozess

3.3.1 Kundenanfrage

Beginn des Auftragsprozesses

Der Auftragsprozess beginnt demnach mit der Erfassung einer Kundenanfrage. Der Anwender erfasst dazu einen *Vertriebsbeleg* mit der Auftragsart AN (Anfrage). Diese wird bereits mit dem SAP R/3-Standard ausgeliefert. Außerdem sind *Vertriebsbereich* und *Kundennummer* zu erfassen.

Positionsdaten

In den *Positionsdaten* werden die Materialien erfasst, die der Kunde anfragt. Weitere Informationen auf Positionsebene sind Menge und Liefertermin. Dabei unterscheidet sich die Erfassung einer Anfrage nicht wesentlich von der Erfassung eines Kundenauftrags oder eines Angebots. So können die entsprechenden Funktionen (u.a. Preisfindung, Verfügbarkeitsprüfung, Bedarfsübergabe, Nachrichtenfindung, Kreditlimitprüfung) in diesen Belegen genutzt werden. In freien Textfeldern können weitere Informationen zur Anfrage abgelegt werden. Zu unterscheiden sind dabei Texte im Auftragskopf und in der Auftragsposition. Texte im Auftragskopf betreffen den gesamten Beleg, Positionstexte gelten nur für eine Position. Texte in der Anfrage dienen insbesondere dazu, zusätzliche Informationen über den Kunden (Zusatzwünsche, Kriterien für die Auftragsvergabe usw.) zu erfassen.

Nachrichtenfindung

Über die *Nachrichtenfindung* kann ein Anfragebeleg ausgedruckt werden. Dies ist notwendig, wenn die interne Organisation auf Papierbelegen aufbaut. Außerdem kann man dem Kunden auf diesem Weg eine Bestätigung für die Annahme der Anfrage zukommen lassen. In diesem Fall sollte auch eine Information über den nächsten Schritt (»Sie erhalten unser Angebot bis zum ...«) enthalten sein.

Zu den Besonderheiten der Kundenanfrage gehört, dass hier *Alternativpositionen* erfasst werden können. Der Kunde fragt in diesem Fall zwei Positionen an, von denen er sich in Abhängigkeit vom Angebot letztlich für eine Position entscheiden wird.

Erfassen von Alternativpositionen

Am Beispiel der Kundenanfrage wollen wir die differenzierten Steuerungsmöglichkeiten der *Bedarfsübergabe* und der *Verfügbarkeitsprüfung* nochmals erörtern. Wie in Abschnitt 2.3 ausgeführt, wird die Bedarfsart über bestimmte Daten im Materialstamm (Strategiegruppe, Dispositionsgruppe) ermittelt. Über die Bedarfsart wird dann im Customizing festgelegt, ob ein Bedarf an die Disposition übergeben werden soll. In Abschnitt 3.1 haben wir jedoch gesehen, dass auf der Ebene des Einteilungstyps die Bedarfsübergabe und die Verfügbarkeitsprüfung ausgeschaltet werden können. In der Anfrage ist genau dies der Fall. Häufig wollen Unternehmen nicht, dass Anfragen, deren Auftragswahrscheinlichkeit unsicher ist, die Materialbedarfsplanung zu einem so frühen Zeitpunkt beeinflussen, weshalb diese Funktionen hier noch nicht ausgeführt werden sollen. Allerdings hat der Anwender bei entsprechender Einstellung des Customizings (siehe Abschnitt 3.1) die Möglichkeit, den Einteilungstyp manuell zu ändern und damit sofort die Verfügbarkeitsprüfung zu aktivieren. Dies wird er z. B. dann tun, wenn er sich des Auftrags relativ sicher sein kann und er sich entsprechende Mengen reservieren will.

Eine weitere Steuerungsmöglichkeit besteht an dieser Stelle über die *Auftragswahrscheinlichkeit*. Diese kann der Anwender im Anfragebeleg als Prozentsatz auf der Positionsebene erfassen; das System liefert ihm abhängig von den Customizing-Einstellungen zum Positionstyp einen Vorschlag. Sind die Funktionen Bedarfsübergabe und Verfügbarkeitsprüfung aktiviert, so wird die angefragte Menge gemäß der Auftragswahrscheinlichkeit als Bedarf übergeben. Wurde z. B. eine Auftragswahrscheinlichkeit von 50% hinterlegt und die Position umfasst eine Menge von 100 Stück, so werden 50 Stück als Bedarf an die Disposition übergeben.

Auftragswahrscheinlichkeit

3.3.2 Kundenangebot

Die Angebotsbearbeitung unterscheidet sich nicht wesentlich von der Erfassung einer Anfrage. Hiermit soll vor allem ein neuer Status im Auftragsprozess abgebildet werden. Durch das Anlegen eines Angebotes mit Bezug auf die Anfrage erhält diese den Status »erledigt«. Auch im Angebot können die Vertriebsfunktionen entsprechend genutzt werden. Dazu gehört auch die differenzierte Steuerung der Bedarfsübergabe und der

Verfügbarkeitsprüfung über die manuelle Änderung des Einteilungstyps und der Auftragswahrscheinlichkeit. Über die Nachrichtensteuerung kann ein Angebot ausgedruckt und an den Kunden versendet werden.

Die wichtigsten Optionen beim Anlegen eines Angebotes sind:

- Erfassung mit Bezug zur Anfrage
- Erfassung mit Bezug zu einem anderen Angebot
- Erfassung mit Bezug zu einem Auftrag
- Erfassung mit Bezug zu einem Kontrakt
- Erfassung ohne Bezug

Wird das Angebot mit Bezug zu einem Vorgängerbeleg erfasst, werden die Daten aus diesem Beleg kopiert (siehe Abschnitt 3.2).

3.3.3 Terminauftrag

Auch hier werden die Daten aus den Vorgängerbelegen übernommen. Die Besonderheiten der Kontrakt- und Lieferplanabwicklung werden im Abschnitt 3.9 besprochen. Beim Anlegen mit Bezug zu einem Vorgängerbeleg kann der Anwender die Positionen auswählen, die er übernehmen möchte. Vor allem muss er bei Alternativpositionen in Anfrage und Angebot jetzt endgültig auswählen, welche Positionen in den Auftrag kopiert werden sollen. Alternativpositionen können nur in Anfragen und Angeboten, nicht aber in Kundenaufträgen erfasst werden.

Die wichtigsten Optionen beim Anlegen eines Auftrags sind:

- Erfassung mit Bezug zum Angebot
- Erfassung mit Bezug zur Anfrage
- Erfassung mit Bezug zu einem anderen Auftrag
- Erfassung mit Bezug zu einem Kontrakt
- Erfassung mit Bezug zu einer Faktura
- Erfassung ohne Bezug

Debitoren An dieser Stelle wollen wir noch einmal die Bedeutung des Debitorenstammsatzes für die Auftragsbearbeitung beschreiben. Diese Zusammenhänge gelten zwar auch für Anfragen und Angebote, im Auftrag sind sie aber besonders wichtig, da hier eine endgültige Entscheidung zu treffen ist. In Kapitel 1 wurde die Struktur des Debitorenstammsatzes erläutert. Die unterschiedlichen Partnerrollen werden jetzt in den Auftrag übernommen. Zunächst wird über den Stammsatz des Auftraggebers ermittelt, welche

- Regulierer
- Rechnungsempfänger
- Warenempfänger

dem Auftraggeber zugeordnet sind. Dabei kann der Auftraggeber gleichzeitig auch selbst Warenempfänger, Regulierer und Rechnungsempfänger sein. In der Praxis gibt es jedoch viele Fälle, bei denen dies nicht zutrifft. Einige wollen wir beispielhaft anführen:

- Der Kunde gehört zu einem Konzernverbund. Er ist zwar Auftraggeber, die Rechnung wird aber durch ein anderes Unternehmen im Konzern des Kunden beglichen. In diesem Fall ist ein abweichender Regulierer zu ermitteln.
- Der Kunde ist zwar Auftraggeber und Regulierer, die Rechnung soll aber an eine andere Adresse als die des Auftraggebers geschickt werden. Beispielsweise könnte es sich um eine zentrale Erfassungsstelle für Eingangsrechnungen handeln.
- Der Kunde hat einen zentralen Einkauf, der für mehrere Unternehmenseinheiten an unterschiedlichen Standorten die Beschaffung übernimmt. In diesem Fall ist aus mehreren alternativen Warenempfängern im Kundenstamm beim Anlegen des Auftrags der gewünschte Warenempfänger auszuwählen.

Sind im Kundenstamm mehrere Regulierer, Rechnungsempfänger oder Warenempfänger hinterlegt, so muss der Anwender bei der Auftragserfassung die jeweiligen Partner auswählen.

Die Partner werden vom Auftragskopf in die Positionen übernommen, um Regulierer, Rechnungsempfänger und Warenempfänger auf der Positionsebene separat festlegen zu können. Auf der Positionsebene können damit auch abweichende Partner ausgewählt werden. Der Auftraggeber kann nur auf der Kopfebene festgelegt werden. Die Auswahl der Partner ist entscheidend für den weiteren Ablauf. So können nur solche Auftragspositionen in einen gemeinsamen Lieferbeleg überführt werden, bei denen der Warenempfänger identisch ist. Gleichermaßen können nur solche Positionen gemeinsam fakturiert werden, bei denen Regulierer und Rechnungsempfänger identisch sind.

Auftragszusammenführung

Außerdem kann im Auftragskopf das Kennzeichen *Auftragszusammenführung* geändert werden. Der Vorschlagswert wird aus dem Debitorenstamm des Auftraggebers ermittelt. Ist dieses Kennzeichen gesetzt, so kann die Auslieferung mehrerer Aufträge über einen Lieferbeleg erfolgen. Über die Kopiersteuerung (siehe Abschnitt 3.2) kann hingegen festgelegt werden, dass ein Auftrag immer zu genau einer Lieferung und zu genau einer Rechnung führen muss. Damit kann man flexibel auf die Anforderungen des Kunden reagieren.

Liefergruppen

Auftragspositionen können auch zu Liefergruppen zusammengefasst werden. Diese werden dann gemeinsam zu einem Termin und über einen Lieferbeleg geliefert. Damit ist der frühestmögliche Liefertermin der, zu dem auch die letzte Position verfügbar ist.

3.3.4 Lieferungsbearbeitung

Die Versandabwicklung erfolgt über Lieferbelege. Dieser Teilprozess lässt sich grob in folgende Schritte gliedern:

- Erstellung des Lieferbelegs
- Kommissionierung
- Erstellung der Lieferpapiere
- Warenausgangsbuchung

Erstellung des Lieferbelegs

In dieser Reihenfolge wird die Bearbeitung von Lieferungen im Folgenden erklärt werden. Dabei beschäftigt uns zunächst die Frage, nach welchen Regeln die Positionen eines oder mehrerer Aufträge zu einem Lieferbeleg zusammengefasst werden können. Grundsätzlich gibt es folgende Möglichkeiten (siehe Abbildung 3.5):

- Komplettlieferung: Ein Auftrag wird durch genau eine Lieferung beliefert
- Teillieferung: Ein Auftrag wird durch mehrere Lieferungen beliefert
- Auftragszusammenführung: Mehrere Aufträge werden durch einen Lieferbeleg beliefert

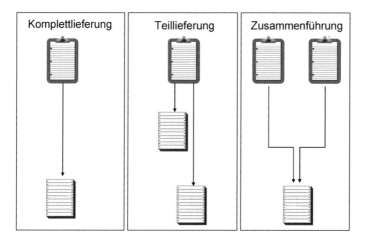

Abbildung 3.5 Erstellungsformen der Lieferung

Damit Positionen in einer Lieferung zusammengeführt werden können, müssen folgende Voraussetzungen gegeben sein:

▶ Es können nur Aufträge zusammen beliefert werden, wenn im Auftragskopf das Kennzeichen »Auftragszusammenführung« gesetzt wurde.

▶ Die Auftragspositionen müssen den gleichen Warenempfänger enthalten. Der Warenempfänger wird aus der Auftragsposition in den Kopf der Lieferung übernommen.

▶ Die Versandstelle der Positionen muss identisch sein. Wie der Warenempfänger wird auch die Versandstelle im Lieferbeleg zum Kopfdatum.

▶ Die Lieferungsbedingungen (ab Werk, frei Haus, frei Hafen usw.) müssen in den Positionen identisch sein.

▶ Die Positionen müssen zum Selektionsdatum der Lieferung (vom Anwender beim Anlegen der Lieferung zu erfassen) mindestens eine Einteilung mit einer bestätigten Menge haben.

Abbildung 3.6 macht diese Zusammenhänge am Beispiel deutlich: Wir sehen einen Auftrag mit drei Positionen. Position 10 hat zwei Einteilungen. Die erste Einteilung ist am 20.01., die zweite dagegen erst am 20.02. fällig. Fällig heißt: Sie verfügt über eine bestätigte Menge. Die Positionen 20 und 30 enthlten jeweils eine Einteilung, die ebenfalls zum 20.01. fällig ist. Bei der Erstellung einer Lieferung mit dem Selektionsdatum 20.01. wird zur Position 10 die erste Einteilung und zur Position 20 ebenfalls die erste Einteilung in diese Lieferung übernommen. Die zweite Einteilung der Position 10 ist erst später fällig und wird nicht übernommen. Auch die erste Einteilung der Position 30 wird nicht übernommen: Sie hat zwar das gleiche Fälligkeitsdatum und auch den gleichen Warenempfänger (W1) wie die beiden anderen Einteilungen, sie verfügt aber über andere Lieferbedingungen; nämlich »frei Haus« (fh) statt »ex works« (exw). Damit wird für diese Einteilung ein eigener Lieferbeleg erstellt.

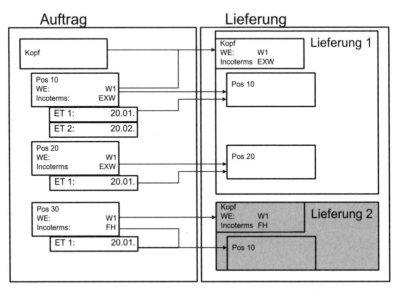

Abbildung 3.6 Zusammenführung von Auftragspositionen in der Lieferung

Mit der Erstellung der Lieferung kann abhängig von Einstellungen im Customizing eine Verfügbarkeitsprüfung durchgeführt werden. Dabei wird nur die Menge in die Lieferposition übernommen, die auch verfügbar ist. In vielen Unternehmen wird die Verfügbarkeitsprüfung beim Erstellen der Lieferung so gesteuert, dass nur physische Bestände berücksichtigt werden. Damit soll die Versandabteilung davor bewahrt werden, zu viele nicht versandfähige Lieferbelege bearbeiten zu müssen. Ist für eine Auftragsposition kein Stück verfügbar, so wird eine Position mit Liefermenge Null angelegt. Im Customizing des Positionstyps für die Lieferung kann festgelegt werden, dass in diesem Fall keine Lieferposition erzeugt wird.

Kommissionierung Der zweite Schritt in der Lieferungsbearbeitung ist die Kommissionierung. Diese beginnt mit der Ermittlung des Kommissionierlagerortes. Zur Erinnerung: Über Lagerorte werden die Bestände unterhalb der Organisationseinheit Werk verwaltet. Damit nach der Kommissionierung der Warenausgang gebucht werden kann, muss ein entsprechender Bestand in diesem Lagerort vorhanden sein. Auch für die Ermittlung des Kommissionierlagerortes gibt es unterschiedliche Möglichkeiten:

- Erfassung durch den Anwender im Kundenauftrag und automatisches Kopieren in den Lieferbeleg
- Manuelle Erfassung im Lieferbeleg
- Automatische Ermittlung im Lieferbeleg durch Customizingeinstellung

Für die automatische Ermittlung des Kommissionierlagerortes im Lieferbeleg können im Customizing unterschiedliche Regeln hinterlegt werden. Mit Hilfe von USER-EXITS lassen sich auch eigene Regeln für die Versandsteuerung programmieren. Eine der in der Praxis häufig verwendeten Standardregeln umfasst die folgenden Kriterien:

- **Werk**
  Das Werk wird im Kundenauftrag als *Auslieferwerk* automatisch aus den Stammdaten (Material, Kundenstamm) ermittelt und in die Lieferung übergeben. Das Werk ist ein Mussfeld im Auftrag.

- **Versandstelle**
  Auch die Versandstelle muss bereits im Kundenauftrag vorhanden sein. Sie wird im Auftrag automatisch, und zwar über Customizingtabellen, ermittelt.

- **Raumbedingung**
  Die Raumbedingung wird im Materialstamm hinterlegt. Dementsprechend wird der Kommissionierlagerort auch abhängig von der Ware ermittelt, die geliefert wird. So führt beispielsweise die Raumbedingung »gekühlte Lagerung« dazu, dass die Ware aus einem Kühllager entnommen wird.

Abbildung 3.7 zeigt das Customizing für die automatische Ermittlung des Kommissionierlagerortes abhängig von den Kriterien Versandstelle (VStl), Werk, Raumbedingung (RB) und Lagerort (LOrt).

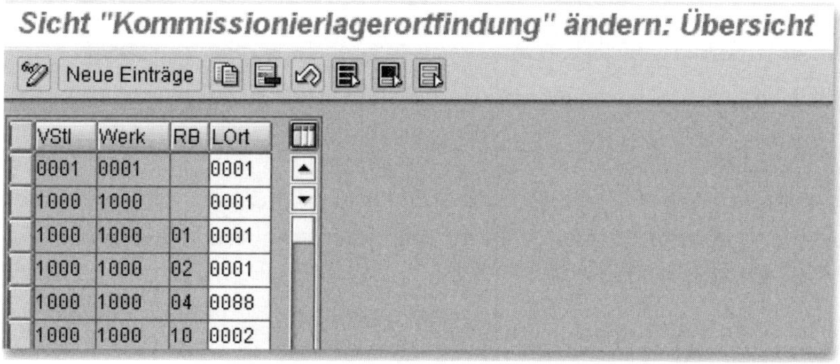

Sicht "Kommissionierlagerortfindung" ändern: Übersicht

VStl	Werk	RB	LOrt
0001	0001		0001
1000	1000		0001
1000	1000	01	0001
1000	1000	02	0001
1000	1000	04	0088
1000	1000	10	0002

Abbildung 3.7 Ermittlung Kommissionierlagerort im Customizing

Exkurs: Warehouse Management mit SAP

Die Kommissionierung führt uns zu einem weiteren Modul der SAP-Software. Über die Komponente WM (Warehouse Management) lassen sich komplexe Lagerstrukturen verwalten. Dazu stehen folgende Organisationseinheiten zur Verfügung:

- Lagernummer
- Lagertyp
- Lagerplatz

Unter einer *Lagernummer* versteht man einen Lagerkomplex (z.B. eine Lagerhalle), der sich in mehrere Lagertypen untergliedert. Mit Hilfe der Lagertypen lassen sich die unterschiedlichen Bereiche eines Lagers (Wareneingangszone, Lagerzone, Warenausgangszone) im System abbilden. Jedem *Lagertyp* können dann einzelne *Lagerplätze* zugeordnet werden, auf denen letztlich die Materialien gelagert werden. Die Integration in die Module SD (Sales and Distribution) und MM (Materials Management) erfolgt über den Lagerort. Abbildung 3.8 zeigt diesen Zusammenhang.

Lagerstruktur im Warehouse Management System

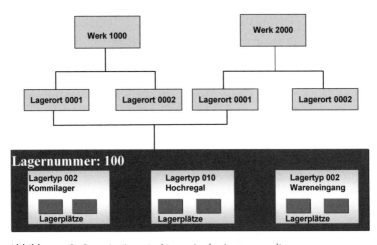

Abbildung 3.8 Organisationsstrukturen in der Lagerverwaltung

Wir erkennen, dass jeder *Lagernummer* mehrere *Lagerorte* zugeordnet werden können. Diese Lagerorte können durchaus zu unterschiedlichen Werken gehören. Damit können unterschiedliche Werke ein gemeinsames Zentrallager nutzen.

Weitergehende Bestandsführung

Wird die Komponente *Warehouse Management* in vollem Umfang genutzt, so ist eine weitergehende Bestandsführung notwendig. Nach dem Einbuchen eines Bestandes (z.B. über das Modul MM als Wareneingang zu einer Lieferantenbestellung oder über das Modul PP als Wareneingang zu einem Fertigungsauftrag) werden die Bestände auf der Ebene Werk und Lagerort fortgeschrieben. Anschließend erfolgt die Einlagerung im »Warehouse Management«. Über WM-Transportaufträge werden die Bestände dort pro Lagernummer, Lagertyp und Lagerplatz eingebucht. Die Bestandsinformation wird dann entsprechend transparent. Für jeden Materialbestand wird deutlich, an welchen Stellen im Lager (Lagerplatz) dieser Bestand liegt.

Umgekehrt muss demzufolge vor der Kommissionierung des Lieferbelegs im Modul SD zunächst die Auslagerung in der Lagerverwaltung erfolgen. Auch hier ist eine lückenlose Integration der unterschiedlichen Module gewährleistet. Mit Bezug zum SD-Lieferbeleg kann im WM ein Transportauftrag angelegt werden. Über diesen Beleg erfolgt die Kommissionierung. An dieser Stelle können Auslagerstrategien (z.B. first-in-first-out) ermittelt und angewendet werden. Das System schlägt dann automatisch den entsprechenden Lagerort für die Entnahme vor. Dort entnimmt der Lagerarbeiter die Ware. Ist ein automatischer Lagerrechner integriert, erhält dieser einen Auftrag, die Produkte an einem bestimmten Lagerort zu entnehmen. Der Transportauftrag im Modul WM wird durch eine Quittierung der Kommissionierung abgeschlossen. Danach wird die entnommene Menge als kommissionierte Menge an den SD-Lieferbeleg übergeben.

Im SD-Lieferbeleg ist stets zwischen der Liefermenge (aus dem Auftrag) und der Pickmenge (aus der Kommissionierung) zu unterscheiden. Die Warenausgangsbuchung im Lieferbeleg kann erst dann erfolgen, wenn der Beleg vollständig kommissioniert ist. Dazu müssen Liefer- und Pickmenge einander entsprechen. Ist die Kommissioniermenge im WM-Transportauftrag geringer als die Liefermenge, so kann die Liefermenge automatisch angepasst werden. Aus dem Transportbeleg können Kommissionierinformationen für das Lagerpersonal gedruckt werden. Dazu gehören neben Kommissionierlisten auch Etiketten und sonstige Warenbegleitpapiere.

Manuelle Kommissionierung

Wie bereits erwähnt, ist die Verwendung des Moduls WM optional ist. Die Kommissionierung kann auch manuell erfolgen. Dabei trägt der zuständige Sachbearbeiter die Pickmenge manuell im Lieferbeleg ein. Auch die Quittierung der Kommissionierung kann manuell im Lieferbeleg erfolgen.

Kommissionierung mit Lean-WM

Weiterhin besteht die Möglichkeit, die Kommissionierung mit Hilfe eines so genannten *Lean-WM* vorzunehmen. Bei dieser Variante wird die SAP-Lagerverwaltung nur rudimentär genutzt. So wird beispielsweise auf die

Bestandsführung auf den Ebenen Lagernummer, Lagertyp und Lagerplatz verzichtet. Trotzdem erhält man die Möglichkeit, die Kommissionierung mit Hilfe eines Transportauftrags im Modul WM vorzunehmen. Damit stehen dann erweiterte Steuerungsmöglichkeiten bei der Kommissionierung zur Verfügung. Über Lean-WM lässt sich die Abbildung des Lieferungs- und Kommissionierprozesses im System teilweise automatisieren. Nach der Erstellung der Lieferung wird über das Customizing der Nachrichtenfindung die Nachrichtenart WMTA (automatischer Transportauftrag) automatisch ermittelt. Diese Nachrichtenart hat jedoch nicht den Druck eines Beleges zur Folge, sondern initiiert das automatische Anlegen eines Transportauftrags im Modul WM. Im Customizing kann eingestellt werden, dass aus dem Transportauftrag automatisch eine Kommissionierliste gedruckt wird. Außerdem kann im Customizing hinterlegt werden, dass keine Quittierung benötigt wird. In diesem Fall wird automatisch beim Anlegen der Lieferung ein Transportauftrag erzeugt, dieser Transportauftrag führt zum Ausdruck einer Kommissionierliste und zeitgleich zur Fortschreibung der Pickmenge in der Lieferung. Es fehlen dann nur noch der Druck der Lieferscheine und die Warenausgangsbuchung.

Lieferschein erstellen

Mit Hilfe der Nachrichtenfindung und der Formularsteuerung können die Warenbegleitpapiere gestaltet und gedruckt werden. Abhängig vom jeweiligen Unternehmen können folgende Nachrichten benötigt werden:

- Lieferschein
- Lieferavise
- Qualitätszeugnisse
- Packscheine
- Sicherheitsdatenblatt

Die Drucksteuerung kann im Customizing so eingestellt werden, dass der Druck der Dokumente erst nach der Warenausgangsbuchung erfolgen kann.

Warenausgangsbuchung

Die Lieferungsbearbeitung wird durch die Warenausgangsbuchung abgeschlossen. Abbildung 3.9 gibt Aufschluss über die Auswirkungen.

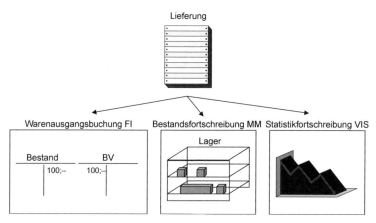

Abbildung 3.9 Warenausgangsbuchung im Lieferbeleg

Zunächst werden die Bestandsmengen im Modul MM aktualisiert. Dies erfolgt auf der Ebene Werk und Lagerort. Zur Erinnerung: Die Bestände im Warehouse Management (WM) werden bereits bei der Kommissionierung korrigiert. Sie befinden sich nach Abschluss der Kommissionierung im Versandbereich. Die MM-Bestandsbuchung wird im Materialbeleg abgebildet.

Bestandsfortschreibung Materialwirtschaft

Automatisch mit der Buchung des Warenausgangs werden jedoch auch die Bestände im Modul FI (Finanzbuchhaltung) korrigiert. Abbildung 3.9 zeigt, dass hier der Buchungssatz »Bestandsveränderungen an Bestand« gebucht wird. Von besonderer Bedeutung ist dabei die Ermittlung der richtigen Konten. Die Kontenfindung für diese Bestandsbuchung erfolgt im Modul MM. Das Bestandskonto wird abhängig von der Bewertungsklasse des Materialstamms ermittelt. Die Kontenfindung kann auf Werksebene eingestellt werden. Das Bestandsveränderungskonto wird nach folgender Logik ermittelt:

Bestandsfortschreibung Finanzbuchhaltung

- Die Warenausgangsbuchung erfolgt über eine so genannte Bewegungsart. Im Standard ist die Bewegungsart 601 für »normale« Warenausgänge vorgesehen. Diese Bewegungsart wird im SD-Customizing über den Einteilungstyp ermittelt.
- Das Customizing der Bewegungsart an sich erfolgt im Modul MM. Dort wird die zur Bewegungsart gehörende Kontomodifikationskonstante ermittelt. Abhängig von diesem Schlüssel wird dann ein Bestandsveränderungskonto hinterlegt.

Somit müssen im Einführungsprojekt die Einstellungen der Kontenfindung in enger Abstimmung mit der Finanzbuchhaltung vorgenommen werden. Die eigentliche Buchung erfolgt dann automatisch aus den Vertriebsbelegen heraus. Dabei wird über das Werk der entsprechende Buchungskreis ermittelt, in dem der Beleg angelegt wird. Zur Erinnerung: Buchungen in der Finanzbuchhaltung erfolgen immer auf der Ebene eines Buchungskreises. Die Buchung wird in einem Buchhaltungsbeleg abgebildet.

Sonderfälle Bislang sind wir bei der Behandlung der Warenausgangsbuchung stets vom »Normalfall« des bewerteten Materials ausgegangen. Dabei führt jede wertverändernde Buchung (Wareneingang, Warenausgang, Umbewertung, Verbrauch) zu einem Buchhaltungsbeleg mit entsprechender Buchung im Modul FI. Damit werden nicht nur die mengen- sondern auch die wertmäßigen Bestände des Unternehmens in einer Transaktion aktualisiert. Es gibt jedoch auch die folgenden Sonderfälle:

- Unbewertetes Material
- Unbewerteter Bestand

Unbewertetes Material Der klassische Fall eines unbewerteten Materials ist Werbe- und Informationsmaterial. Diese Materialien können mengenmäßig durchaus verwaltet werden, aber eine explizite Bewertung ist oft zu aufwändig. In diesem Fall wird bei der Warenausgangsbuchung kein Buchhaltungsbeleg, aber ein Materialbeleg erzeugt. Ob ein Material mengen- und/oder wertmäßig im Bestand geführt wird, hängt von der Materialart des Materialstammsatzes ab. Im MM-Customizing wird für die Materialart die Bestandsführung werksabhängig eingeschaltet.

Unbewerteter Bestand Der klassische Fall des unbewerteten Bestandes ist der *Kundeneinzelbestand* im Szenario *Kundeneinzelfertigung* (siehe Abschnitt 2.12). Materialien, für die die wertmäßige Bestandsführung eingeschaltet wurde, befinden sich an dieser Stelle in einem unbewerteten Bestand. Demzufolge findet bei der Warenausgangsbuchung aus dem Kundeneinzelbestand keine Buchung in der Finanzbuchhaltung statt.

Beispiel: Einstellung eines neuen Prozesses im Customizing In der Praxis gibt es häufig die Anforderung, die Ermittlung des Bestandsveränderungskontos weiter zu differenzieren. Dies ist z.B. bei Musterlieferungen der Fall. Unternehmen stellen ihren Kunden kleine Mengen eines Materials als Muster oder Probe zur Verfügung. In diesem Fall ist ein entsprechender Terminauftrag mit anschließendem Lieferbeleg zu erfassen. Die Buchung beim Warenausgang soll in Abweichung zu oben jedoch lauten »Werbeaufwand an Bestand«.

Der Aufwand soll also nicht die Bestandsveränderungen erhöhen, sondern auf ein eigenes Aufwandskonto gebucht werden. In diesem Fall sind im Customizing folgende Schritte durchzuführen:

1. Im MM-Customizing wird eine neue Bewegungsart definiert. Diese entsteht durch Kopie der Bewegungsart 601 »Warenausgang«. Dabei ist stets darauf zu achten, die neue Bewegungsart in einem dafür vorgesehenen Kundennamensraum anzulegen.
2. Der neuen Bewegungsart wird eine neue Kontomodifikation zugeordnet.
3. In der MM-Kontenfindung wird für diese Kontomodifikation anstatt des Bestandsveränderungskontos nun das gewünschte Aufwandskonto zugeordnet.
4. Im SD-Customizing ist ein neuer Einteilungstyp durch Kopie eines bereits vorhandenen Einteilungstyps zu definieren.
5. Dem Einteilungstyp wird die neue Bewegungsart zugeordnet.
6. Der weitere Ablauf im Modul SD kann auf unterschiedliche Art gestaltet werden. Es wird entweder nur der Einteilungstyp definiert. Dieser wird in der Ermittlung des Einteilungstyps als Alternative zum Standardeinteilungstyp hinterlegt. In diesem Fall entscheidet der Anwender im Kundenauftrag durch Änderung des Einteilungstyps, ob es sich um eine *Musterposition* oder eine *Normalposition* handelt. Es gibt jedoch auch die Möglichkeit, einen neuen Positionstyp oder gar zusätzlich eine neue Auftragsart anzulegen. Über die Auftragsart »Musteraufträge« wird dann automatisch der Positionstyp »Muster« gefunden und über diesen der richtige Einteilungstyp.

Dieses Beispiel zeigt, wie Customizing in den unterschiedlichen Modulen zur Entwicklung der eigenen Geschäftsprozesse eingesetzt werden kann.

Schließlich wird durch die Warenausgangsbuchung auch die Statistik im Vertriebsinformationssystem (VIS) fortgeschrieben. Dabei ist vor allem die Kennzahl »Offener Auftragswert« von Interesse. Dieser Wert wird durch die Warenausgangsbuchung reduziert. Im SAP-Standard erfolgt die Korrektur der Kennzahl »Offener Auftragswert« bereits beim Erstellen des Lieferbelegs. Durch Anpassungen im Customizing des Vertriebsinformationssystems lässt sich die Fortschreibung so ändern, dass die Kennzahl »Offener Auftragswert« erst durch die Warenausgangsbuchung erfolgt (die notwendigen Schritte sind in dem OSS-Hinweis 69487 beschrieben). Dieser Zusammenhang ist deshalb von Bedeutung, weil zwischen der Lieferungserstellung und dem Warenausgang ein mehr oder weniger großer

Statistikfortschreibung

Zeitraum liegen kann. Während dieser Zeit ist dann der offene Auftragswert bereits reduziert, aber die Kennzahl »Umsatz« noch nicht fortgeschrieben; dies geschieht erst mit dem Anlegen der Faktura. Hier entsteht sozusagen eine »Lücke« im Controlling des Unternehmens. Um diesen Effekt zu minimieren, verschiebt man die Fortschreibung der Kennzahl »Offene Aufträge« auf den Zeitpunkt der Warenausgangsbuchung.

3.3.5 Fakturierung

Erstellung der Faktura

Aus Gründen der CO-PA-Integration (siehe Abschnitt 2.12) ist es wichtig, den Zeitpunkt zwischen Warenausgangsbuchung und Erstellung der Faktura zu minimieren, da sonst Differenzen zwischen den Modulen FI und CO entstehen können. Viele Unternehmen nutzen deshalb die Möglichkeit, den Prozess der Fakturierung zu automatisieren. SAP bietet hier Sammelläufe an, um sämtliche Lieferungen zu fakturieren, bei denen der Warenausgang bereits gebucht wurde.

Wir wollen jetzt darauf eingehen, wie die Vorgängerbelege (Aufträge und Lieferungen) in der Faktura zusammengeführt oder gesplittet werden können. Folgende Szenarien können auftreten (siehe Abbildung 3.10):

- **Sammelrechnungen**
  Mehrere Lieferungen werden in einem Fakturabeleg zusammengeführt. Dabei kann als einschränkendes Kriterium hinzukommen, dass nur Lieferungen mit gleichem Auftragsbezug zusammen fakturiert werden können.

- **Lieferbezogene Faktura**
  Pro Lieferung wird ein Fakturabeleg erzeugt.

- **Fakturasplit**
  Eine Lieferung wird über mehrere Fakturabelege abgerechnet.

Damit Lieferpositionen in einem Fakturabeleg zusammengefasst werden können, müssen folgende Bedingungen erfüllt sein:

- Die Auftragspositionen müssen den gleichen Regulierer enthalten. Der Regulierer wird aus der Auftragsposition in den Kopf der Faktura übernommen.

- Die Auftragspositionen müssen den gleichen Rechnungsempfänger enthalten. Der Rechnungsempfänger wird aus der Auftragsposition in den Kopf der Faktura übernommen.

▶ Die Auftragspositionen müssen die gleichen Zahlungsbedingungen enthalten. Die Zahlungsbedingungen werden ebenfalls aus der Auftragsposition in den Kopf der Faktura übernommen.

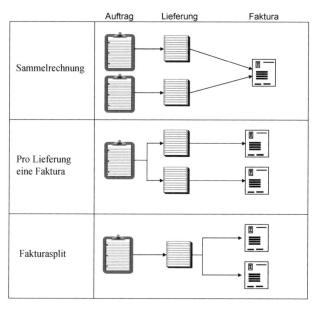

Abbildung 3.10 Formen der Fakturaerstellung

Weitere Splitkritierien lassen sich über Bedingungen im Customizing der Kopiersteuerung (siehe Abschnitt 3.2) einrichten. In der Kopiersteuerung wird auch festgelegt, welche Preisbestandteile in der Faktura neu zu ermitteln sind und welche aus dem Auftrag übernommen werden. Viele Unternehmen wählen hier eine Einstellung, bei der Preise aus dem Auftrag übernommen, Steuerbeträge aber neu ermittelt werden. Damit wird sichergestellt, dass stets der aktuell gültige Mehrwertsteuersatz berücksichtigt wird.

Über die Nachrichtenfindung kann eine Nachrichtenart ermittelt werden (vgl. Abschnitt 2.2). Der Beleg kann gedruckt und an den Kunden als Rechnung versendet werden.

Für den weiteren Ablauf im eigenen Unternehmen ist die Integration der Faktura in das Rechnungswesen von großer Bedeutung. Dabei ist zwischen der Integration in die Finanzbuchhaltung und in das Controlling zu unterscheiden. Die Integration in das Controlling (Ergebnis- und Marktsegmentrechnung) ist sehr komplex. Sie steht in engem Zusammenhang mit den unterschiedlichen Fertigungsstrategien (Einzelfertigung, Serien-

Integration Finanzbuchhaltung

fertigung) und wurde deshalb ausführlich in Abschnitt 2.12 dargestellt. Im Folgenden geht es um die Übergabe der Belegdaten an die Finanzbuchhaltung.

Analog zur Auftragsart bei Kundenaufträgen und der Lieferart bei Lieferungen erfolgt die Steuerung der Faktura über eine Fakturaart. So wird in der Auftragsart (z.B. Terminauftrag) bereits festgelegt, mit welcher Fakturaart der Auftrag bzw. die daraus resultierenden Lieferungen später fakturiert werden können. Auf der Ebene der Fakturaart wird auch definiert, ob ein Fakturabeleg direkt an die Finanzbuchhaltung übergeben werden kann oder ob eine explizite Freigabe durch einen Anwender notwendig ist. Es stehen Auswertungen zur Verfügung, mit denen sich der Anwender die freizugebenden Belege anzeigen lassen kann, um anschließend die Freigabe vornehmen zu können. Die Integration in die Finanzbuchhaltung erfolgt über den Buchhaltungsbeleg. Dieser Buchhaltungsbeleg enthält den Buchungssatz »Debitorenkonto an Umsatz und Mehrwertsteuer«. Auch an dieser Stelle wollen wir kurz darauf eingehen, wie die entsprechenden Konten ermittelt werden:

Debitorenkonto Wie schon in Abschnitt 3.3.3 angesprochen, wird bereits im Kundenauftrag der Stammsatz des Regulierers ermittelt. Die Buchhaltungsdaten des Regulierers stellen gleichzeitig das *Debitorenkonto* der Debitorenbuchhaltung dar. In den Buchhaltungsdaten des Regulierers wird ein Abstimmkonto hinterlegt. Das ist letztlich das Bilanzkonto »Forderungen« in der Finanzbuchhaltung. Man bezeichnet dieses Forderungskonto auch als *Mitbuchkonto*. Auf diesem Konto werden die Forderungen aller Debitoren kumuliert. Die offenen Posten hingegen werden auf der Ebene »Regulierer« verwaltet. Auch der Zahlungseingang wird dort überwacht. Das Zahlungsziel des offenen Postens errechnet sich aus den Zahlungsbedingungen im SD-Beleg. Erfolgt die Zahlung nicht rechtzeitig, wird der Kunde gemahnt. Sobald der Zahlungseingang des Kunden verbucht wird, gilt der offene Posten als »ausgeziffert« und damit als erledigt. Diese Information wird auch im Belegfluss des Fakturabelegs im Modul SD angezeigt. Damit sieht der Sachbearbeiter bei der Anzeige der Faktura, ob der Beleg vollständig erledigt ist.

Erlöskonto Differenzierter als die Ermittlung des Debitorenkontos über den Stammsatz des Regulierers ist die Ermittlung der Erlöskonten. In Abschnitt 2.1 haben wir gesehen, dass die Preisfindung über Konditionsarten erfolgt. Jeder dieser Konditionsarten wird im Customizing des Kalkulationsschemas ein so genannter Erlöskontenschlüssel zugeordnet. Die Ermittlung des Erlöskontos kann ebenfalls über die Konditionstechnik sehr individuell gesteuert werden. Wir wollen uns an dieser Stelle auf wesentliche Zusammenhänge beschränken. In der Praxis erfolgt die Ermittlung des Erlöskontos meist über die folgenden Kriterien:

- Verkaufsorganisation, Vertriebsweg, Sparte aus der Fakturaposition
- Kontierungsgruppe im Debitorenstamm (häufig untergliedert nach »Debitoren – Inland«, »Debitoren – Ausland« und »Debitoren – Verbundene Unternehmen«)
- Kontierungsgruppe im Materialstamm. Eine der wichtigsten Unterscheidungen in der Praxis ist die Gliederung in Waren und Leistungen.
- Erlöskontenschlüssel aus der Konditionsart. Über diesen Schlüssel wird z.B. gesteuert, dass ein Rabatt auf ein Erlösschmälerungskonto gebucht wird.

An dieser Stelle wird wieder deutlich, wie in einem Einführungsprojekt die verschiedenen Abteilungen im Unternehmen zusammenarbeiten müssen. Die wichtigsten Fragen sind betriebswirtschaftlicher Natur. Folgendes Vorgehen wäre zur Gestaltung dieser Detailfunktion denkbar:

1. Die Finanzbuchhaltung legt fest, wie differenziert Erlöse in der Gewinn- und Verlustrechnung auszuweisen sind. Damit steht fest, wieviele unterschiedliche Erlöskonten zu bebuchen sind.
2. Daraus werden die Kontierungsgruppen für Debitoren und Materialien abgeleitet und im Customizing eingestellt.
3. Anschließend werden jeder Debitor und jedes Material einem Schlüssel zugeordnet. Häufig kann dies bei der Übernahme der Altdaten aus den Vorgängersystemen automatisiert erfolgen.
4. Auf der Basis dieser Informationen stellt das Einführungsteam dann die automatische Erlöskontenfindung im Customizing ein. Nur wenn diese Einstellungen komplett vorgenommen sind, werden in den Fakturabelegen die richtigen Konten ermittelt. Nur wenn alle Konten ermittelt werden, können die Belege an die Finanzbuchhaltung übergeben werden.

Steuerkonto

Bereits im Abschnitt 2.1 haben wir gesehen, dass die Mehrwertsteuersätze über Mehrwertsteuerkennzeichen ermittelt werden. Diese werden im Customizing des Moduls FI angelegt. Dort wird auch ein entsprechendes Mehrwertsteuerkonto hinterlegt.

3.3.6 Beispiel

Im Folgenden wollen wir uns ein Beispiel für die Terminauftragsabwicklung ansehen. Dabei werden im Einzelnen folgende Schritte durchlaufen:

1. Anzeige der Bestände
2. Anzeige der Aktuellen Bedarfs- und Bestandsliste
3. Anfrage erfassen
4. Anlegen des Angebots mit Bezug zur Anfrage
5. Übergabe eines Bedarfs an die Produktion
6. Anlegen des Terminauftrags mit Bezug zum Angebot
7. Erstellung des Lieferbelegs
8. Kommissionierung des Lieferbelegs über die Komponente Lean-WM
9. Warenausgangsbuchung des Lieferbelegs
10. Erstellung der Faktura
11. Anzeige des offenen Postens in der Finanzbuchhaltung
12. Verbuchung des Zahlungseingangs in der Finanzbuchhaltung

Schritt 1: Bestandsanzeige

In der Ausgangssituation ist für unser Beispielmaterial PR4712 ein Bestand von 9900 Stück im Werk 1000 (Hamburg) vorhanden. Abbildung 3.11 zeigt uns die Bestandsübersicht.

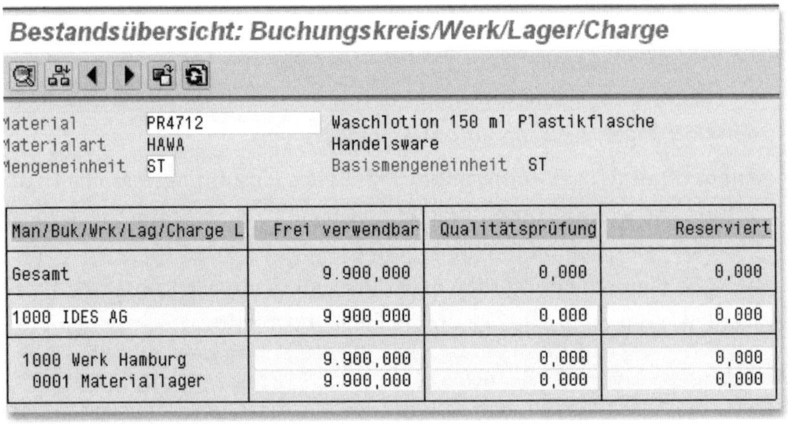

Bestandsübersicht: Buchungskreis/Werk/Lager/Charge

Material	PR4712	Waschlotion 150 ml Plastikflasche
Materialart	HAWA	Handelsware
Mengeneinheit	ST	Basismengeneinheit ST

Man/Buk/Wrk/Lag/Charge L	Frei verwendbar	Qualitätsprüfung	Reserviert
Gesamt	9.900,000	0,000	0,000
1000 IDES AG	9.900,000	0,000	0,000
1000 Werk Hamburg	9.900,000	0,000	0,000
0001 Materiallager	9.900,000	0,000	0,000

Abbildung 3.11 Bestandsübersicht für das Material PR4712 im Werk 1000 und dem Lagerort 0001

Schritt 2: Aktuelle Bedarfs- und Bestandsliste

Abbildung 3.12 zeigt uns die Aktuelle Bedarfs- und Bestandsliste für unser Material im Werk 1000 (Hamburg). Diese liefert uns die dispositive Sicht. Es sind keine weiteren Auftragsbedarfe eingelastet. Es existieren auch keine geplanten Zugänge.

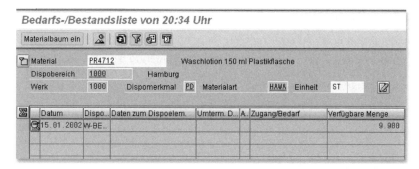

Abbildung 3.12 Aktuelle Bedarfs- und Bestandsliste für das Material PR4712 im Werk 1000

Erfassen wir nun als ersten Vertriebsbeleg die Kundenanfrage. Die Anfrage kommt von dem Kunden mit der Debitorennummer 1000, der Firma Becker aus Berlin. Die Anfrage enthält zwei Positionen, wobei Position 20 (Material PR4711) eine Alternativposition zur Position 10 (PR4712) ist. Abbildung 3.13 zeigt die Positionsübersicht beim Erfassen der Anfrage. Als Auftragsmenge haben wir jeweils 100 Stück erfasst. Die Anfrage wird unter der Belegnummer 10000013 abgespeichert.

Schritt 3: Anfrage erfassen

Abbildung 3.13 Erfassung einer Anfrage

Lassen wir uns noch einmal die Aktuelle Bedarfs- und Bestandsliste anzeigen (Abbildung 3.14). Sie ist nach Erfassung der Anfrage unverändert. Die Ursache liegt darin, dass im Customizing auf der Ebene »Einteilungstyp« die Bedarfsübergabe ausgeschaltet wurde.

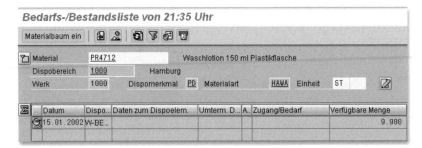

Abbildung 3.14 Aktuelle Bedarfs- und Bestandsliste nach Erfassung der Anfrage

Schritt 4: Angebot erfassen

Erfassen wir nun also ein Angebot mit Bezug zur Anfrage. Dabei werden die Beleginformationen kopiert. Abbildung 3.15 zeigt die Erfassungsdaten. Der Anwender legt die Belegart (AG für Angebot), die Organisationsdaten und den Referenzbeleg fest.

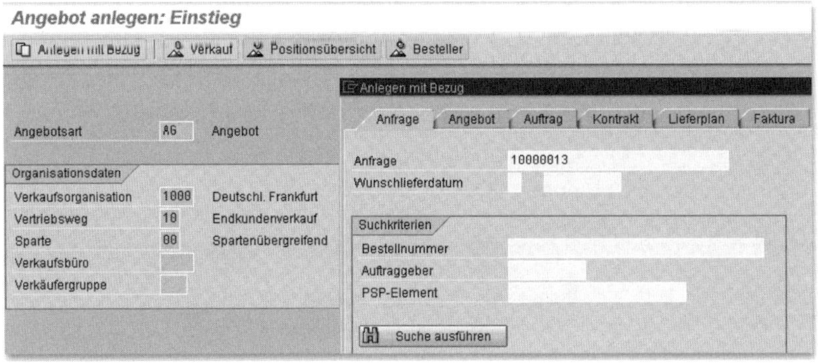

Abbildung 3.15 Erfassen Angebot mit Bezug zur Anfrage

Die Daten (inklusive der Alternativposition) werden ins Angebot übernommen. Wie schon in der Anfrage, wird auch im Angebot ein Einteilungstyp ermittelt, der die Bedarfsübergabe verhindert. Somit erfolgt zunächst auch hier keine Verfügbarkeitsprüfung und keine Bedarfsübergabe. Der Vertriebssachbearbeiter geht aber bei diesem Kunden von einer hohen Auftragswahrscheinlichkeit aus und will eine entsprechende Menge reservieren. Dazu ändert er in der Einteilung zur Position 10 den Einteilungstyp. Abbildung 3.16 zeigt, dass zur Position 10 (Positionstyp AGN, Angebot Normalposition) zwei Einteilungen existieren: eine zum Wunschlieferdatum des Kunden (15.01.) und eine zum frühestmöglichen Lieferdatum (21.01.).

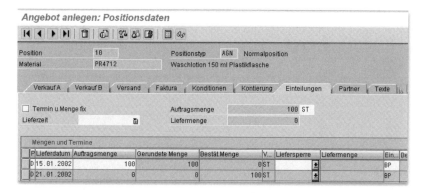

Abbildung 3.16 Einteilungen im Angebot

Der Einteilungstyp wurde vom Anwender bereits auf BP (Einteilungstyp mit plangesteuerter Disposition, also mit Bedarfsübergabe und Verfügbarkeitsprüfung) geändert. Zunächst war der Einteilungstyp BN (Einteilungstyp ohne Disposition, also ohne Bedarfsübergabe und Verfügbarkeitsprüfung) ermittelt worden. Der neue Einteilungstyp führt nun dazu, dass Bedarfe an die Disposition übergeben werden. Deshalb zeigen wir nochmals die aktuelle Bedarfs- und Bestandsliste, jetzt nach der Angebotserfassung (siehe Abbildung 3.17).

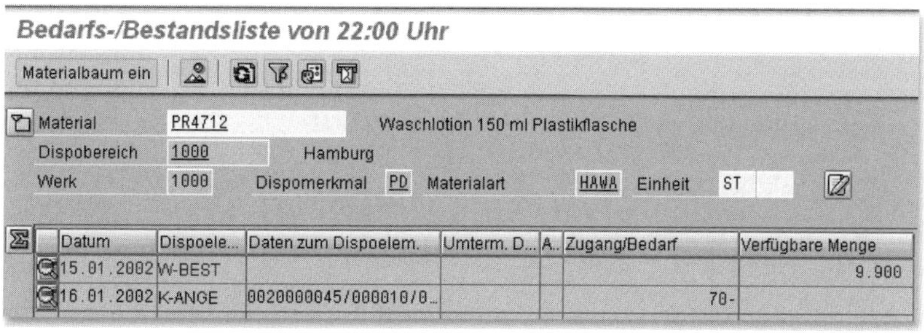

Schritt 5: Bedarfsübergabe

Abbildung 3.17 Aktuelle Bedarfs- und Bestandsliste nach Erfassung des Angebotes

Es wurde nun ein Bedarf in die Materialbedarfsplanung eingelastet. Am Dispositionselement erkennt der Disponent, dass es sich um ein Angebot (K-ANGE) handelt. Jedoch wurde nicht die gesamte Angebotsmenge (100 Stück), sondern nur 70 Stück als Bedarf übergeben, da in der Angebotsposition eine Auftragswahrscheinlichkeit von 70% hinterlegt wurde. Über die Auftragswahrscheinlichkeit steht dem Anwender ein weiteres Kriterium zur Feinsteuerung des Prozesses zur Verfügung.

Schritt 6: Termin-
auftrag erfassen

Im nächsten Schritt wird das Angebot in einen Kundenauftrag übernommen. Dabei muss sich der Anwender zwischen den Alternativpositionen im Angebot entscheiden. Abbildung 3.18 zeigt die Auswahlliste.

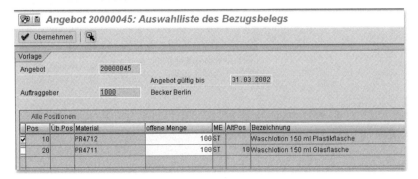

Abbildung 3.18 Positionsselektion beim Anlegen des Terminauftrags mit Bezug zum Angebot

Wir entscheiden uns für Position 10, die in den Kundenauftrag übernommen wird. Der Terminauftrag wird angelegt, die Konditionen und Texte werden aus dem Angebot übernommen. Der Auftrag hat die Auftragsnummer 7016 (siehe Abbildung 3.19).

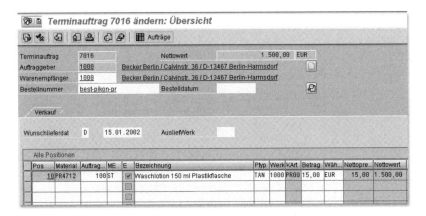

Abbildung 3.19 Positionsübersicht im Kundenauftrag

Der Terminauftrag enthält nur noch eine Position – unser Beispielmaterial PR4712. Für die Position wurde automatisch der Positionstyp TAN (Terminauftrag Normalposition) ermittelt. Die Lieferung erfolgt aus Werk 1000. Der Nettopreis beträgt 15,00 EUR/Stück, daraus errechnet sich ein Positionswert von 1500,00 EUR.

Der Angebotsbedarf wurde jetzt in einen Auftragsbedarf über die volle Positionsmenge umgesetzt. Dies zeigt uns Abbildung 3.20 mit der Aktuellen Bedarfs- und Bestandsliste.

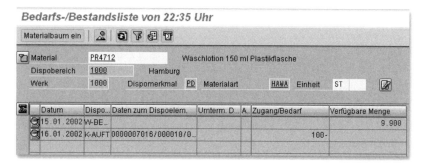

Abbildung 3.20 Aktuelle Bedarfs- und Bestandsliste nach Erfassung des Kundenauftrags

Mit Bezug zum Terminauftrag erstellen wir jetzt den Lieferbeleg. Im Customizing wurde eingestellt, dass die Kommissionierung über die Komponente Lean-WM erfolgt. Der Transportauftrag wird automatisch beim Erstellen des Lieferbelegs erzeugt. Abbildung 3.21 zeigt uns den Lieferbeleg mit der Belegnummer 80007590.

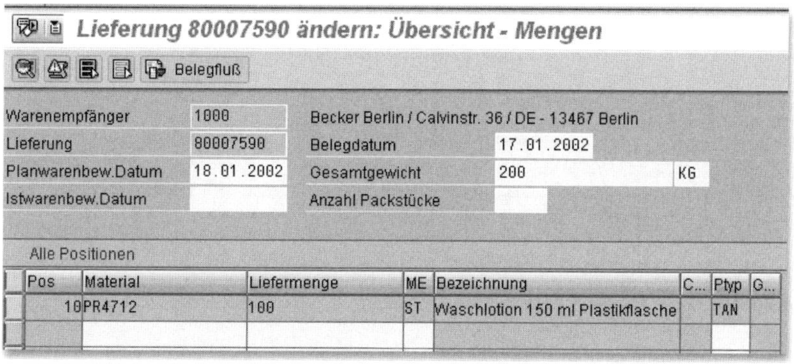

Schritt 7: Lieferung erfassen

Abbildung 3.21 Anzeigen des Lieferbelegs

Sehen wir uns jetzt den Belegfluss zu diesem Lieferbeleg an. Diese Funktion gibt einen Überblick über sämtliche Vorgänger- und Nachfolgebelege. Damit lässt sich der Status des Vertriebsprozesses komplett zurückverfolgen. Diese Funktion kann aus allen Vertriebsbelegen (Anfrage, Angebot, Kundenauftrag, Lieferung, Faktura) heraus aufgerufen werden. Abbildung 3.22 zeigt den Belegfluss zu unserem Lieferbeleg 80007590.

Abbildung 3.22 Belegfluss in der Lieferung

Schritt 8: Kommissionierung

Im Belegfluss finden wir die Vorgängerbelege zu unserer Lieferung (Terminauftrag 7016, Angebot 2000045 und Anfrage 10000013). Der Anwender kann von diesem Bildschirm aus in die entsprechenden Belege navigieren. Für die Weiterbearbeitung ist der Transportauftrag 644 von Bedeutung. Mit dessen Quittierung wird die tatsächliche Pickmenge in den Lieferbeleg fortgeschrieben. Abbildung 3.23 zeigt uns die Quittierung des Transportauftrags.

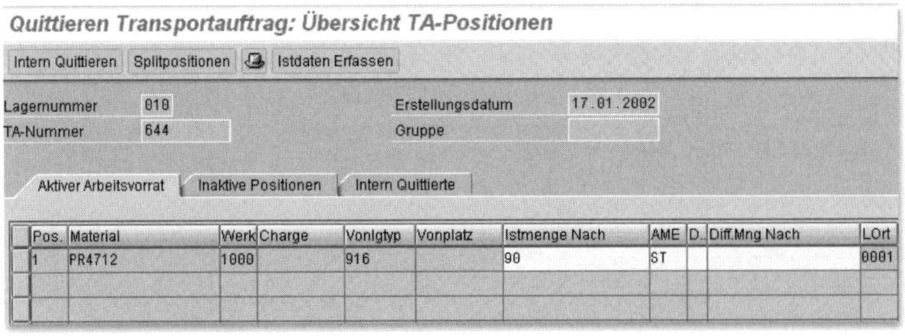

Abbildung 3.23 Quittierung des Transportbelegs

Der Anwender trägt im Feld »Istmenge Nach« die tatsächlich entnommene Menge ein. Im Beispiel gehen wir davon aus, dass nicht die gesamte Menge entnommen werden kann. Als Ist-Menge erfassen wir 90 Stück. Beim Quittieren im Transportbeleg geben wir ein Kennzeichen mit, dass die Liefermenge im Lieferbeleg entsprechend anzupassen ist. Nach der Quittierung des Transportauftrags ist die Kommissionierung abgeschlossen. Abbildung 3.24 zeigt uns den Lieferbeleg nach der Quittierung des Transportauftrags.

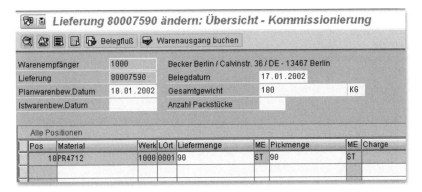

Abbildung 3.24 Lieferung nach der Quittierung der Kommissionierung

Liefermenge und Pickmenge sind gleich. Der Warenausgang kann gebucht werden. Mit der Warenausgangsbuchung werden automatisch folgende Belege erzeugt:

Schritt 9: Warenausgangsbuchung

▶ Materialbeleg

▶ Buchhaltungsbeleg

Über den Materialbeleg erfolgt eine Korrektur der mengenmäßigen Bestandsführung. Abbildung 3.25 zeigt den Materialbeleg zu unserer Beispiellieferung.

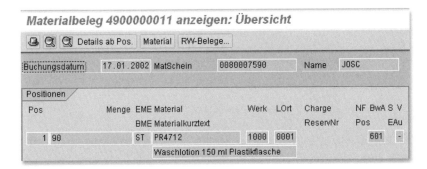

Abbildung 3.25 Materialbeleg zur Lieferung

Aus dem Materialbeleg kann man in die Belege des Rechnungswesens navigieren. Wir sehen uns den zugehörigen Buchhaltungsbeleg an. Über diesen wird die wertmäßige Bestandsführung aktualisiert. Die Bewertung erfolgt anhand des Bewertungspreises im Buchhaltungsbild des Materialstammes. Das Beispielmaterial PR4712 hat einen Bewertungspreis von

5,50 EUR pro Stück. Der Beleg in Abbildung 3.26 zeigt den Buchungssatz Bestandsveränderungen an Bestand.

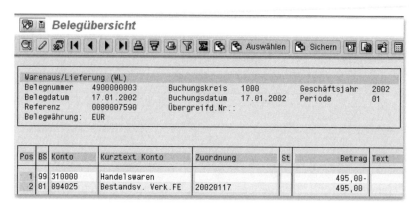

Abbildung 3.26 Buchhaltungsbeleg

Schritt 10: Faktura erfassen
Mit der Warenausgangsbuchung haben wir den Versandprozess abgeschlossen. Jetzt wird die Lieferung fakturiert. Abbildung 3.27 zeigt die Erstellung der Faktura mit der Fakturaart F2.

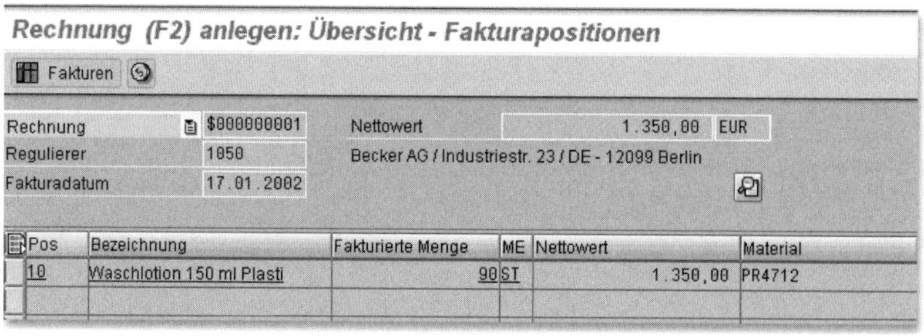

Abbildung 3.27 Erstellen des Fakturabelegs

Der Beleg zeigt, dass nur die tatsächlich ausgelieferte Menge berechnet wird. Der zugehörige Terminauftrag hat durch die Teillieferung den Status »in Arbeit«. Ein Blick auf den Belegfluss – jetzt aus Sicht der Faktura – zeigt uns diesen Zusammenhang (siehe Abbildung 3.28).

Der zugehörige Buchhaltungsbeleg (Belegnummer 100000000) der Finanzbuchhaltung in Abbildung 3.29 enthält die Erlösbuchung. Er hat den Status »nicht ausgeziffert«, d.h. die Zahlung des Kunden ist noch nicht erfolgt.

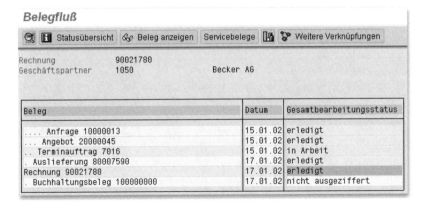

Abbildung 3.28 Belegfluss Faktura

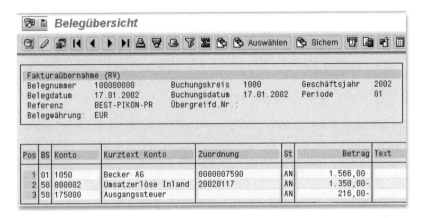

Abbildung 3.29 Buchhaltungsbeleg der Faktura

Aus Abschnitt 2.12 wissen wir, dass die Faktura auch Erlöse und Umsatzkosten an die Ergebnis- und Marktsegmentrechnung übergibt. Die Erlöse entsprechen dem Umsatz der Finanzbuchhaltung (15,00 EUR mal 90 Stück entspricht 1350,00 EUR). Die Umsatzkosten werden über die Konditionsart VPRS aus dem Bewertungspreis des Materialstamms (5,50 EUR pro Stück) ermittelt und übergeben. In Abbildung 3.30 sehen wir den Ergebnisbeleg zur Faktura.

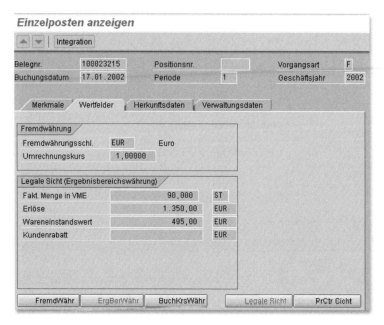

Abbildung 3.30 Beleg der Ergebnisrechnung

Schritt 11:
Offene Posten

Die Erlösbuchung lautet »Debitor (Regulierer 1050 Becker AG) an Umsatzerlöse und Mehrwertsteuer«. Mit dieser Buchung wurde die Faktura an die Finanzbuchhaltung als offener Posten übergeben. Über die Nachrichtenfindung kann ein Fakturabeleg gedruckt werden. Dieser wird an den Kunden versendet, der ihn wiederum als Eingangsrechnung verbucht. Der Vertriebsprozess wird durch die Zahlung des Kunden abgeschlossen. Abbildung 3.31 zeigt uns einen Auszug aus der Liste der offenen Posten im Modul FI.

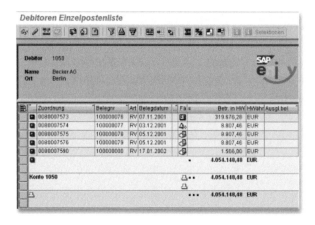

Abbildung 3.31 Liste der offenen Posten

Die letzte Zeile enthält den Beleg aus unserer SD-Faktura (Belegnummer 100000000). Nach dem Zahlungseingang des Kunden gleicht ein Sachbearbeiter in der Finanzbuchhaltung den offenen Posten aus. Abbildung 3.32 zeigt uns den Buchhaltungsbeleg mit dem Zahlungseingang.

Schritt 12: Zahlungseingang des Kunden

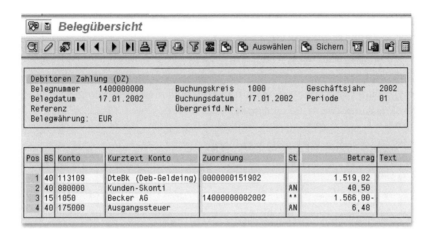

Abbildung 3.32 Buchhaltungsbeleg zum Zahlungseingang des Kunden

Es erfolgt jetzt die Buchung »Bankkonto und Skonti an Debitor und Ausgangssteuer«. Wir sehen also, dass der Kunde gemäß den Zahlungsbedingungen in der Faktura bei seiner Zahlung 3% Skonto abgezogen hat. Der Belegfluss in der Faktura des Moduls SD wird durch die Verbuchung des Zahlungseingangs im Modul FI aktualisiert.

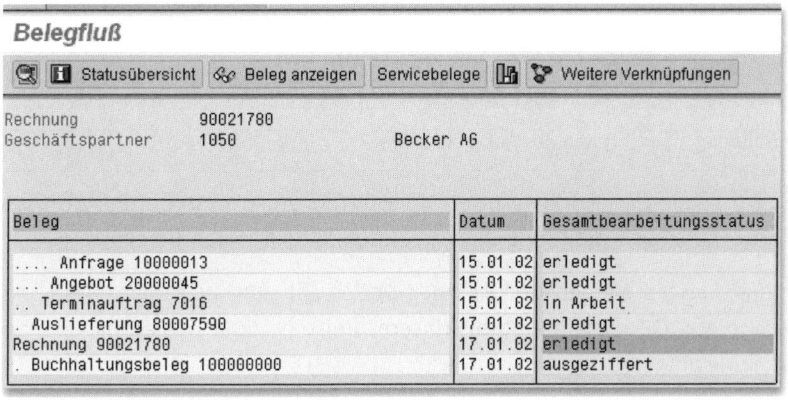

Abbildung 3.33 Belegfluss der SD-Faktura nach Verbuchung des Zahlungseingangs

Absagegrund erfassen

Abbildung 3.33 zeigt uns über den Belegfluss, dass der Buchhaltungsbeleg jetzt ausgeziffert und damit erledigt ist. Als einziger Beleg in unserem Vertriebsprozess behält der Terminauftrag den Status »in Arbeit«. Es wäre jetzt ein weiterer Lieferbeleg zu erstellen. Über diesen würde die fehlende Menge (10 Stück) aus dem Lager entnommen und ausgebucht. Mit Bezug zu dieser Lieferung wäre eine weitere Faktura anzulegen. In dem Fall, dass der Kunde auf die Lieferung der Restmenge verzichtet, kann im Terminauftrag auch ein Absagegrund eingepflegt werden. Der Auftrag hat dann keine offenen Positionen mehr und gilt fortan als erledigt. Genau das wollen wir tun, um den Auftrag abzuschließen. Abbildung 3.34 zeigt die Erfassung des Absagegrundes.

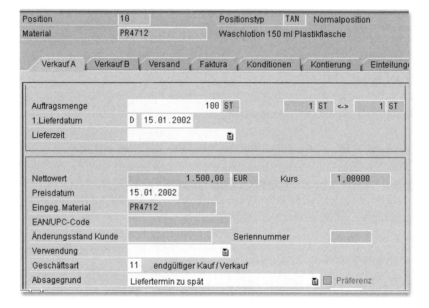

Abbildung 3.34 Erfassen des Absagegrundes

Wir erfassen den Absagegrund »Liefertermin zu spät« in der Position des Terminauftrags. Abbildung 3.35 zeigt den aktualisierten Belegfluss.

Durch das Einpflegen des Absagegrundes gilt nun auch der Auftrag als »erledigt«. Der gesamte Status unseres Beispiels lässt sich an dieser Darstellung ablesen.

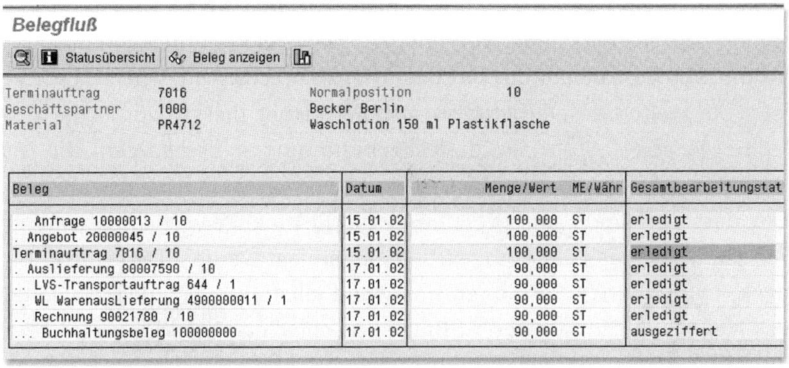

```
Belegfluß

  Statusübersicht   Beleg anzeigen

Terminauftrag        7016           Normalposition           10
Geschäftspartner     1000           Becker Berlin
Material             PR4712         Waschlotion 150 ml Plastikflasche
```

Beleg	Datum	Menge/Wert	ME/Währ	Gesamtbearbeitungsstat
.. Anfrage 10000013 / 10	15.01.02	100,000	ST	erledigt
. Angebot 20000045 / 10	15.01.02	100,000	ST	erledigt
Terminauftrag 7016 / 10	15.01.02	100,000	ST	erledigt
.. Auslieferung 80007590 / 10	17.01.02	90,000	ST	erledigt
. LVS-Transportauftrag 644 / 1	17.01.02	90,000	ST	erledigt
.. WL WarenausLieferung 4900000011 / 1	17.01.02	90,000	ST	erledigt
.. Rechnung 90021780 / 10	17.01.02	90,000	ST	erledigt
... Buchhaltungsbeleg 100000000	17.01.02	90,000	ST	ausgeziffert

Abbildung 3.35 Belegfluss nach Erledigung des Gesamtprozesses

3.4 Streckenauftragsabwicklung

Streckengeschäfte gehören zum klassischen Repertoire betriebswirtschaftlicher Abläufe. Entscheidend ist dabei die optimale Abstimmung zwischen Vertrieb, Einkauf und dem Lieferanten – eine Aufgabe, die durch eine integrierte Standardsoftware besonders gut geleistet werden kann. Im Folgenden zeigen wir, wie Streckengeschäfte auf der Basis der in Abschnitt 3.3 vorgestellten Auftragsabwicklung unterstützt werden.

3.4.1 Betriebswirtschaftliche Grundlagen

Die Beteiligten an einem Streckengeschäft sind:

- Der Endkunde
- Das verkaufende Unternehmen
- Das liefernde Unternehmen

Das verkaufende Unternehmen erhält einen Auftrag von seinem Endkunden und bestellt die angeforderten Produkte bei einem Lieferanten. Dieser liefert die Produkte direkt an den Endkunden, stellt aber die Rechnung an das verkaufende Unternehmen. Dieses wiederum berechnet die Lieferung an den Endkunden. Abbildung 3.36 gibt einen Überblick über diese Bezüge.

Aus der Sicht des verkaufenden Unternehmens sind folgende Fälle zu unterscheiden:

- Ein Produkt wird immer über eine Streckenabwicklung vertrieben.
- Ein Produkt wird von Fall zu Fall entweder aus dem eigenen Lager oder über ein Streckengeschäft vertrieben.

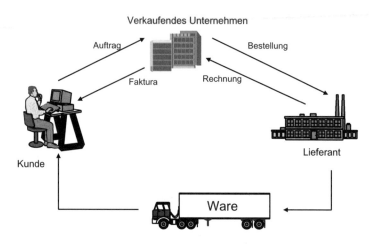

Abbildung 3.36 Übersicht Streckenauftragsabwicklung

Grundsätzliche Streckenabwicklung

Wird ein Produkt grundsätzlich über Streckengeschäfte vertrieben, verzichtet man auf eine eigene Lagerhaltung. Dies ist z. B. für Unternehmen im Anlagenbau sinnvoll, deren Anlagen Komponenten von Drittlieferanten enthalten. Muss eine solche Komponente im Zuge einer Reparatur ausgetauscht werden, so wendet sich der Endkunde zunächst an »seinen« Lieferanten. Für diesen ist es unter Umständen nicht sinnvoll, die gesamte Palette von Fremdkomponenten vorzuhalten. Er bestellt das Produkt statt dessen beim Drittlieferanten, der dann wiederum die benötigte Komponente direkt an den Endkunden liefert. Dies spart Zeit – ein bei der Bereitstellung von Ersatzteilen wesentliches Kriterium. Die gesamte kaufmännische Abwicklung, z. B. die Klärung von Garantie- und Kulanzfällen, verbleibt beim Verkäufer der Anlage. Somit hat der Endkunde nur einen Ansprechpartner für den Kauf und die Wartung seiner Anlage.

Streckengeschäft von Fall zu Fall

Bei der zweiten Option (Streckengeschäft von Fall zu Fall) verfügt das verkaufende Unternehmen normalerweise über Lagervorräte. Nur wenn die Verfügbarkeit nicht gewährleistet werden kann, erfolgt eine Direklieferung vom Lieferanten an den Endkunden. Dies kann z. B. bei außerordentlich großen Aufträgen der Fall sein.

Die Unterscheidung zwischen beiden Fällen ist für die Abbildung dieses Prozesses in SAP R/3 relevant. Dies wird uns das folgende Kapitel zeigen.

3.4.2 Streckenauftragsabwicklung in SAP R/3

Die Abschnitte 3.1 bis 3.3 haben gezeigt, dass die Gestaltung der Geschäftsprozesse in SAP R/3 im Customizing im Wesentlichen auf folgenden Objekten beruht:

- Auftragsart
- Positionstyp
- Einteilungstyp
- Kopiersteuerung

Folgerichtig unterscheidet sich die Streckenauftragsabwicklung in diesen Punkten vom »normalen« Terminauftrag.

Verschaffen wir uns zunächst einen Überblick über das Zusammenspiel der SAP-Belege in Vertrieb und Materialwirtschaft. Im Terminauftrag (Auftragsart TA) wird für das Material über die Positionstypengruppe im Materialstamm der Positionstyp TAS (Streckenposition) ermittelt. Über die Auftragsart und den Positionstyp wird der Einteilungstyp CS (Strecke) in den Beleg übernommen. Der Einteilungstyp CS bewirkt, dass zu der Streckenauftragsposition eine Bestellanforderung im Modul MM angelegt wird. Diese wird im Einkauf in eine Bestellung umgesetzt. Eine Wareneingangsbuchung zu dieser Bestellung ist nicht notwendig; die Ware gelangt direkt zum Kunden. Vielmehr wird mit Bezug zur Bestellung die Eingangsrechnung des Lieferanten verbucht. Sobald diese Eingangsrechnung (über die Funktion Rechnungsprüfung im Modul MM) verbucht ist, kann im Modul SD mit Bezug zum Kundenauftrag eine Faktura erzeugt werden.

Überblick Belegfluss

Folgende Aspekte wollen wir nun etwas näher betrachten:

- Das Zusammenspiel von Auftragsart und Positionstyp
- Das Customizing des Einteilungstyps für das Streckengeschäft
- Die Bestellanforderung im Modul MM
- Die Bestellung im Modul MM
- Die auftragsbezogene Faktura im Modul SD

Im SAP-Standard ist für das Streckengeschäft keine eigene Auftragsart vorgesehen. Innerhalb der Auftragsart »Terminauftrag« steht für die Erfassung von Streckenpositionen der Positionstyp TAS zur Verfügung. Damit kann ein Auftrag sowohl Normal- als auch Streckenpositionen enthalten. Für die Steuerung des Streckengeschäftes gibt es folgende Möglichkeiten:

Auftragsart und Positionstyp Streckengeschäft

- Man verwendet die Standardauftragsart TA (Terminauftrag). Der Positionstyp TAS (Streckenposition) wird automatisch über die Positionstypengruppe BANS (Streckenposition) im Materialstamm ermittelt. Damit hängt es allein vom Materialstamm ab, ob eine Position über ein Streckengeschäft abgewickelt wird.

- Man verwendet die Standardauftragsart TA (Terminauftrag). Die automatische Ermittlung des Positionstyps führt zum Positionstyp TAN (Normalposition). Für den Fall, dass diese Position ausnahmsweise über ein Streckengeschäft abgewickelt werden soll, ändert der Anwender den Positionstyp manuell. Damit entscheidet der Anwender auf der Ebene der Auftragsposition, ob ein Material über ein Streckengeschäft verkauft wird.

- Man definiert eine eigene Auftragsart für das Streckengeschäft. Die neue Auftragsart (z.B. ZTAS, Streckenauftrag) entsteht durch eine Kopie der Auftragsart TA. In der Positionstypenfindung für diese Auftragsart lässt man nur den Positionstyp TAS (Streckenposition) zu. Damit entscheidet der Anwender auf der Ebene Auftragsart, wie der Prozess abläuft.

Diese Möglichkeiten zeigen uns wieder das Zusammenspiel von Customizingeinstellungen, Stammdatenpflege und Anwenderentscheidung.

Customizing Einteilungstyp Streckengeschäft

Abhängig vom Positionstyp TAS wird der Einteilungstyp CS (Strecke) ermittelt. Abbildung 3.37 zeigt uns das Customizing für den Einteilungstyp CS (Strecke).

Die Optionen »Verfügbarkeitsprüfung« und »Bedarfsübergabe« (siehe Kapitel 2.3) werden hier explizit ausgeschaltet: Schließlich soll die Auftragsposition ja nicht aus dem eigenen Lager geliefert werden. Damit ist die Einlastung in die Disposition obsolet. Stattdessen wird im Einteilungstyp festgelegt, dass zum Auftrag automatisch eine Bestellanforderung im Modul MM angelegt wird. Die Bestellanforderung hat die MM-Belegart NB (siehe Abbildung 3.37).

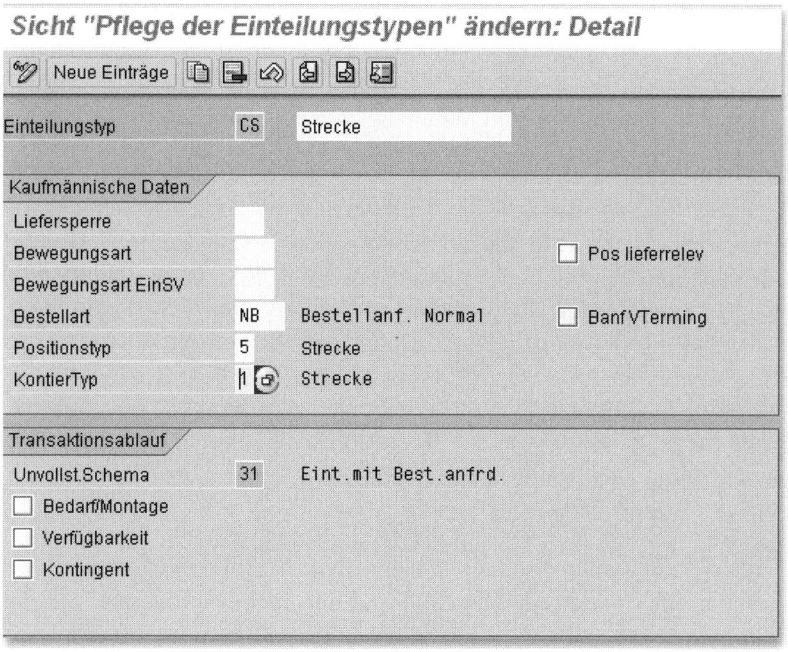

```
Sicht "Pflege der Einteilungstypen" ändern: Detail
   Neue Einträge   ...

Einteilungstyp         CS    Strecke

Kaufmännische Daten
  Liefersperre
  Bewegungsart                                    ☐ Pos lieferrelev
  Bewegungsart EinSV
  Bestellart           NB    Bestellanf. Normal   ☐ BanfVTerming
  Positionstyp         5     Strecke
  KontierTyp           1     Strecke

Transaktionsablauf
  Unvollst.Schema      31    Eint.mit Best.anfrd.
  ☐ Bedarf/Montage
  ☐ Verfügbarkeit
  ☐ Kontingent
```

Abbildung 3.37 Customizing Einteilungstyp CS, Streckeneinteilung

Es handelt sich dabei um eine Bedarfsmeldung die nach der Lieferantenzuordnung in eine Bestellung umgesetzt werden kann. Für die Steuerung der Bestellanforderung werden im Einteilungstyp zwei wichtige Informationen mitgeliefert (siehe Abbildung 3.37):

Bestellanforderung im Modul MM

▶ Positionstyp
▶ Kontierungstyp

Der Positionstyp 5 (Strecke) steuert, dass es sich in der Bestellanforderung ebenfalls um eine Streckenposition handelt. Bei einer Streckenbestellung wird die Lieferadresse des Endkunden aus dem Kundenauftrag (Partnerrolle »Warenempfänger«) in die Bestellung kopiert. Diese erscheint dann auf dem Bestellformular, das dem Lieferanten zugesendet wird. Für den Lieferanten ist dies der Warenempfänger.

Der *Kontierungstyp* regelt die Verbuchung der Eingangsrechnung. Bestellungen von lagerhaltigen Materialien mit wertmäßiger Bestandsführung (siehe Abschnitt 3.3.6) führen zu einer Wareneingangsbuchung mit entsprechender Fortschreibung der Bestandswerte in der Finanzbuchhaltung. Die Buchung des Wareneingangs lautet »Bestandskonto an WE/RE-Konto (Wareneingangs-/Rechnungseingangs-Verrechnungskonto)«. Der

Eingang der Eingangsrechnung gleicht das WE/RE-Verrechnungskonto durch die Buchung »WE/RE-Konto + Vorsteuer an Kreditor« wieder aus.

Im Falle der Streckenbestellung kommt jedoch diese Buchung auf ein Bestandskonto nicht in Frage, da das verkaufende Unternehmen keinen Bestand der Ware verbuchen kann. Insofern wird auch keine Wareneingangsbuchung erforderlich. Bei der Erfassung der Eingangsrechnung zur Streckenbestellung ist an dieser Stelle auf ein Aufwandskonto zu buchen. Der Buchungssatz lautet dann »Aufwandskonto (z.B. Wareneinsatz Streckengeschäft) + Vorsteuer an Kreditor«.

Das Aufwandskonto wird über das Customizing der Kontenfindung im Modul MM automatisch ermittelt. Als Hauptkriterium dient dazu der Kontierungstyp, der bereits im SD-Customizing zum Einteilungstyp festgelegt wird. Der Kontierungstyp steuert normalerweise, auf welches Objekt im Controlling (Kostenstelle, Innenauftrag, Projekt) kontiert werden kann. Allerdings ist in einem Streckengeschäft eine kostenrechnungsrelevante Zusatzkontierung nicht erforderlich. Erinnern wir uns an die Zusammenhänge der CO-Integration, die in Abschnitt 2.12 dargestellt wurden. Dort haben wir gesehen, dass im Falle der Kundenfaktura sowohl Erlöse als auch Umsatzkosten an die Markt- und Segmentergebnisrechnung übergeben werden. Damit werden die Kosten bei der SD-Faktura in einem Schritt verbucht und müssen hier nicht noch einmal auf einem so genannten *CO-Objekt* verbucht werden. Allerdings kann es statistische Gründe geben, diese Buchung trotzdem vorzunehmen. Dann z.B., wenn man die Kosten für Streckengeschäfte auf einer Kostenstelle oder einem CO-Auftrag sammeln will. In diesem Fall kann die Kontierung entweder vom Anwender in der Bestellanforderung vergeben oder automatisch über das Sachkonto (bzw. die zugehörige Kostenart) ermittelt werden.

Bestellung im Modul MM

Der Bestellanforderung wird im Modul MM zunächst eine Bezugsquelle (Lieferant) zugeordnet. Dieser Vorgang kann durch eine entsprechende Stammdatenpflege (Orderbuch, Infosatz) automatisiert werden. Nach der Zuordnung kann die Bestellanforderung in eine Bestellung umgesetzt werden. Auch dieser Schritt kann durch ein Programm automatisch erfolgen. Dazu ist ein so genannter *Batchjob* einzurichten. Das Programm setzt innerhalb dieses Jobs regelmäßig alle zugeordneten Bestellanforderungen in Bestellungen um. In der Bestellung werden die Konditionen (Preise, Lieferungs- und Zahlungsbedingungen) ermittelt. Über die Nachrichtenfindung wird die Bestellung gedruckt und an den Lieferanten versendet. Damit wird deutlich, dass die Erfassung einer Streckenposition im Modul

SD automatisch zu einer Bestellung beim Lieferanten führen kann. Allerdings ist die weitgehende Automatisierung optional und auch von bestimmten Voraussetzungen (Stammdatenpflege, Batchjob) abhängig.

Anschließend werden die Produkte geliefert, und der Lieferant stellt eine entsprechende Rechnung. Diese wird mit Bezug zur Bestellung im Modul MM erfasst und wie oben beschrieben verbucht. In der Praxis führen manche Unternehmen zusätzlich eine Wareneingangsbuchung durch. Dies ist zwar nicht erforderlich, sie kann aber zusätzliche Transparenz schaffen. So ist es denkbar, dass der Endkunde eine Rückmeldung über die tatsächlich gelieferte Menge an das verkaufende Unternehmen gibt. Über diese Menge wird dann eine Wareneingangsbuchung zur Bestellung erfasst. Bei der Verbuchung der Eingangsrechnung wird diese Wareneingangsmenge mit der Rechnungsmenge verglichen. Dies erleichtert die Rechnungsprüfung, da die tatsächlich gelieferte Menge im System gespeichert ist und dem Sachbearbeiter bei der Rechnungserfassung vorgeschlagen wird.

Die Verbuchung der Eingangsrechnung zur Bestellung im Modul MM ist eine Voraussetzung dafür, dass die Kundenauftragsposition fakturiert werden kann. Jedenfalls ist dies im SAP-Standard im Customizing so hinterlegt. Diese Einstellung kann in der Kopiersteuerung geändert werden. Da die Ware nicht aus dem eigenen Lager geliefert wird, entfällt die Erstellung eines Lieferbelegs. Im Unterschied zu dem in Abschnitt 3.3 beschriebenen Ablauf kann sich eine SD-Faktura auch auf eine Auftragsposition beziehen. Die entsprechenden Einstellungen werden im Customizing des Positionstyps vorgenommen. Der Positionstyp TAS enthält die Option *Auftragsbezogene Faktura*. Mit der Fakturierung des Auftrags wird der Prozess abgeschlossen.

Auftragsbezogene Faktura

3.4.3 Beispiel

In unserem Beispiel wollen wir ausgehend von einem Kundenauftrag mit einer Streckenposition den Prozess der Streckenabwicklung erläutern. Im Einzelnen werden wir dabei die folgenden Schritte durchlaufen:

1. Erfassen des Kundenauftrags
2. Anzeige der Bestellanforderung
3. Umsetzung der Bestellanforderung in eine Bestellung
4. Buchung der Eingangsrechnung
5. Erstellung der Faktura mit Bezug zum Kundenauftrag

Schritt 1: Kundenauftrag erfassen

Beginnen wir also, indem wir den Kundenauftrag mit der Auftragsart TA erfassen. Der Kunde hat das Material ST4711, eine Waschlotion, bestellt. Das Material ist aus unserer Sicht eine Handelsware, die grundsätzlich über ein Streckengeschäft geliefert wird. Deshalb wird im Materialstamm die Positionstypengruppe BANS (Streckenposition) hinterlegt (siehe Abbildung 3.38).

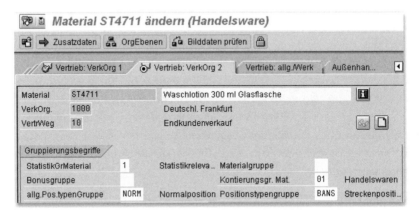

Abbildung 3.38 Zuordnung der Positionstypengruppe BANS im Materialstamm

Die Positionstypengruppe BANS bewirkt, dass im Kundenauftrag automatisch der Positionstyp TAS (Streckenauftrag) ermittelt wird. Abbildung 3.39 zeigt die Erfassung des Auftrags mit dem Positionstyp TAS.

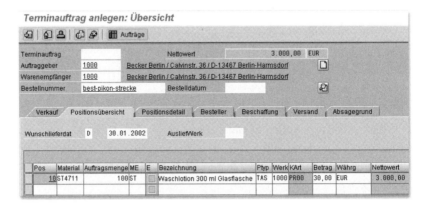

Abbildung 3.39 Erfassen eines Kundenauftrags mit Streckenposition

Der Verkaufspreis für unser Material beträgt 30,00 EUR pro Stück, der Kunde bestellt 100 Stück. Über den Positionstyp TAS wird automatisch der Einteilungstyp CS (Strecke) ermittelt. Abbildung 3.40 zeigt die Einteilungsdaten.

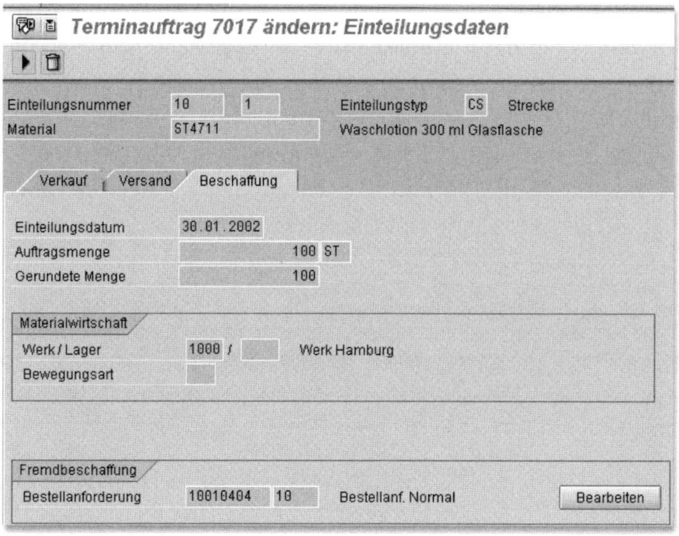

```
┌─────────────────────────────────────────────────────────────┐
│ 🔍 📄  Terminauftrag 7017 ändern: Einteilungsdaten          │
│ ▶ 🗑                                                         │
│                                                              │
│ Einteilungsnummer   10    1      Einteilungstyp  CS  Strecke│
│ Material            ST4711        Waschlotion 300 ml Glasflasche │
│                                                              │
│   ╱ Verkauf ╱ Versand ╱ Beschaffung ╲                       │
│                                                              │
│   Einteilungsdatum     30.01.2002                           │
│   Auftragsmenge                  100  ST                    │
│   Gerundete Menge                100                        │
│                                                              │
│   ┌ Materialwirtschaft ─────────────────────────────┐       │
│   │ Werk / Lager        1000  /      Werk Hamburg   │       │
│   │ Bewegungsart                                    │       │
│   └─────────────────────────────────────────────────┘       │
│                                                              │
│   ┌ Fremdbeschaffung ──────────────────────────────────┐    │
│   │ Bestellanforderung  10010404  10  Bestellanf. Normal  [Bearbeiten] │
│   └───────────────────────────────────────────────────┘    │
└─────────────────────────────────────────────────────────────┘
```

Abbildung 3.40 Einteilung zur Streckenposition

In Abbildung 3.40 wird deutlich, dass mit dem Anlegen des Kundenauftrags mit der Auftragsnummer 7017 automatisch eine Bestellanforderung (Belegnummer 10010404) im Modul MM angelegt worden ist. Der Anwender kann direkt in die Bearbeitung der Bestellanforderung verzweigen. Wir sehen die Bestellanforderung in Abbildung 3.41.

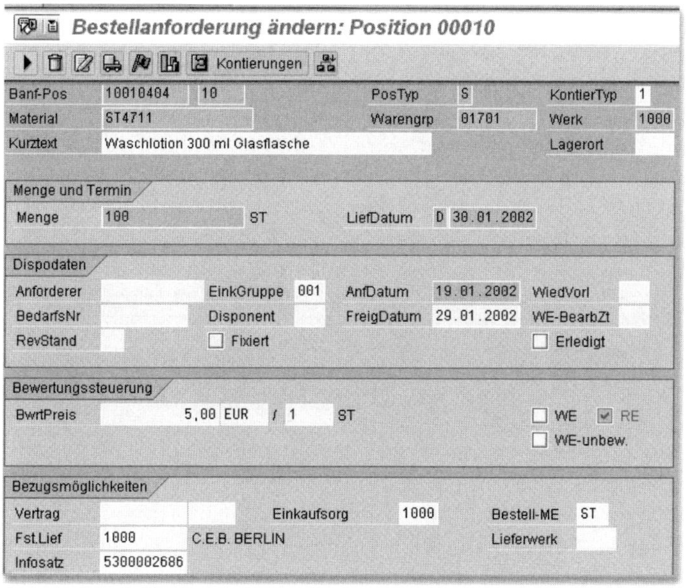

Schritt 2: Anzeige der Bestellanforderung

```
┌─────────────────────────────────────────────────────────────┐
│ 🔍 📄  Bestellanforderung ändern: Position 00010            │
│ ▶ 🗑 📝 🚚 🔧 📋 📊  Kontierungen  📊                         │
│                                                              │
│ Banf-Pos   10010404  10           PosTyp    S    KontierTyp  1 │
│ Material   ST4711                  Warengrp  01701  Werk  1000 │
│ Kurztext   Waschlotion 300 ml Glasflasche        Lagerort       │
│                                                              │
│ ┌ Menge und Termin ──────────────────────────────────┐      │
│ │ Menge     100          ST    LiefDatum  D 30.01.2002 │    │
│ └────────────────────────────────────────────────────┘      │
│                                                              │
│ ┌ Dispodaten ──────────────────────────────────────────┐    │
│ │ Anforderer         EinkGruppe 001  AnfDatum 19.01.2002  WiedVorl │
│ │ BedarfsNr          Disponent       FreigDatum 29.01.2002 WE-BearbZt │
│ │ RevStand           ☐ Fixiert                    ☐ Erledigt │
│ └──────────────────────────────────────────────────────┘    │
│                                                              │
│ ┌ Bewertungssteuerung ─────────────────────────────────┐    │
│ │ BwrtPreis       5,00 EUR / 1   ST      ☐ WE   ☑ RE   │    │
│ │                                         ☐ WE-unbew.  │    │
│ └──────────────────────────────────────────────────────┘    │
│                                                              │
│ ┌ Bezugsmöglichkeiten ─────────────────────────────────┐    │
│ │ Vertrag               Einkaufsorg  1000  Bestell-ME  ST │  │
│ │ Fst.Lief    1000   C.E.B. BERLIN         Lieferwerk    │  │
│ │ Infosatz    5300002686                                 │  │
│ └──────────────────────────────────────────────────────┘    │
└─────────────────────────────────────────────────────────────┘
```

Abbildung 3.41 Bestellanforderung im Modul MM

Streckenauftragsabwicklung **223**

Schritt 3: Umsetzung in eine Bestellung

Im Bereich »Bezugsmöglichkeiten« wurde der Lieferant (Lieferantennummer 1000) bereits zugeordnet. Damit verfügt die Bestellanforderung über eine Bezugsquelle und kann in eine Bestellung umgewandelt werden. Der Positionstyp S und der Kontierungstyp 1 (Streckengeschäft) wurden aus dem Einteilungstyp im Kundenauftrag übernommen. Abbildung 3.42 zeigt bereits die Bestellung. Die Konditionen wurden aus dem Einkaufsinfosatz ermittelt. Die Bestellung kann gedruckt und versendet werden.

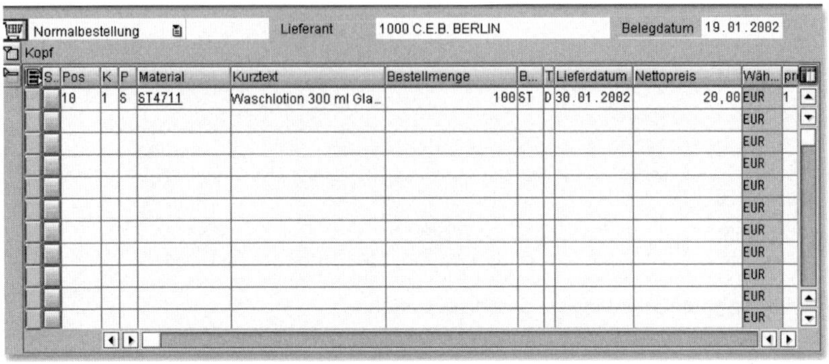

Abbildung 3.42 Bestellung zur Streckenposition

Schritt 4: Eingangsrechnung erfassen

Jetzt folgt die Buchung der Eingangsrechnung, die uns der Lieferant geschickt hat. Abbildung 3.43 zeigt ihre Erfassung.

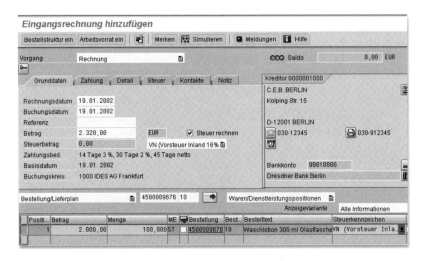

Abbildung 3.43 Buchen der Eingangsrechnung zur Bestellung

Die Bestellmenge und der Nettobetrag werden aus der Bestellung übernommen und als Vorschlagswert angeboten. Die Buchung der Rechnung führt zu dem in gezeigten Abbildung 3.44 Beleg. Wir sehen den Buchungssatz »Herstellkosten Umsatz (Aufwandskonto) + Vorsteuer an Kreditor«.

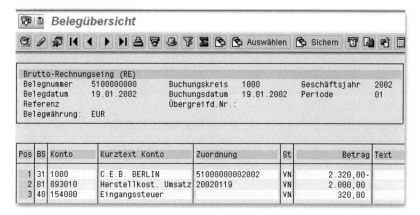

Abbildung 3.44 Buchhaltungsbeleg zur Eingangsrechnung

Die Verbuchung der Eingangsrechnung bewirkt, dass jetzt auch die Faktura an den Endkunden erstellt und versendet werden kann. Die Kundenfaktura wird mit Bezug zum Kundenauftrag erzeugt. Abbildung 3.45 zeigt die Erstellung der Faktura. Diese Faktura führt zu dem Buchhaltungsbeleg in Abbildung 3.46.

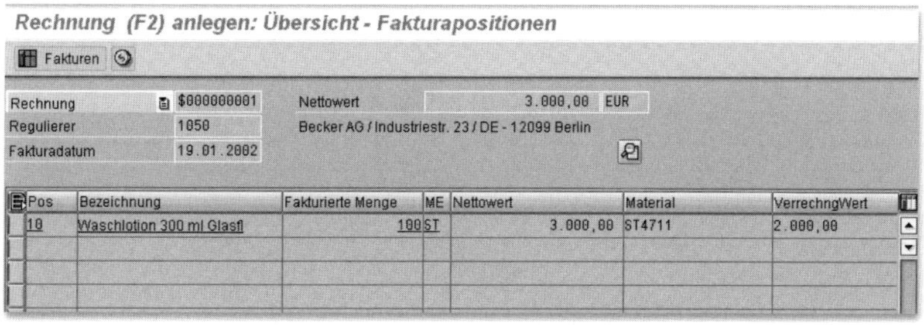

Schritt 5: Faktura an Endkunden erstellen

Abbildung 3.45 Anlegen der Faktura an den Endkunden

Der Buchhaltungsbeleg zeigt den Buchungssatz »Debitor an Umsatz und Mehrwertsteuer«. Mit der Faktura werden auch Erlöse und Umsatzkosten an die Markt- und Segmentergebnisrechnung (CO-PA) übergeben. In dem Erfassungsbild für die Faktura (siehe Abbildung 3.45) sehen wir sowohl den Nettowert der Positionen (3 000,00 EUR) als auch ihren Verrechnungswert (2 000,00 EUR). Der Nettowert wird über die Preisfindung gebildet und stellt die Erlöse dar. Der Verrechnungswert wird über die Konditionsart VPRS in der Preisfindung ermittelt. Diese Kondition greift auf den Bewertungspreis im Materialstamm zu und ermittelt so die Umsatzkosten.

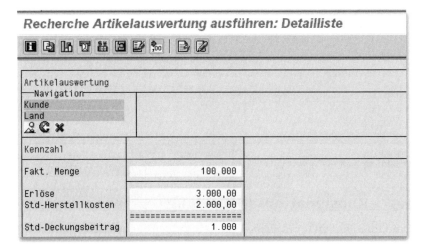

Abbildung 3.46 Ergebnisbericht im Modul CO-PA

Der folgende Bericht (siehe Abbildung 3.47) aus der Ergebnisrechnung zeigt die Werte, die aus der Faktura mit der Nummer 90021781 übergeben wurden. Von den Erlösen werden die Umsatzkosten subtrahiert; so gelangt man zum Standard-Deckungsbeitrag.

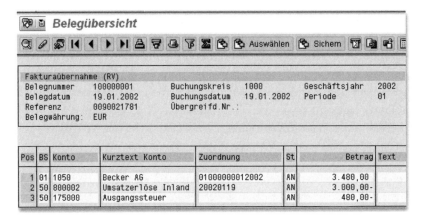

Abbildung 3.47 Buchhaltungsbeleg zur Faktura im Streckengeschäft

Mit der Erstellung der Faktura ist der Prozess abgeschlossen. Werfen wir abschließend einen Blick auf den Belegfluss im Kundenauftrag in Abbildung 3.48. Der Belegfluss zeigt auch die Bestellung im Modul MM. Dies macht ebenfalls deutlich, dass modulübergreifende Prozesse durchgängig abgebildet werden können.

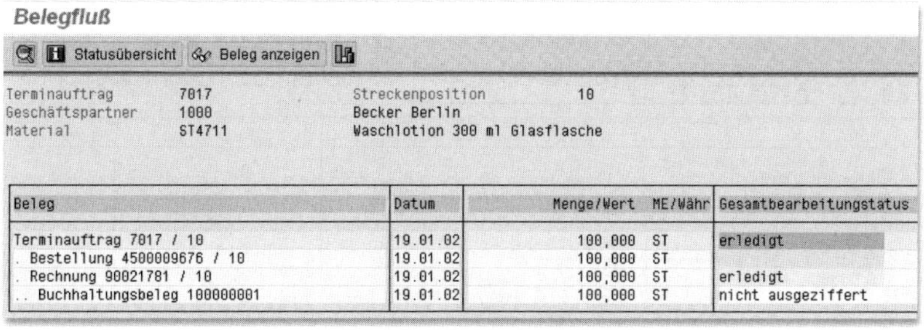

```
Belegfluß
  Statusübersicht    Beleg anzeigen

Terminauftrag      7017         Streckenposition          10
Geschäftspartner   1000         Becker Berlin
Material           ST4711       Waschlotion 300 ml Glasflasche

Beleg                          Datum      Menge/Wert   ME/Währ  Gesamtbearbeitungstatus
Terminauftrag 7017 / 10        19.01.02      100,000   ST       erledigt
. Bestellung 4500009676 / 10   19.01.02      100,000   ST
. Rechnung 90021781 / 10       19.01.02      100,000   ST       erledigt
.. Buchhaltungsbeleg 100000001 19.01.02      100,000   ST       nicht ausgeziffert
```

Abbildung 3.48 Belegfluss im Kundenauftrag

3.5 Konsignationsabwicklung

Die Optimierung von Abläufen und Beständen bei gleichzeitiger Sicherung der Verfügbarkeit der Produkte gehört zu den wichtigsten Aufgaben der Unternehmenslogistik. Ähnlich wie die Abwicklung von Aufträgen über Streckengeschäfte wächst auch die Bedeutung von Konsignationslagern. Dies hängt nicht zuletzt damit zusammen, dass moderne EDV-Systeme diese Formen der Auftragsbearbeitung durchgängig unterstützen.

3.5.1 Betriebswirtschaftliche Grundlagen

Konsignationslager sind Lieferantenlager auf dem Gelände des Kunden. Der Lieferant ist für die Bevorratung verantwortlich, die Bestände bleiben Eigentum des Lieferanten. Der Kunde entnimmt Waren bedarfsgerecht aus dem Konsignationslager. Er meldet diese Bedarfe in regelmäßigen Abständen dem Lieferanten. Auf der Basis dieser Entnahmemeldungen stellt der Lieferant seine Rechnung. Abbildung 3.49 gibt einen Überblick über die Konsignationsabwicklung.

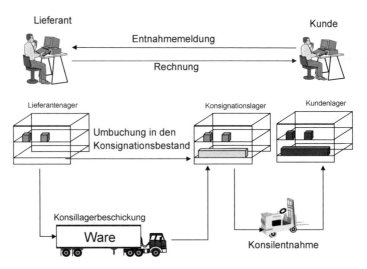

Abbildung 3.49 Übersicht Konsignationsabwicklung

Vorteile der Konsignationsabwicklung

Aus Sicht des Kunden ergeben sich folgende Vorteile:

- Geringe Kapitalbindung, da die Waren erst dann beschafft werden, wenn sie tatsächlich benötigt werden
- Geringer Aufwand für die Beschaffung
- Geringer Aufwand für die Disposition der Waren
- Geringe Transportzeit

Aus Sicht des Lieferanten besteht der Vorteil in der tendenziell höheren Kundenbindung. Voraussetzung ist jedoch eine vertrauensvolle Kundenbeziehung, da man auf die Entnahmemeldungen des Kunden angewiesen ist. In der Praxis werden Inventuren in Konsignationslagern zwar in regelmäßigen Abständen durchgeführt, wegen des hohen Aufwands ist es jedoch meistens kaum möglich, die Bestände häufiger als einmal pro Quartal zu kontrollieren.

Verwendungsgebiete von Konsignationslagern

Konsignationslager werden in vielen Branchen eingesetzt. So sind viele Tanklager der chemisch-pharmazeutischen Industrie mittlerweile als Konsignationslager eingerichtet. Man spricht in diesem Zusammenhang auch von einem *Vendor Managed Inventory*. Aber auch im Bereich von Krankenhäusern hat diese Abwicklung ihre Bedeutung. Viele medizinische Instrumente werden über Konsignationslager verwaltet. Dies hängt auch damit zusammen, dass man einen gewissen Vorrat an unterschiedlichen

Instrumenten benötigt, ohne letztlich zu wissen, ob und wann ein Instrument eingesetzt wird. Da es sich häufig um steril verpackte Produkte handelt, ist die Rückgabe ohne Beschädigung möglich.

3.5.2 Konsignationsabwicklung mit SAP R/3

Auch an dieser Stelle erfolgt die Gestaltung der Prozesse anhand der Auftragsart, der Positionstypen und der Einteilungstypen. Für die Konsignationsabwicklung stehen im Standard folgende Auftragsarten zur Verfügung:

- Konsignationsbeschickung
- Konsignationsentnahme
- Konsignationsabholung
- Konsignationsretoure

Mit Hilfe der Auftragsart *Konsignationsbeschickung* erfolgt im SAP-System des Lieferanten die Auslieferung der Produkte ins Konsignationslager. Das System ermittelt automatisch den Positionstyp KNB (Konsignation Beschickung). Folgende Customizingeinstellungen zu diesem Positionstyp sind dabei wichtig:

Konsignationsbeschickung

- Nicht preisfindungsrelevant
- Nicht fakturarelevant

Über diese Optionen wird gesteuert, dass im Kundenauftrag keine Preise ermittelt werden können. Außerdem kann auch keine Faktura mit Bezug zu dieser Auftragsposition erstellt werden.

Die Steuerung der Bedarfsübergabe und der Verfügbarkeitsprüfung unterscheidet sich nicht von derjenigen im Terminauftrag. Über die Auftragsart und den Positionstyp ermittelt das System den Einteilungstyp E1 (Konsignation mit Verfügbarkeitsprüfung). Im Customizing wird zu diesem Einteilungstyp eine spezielle Bewegungsart für die Warenausgangsbuchung im Lieferbeleg zugeordnet. Über diese Bewegungsart wird festgelegt, dass bei der Warenausgangsbuchung im Lieferbeleg eine Umbuchung vom frei verwendbaren Bestand in den Konsignationsbestand des Kunden (des Warenempfängers aus dem Kundenauftrag) erfolgt. Es handelt sich dabei um einen Kundensonderbestand.

Auslieferung

Allerdings gibt es auch die Möglichkeit, einen so genannten *Sonderbestandsführer* zu definieren. Sonderbestandsführer sind z. B. externe Lagerhalter oder Speditionsfirmen, die Bestände für mehrere Kunden verwalten. Dazu ist im Debitorenstammsatz des Auftraggebers neben dem Warenempfänger, dem Regulierer und dem Rechnungsempfänger ein

Sonderbestandsführer

weiterer Partner zuzuordnen. Sobald man einen Sonderbestandsführer definiert hat, werden die Konsignationsbestände auf der Ebene des Sonderbestandsführers verwaltet. Dieser Konsignationsbestand gehört wertmäßig zum Vermögen des Lieferanten. Deshalb wird bei dieser Warenausgangsbuchung kein Buchhaltungsbeleg erzeugt. Allerdings gilt dieser Bestand in der Disposition als nicht verfügbar.

Konsignationsentnahme Über die Auftragsart *Konsignationsentnahme* wird die Verbrauchsmeldung des Kunden abgebildet. In dieser Auftragsart findet eine Preisfindung statt. Bei der Verfügbarkeitsprüfung wird nur der Konsignationsbestand des Kunden berücksichtigt. Mit Bezug zu diesem Auftrag wird ein SD-Lieferbeleg erzeugt. Die Warenausgangsbuchung im Lieferbeleg erfolgt aus dem Konsignationsbestand des Kunden. Jetzt geht der Bestand in das Eigentum des Kunden über. Damit wird an dieser Stelle auch ein Buchhaltungsbeleg erzeugt. Mit Bezug zu dieser Lieferung wird eine Faktura erfasst, über die die Entnahme des Kunden berechnet wird.

Konsignationsabholung Die Auftragsart *Konsignationsabholung* dient der Rücklieferung der Waren aus dem Konsignationslager. Zunächst wird ein Auftrag erfasst. Die Lieferung stellt eine so genannte *Retourenlieferung* dar. Über die Wareneingangsbuchung dieser Lieferung wird eine Umbuchung vom Konsignationsbestand in den Werksbestand vorgenommen. Analog zur Konsignationsbeschickung wird kein Buchhaltungsbeleg erzeugt.

Konsignationsretoure Hat ein Kunde eine Entnahme durchgeführt und gibt die Ware zurück, so ist ein Kundenauftrag mit der Auftragsart *Konsignationsretoure* anzulegen. Mit Bezug zu diesem Auftrag wird eine Retourenlieferung erzeugt. Dieser Beleg bewirkt eine Wareneingangsbuchung in den Konsignationsbestand. Wenn die Entnahme schon berechnet worden war, wird jetzt mit Bezug zur Konsignationsretoure eine auftragsbezogene Gutschrift angelegt.

3.5.3 Beispiel

In unserem Beispiel zur Konsignationsabwicklung werden wir folgende Schritte durchlaufen:

1. Anzeigen der Bestandsübersicht
2. Durchführung der Konsignationsbeschickung
3. Anzeigen der Bestandsübersicht
4. Durchführen der Konsignationsentnahme
5. Anzeige der Bestandsübersicht

In der Ausgangssituation hat unser Beispielmaterial PR4711 einen Bestand von 9902 Stück im Werk 1000 (Hamburg), Lagerort 0001 (Materiallager). Abbildung 3.50 zeigt die Bestandsübersicht.

Schritt 1: Bestandsanzeige

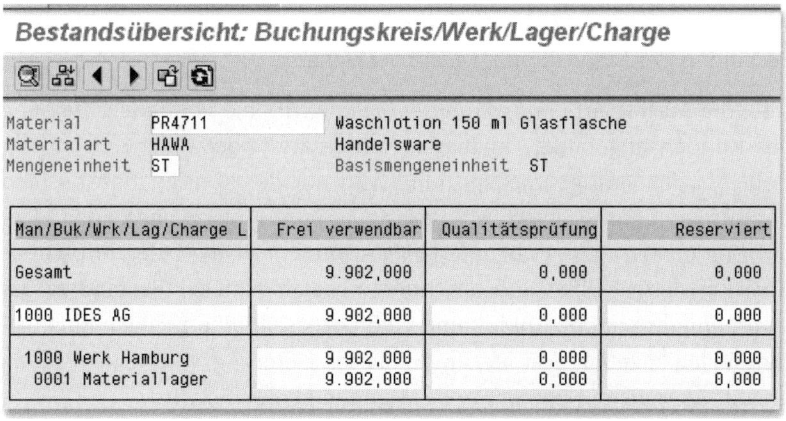

Abbildung 3.50 Bestandsübersicht Material PR4711 im Werk 1000

Aus diesem Bestand sollen 52 Stück in das Konsignationslager unseres Kunden geliefert werden. Dazu ist ein Kundenauftrag mit der Auftragsart »Konsignationsbeschickung« zu erfassen (siehe Abbildung 3.51).

Schritt 2: Konsignationsbeschickung

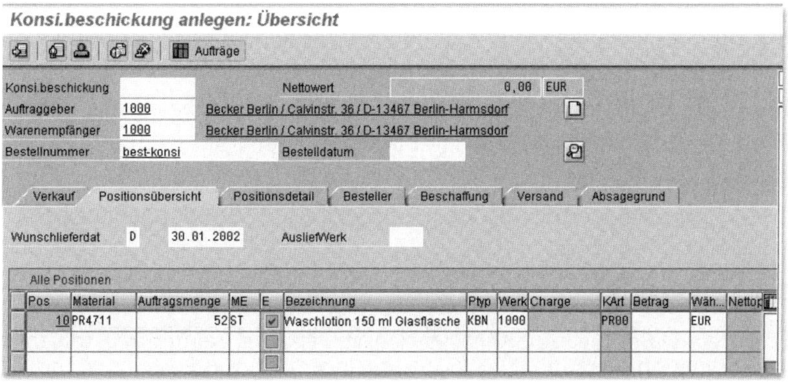

Abbildung 3.51 Erfassung Kundenauftrag mit Auftragsart Konsignationsbeschickung

Das System ermittelt über die Auftragsart den Positionstyp KBN (Konsignationsbeschickung). Es handelt sich um eine Position ohne Preisfindung, daher ist das Betragsfeld ohne Wert. Im Anschluss an den Kundenauftrag wurde ein Lieferbeleg erzeugt und der Warenausgang gebucht. Abbildung 3.52 zeigt den Belegfluss zum Kundenauftrag nach diesen Aktivitäten.

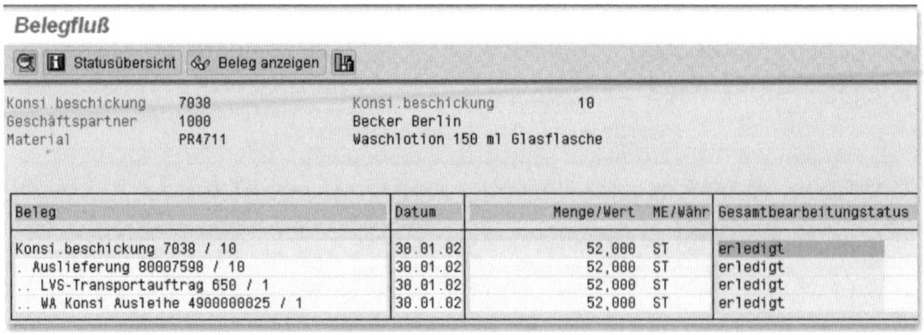

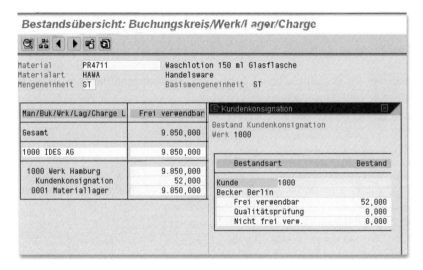

Abbildung 3.52 Belegfluss zur Konsignationsbeschickung

Schritt 3: Bestandsanzeige

Die Kommissionierung im Lieferbeleg erfolgte – analog zum »normalen« Kundenauftrag – über die Komponente Lean-WM. Die Warenausgangsbuchung führte zum in Abbildung 3.53 dargestellten Ergebnis.

Abbildung 3.53 Bestandsübersicht Material PR4711 im Werk 1000

Schritt 4: Konsignationsentnahme

Ab sofort werden 52 Stück unseres Materials im Kundensonderbestand »Konsignation« geführt. Der Kunde meldet dann die Entnahme von 27 Stück aus dem Konsignationslager, und wir erfassen daraufhin einen Kundenauftrag mit der Auftragsart *Konsignationsentnahme* (siehe Abbildung 3.54).

Nun ermittelt das System den Positionstyp KEN (Konsignationsentnahme) und über die Preisfindung den Verkaufspreis für unser Material. Nach der Erfassung des Lieferbelegs zum Kundenauftrag, der entsprechenden Warenausgangsbuchung und Fakturierung zeigt der Belegfluss das in Abbildung 3.55 dargestellte Bild.

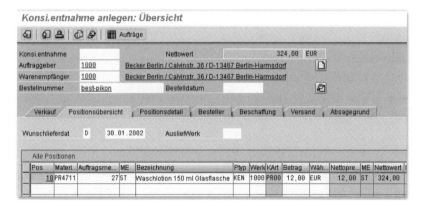

Abbildung 3.54 Erfassung Kundenauftrag mit der Auftragsart Konsignationsentnahme

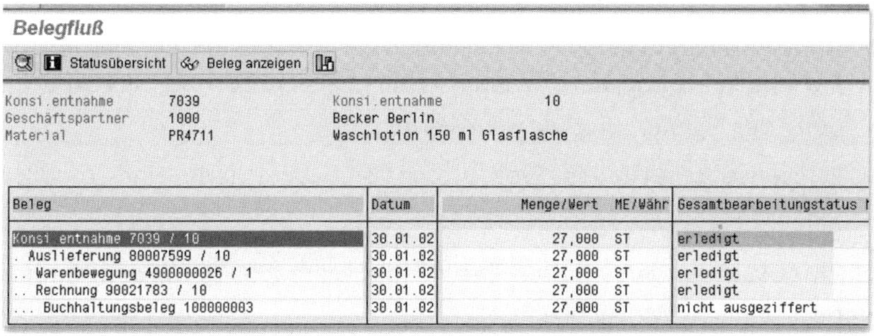

Abbildung 3.55 Belegfluss zur Konsignationsentnahme

Die Warenausgangsbuchung hat den Konsignationsbestand aktualisiert. Folglich wurde der Konsignationsbestand auf 25 Stück reduziert. Abbildung 3.56 zeigt die neue Bestandsübersicht.

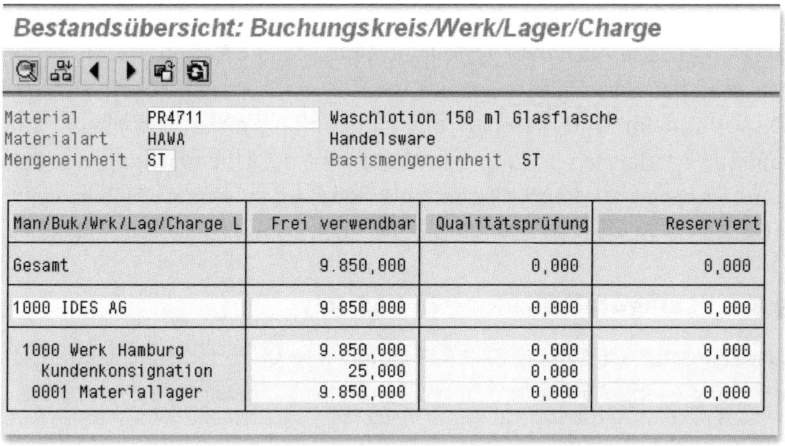

Schritt 5: Bestandsanzeige

Abbildung 3.56 Bestandsübersicht nach der Konsignationsentnahme

Konsignationsabwicklung **233**

3.6 Leihgutabwicklung

Durch Ergänzungen zum gewöhnlichen Leistungsspektrum schaffen Unternehmen Wettbewerbsvorteile. Dazu gehört auch die Bereitstellung von Leihgütern. Integrierte Softwaresysteme ermöglichen Transparenz über Leihgutbestände und schaffen so die Voraussetzung für eine effiziente Abwicklung.

3.6.1 Betriebswirtschaftliche Grundlagen

Leihgüter werden dem Kunden ohne Berechnung für eine begrenzte Zeit zur Verfügung gestellt. Dafür kann es unterschiedliche Gründe geben:

- Leihweise Bereitstellung einer wiederverwendbaren Verpackung
- Leihweise Bereitstellung eines Produktes als Warenprobe
- Leihweise Bereitstellung zusätzlicher Maschinen (z.B. stellt ein Hersteller von Reinigungsmitteln eine Reinigungsmaschine für die Anwendung der eigenen Produkte zur Verfügung)
- Leihweise Bereitstellung von Promotionmaterial (z.B. eines mobilen Verkaufsstands)

Nach Ablauf der vereinbarten Zeit für die Leihe gibt es für den Kunden unterschiedliche Möglichkeiten:

- Rückgabe des Leihgutes an den Lieferanten
- Kauf des Leihgutes durch den Kunden

Leihe und Miete Die Leihgutabwicklung ist auch im Zusammenhang mit Vermietungen von Interesse. Aus Sicht des Lieferanten besteht die Vermietung aus zwei getrennten Vorgängen. Zum einen muss das vermietete Material in einem Kundensonderbestand geführt werden. Wie bei der Konsignationsabwicklung (siehe Abschnitt 3.5) bleibt der Lieferant Eigentümer und führt das Material wertmäßig in seinem Vermögen. Es ist jedoch aus Sicht der Disposition im Unternehmen des Lieferanten »nicht verfügbar«. Zum anderen ist die Berechnung der Miete und die Überwachung der Zahlungseingänge zu kontrollieren. Wir werden in einem Fallbeispiel in Abschnitt 3.6.3 zeigen, wie dies in SAP R/3 bewerkstelligt werden kann.

3.6.2 Leihgutabwicklung in SAP R/3

Die Leihgutabwicklung in SAP R/3 ähnelt sehr stark der Konsignationsabwicklung (siehe Abschnitt 3.5). Folgende Vorgänge sind zu betrachten:

- Leihgutbeschickung (ähnlich der Konsignationsbeschickung)
- Leihgutnachbelastung (ähnlich der Konsignationsentnahme)
- Leihgutabholung (ähnlich der Konsignationsabholung)

Im Unterschied zur Konsignationsbeschickung steht im Standard für die Leihgutbeschickung keine eigene Auftragsart zur Verfügung. Diese müsste bei Bedarf im Customizing angelegt werden. Ansonsten kann man auch die Auftragsart TA (Terminauftrag) verwenden. Hingegen steht mit dem Positionstyp TAL ein eigener Positionstyp zur Verfügung. Ähnlich wie der Positionstyp KNB in der Konsignationsabwicklung ist dieser

Leihgutbeschickung

- Nicht relevant für die Preisfindung
- Nicht relevant für die Fakturierung

Über den Positionstyp TAL wird ein entsprechender Einteilungstyp (E3, Leihgut) im Terminauftrag ermittelt. Dieser bewirkt, dass im SD-Lieferbeleg die Bewegungsart 621 ermittelt wird. Über diese Bewegungsart erfolgt bei der Warenausgangsbuchung eine Umbuchung aus dem frei verfügbaren Werksbestand in den Kundensonderbestand »Leihgut«.

Verbraucht der Kunde das Leihgut, so meldet er dies dem Lieferanten. Dieser erfasst einen Auftrag mit der Auftragsart *Leihgutnachbelastung*. Mit Bezug zu diesem Auftrag wird ein Lieferbeleg erzeugt. Dessen Warenausgangsbuchung vermindert die entsprechende Menge im Leihgutbestand. Analog zur Konsignationsabwicklung geht jetzt das Material in das Eigentum des Kunden über. Mit der Warenausgangsbuchung wird ein Buchhaltungsbeleg »Bestandsveränderung an Bestand« erzeugt. Mit Bezug zum Kundenauftrag (Leihgutnachbelastung) wird eine Faktura zur Abrechnung des Verbrauchs angelegt.

Leihgutnachbelastung

Über die Auftragsart *Leihgutabholung* und einen entsprechenden Lieferbeleg erfolgt die Rückbuchung vom Leihgutbestand des Kunden in den Werksbestand des Lieferanten.

Leihgutabholung

Damit wäre eigentlich alles zum Thema Leihgutabwicklung gesagt. Interessant ist jedoch noch der Zusammenhang zu Mietgeschäften. Für die Abbildung von Mietverträgen gibt es im SAP-Standard eine eigene Auftragsart (MV, Mietvertrag). Diese verwendet den Positionstyp MVN (Mietvertragsposition). Im Customizing zu diesem Positionstyp ist eine Zuordnung zu Fakturaplänen hinterlegt. Über Fakturapläne werden Teilfakturierungen (z. B. Anzahlungen) und die periodische Fakturierung (z. B. Miete) abgebildet. In der entsprechenden Auftragsposition werden die Zahlungstermine erfasst. Zu jedem Zahlungstermin kann dann eine Rech-

Mietverträge

nung erzeugt werden. Die Abwicklung von Fakturaplänen erfolgt über die auftragsbezogene Fakturierung. Dabei ist nicht der Lieferbeleg Grundlage für die Berechnung, sondern der Auftrag.

Allerdings gibt es im SAP-Standard keine Möglichkeit, Leihgutabwicklung und Mietverträge in einer Auftragsposition zu erfassen. In Abschnitt 3.6.3 wollen wir anhand einer Fallstudie zeigen, wie diese Möglichkeit im Customizin einzustellen.

3.6.3 Fallstudie: Customizing Leihgutabwicklung und Mietgeschäft

Ausgangslage Ein Chemieunternehmen beliefert seine Kunden im Chemieanlagenbau mit verschiedenen Reinigungsflüssigkeiten. Zusätzlich können die Kunden hochwertige Spezial-Reinigungsmaschinen mietweise in Anspruch nehmen. Die gesamte Abwicklung der Maschinenmiete (Berechnung der Miete, Bestandsführung) soll in einer Auftragsposition erfolgen.

Um diesen Geschäftsfall abbilden zu können, werden wir zunächst im Customizing einen neuen Positionstyp anlegen. Anschließend werden wir den Prozess anhand eines Beispiels erläutern.

Customizing In Abschnitt 3.6.2 wurde deutlich, dass im SAP-Standard Positionstypen sowohl für die Miete (MVN) als auch für die Leihe (TAL) vorhanden sind. Eine solche Abwicklung würde aber zu mindestens zwei Auftragspositionen führen. Dies erschwert die Kontrolle der Abwicklung. Das Problem lösen wir durch einen neuen Positionstyp, den wir im Customizing anlegen. Wir kopieren dazu den Positionstyp TAL (Leihe). Den neuen Positionstyp nennen wir ZLM (Miete und Leihe). Abbildung 3.57 zeigt uns den für die weitere Vorgehensweise relevanten Teil des Customizings.

Im Unterschied zu dem Positionstyp TAL ist bei unserem Positionstyp die Preisfindungsrelevanz aktiviert (Kennzeichen X im Feld »Preisfindung«). Außerdem ist der Positionstyp relevant für die Fakturierung (Wert I im Feld »Fakturarelevanz«). Der Wert I führt dazu, dass mit Bezug zur Auftragsposition eine Faktura (auftragsbezogene Faktura) angelegt werden kann. Ebenfalls von Bedeutung ist die Option »Fakturierungsplanart«. Der Eintrag 02 führt zu einer periodischen Fakturierung, wie sie dem Mietgeschäft entspricht. Die Option »Erm. Verrechnungswert« wurde nicht markiert. Hierüber wird festgelegt, dass bei diesen Positionen die Konditionsart VPRS (Verrechnungspreis aus dem Materialstamm) nicht berücksichtigt wird.

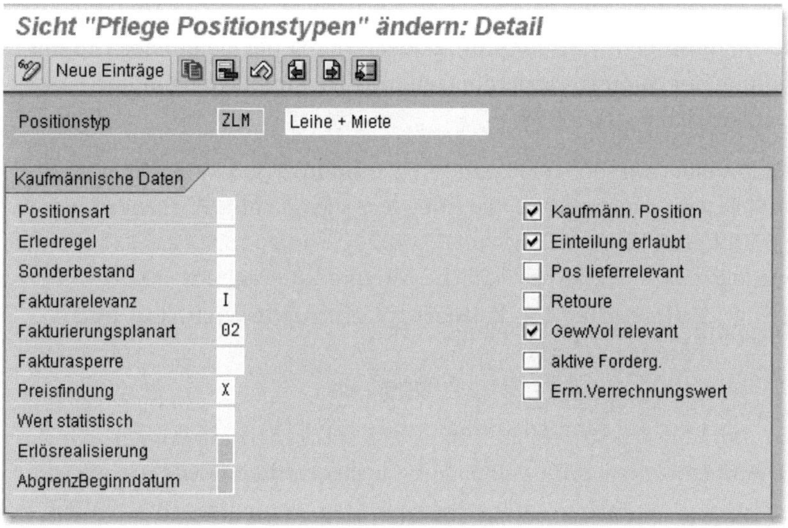

```
Sicht "Pflege Positionstypen" ändern: Detail

   Neue Einträge

Positionstyp        ZLM    Leihe + Miete

Kaufmännische Daten
Positionsart                           ☑ Kaufmänn. Position
Erledregel                             ☑ Einteilung erlaubt
Sonderbestand                          ☐ Pos lieferrelevant
Fakturarelevanz     I                  ☐ Retoure
Fakturierungsplanart 02                ☑ Gew/Vol relevant
Fakturasperre                          ☐ aktive Forderg.
Preisfindung        X                  ☐ Erm.Verrechnungswert
Wert statistisch
Erlösrealisierung
AbgrenzBeginndatum
```

Abbildung 3.57 Anlegen eines neuen Positionstyps im Customizing

Im Unterschied zu dem Positionstyp MVN (Miete) ist bei unserem Positionstyp das Kennzeichen »Einteilungen erlaubt« gesetzt. Nur wenn dies gegeben ist, kann eine Auftragsposition Einteilungen enthalten.

So gesehen haben wir einen Positionstyp geschaffen, der eine Kombination aus den Standard-Positionstypen TAL und MVN darstellt. Da er als Kopie entstanden ist, »erbt« das neue Objekt die Zuordnung der Einteilungstypen. Wie bei TAL wird der Einteilungstyp E3 (Leihgut) im Auftrag ermittelt.

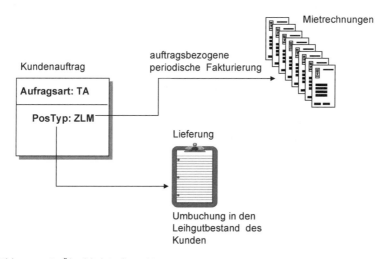

Abbildung 3.58 Überblick Leihe + Miete

Abbildung 3.58 zeigt die Abwicklung *Leihe + Miete* im Überblick. Wir sehen, dass mit Bezug zur Auftragsposition sowohl die periodische Fakturierung der Miete als auch die Lieferung zur Umbuchung in den Sonderbestand »Leihgut« erfolgt.

Systembeispiel Jetzt wollen wir den Einsatz unseres Positionstypen in einem Systembeispiel testen. Unser Kunde, die Chemieanlagen GmbH (Debitorennummer 1030) bestellt für die Zeit vom 01.03.2002 bis zum 31.12.2002 eine Reinigungsmaschine. Der monatliche Mietpreis beträgt 200,00 EUR.

Dazu durchlaufen wir folgende Schritte:

1. Bestandsübersicht der Reinigungsgeräte
2. Erfassung des Kundenauftrags mit Fakturaplan
3. Auslieferung der Maschine in den Leihgutbestand des Kunden
4. Erstellen der Mietfakturen über den Fakturavorrat

Bevor wir uns die Bestandsübersicht anzeigen lassen, wollen wir noch darauf hinweisen, dass unsere Mietmaschine als Materialstamm mit einem Serialnummernprofil angelegt worden ist (siehe Abschnitt 2.6). Als Kontierungsgruppe wurde im Materialstamm die Option 40 (Mieterträge) zugeordnet. Diese ist nicht im SAP-Standard enthalten, sondern wurde ebenfalls neu angelegt. Die Kontierungsgruppe 40 bewirkt, dass die Erlösbuchungen in den Fakturen auf den entsprechenden Mietertragskonten erfolgen.

Schritt 1: Bestandsübersicht Abbildung 3.59 zeigt die Ausgangssituation bei unserem Material LG1100, einem Spezialreinigungsgerät. Im frei verfügbaren Bestand im Werk 1000 (Hamburg) befinden sich 2 Stück. 3 Maschinen sind bereits an die Kunden 1000 (Fa. Becker, 2 Stück) und 1025 (Fa. Müller, 3 Stück) ausgeliehen.

Da für das Material LG1100 Serialnummernpflicht besteht, kann für jedes einzelne Gerät der aktuelle Standort ermittelt werden. In Abbildung 3.60 sehen wir die Liste der Serialnummern als Ergänzung zur Bestandsübersicht. Die Geräte haben im Kundenbestand den Systemstatus EKUN (Kunde) angenommen haben.

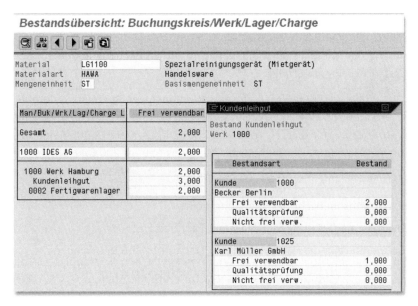

Abbildung 3.59 Bestandsübersicht im Werk 1000

Bestandsübersicht: Serialnummernliste

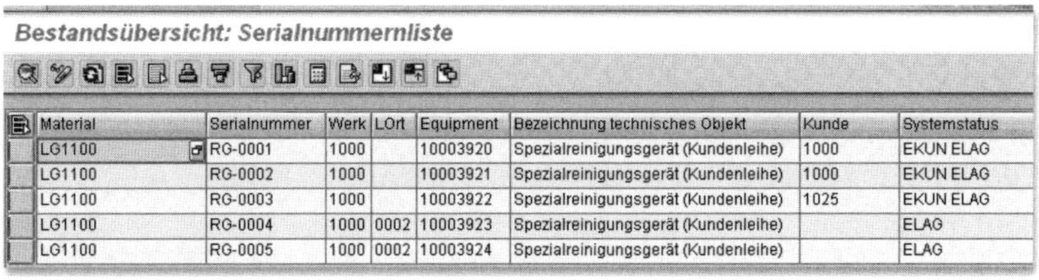

Material	Serialnummer	Werk	LOrt	Equipment	Bezeichnung technisches Objekt	Kunde	Systemstatus
LG1100	RG-0001	1000		10003920	Spezialreinigungsgerät (Kundenleihe)	1000	EKUN ELAG
LG1100	RG-0002	1000		10003921	Spezialreinigungsgerät (Kundenleihe)	1000	EKUN ELAG
LG1100	RG-0003	1000		10003922	Spezialreinigungsgerät (Kundenleihe)	1025	EKUN ELAG
LG1100	RG-0004	1000	0002	10003923	Spezialreinigungsgerät (Kundenleihe)		ELAG
LG1100	RG-0005	1000	0002	10003924	Spezialreinigungsgerät (Kundenleihe)		ELAG

Abbildung 3.60 Serialnummernliste

Schritt 2: Erfassen Kundenauftrag mit Fakturaplan

Im nächsten Schritt erfassen wir den Kundenauftrag mit der Auftragsart TA (Terminauftrag). Das System ermittelt zunächst den Positionstyp TAL (Leihgutbeschickung). Da wir Miete und Leihe in einer Position abbilden wollen, ändern wir den Positionstyp manuell. Dazu erfassen wird den Positionstyp ZLM (Leihe + Miete), den wir im Customizing angelegt haben. Abbildung 3.61 zeigt die Erfassung des Auftrags. Da der Positionstyp ZLM preisfindungsrelevant ist, kann der monatliche Mietpreis in Höhe von 200,00 EUR erfasst werden.

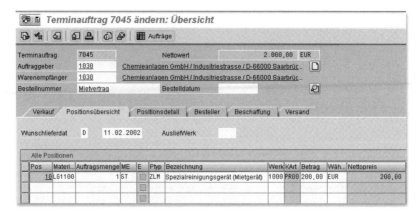

Abbildung 3.61 Erfassung des Kundenauftrags

Im Detailbild zur Position 10 können wir jetzt den Fakturaplan für die periodische Fakturierung der Miete erfassen (siehe Abbildung 3.62). Der Mietvertrag beginnt am 01.03.2002 und endet am 31.12.2002. Nach der Erfassung dieser Daten ermittelt das System automatisch die Fakturatermine zum jeweiligen Monatsende. Jeder Fakturatermin gilt für einen bestimmten Abrechnungszeitraum (jeweils ein Monat). Als Fakturabetrag wird der Mietpreis von 200,00 EUR aus der Position übernommen. Insgesamt ergibt sich ein Nettowert von 2000,00 EUR für die gesamte Position.

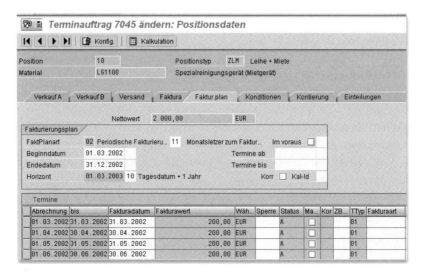

Abbildung 3.62 Fakturaplan zur Position im Kundenauftrag

Nach der Erfassung des Kundenauftrags schließt sich die Erstellung des Lieferbelegs an. Im Lieferbeleg wird unter anderem die Serialnummer erfasst. Damit wird festgelegt, welches Gerät ausgeliefert wird. Aus der Liste der Serialnummern mit dem Status ELAG (Lager) kann eine Maschine ausgewählt werden.

Schritt 3: Auslieferung

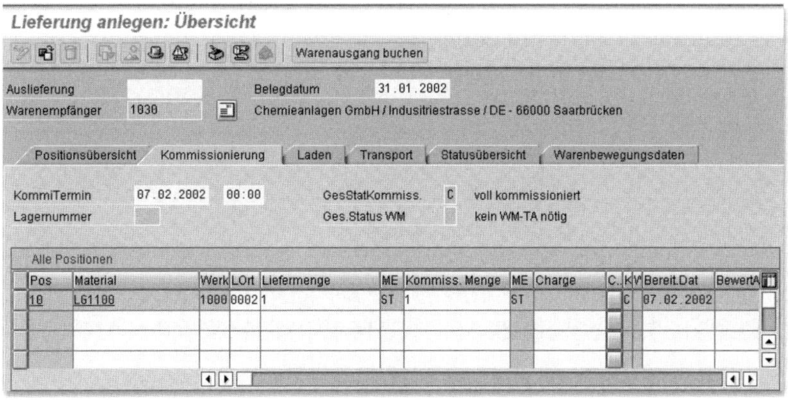

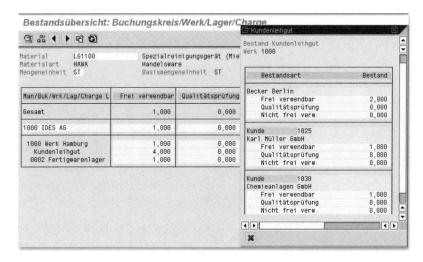

Abbildung 3.63 Erfassung der Lieferung

In Abbildung 3.63 sehen wir, dass das Feld »Kommissionierte Menge« eingabebereit ist. In diesem Fall wird also die Komponente Lean-WM (siehe Abschnitt 3.3) nicht eingesetzt. Die Kommissionierung erfolgt manuell. Nach der Warenausgangsbuchung dieser Lieferung ergibt sich eine Bestandssituation wie in Abbildung 3.64 dargestellt.

Abbildung 3.64 Bestandsübersicht

Leihgutabwicklung **241**

Nach der Auslieferung einer weiteren Maschine durch unsere Lieferung (siehe Abbildung 3.63) befindet sich nur noch eine Maschine im frei verwendbaren Werksbestand (siehe Abbildung 3.64). Die gelieferte Maschine befindet sich im Leihgutbestand des Kunden mit der Debitorennummer 1030 (Chemieanlagen GmbH).

Schritt 4: Erstellen der Mietfakturen

Im letzten Schritt zeigen wir die Verrechnung der Miete. Wir erzeugen dazu den Fakturavorrat zu unserem Kundenauftrag mit der Auftragsnummer 7045. Als Selektionsdatum geben wir den 30.04.2002 an.

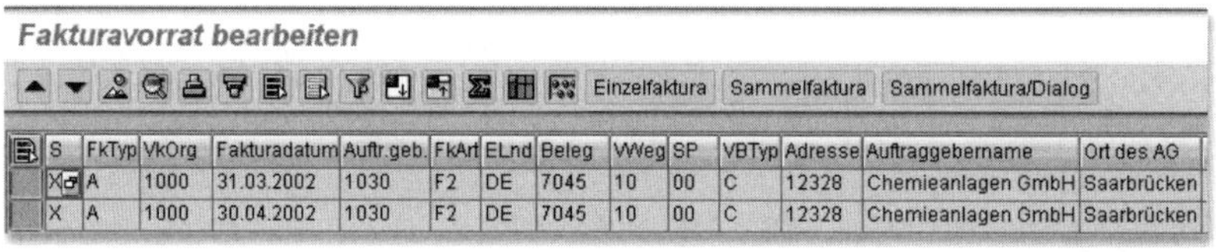
Fakturavorrat bearbeiten

Einzelfaktura | Sammelfaktura | Sammelfaktura/Dialog

S	FkTyp	VkOrg	Fakturadatum	Auftr.geb.	FkArt	ELnd	Beleg	VWeg	SP	VBTyp	Adresse	Auftraggebername	Ort des AG
X	A	1000	31.03.2002	1030	F2	DE	7045	10	00	C	12328	Chemieanlagen GmbH	Saarbrücken
X	A	1000	30.04.2002	1030	F2	DE	7045	10	00	C	12328	Chemieanlagen GmbH	Saarbrücken

Abbildung 3.65 Fakturavorrat für die Erstellung der Mietfakturen aus dem Fakturaplan

Der in Abbildung 3.65 gezeigte Fakturavorrat enthält gemäß den vorgegebenen Selektionskriterien die Rechnungen für die ersten beiden Vertragsmonate März und April. Aus dem Fakturavorrat heraus werden nun die entsprechenden Rechnungen erzeugt und gebucht. In der Praxis wird dieser Schritt meistens automatisch ablaufen: Über ein Programm wird der Fakturavorrat ermittelt, und die entsprechenden Rechnungen werden erzeugt. Somit braucht man sich um die Fakturierung des Auftrags nicht mehr zu kümmern.

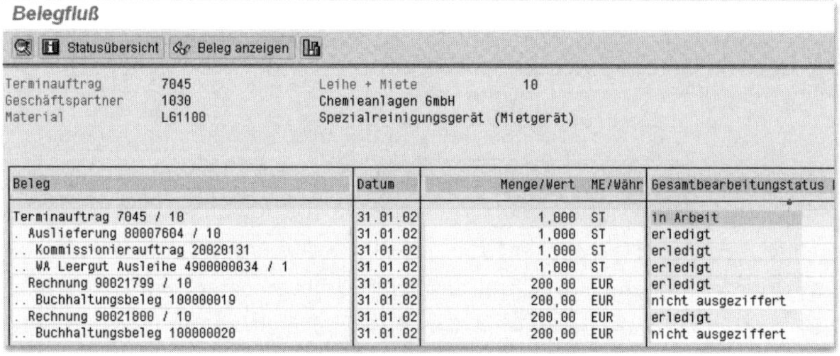
Belegfluß

Statusübersicht | Beleg anzeigen

Terminauftrag 7045 — Leihe + Miete 10
Geschäftspartner 1030 — Chemieanlagen GmbH
Material L61100 — Spezialreinigungsgerät (Mietgerät)

Beleg	Datum	Menge/Wert	ME/Währ	Gesamtbearbeitungsstatus
Terminauftrag 7045 / 10	31.01.02	1,000	ST	in Arbeit
. Auslieferung 80007604 / 10	31.01.02	1,000	ST	erledigt
.. Kommissionierauftrag 20020131	31.01.02	1,000	ST	erledigt
.. WA Leergut Ausleihe 4900000034 / 1	31.01.02	1,000	ST	erledigt
. Rechnung 90021799 / 10	31.01.02	200,00	EUR	erledigt
.. Buchhaltungsbeleg 100000019	31.01.02	200,00	EUR	nicht ausgeziffert
. Rechnung 90021800 / 10	31.01.02	200,00	EUR	erledigt
.. Buchhaltungsbeleg 100000020	31.01.02	200,00	EUR	nicht ausgeziffert

Abbildung 3.66 Belegfluss im Kundenauftrag

Der Belegfluss im Auftrag hat nach dem Fakturalauf das in Abbildung 3.66 gezeigte Bild. Wir sehen den Terminauftrag, die entsprechende Lieferung und die beiden Rechnungen. Abbildung 3.67 zeigt uns den Buchhaltungsbeleg zur Rechnung.

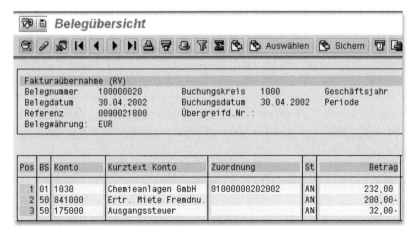

Abbildung 3.67 Buchhaltungsbeleg zur Mietrechnung

Gemäß der Kontierungsgruppe im Materialstamm wurden die Erlöse als Mieterträge verbucht. An dieser Stelle sei noch darauf hingewiesen, dass Maschinen mit einem hohen Wert im Anlagevermögen auszuweisen sind. Die Zuordnung einer Maschine zu einem Anlagenstammsatz erfolgt über die Serialnummer bzw. den Equipmentstammsatz zur Serialnummer. In diesem Fall wird der Wert der Maschine in der Anlagenbuchhaltung verwaltet. Deshalb wäre der Materialstamm hier als »unbewertetes Material« zu führen. An der Abwicklung von Leih- und Mietgeschäft würde sich aber nichts ändern. Lediglich wenn der Kunde die Maschine im Zuge einer Leihgutnachbelastung übernehmen will, wird bei der Warenausgangsbuchung kein Buchhaltungsbeleg erzeugt. Hier müsste der wertmäßige Abgang der Anlage in der Anlagenbuchhaltung manuell gebucht werden.

Zu der Faktura wurde auch ein Beleg in der Ergebnisrechnung erzeugt. In diesem Beleg sind nur die Erlöse an die Ergebnis- und Marktsegmentrechnung (CO-PA) übergeben worden. Da die Konditionsart VPRS bei unserem Positionstyp ZLM nicht ermittelt wird, werden keine Umsatzkosten übergeben: Die Fortschreibung der Umsatzkosten wäre hier nicht zielführend, da dann pro Mietfaktura jeweils die gesamten Herstellkosten weitergeleitet würden. Die Kosten der Vermietung entstehen jedoch in erster Linie über den Wertverlust der Maschine, also über die Abschreibungen. Diese werden aber unabhängig von der Leihgutabwicklung auf einer Kostenstelle gesammelt und von dort in die Ergebnis- und Marktsegmentrechnung übergeben.

3.7 Retourenabwicklung

Zum Vertrieb gehört auch eine rasche Bearbeitung von Kundenretouren. Wurde Falsches geliefert oder ist die Ware beschädigt, geht es um schnelle Schadensbegrenzung. Vor allem die Handhabung von Garantie- und Kulanzfällen gehört zu den wichtigen Wettbewerbsvorteilen eines Unternehmens. Für eine schnelle Prüfung und Bearbeitung von Garantie- und Kulanzfällen ist jedoch eine effiziente Bearbeitung von Retouren unabdingbar.

3.7.1 Betriebswirtschaftliche Grundlagen

Rücksendungen von Kunden gehören zu den eher unangenehmen Ereignissen im Vertriebsalltag. Gründe für Retouren können sein:

- Es wurde die falsche Ware geliefert
- Die gelieferte Ware war schadhaft
- Der Kunde hat die falsche Ware bestellt

Nach dem Eingang der Retoure stellen sich folgende Probleme:

- Identifikation des Materials
- Bewertung des Materials
- Verwendungsentscheidung
- Gutschrift oder Ersatzlieferung für den Kunden

Identifikation Zunächst geht es darum, die richtige Materialnummer zu ermitteln. Über sie lässt sich sodann feststellen, ob und wann die Ware geliefert worden ist. Vor allem bei der Rücksendung älterer Produkte, meist ohne zusätzliche Dokumentation, ist dies problematisch.

Bewertung Der nächste Schritt besteht in der Bewertung des Materials. Lediglich wenn ein Produkt vom Kunden unmittelbar zurückgeschickt wird und offenkundig kein Wertverlust eingetreten ist, kann es ohne Einschränkung in den bewerteten Lagerbestand übernommen werden. Dieser Bestand wird dann zum Zeitpunkt der Wareneingangsbuchung mengen- und wertmäßig erhöht. Die Bewertung erfolgt dann anhand des Bewertungspreises im Materialstamm.

Wie ist aber zu verfahren, wenn der Warenwert gemindert ist? Wenn gewissermaßen eine B-Ware entstanden ist? In diesem Fall gibt es zwei Möglichkeiten. Zum einen können die Retourenprodukte unter einem eigenen Materialstamm verwaltet werden. Dies führt aber schnell zu einer Vielzahl zusätzlicher Materialstämme. Zum anderen kann man die

Bestände eines Materials differenziert bewerten. SAP bietet mit der Funktion *Getrennte Bewertung* die Möglichkeit, Bestände unterhalb der Ebene Werk/Material über eigene Bewertungssegmente unterschiedlich zu bewerten. Allerdings ist dann bei jeder Materialbewegung zu diesem Materialstamm das Bewertungssegment mitzugeben.

In der Praxis scheuen viele Unternehmen den Aufwand, den die Einführung und vor allem die Handhabung dieser Lösung verursacht. Letztlich ist von Fall zu Fall zu prüfen, welche Lösung mit vertretbarem Aufwand die gewünschten Ergebnisse bringt. Unternehmen, die chargenpflichtige Produkte herstellen, können die Differenzierung der Bestandsbewertung auch über Chargen vornehmen. Zu jeder Charge kann ein eigenes Bewertungssegment mit einem Bewertungspreis angelegt werden. Somit bucht man Retouren unter einer eigenen Charge ein und vergibt für diese Charge einen eigenen Bewertungspreis.

Nach der Identifizierung und Bewertung des Materials ist eine Verwendungsentscheidung zu treffen. Folgende Möglichkeiten bieten sich an:

Verwendungsentscheidung

- Verschrottung
- Einbuchen in den freien Bestand
- Reparatur

Im Falle der Verschrottung ist es sinnvoll, die Ware gar nicht erst in den bewerteten Bestand einzubuchen. Vielmehr sollte man sie direkt der geeigneten Entsorgung zuführen. Ist die Ware ohne größere Überarbeitung wieder verkaufsfähig, so wird sie in den Bestand übernommen. Schließlich kann das Produkt repariert werden. Die Abwicklung von Reparaturen kann mit Hilfe des Moduls CS (Customer Service) vorgenommen werden. Dieses verwendet Funktionen aus dem Modul PM (Plant Maintenance, Instandhaltung) und dem Modul SD.

Am Ende ist zu entscheiden, ob der Kunde eine Gutschrift für die Retoure erhält. Eine andere Möglichkeit besteht in der Ersatzlieferung. Wichtig ist, dass der gesamte Retourenvorgang transparent und damit nachvollziehbar ist.

Gutschrift oder Ersatzlieferung

3.7.2 Retourenabwicklung in SAP R/3

Für die Abwicklung von Retouren steht im Standard die Auftragsart RE (Retourenauftrag) zur Verfügung. Retourenpositionen haben den Positionstyp REN (Retourenposition). Über die Zuordnung der Einteilungstypen im Customizing wird der Einteilungstyp DN (Retoure) ermittelt.

Retourenauftrag

Retourenlieferung — Analog zur normalen Auftragsabwicklung (siehe Abschnitt 3.3) wird mit Bezug zum Retourenauftrag ein SD-Lieferbeleg mit der Lieferart LR (Retourenanlieferung) angelegt. Der Positionstyp in der Lieferung wird aus dem Auftrag übernommen. Im Customizing ist der Positionstyp REN als »nicht relevant« für die Kommissionierung eingestellt. Damit entfällt der Kommissioniervorgang (die Rückmeldung der Pickmenge), der beim Kunden stattfindet. Mit der Retourenanlieferung wird die Wareneingangsbuchung durchgeführt.

Retourensperrbestand — Der Einteilungstyp DN (Retoureneinteilung) im Retourenauftrag führt in der Retourenlieferung über die Bewegungsart 651 zu einer Buchung in den *Retourensperrbestand*. Dabei handelt es sich um einen unbewerteten Bestand. Aus diesem Grund wird für diesen Materialbeleg kein Buchhaltungsbeleg erzeugt. Im Customizing der Materialwirtschaft gibt es zusätzliche Bewegungsarten, die für die Steuerung von Retouren eingesetzt werden können. Dazu gehört unter anderem die Bewegungsart 653. Diese führt dazu, dass die Wareneingangsbuchung direkt in den frei verwendbaren Bestand erfolgt. In diesem Fall wird natürlich ein Buchhaltungsbeleg erzeugt (Bestand an Bestandsveränderungen). Um diese Bewegungsart zu nutzen, muss im SD-Customizing ein neuer Einteilungstyp angelegt werden; am besten geschieht dies durch Kopie des Einteilungstyps DN. Dem neuen Einteilungstyp ordnet man dann die Bewegungsart 653 zu. Erlaubt man den neuen Einteilungstyp als Alternative, so kann der Anwender im Retourenauftrag durch Auswahl eines Einteilungstyps entscheiden, ob in den Retourensperrbestand oder den frei verwendbaren Bestand gebucht werden soll.

Umbuchung in den frei verwendbaren Bestand — Die Umbuchung vom Retourensperrbestand in den frei verwendbaren Bestand erfolgt über die Bewegungsart 453 im Modul MM.

Retourengutschrift — Dem Kunden kann eine Gutschrift für die Retoure eingeräumt werden. Dazu gibt es im Standard die Fakturaart RG (Retourengutschrift), bei der es sich um eine auftragsbezogene Faktura handelt. In der Praxis wird man deshalb bei der Erfassung des Retourenauftrags immer eine Fakturasperre setzen. Diese kann abhängig vom Customizing der Auftragsart automatisch vom System vorgeschlagen werden. Erst wenn geklärt ist, dass eine Gutschrift erfolgen soll, wird die Sperre manuell entfernt. Danach kann die Gutschrift automatisch über den Fakturalauf erzeugt werden. Abbildung 3.68 gibt einen Überblick zur Retourenabwicklung.

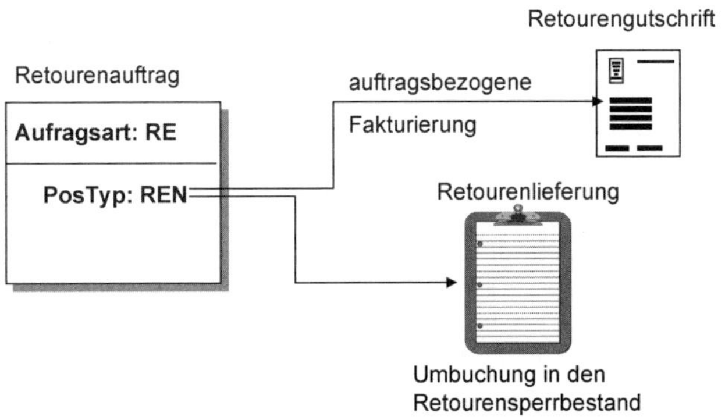

```
                    Retourengutschrift
Retourenauftrag    auftragsbezogene
                   Fakturierung
Aufragsart: RE
                                    Retourenlieferung
PosTyp: REN

                              Umbuchung in den
                              Retourensperrbestand
```

Abbildung 3.68 Überblick Retourenabwicklung

Über die Gutschrift wird ein Buchhaltungsbeleg erzeugt. Dieser enthält die »umgekehrte« Erlösbuchung »Umsatzerlöse und Mehrwertsteuer an Debitor«. Wie bei einer Faktura können auch bei einer Gutschrift Werte an die Ergebnis- und Marktsegmentrechnung (CO-PA) übergeben werden. Im CO-PA werden Erlöse (Nettowert der Position), Umsatzkosten (über die Konditionsart VPRS) und die Absatzmenge korrigiert. Allerdings ist es bei Gutschriften nicht immer sinnvoll, alle Werte zu korrigieren. Dabei sind im Wesentlichen zwei Fälle zu unterscheiden:

Integration Rechnungswesen

- Fall 1
  Der Kunde schickt ein neuwertiges Produkt zurück, beispielsweise wegen Überlieferung. In diesem Fall ist es sinnvoll, die Erlöse, die Umsatzkosten und auch die Absatzmenge zu korrigieren.

- Fall 2
  Der Kunde schickt ein altes Gerät zurück, beispielsweise im Zuge einer Verkaufsaktion, bei der Altgeräte in Zahlung genommen werden. Dann ist es sinnvoll den Gutschriftsbetrag als negativen Erlös im CO-PA zu buchen. Die Absatzmenge hingegen ist nicht zu korrigieren, und ebensowenig ist es sinnvoll, die Umsatzkosten der laufenden Periode anzupassen.

Im Customizing gibt es entsprechende Möglichkeiten, die betroffen Wertfelder von der Überleitung auszuschließen. Diese werden im nächsten Abschnitt (3.8) zusammen mit der Gut- und Lastschriftsabwicklung vorgestellt.

Des Weiteren ist es möglich, dem Kunden eine Ersatzlieferung zukommen zu lassen. Dazu sollte mit Bezug zum Retourenauftrag ein weiterer Auftrag mit der Auftragsart *Kostenlose Lieferung* angelegt werden. Somit

Kostenlose Lieferung

erscheint dieser Auftrag im Belegfluss des Retourenauftrags. Jeder Sachbearbeiter im Vertrieb kann erkennen, wie auf die Retoure reagiert wurde. Diese Auftragsart führt zu einem Positionstyp ohne Preisfindungsrelevanz und ohne Fakturarelevanz.

Garantielieferung Die kostenlose Lieferung könnte z. B. im Garantiefall eingesetzt werden. Viele Unternehmen wollen jedoch den Aufwand für Garantielieferungen sowohl in der Finanzbuchhaltung als auch im Controlling gesondert ausweisen. Um den Aufwand in der Finanzbuchhaltung auf ein Konto »Garantieaufwand« zu buchen, wendet man die gleiche Vorgehensweise an, wie sie für Musterlieferungen im Abschnitt 3.3.4 erläutert wurde. Für einen Ausweis der Garantieaufwendungen in der Ergebnis- und Marktsegmentrechnung (CO-PA) im Modul CO (Controlling) müssen wir die Ausführungen zur CO-PA-Schnittstelle aus Abschnitt 2.12 beherzigen. Dort haben wir gesehen, dass im »normalen« Auftragsprozess sowohl Erlöse als auch Kosten aus der SD-Faktura in die Ergebnis- und Marktsegmentrechnung übergeben werden. Bei einer kostenlosen Lieferung ist eine SD-Faktura nicht zwingend erforderlich, da es nichts zu belasten gibt. Andererseits kommen ohne SD-Faktura auch keine Kosten in die Ergebnis- und Marktsegmentrechnung. Des Rätsels Lösung besteht darin, zunächst einen normalen Auftrag (z. B. einen Terminauftrag) mit einer preisrelevanten Position zu erfassen. Man ergänzt die automatische Preisfindung um einen 100%-Rabatt. Dieser Rabatt sollte in der Erlöskontenfindung auf das identische Konto gesteuert werden, welches auch für die Verkaufspreiskondition genutzt wird (z. B. Umsatzerlöse). Anschließend erfasst man Lieferung und Faktura. Durch die Faktura entsteht in der Finanzbuchhaltung die Buchung aus Abbildung 3.69.

Soll		Haben	
Umsatz	100,- €	Umsatz	100,- €

Abbildung 3.69 Buchungssatz in der Garantiefaktura

Der Erlös und der 100%-Rabatt verrechnen sich zu null. In das CO-PA werden der Erlös und der Rabatt an das gleiche Wertfeld übergeben. Sie gleichen sich aus und sind damit ergebnisneutral. Zusätzlich werden die

Kosten für das Material (ermittelt aus der Konditionsart VPRS) an die Ergebnis- und Marktsegmentrechnung übergeben. Somit verschlechtert sich das Betriebsergebnis in der Ergebnis- und Marktsegmentrechnung (CO-PA) um die Kosten des gelieferten Materials. Der gewünschte Effekt ist eingetreten.

In Abschnitt 3.7.1 wurde darauf hingewiesen, dass die Funktion *Getrennte Bewertung* dazu genutzt werden kann, unterhalb des Materials zusätzliche Bewertungssegmente einzuführen. Dazu ist im Materialstamm auf dem Buchhaltungsbild das Feld »Bewertungstyp« zu pflegen. Der Bewertungstyp legt fest, nach welchen Kriterien die Bestände unterschieden werden sollen. Zu jedem Bewertungstyp gibt es dann unterschiedliche Bewertungsarten. Beispiele für Bewertungstypen und Bewertungsarten sind:

Getrennte Bewertung

- **Eigen-/Fremdfertigung**
  Anwendbar auf Materialien, die sowohl in Eigenherstellung als auch in Fremdbezug beschafft werden. Der Materialbestand wird in zwei Bewertungsarten (»Eigen«, »Fremd«) unterschieden.

- **Herkunft**
  Anwendbar bei Rohstoffen, die aus unterschiedlichen Ländern mit unterschiedlichen Preisen beschafft werden. Hier stellen die jeweiligen Länder die Bewertungsarten dar.

- **Charge**
  Anwendbar bei chargenpflichtigen Materialien. Hier stellt jede Charge eine Bewertungsart dar.

Zusätzliche Bewertungstypen und Bewertungsarten können im Customizing definiert werden. Bei getrennt bewerteten Materialstammsätzen existiert unterhalb des Buchhaltungsbildes pro Bewertungsart ein weiteres Buchhaltungsbild mit einem eigenen Bewertungspreis. Der Bewertungspreis auf dem übergeordneten Werksbild errechnet sich aus dem Durchschnitt der Preise der einzelnen Bewertungsarten. Das Material CH1000, das wir auch für unser Systembeispiel in Abschnitt 3.7.3 verwenden, ist chargenpflichtig. Auf dem Buchhaltungsbild (siehe Abbildung 3.70) wurde die getrennte Bewertung nach Chargen eingestellt.

Für das Material CH1000 wurde im Feld Bewertungstyp der Eintrag X ausgewählt. Damit wurde die getrennte Bewertung nach Chargen aktiviert. Der »Gleitende Preis« (9,75 EUR) errechnet sich aus den untergeordneten Chargen. Für das Material gibt es zwei Chargen. Der Bestand teilt sich zu je 1000 Stück auf die Charge CH-01 und die Charge CH-02.

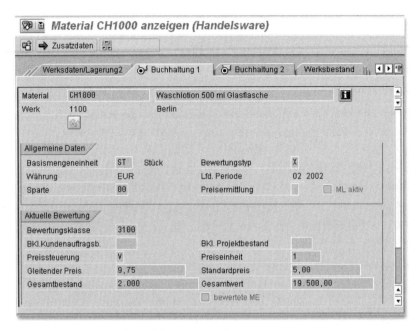

Abbildung 3.70 Buchhaltungsbild auf Werksebene

Abbildung 3.71 zeigt das Bewertungssegment für die Charge CH-01. Der Bewertungspreis bei dieser Charge beträgt 7,50 EUR.

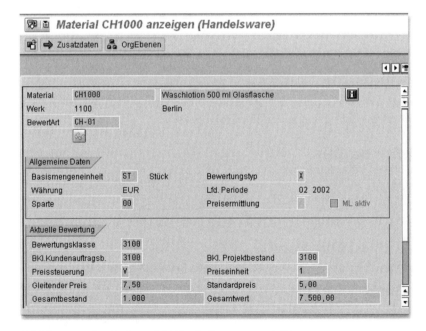

Abbildung 3.71 Buchhaltungsbild für die Bewertungsart CH-01

Das Bewertungsbild für die Charge CH-02 zeigt einen Bewertungspreis von 12,00 EUR (siehe Abbildung 3.72). Aus den Bestandswerten für die Chargen CH-01 (7500,00 EUR) und CH-02 (12000,00 EUR) errechnet sich der Gesamtwert von 19500,00 EUR für den Gesamtbestand. Bei 2000 Stück ergibt dies einen durchschnittlichen Bewertungspreis auf der Werksebene von 9,75 EUR (siehe Abbildung 3.70).

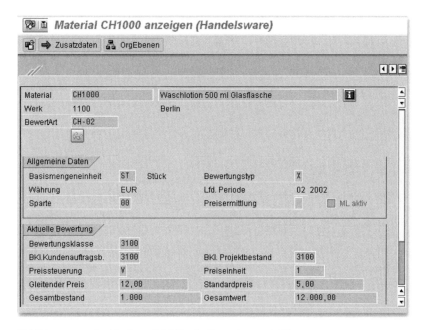

Abbildung 3.72 Buchhaltungsbild für die Bewertungsart CH-02

Die Funktion *Getrennte Bewertung* wird man in aller Regel nicht allein wegen der Retourenabwicklung einführen. Vielmehr geht es insgesamt um einen richtigen Ausweis der Bestandswerte.

3.7.3 Beispiel

Nun wollen wir für das Material CH1000 eine Retourenabwicklung durchführen. Dabei durchlaufen wir folgende Schritte:

1. Bestandsübersicht
2. Erfassung Retourenauftrag
3. Erfassung einer neuen Bewertungsart
4. Erfassung Retourenlieferung
5. Bestandsübersicht

6. Umbuchung in den frei verwendbaren Bestand

7. Erfassung der Retourengutschrift

Schritt 1: Bestandsübersicht

Bevor wir einen Retourenauftrag erfassen, werfen wir wieder einen Blick auf die Bestandsübersicht (siehe Abbildung 3.7.6). Im Werk 1100 Berlin befinden sich 2000 Stück unseres Materials CH1000 im frei verwendbaren Bestand. Dieser verteilt sich auf die beiden Chargen CH-01 und CH-02. Diese Information ist identisch mit der Bestandsinformation aus den Bewertungsbildern (siehe Abbildung 3.70 bis Abbildung 3.72).

Bestandsübersicht: Buchungskreis/Werk/Lager/Charge

Material	CH1000	Waschlotion 500 ml Glasflasche	
Materialart	HAWA	Handelsware	
Mengeneinheit	ST	Basismengeneinheit ST	

Man/Buk/Wrk/Lag/Charge L	Frei verwendbar	Qualitätsprüfung	Reserviert
Gesamt	2.000,000	0,000	0,000
1000 IDES AG	2.000,000	0,000	0,000
1100 Berlin	2.000,000	0,000	0,000
0001 AusliefLager	2.000,000	0,000	0,000
CH-01	1.000,000	0,000	0,000
CH-02	1.000,000	0,000	0,000

Abbildung 3.73 Bestandsübersicht im Werk 1100 Berlin

Schritt 2: Retourenauftrag erfassen

Erfassen wir nun also den Retourenauftrag mit der Auftragsart RE. In Abbildung 3.74 erkennen wir, dass eine Fakturasperre gesetzt ist. Diese verhindert zunächst das Anlegen einer Gutschrift. Im Customizing zur Auftragsart kann hinterlegt werden, dass die Fakturasperre automatisch beim Anlegen gesetzt wird. Ebenso wird dort festgelegt, dass ein Auftragsgrund (in unserem Fall »Retoure«) zu erfassen ist. Die Auftragsmenge beträgt 100 Stück. Die Position enthält den Positionstyp REN (Retourenposition). Über die Preisfindung werden die Konditionen im Auftrag ermittelt. Der Nettowert des Retourenauftrags wird dem Kunden im Fall einer Gutschrift gutgeschrieben. Es ist denkbar, bei einem Retourenauftrag spezielle Preise oder Konditionen (z.B. eine Bearbeitungsgebühr) zu verwenden. Diese Preise können in der Preisfindung (siehe Abschnitt 2.1) auch von der Auftragsart oder dem Positionstyp abhängig gemacht werden. In unserem Beispiel hat das System einen Gutschriftsbetrag von 15,00 EUR/Stück ermittelt.

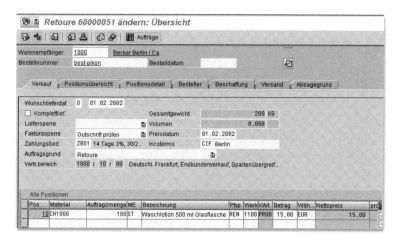

Abbildung 3.74 Retourenauftrag

Bevor wir die Retourenlieferung zum Auftrag erfassen, erinnern wir uns daran, dass unser Material chargenpflichtig ist. Außerdem wurde die »Getrennte Bewertung« für dieses Material aktiviert. Gehen wir für unser Beispiel davon aus, dass es sich bei den Waren um Chargen mit relativ geringer Restlaufzeit handelt, die umgehend über Sonderangebote verkauft werden müssen. Ansonsten sind die Produkte aber in Ordnung. Im nächsten Schritt legen wir einen Chargenstammsatz (CH-RE-01) und eine eigene Bewertungsart für diese Charge an. In der Bewertungsart gehen wir davon aus, dass die Produkte mit einem Wert von 2,00 EUR bewertet werden können. Abbildung 3.75 zeigt die neue Bewertungsart.

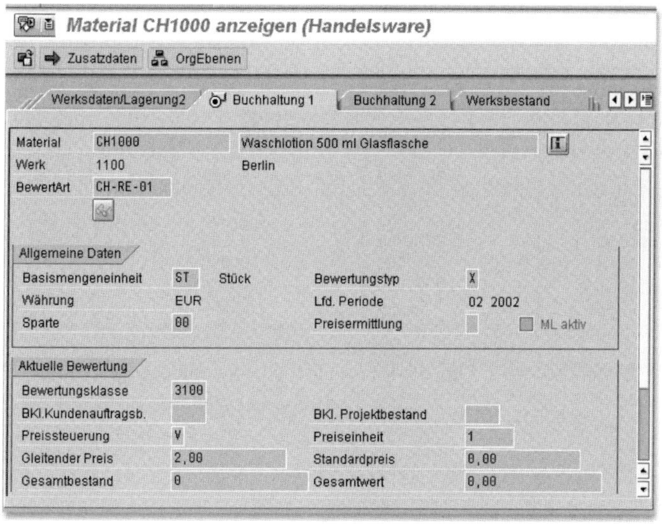

Schritt 3: Bewertungsart anlegen

Abbildung 3.75 Buchhaltungsbild Bewertungsart CH-RE-01

Schritt 4: Retourenanlieferung Der nächste Schritt besteht in der Erfassung der Retourenlieferung (siehe Abbildung 3.76). In der Lieferung wird die Charge erfasst. Aus dem Chargenstammsatz wird die Bewertungsart ermittelt.

Retourenanlieferung anlegen: Übersicht
Wareneingang buchen
Auslieferung
Belegdatum 01.02.2002
Warenempfänger 1000
Becker Berlin / Calvinstr. 36 / DE - 13467 Berlin
Positionsübersicht
Kommissionierung
Laden
Transport
Statusübersicht
Warenbewegungsdaten
KommiTermin 01.02.2002 00:00
GesStatKommiss.
nicht kommirelevant
Lagernummer
Ges.Status WM
kein WM-TA nötig
Alle Positionen
Pos Material Werk LOrt Liefermenge ME Kom... ME Charge BewertArt Bezeichnung
10 CH1000 1100 0001 100 ST 0 ST CH-RE-01 CH-RE-01 Waschlotion 500 ml Glasflasche

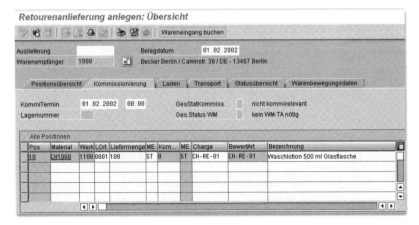

Abbildung 3.76 Retourenlieferung

Schritt 5: Bestandsübersicht Die Wareneingangsbuchung zur Retourenlieferung bucht das Material in den Retourensperrbestand ein. Die Bestandsübersicht hat dann das Aussehen wie in Abbildung 3.77.

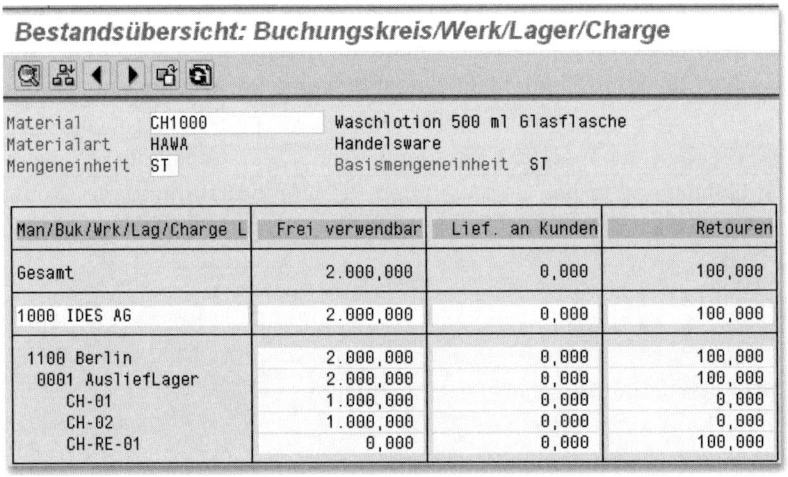

Bestandsübersicht: Buchungskreis/Werk/Lager/Charge
Material CH1000 Waschlotion 500 ml Glasflasche
Materialart HAWA Handelsware
Mengeneinheit ST Basismengeneinheit ST
Man/Buk/Wrk/Lag/Charge L | Frei verwendbar | Lief. an Kunden | Retouren
Gesamt | 2.000,000 | 0,000 | 100,000
1000 IDES AG | 2.000,000 | 0,000 | 100,000
1100 Berlin | 2.000,000 | 0,000 | 100,000
0001 AusliefLager | 2.000,000 | 0,000 | 100,000
CH-01 | 1.000,000 | 0,000 | 0,000
CH-02 | 1.000,000 | 0,000 | 0,000
CH-RE-01 | 0,000 | 0,000 | 100,000

Abbildung 3.77 Bestandsübersicht im Werk 1100 nach der Wareneingangsbuchung

Der Retourenbestand wurde für die Charge CH-RE-01 um 100 Stück erhöht. Im nächsten Schritt erfolgt die Umbuchung in den frei verwendbaren Bestand. Diese Buchung erfolgt über eine Umbuchung im Modul MM. Dazu steht die Bewegungsart 453 zur Verfügung. Abbildung 3.78 zeigt den Materialbeleg der Umbuchung.

Schritt 6: Umbuchung

Abbildung 3.78 Materialbeleg der Umbuchung in den frei verwendbaren Bestand

Mit diesem Vorgang erfolgt die Umbuchung in einen bewerteten Bestand. Damit wird zu diesem Materialbeleg ein Buchhaltungsbeleg »Bestand an Bestandsveränderungen« erzeugt. Dieser erhöht den Bestand und schreibt die Bewertungsart im Materialstamm fort. Die Bewegung wird mit dem Bewertungspreis aus der Bewertungsart CH-RE-01 (2,00 EUR) bewertet. Es sei an dieser Stelle darauf hingewiesen, dass die geschilderte Vorgehensweise zu Abstimmdifferenzen zwischen Finanzbuchhaltung und Ergebnisrechnung (CO-PA) führen kann. Dies ist dann der Fall, wenn die Einbuchung in den unbewerteten Retourenbestand und die Umbuchung in den bewerteten Bestand in verschiedenen Buchungsperioden erfolgt.

Abbildung 3.79 zeigt erneut die Bewertungsart CH-RE-01. Wir sehen, dass jetzt die Bestandsmenge und der Bestandswert erhöht worden sind. Auch die Bestandsübersicht (siehe Abbildung 3.80) wurde durch die Umbuchung aktualisiert. Der Bestand für unsere Charge CH-RE-01 liegt nun im frei verwendbaren Bestand.

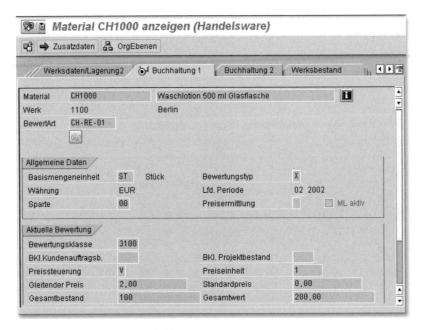

Abbildung 3.79 Buchhaltungsbild Bewertungsart CH-RE-01

Bestandsübersicht: Buchungskreis/Werk/Lager/Charge

Material CH1000 Waschlotion 500 ml Glasflasche
Materialart HAWA Handelsware
Mengeneinheit ST Basismengeneinheit ST

Man/Buk/Wrk/Lag/Charge L	Frei verwendbar	Qualitätsprüfung	Reserviert
Gesamt	2.100,000	0,000	0,000
1000 IDES AG	2.100,000	0,000	0,000
1100 Berlin	2.100,000	0,000	0,000
0001 AusliefLager	2.100,000	0,000	0,000
CH-01	1.000,000	0,000	0,000
CH-02	1.000,000	0,000	0,000
CH-RE-01	100,000	0,000	0,000

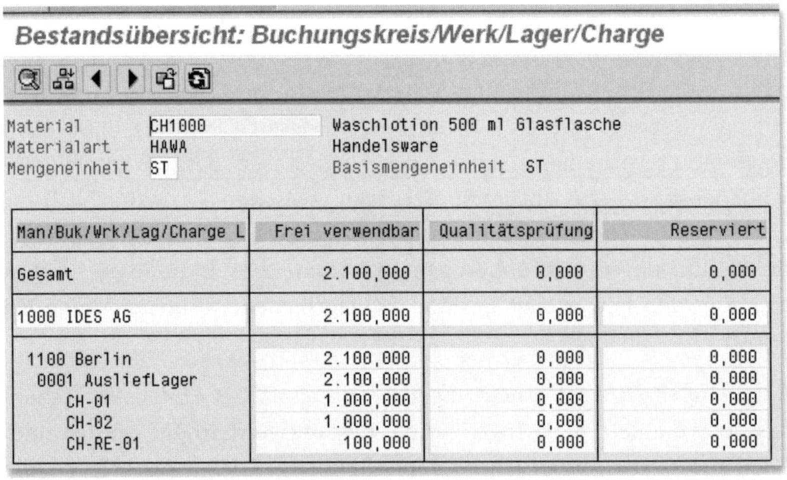

Abbildung 3.80 Bestandsübersicht im Werk 1100 nach der Umbuchung in den frei verwendbaren Bestand

Schritt 7: Gutschrift

Da der Kunde eine Gutschrift erhalten soll, ist im letzten Schritt die Fakturasperre aus dem Retourenauftrag zu entfernen und die Retourengutschrift zu erstellen. Für unseren gesamten Ablauf ergibt sich damit ein Belegfluss wie in Abbildung 3.81 gezeigt.

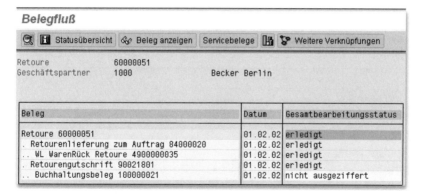

Abbildung 3.81 Belegfluss Retourenabwicklung

Die Umbuchung aus dem Retourensperrbestand in den frei verwendbaren Bestand erfolgte ohne Bezug zum Retourenauftrag, sie ist damit nicht im Belegfluss enthalten. Abbildung 3.82 zeigt den Buchhaltungsbeleg zur Retourengutschrift.

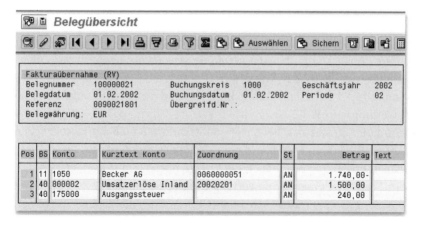

Abbildung 3.82 Buchhaltungsbeleg zur Retourengutschrift

Wir sehen jetzt die Buchung »Umsatz und Ausgangssteuer an Debitor« in der Finanzbuchhaltung. Welche Werte wurden jedoch über unsere Gutschrift an die Ergebnis- und Marktsegmentrechnung übergeben? Diese Information finden wir im Beleg der Ergebnis- und Marktsegmentrechnung (Belegnummer 100023236), der mit der Gutschrift erzeugt wurde. In Abbildung 3.83 sehen wir die Korrektur der fakturierten Menge, der Erlöse und der Umsatzkosten.

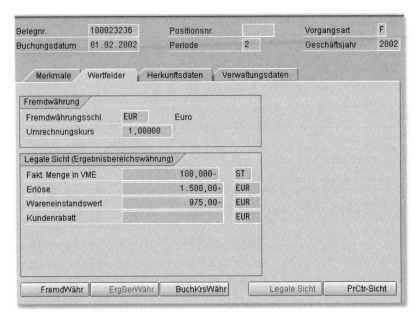

Abbildung 3.83 Ergebnisbeleg in CO-PA, Korrektur der fakturierten Menge

Bei der Korrektur der Umsatzkosten können wir einen weiteren Effekt unserer Abwicklung über die getrennte Bewertung beobachten. Offensichtlich wurde in der Gutschrift der Bewertungspreis des Materialstamms (9,75 EUR, siehe Abbildung 3.70) und nicht der untergeordneten Bewertungsart CH-RE-01 ermittelt. Wie ist das zu erklären? Die Ursache liegt darin, dass es sich bei unserer Gutschrift um eine auftragsbezogene Gutschrift handelt. Dabei wird die Faktura rein auf der Basis des Auftrags erstellt. Im Auftrag war jedoch die Charge noch nicht festgelegt. Aus diesem Grund zieht hier der Bewertungspreis des Materials (9,75 EUR, siehe Abbildung 3.70). Hätte man bereits im Auftrag die Charge festgelegt, wäre der Bewertungspreis aus dem Bewertungssegment der Charge ermittelt worden. Um diesen Zusammenhang zu verdeutlichen, haben wir einen zweiten Retourenauftrag (Auftragsnummer 60000053) im System erfasst und die Charge im Auftrag mitgegeben. Wir sehen das Detailbild zur Position 10 des Auftrags in Abbildung 3.84. Dort wurde die Charge CH-RE-01 hinterlegt.

Anschließend wurden eine Retourenlieferung und eine Gutschrift zu diesem Retourenauftrag angelegt. Abbildung 3.85 zeigt den Belegfluss zu diesem Auftrag.

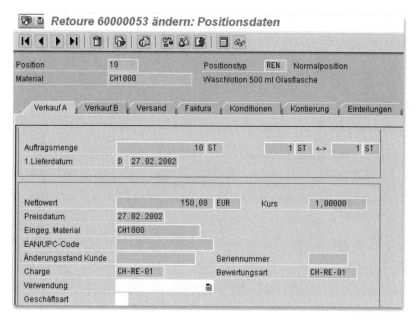

Abbildung 3.84 Retourenauftragsposition mit Vorgabe der Charge

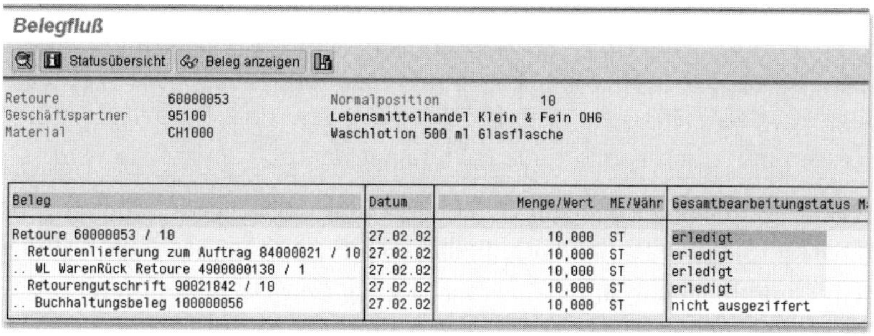

Abbildung 3.85 Belegfluss zum Retourenauftrag 60000053

Schon in der Positionsübersicht der Retourengutschrift 90021842 erkennen wir den Verrechnungswert von 20,00 EUR. Dieser wurde auf der Basis des Bewertungspreises der Charge CH-RE-01 (2,00 EUR, siehe Abbildung 3.75) ermittelt. Damit wird im Beleg der Ergebnisrechnung zu dieser Gutschrift die Korrektur der Umsatzkosten auf der Basis dieses Werts vorgenommen (siehe Abbildung 3.86).

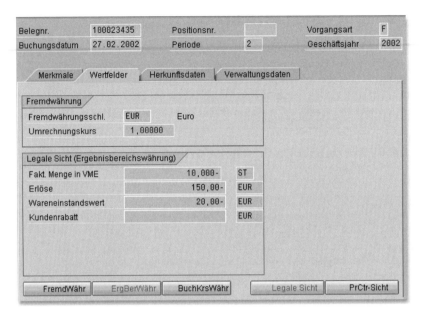

Abbildung 3.86 Ergebnisbeleg zur Gutschrift

Lieferbezogene Gutschrift

Ein andere Möglichkeit könnte darin bestehen, statt der auftragsbezogenen Gutschrift eine lieferbezogene Gutschrift im Customizing anzulegen. Auch dann wird in der Faktura der Bewertungspreis aus dem Bewertungssegment der Charge gezogen, da diese spätestens im Lieferbeleg definiert werden **muss** und damit in die Faktura automatisch übergeben wird.

Wichtige Entscheidungsfaktoren

Dieses Beispiel wurde vor allem aufgenommen, um die Gestaltungsspielräume zu zeigen, die bei der Nutzung von SAP R/3 gegeben sind. In diesem Zusammenhang sind bei der Einführung bzw. bei der Weiterentwicklung und Optimierung der Prozesse und des Customizings folgende Fragen zu beantworten:

- Ist eine differenzierte Bewertung von retournierten Materialien erforderlich?
- Zu welchem Zeitpunkt wird bei der Retoure die Bewertungsart vergeben (Auftrag oder Lieferung)?
- Welche Werte in der Ergebnis- und Marktsegmentrechnung (Erlöse, Umsatzkosten, Absatzmengen) sind zu korrigieren?
- Mit welchem Wertansatz sind diese Werte zu korrigieren (z. B. mit dem Wert der retournierten Charge, dem Durchschnittswert des Materialstamms oder der ursprünglich gelieferten Charge)?

3.8 Gut- und Lastschriften

Gut- und Lastschriften zählen auf den ersten Blick wohl eher nicht zu den »Highlights« einer Standardsoftware. Im Alltag ist es jedoch von großer Bedeutung, auch diese Fälle optimal zu unterstützen. Sie runden den Vertriebsprozess ab und geben dem Sachbearbeiter Flexibilität bei der Abbildung von Geschäften mit seinen Kunden.

3.8.1 Betriebswirtschaftliche Grundlagen

Gut- und Lastschriften verwendet man dazu, einem Kunden Beträge gutzuschreiben oder zu belasten. Die Lieferung eines Produktes oder die Erbringung einer Leistung ist dazu nicht zwingend erforderlich. Diesen Prozess optimal zu gestalten, heißt in der Praxis vor allem:

- Dem Sachbearbeiter ein einfaches und flexibles Instrumentarium an die Hand zu geben
- Die korrekte Abbildung des Werteflusses im Controlling und der Finanzbuchhaltung sicherzustellen

Häufig stehen Gut- und Lastschriften in Zusammenhang mit einer vorherigen Lieferung, die bereits berechnet worden ist. Der Kunde hat unter Umständen die Ware schon bezahlt und entdeckt später einen versteckten Mangel. Er will die Ware behalten, macht aber eine Minderung des Kaufpreises geltend. Er fordert dann bei seinem Lieferanten eine Gutschrift an. Eine Gutschrift kann auch als nachträgliche Vergütung (Rabatt, Bonus) auf abgeschlossene Geschäfte gewährt werden. *Gutschrift*

Eine Lastschrift kommt beispielsweise dann zum Einsatz, wenn dem Kunden versehentlich in der Rechnung ein zu niedriger Preis berechnet worden ist. Eine Lastschrift kommt auch in Frage, wenn z.B. die Versandkosten höher sind als geplant und diese dem Kunden nachbelastet werden sollen. *Lastschrift*

3.8.2 Gut- und Lastschriften in SAP R/3

In Abschnitt 3.7 haben wir bereits eine Form der Gutschrift, die Retourengutschrift, kennen gelernt. Der Kunde liefert hierbei die Ware zurück und erhält dafür eine Gutschrift über den Kaufpreis. Dabei handelt es sich um eine auftragsbezogene Fakturierung. Allerdings ist immer noch eine Lieferung, nämlich die Retourenanlieferung, im Spiel.

Auftragsarten Der Ablauf bei Gut- und Lastschriften ohne Retoure ist einfacher. Als Auftragsart stehen im Standard vor allem folgende Möglichkeiten zur Verfügung:

- Gutschriftanforderung (Auftragsart G2)
- Lastschriftanforderung (Auftragsart L2)

Es handelt sich hierbei um Auftragsarten, die über die Fakturaarten G2 und L2 fakturiert werden. Abbildung 3.87 zeigt den Überblick.

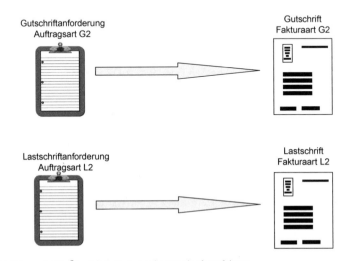

Abbildung 3.87 Überblick Gut- und Lastschriftverfahren

Allerdings können Gut- und Lastschriften auch mit Bezug zu bereits abgeschlossenen Prozessen erfasst werden. Man bezeichnet sie dann als »Nachbelastungen« und »nachträgliche Gutschriften«. Dabei werden die gleichen Auftrags- und Fakturaarten verwendet, wie in Abbildung 3.87 beschrieben. Allerdings wird die Gut- bzw. die Lastschriftanforderung mit Bezug zu einem Kundenauftrag oder einer Faktura angelegt. Wir sehen diesen Ablauf in Abbildung 3.88.

Positionstypen Im SAP-Standard stehen folgende Positionstypen zur Bearbeitung von Gut- und Lastschriften zur Verfügung:

- L2N (Lastschriftposition)
- G2N (Gutschriftposition)

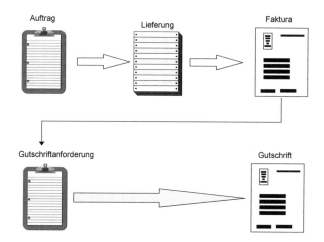

Abbildung 3.88 Nachträgliche Gutschrift

Abbildung 3.89 zeigt uns die Customizingeinstellungen zum Positionstyp L2N. Für diesen Positionstyp sind keine Einteilungen erlaubt; dies gilt analog für den Positionstyp G2N. Ebenso sind die Positionstypen L2N und G2N nicht lieferrelevant. Demzufolge ist es nicht möglich, Lieferungen zu einer solchen Position zu erfassen. Die Option Fakturarelevanz enthält den Wert C. Damit ist der Positionstyp für die auftragsbezogene Fakturierung relevant.

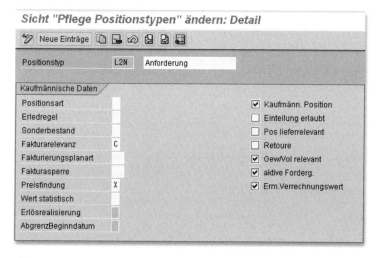

Abbildung 3.89 Customizing für den Positionstyp L2N

Bei der Auftragserfassung für die Belegarten G2 und L2 werden automatische Fakturasperren gesetzt. Dies wird im Customizing für die Auftragsart hinterlegt. Damit soll vor der Erstellung der Gut- oder Lastschrift zunächst

Automatische Fakturasperren

eine abschließende Prüfung erfolgen. Auch ist die Auswahl eines Auftragsgrundes bei dieser Auftragsart obligatorisch.

Nach der Entfernung der Auftragssperre kann der Auftrag fakturiert werden. Es wird dann eine Gut- bzw. eine Lastschrift mit der Fakturaart G2 bzw. L2 erzeugt. In der Buchhaltung führt diese Faktura zu einer Erlösbuchung. Dabei werden folgende Buchungen vorgenommen:

- Gutschrift »Erlöse und Umsatzsteuer an Debitor«
- Lastschrift »Debitor an Erlöse und Umsatzsteuer«

Wert- und Mengengut- und Lastschriften

Wie eine »normale« Faktura (Fakturart F2) übergeben auch Gut- und Lastschriften ihre Werte an die Ergebnis- und Marktsegmentrechnung (CO-PA). Dies erfolgt grundsätzlich nach dem gleichen Muster wie in Abschnitt 3.4. erläutert. Damit werden Erlöse und geplante Kosten, basierend auf der Konditionsart VPRS, an die Ergebnisrechnung weitergeleitet. Ebenso wird in der Ergebnisrechnung die Absatzmenge fortgeschrieben. Sowohl die Fortschreibung der Menge als auch die Fortschreibung der geplanten Kosten sind jedoch nicht immer folgerichtig.

Beispiel

Betrachten wir dies an einem kleinen Beispiel: Der Kunde erhält aufgrund einer Mängelrüge eine nachträgliche Gutschrift. Wir erfassen eine Gutschriftanforderung und fakturieren diese mit einer Gutschrift. Im CO-PA soll jetzt richtigerweise der Erlös korrigiert werden, da dieser niedriger ist als vorher. Die Absatzmenge hingegen darf nicht korrigiert werden, denn schließlich bleibt die gelieferte Menge gleich – verändert hat sich lediglich der Wert der Lieferung. Ebenso wenig dürfen die Kosten des Umsatzes korrigiert werden. Im Customizing der Komponente CO-PA hat man deshalb die Möglichkeit, diese Wertfelder (Absatzmenge, Umsatzkosten) bei der Übergabe zurückzusetzen. Dies erfolgt abhängig von der Fakturaart – somit werden diese Felder durch die Gutschrift nicht verändert. Abbildung 3.90 zeigt die entsprechende Customizingeinstellung für die Fakturaart G2.

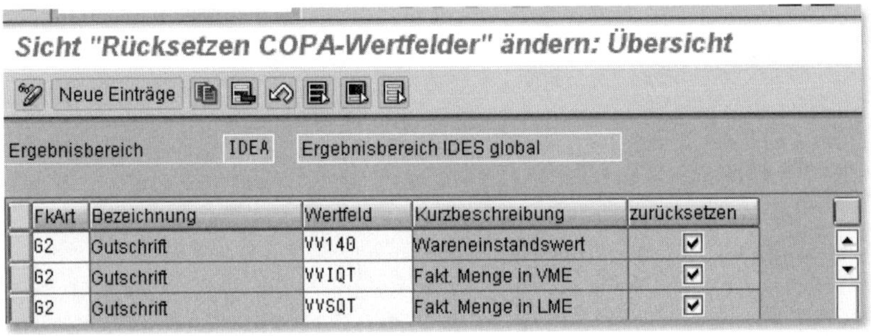

Sicht "Rücksetzen COPA-Wertfelder" ändern: Übersicht

Ergebnisbereich: IDEA Ergebnisbereich IDES global

FkArt	Bezeichnung	Wertfeld	Kurzbeschreibung	zurücksetzen
G2	Gutschrift	VV140	Wareneinstandswert	✓
G2	Gutschrift	VVIQT	Fakt. Menge in VME	✓
G2	Gutschrift	VVSQT	Fakt. Menge in LME	✓

Abbildung 3.90 Zurücksetzen der Wertfelder im CO-PA-Customizing

3.8.3 Systembeispiel

Auch die Gutschriftabwicklung wollen wir anhand eines Systembeispiels betrachten: Wir haben dem Kunden die Ware bereits geliefert. Die Lieferung wurde bezahlt, und nun stellt der Kunde einen Mangel fest. Er teilt uns mit, dass die ihm gelieferte Ware fehlerhaft ist. Die Ware wurde über die Lieferscheinnummer 80007590 ausgeliefert. Er kann den Mangel selbst beheben und fordert von uns eine Gutschrift in Höhe von 10% des Auftragswerts. Bei der Abbildung im System gehen wir in folgenden Schritten vor.

Ausgangslage

1. Anzeige des Belegflusses zum Lieferbeleg 80007590 im System, Ermittlung die Faktura
2. Erfassen eine Gutschriftanforderung mit Bezug zur Faktura und Festlegung des Gutschriftwerts
3. Entfernen der Fakturasperre in der Gutschriftanforderung
4. Fakturierung der Gutschriftanforderung
5. Anzeige des Belegflusses zum ursprünglichen Auftrag

Da der Kunde uns die Lieferscheinnummer genannt hat, können wir uns die Lieferung im System anzeigen lassen. Wir nutzen die Option »Belegfluss«, um die entsprechende Faktura zu ermitteln.

Schritt 1: Belegfluss zum Lieferbeleg anzeigen

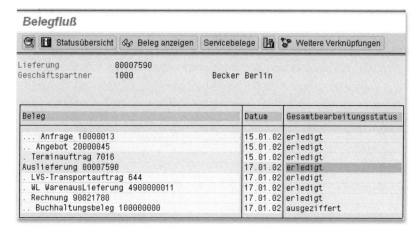

Abbildung 3.91 Belegfluss zur Lieferung 80007590

Abbildung 3.91 zeigt uns, dass die Lieferung 80007590 über die Faktura mit der Belegnummer 90021780 berechnet (siehe Abbildung 3.91) wurde. Es handelt sich bei diesem Vorgang um den Auftrag, den wir in Abschnitt 3.3 angelegt, beliefert und fakturiert haben.

Schritt 2: Gutschriftanforderung anlegen

Jetzt erfassen wir mit Bezug zur Faktura mit der Belegnummer 90021780 eine Gutschriftanforderung (siehe Abbildung 3.92).

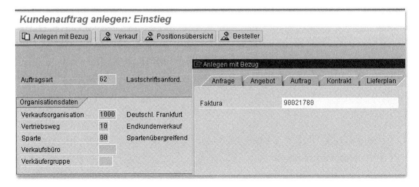

Abbildung 3.92 Erfassen der Gutschriftanforderung mit Bezug zur Faktura

Die Positionen aus der Faktura werden in die Gutschriftanforderung übernommen. Der Wert der Fakturaposition beläuft sich auf 1350,00 EUR (siehe Abbildung 3.93).

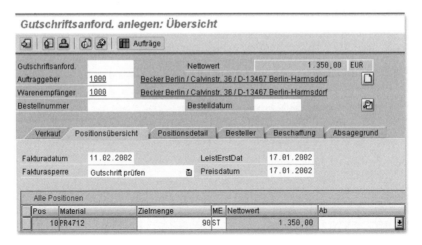

Abbildung 3.93 Positionsübersicht in der Gutschriftanforderung

Da wir dem Kunden aber nicht den gesamten Wert, sondern nur 10% davon gutschreiben wollen, nehmen wir eine entsprechende Veränderung auf dem Konditionsbild vor. In der Konditionsart PR00 erfassen wir den Gutschriftwert in Höhe von 1,50 EUR pro Stück (siehe Abbildung 3.94). Daraus errechnet sich ein Nettowert in Höhe von 135,00 EUR.

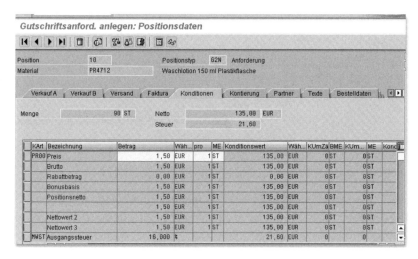

Abbildung 3.94 Erfassung Gutschriftwert

Anschließend sichern wir die Gutschriftanforderung unter der Nummer 60000052. Im Änderungsmodus (siehe Abbildung 3.95) sehen wir, dass die Fakturasperre (Gutschrift prüfen) in diesem Beleg gesetzt ist. Wir entfernen diese Sperre, damit der Beleg fakturiert werden kann.

Schritt 3: Fakturasperre entfernen

Abbildung 3.95 Entfernen der Fakturasperre

Die Fakturierung erfolgt über die Belegart G2. Abbildung 3.96 zeigt uns den Positionsüberblick beim Erfassen des Fakturabelegs.

Schritt 4: Anlegen der Gutschrift

Gut- und Lastschriften **267**

Abbildung 3.96 Positionsübersicht beim Erfassen der Gutschrift

Werfen wir jetzt einen Blick auf den Buchhaltungsbeleg, der mit dieser Gutschrift erzeugt worden ist. In Abbildung 3.97 sehen wir die Buchung »Erlöse und Umsatzsteuer an Debitor«.

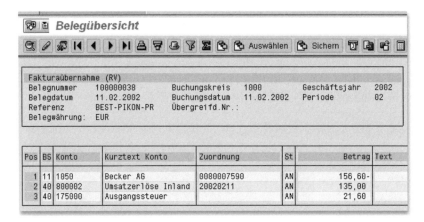

Abbildung 3.97 Buchhaltungsbeleg zur Gutschrift

In Abschnitt 3.8.2 wurde gezeigt, dass im Customizing der Komponente CO-PA das Zurücksetzen der Wertfelder für die Umsatzkosten und die Absatzmenge aktiviert worden ist. In Abbildung 3.98 sehen wir, dass die Umsatzkosten (Wertfeld »Wareneinstandswert«) und die Absatzmenge (Wertfeld »Fakt. Menge in VME«) nicht belegt sind und damit auch keine Korrektur dieser Werte vorgenommen wird. Dagegen wird der Erlöswert entsprechend unserer Gutschrift reduziert.

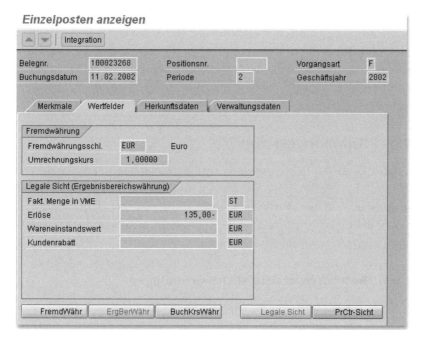

Abbildung 3.98 Beleg der Ergebnisrechnung (CO-PA, Wertfeld Wareneinstandswert)

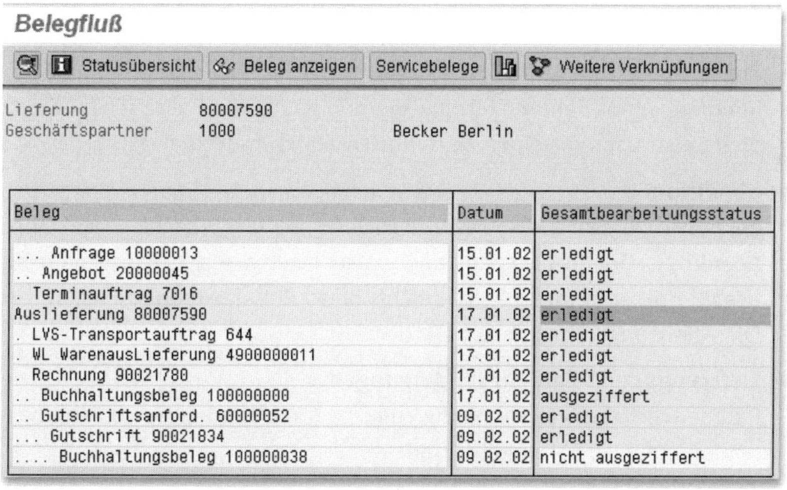

Abbildung 3.99 Belegfluss der Lieferung 80007590

Lassen wir uns zum Abschluss den Belegfluss des Lieferbelegs 80007590 nochmals anzeigen (siehe Abbildung 3.99): Wir sehen, dass mit Bezug zur Faktura eine Gutschriftanforderung (Belegnummer: 60000052) erfasst wurde. Diese wurde über die Gutschrift mit der Belegnummer 90021834

Schritt 5: Belegfluss im Kundenauftrag

berechnet. Damit wird transparent, dass der Kunde mit Bezug zu dieser Auslieferung eine Gutschrift erhalten hat. Die Auszahlung an den Kunden ist noch nicht erfolgt. Dies erkennen wir an dem Status der Gutschrift »Nicht ausgeziffert«. In der Debitorenbuchhaltung im Modul FI (Financial Accounting) könnte die Zahlung mit offenen Posten dieses Kunden verrechnet werden.

3.9 Rahmenverträge

Kunden begreifen heute die systematische Ermittlung und Auswahl von Beschaffungsmöglichkeiten als strategische Aufgabe. Lieferanten werden zu Partnern, mit denen man über einen längeren Zeitraum zusammenarbeitet. Rahmenverträge sind ein wichtiges Instrument, um das Regelwerk einer solchen Partnerschaft abzubilden.

3.9.1 Betriebswirtschaftliche Grundlagen

Rahmenverträge legen die Bedingungen einer langfristigen Zusammenarbeit fest. Diese gelten in der Regel dann für einzelne Abrufaufträge, die sich auf den Rahmenvertrag beziehen. Je nach Branchen, Produkten und Märkten können sehr unterschiedliche Aspekte geregelt werden. Zu den wichtigsten Elementen der Gestaltung von Rahmenverträgen gehören:

- **Preise**
  Innerhalb eines Rahmenvertrags werden häufig die Preise für Produkte oder Leistungen für einen bestimmten Zeitraum festgelegt.

- **Konditionen**
  Zusätzlich zu den Preisen werden häufig weitere Abschläge gewährt. Allerdings können durchaus auch Zuschläge, wie z.B. Pauschalen für bestimmte Leistungen wie Fracht oder Reisekostenpauschalen bei Dienstleistungen, festgelegt werden.

- **Lieferungs- und Zahlungsbedingungen**
  Rahmenverträge werden häufig genutzt, um Lieferungs- und Zahlungsbedingungen zu vereinheitlichen.

- **Abnahmemengen**
  Der Kunde sagt die Abnahme bestimmter Liefermengen zu. Der Lieferant garantiert die Bereitstellung der entsprechenden Menge im definierten Zeitraum.

- **Liefertermine**
  Je nach Branche können in Rahmenverträgen auch Liefertermine oder Lieferzyklen festgelegt werden.

- **Abnahmewerte**
  Der Kunde verpflichtet sich zur Abnahme eines bestimmten Werts. Häufig erhält er als Gegenleistung zusätzliche Vergünstigungen.
- **Gültigkeitszeitraum der Rahmenvereinbarung**
  In jedem Rahmenvertrag sind Vertragsbeginn, Vertragsende und die Modalitäten der Kündigung zu hinterlegen.
- **Festlegung der Abrufpartner**
  Eine wichtige Frage ist die des Gültigkeitsbereichs. Damit wird die Frage zu beantworten sein, wer sich auf die Konditionen für einen Rahmenvertrag beziehen darf. Die zentralen Einkaufsorganisationen großer Konzerne sind bestrebt, ihre Marktmacht zu bündeln und möglichst vielen Konzerngesellschaften Zugang zu Rahmenverträgen zu ermöglichen.
- **Produkte oder Produktgruppen**
  Auch hinsichtlich der betroffenen Produkte ist eine Aussage erforderlich. Grundsätzlich können sich Rahmenverträge auf einzelne Produkte beziehen. Es ist aber auch möglich, Rahmenverträge für Produktgruppen zu definieren.

Im Folgenden wollen wir uns einen Überblick darüber verschaffen, welche Instrumente die Standardsoftware SAP R/3 zur Gestaltung von Rahmenverträgen bereitstellt.

3.9.2 Rahmenverträge in SAP R/3

Für die Abbildung von Rahmenverträgen stehen unterschiedliche Auftragsarten und entsprechende Positionstypen zur Verfügung. Über die Steuerung dieser Objekte im Customizing wird Folgendes festgelegt:

- Welche Aspekte können im Rahmenvertrag geregelt werden?
- Wie sieht die Folgebelegsteuerung aus?

Dabei wird grundsätzlich zwischen *Kontrakten* und *Lieferplänen* unterschieden. Zunächst werden wir uns mit den Lieferplänen und anschließend mit den Kontrakten beschäftigen.

In einem *Lieferplan* werden in einer Position Material und Lieferplanmenge festgelegt. Außerdem werden im Lieferplan auch die Liefertermine fixiert. Es existieren also Einteilungen zur Position. Als Folgebeleg wird ein SD-Lieferbeleg erfasst. Abbildung 3.100 zeigt uns die Abwicklung von Lieferplänen im Überblick.

Lieferpläne

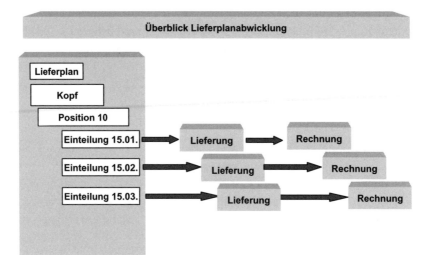

Abbildung 3.100 Überblick Lieferplanabwicklung

Im SAP-Standard steht für die Erfassung von Lieferplänen die Auftragsart LP (Lieferplan) zur Verfügung. Innerhalb dieser Auftragsart wird über die Positionstypengruppe NORM (Normalposition) im Materialstamm der Positionstyp LPN (Lieferplanposition) ermittelt. Dieser Positionstyp ist als relevant für die Preisfindung eingestellt. Damit werden in einem Lieferplan auch die Preise hinterlegt. Innerhalb dieses Positionstyps wird der Einteilungstyp CP über das Customizing ermittelt. Damit ähnelt die Abwicklung von Lieferplänen sehr stark der »normalen« Terminauftragsabwicklung.

Der Unterschied besteht jedoch in der Steuerung der Auftragserfassung. Bei der Erfassung eines Terminauftrags gibt der Anwender Material und Positionsmenge ein. Das System führt automatisch die Verfügbarkeitsprüfung durch und unterbreitet dem Anwender einen Liefervorschlag. Ist die gesamte Positionsmenge zum Wunschlieferdatum des Kunden verfügbar, so wird vom System genau **eine** Einteilung angelegt. Das System versucht bei der Terminauftragsabwicklung, die gesamte Positionsmenge auf möglichst wenige Einteilungen und damit auf möglichst wenige Liefertermine zu verteilen.

Besonderheiten der Lieferplanabwicklung Auch bei der Erfassung eines Lieferplanes mit der Auftragsart LP gibt der Anwender zunächst die Positionsmenge vor. Allerdings führt das System keine automatische Verfügbarkeitsprüfung durch. Es werden auch keine Einteilungen angelegt. Vielmehr erfasst der Anwender die Einteilungen und damit die Liefertermine manuell. Für jede Einteilung wird dann ein

Bedarf an die Disposition übergeben und eine Verfügbarkeitsprüfung durchgeführt. Die weitere Logik entspricht der Vorgehensweise bei der Erfassung eines Terminauftrags: pro Einteilung wird die bestätigte Menge ermittelt. Nur für Einteilungen mit bestätigter Menge kann ein SD-Lieferbeleg erzeugt werden. Die Lieferbelege werden mit Bezug zum Lieferplan angelegt, außerdem ist für den Positionstyp LPN die lieferbezogene Fakturierung eingestellt. Die Lieferbelege dienen als Grundlage für die Erstellung der Rechnung. Abhängig vom Rechnungstermin können mehrere Lieferungen in einer Faktura zusammengefasst werden (siehe Abschnitt 3.3.5).

Für die Zulieferindustrie stehen weitere Funktionen zum Lieferplan zur Verfügung. Diese sind vor allem in der Automobilindustrie von Bedeutung. Dazu sind zusätzliche Lieferplanarten und Positionstypen vorgesehen. Grundsätzlich haben die Lieferpläne für Zulieferer die gleiche Struktur wie der Lieferplan LP (Auftragskopf, Position, Einteilung). Zusätzlich können allerdings Abrufe des Kunden verwaltet werden. Durch einen Kundenabruf wird eine Einteilung im Lieferplan erzeugt. Die *Lieferabrufe* des Kunden werden in der Regel elektronisch übermittelt. Dazu gibt es z.B. in der Automobilindustrie standardisierte EDI-Nachrichten (VDA-Normen). Die Eingangsnachricht vom Kunden wird über die ALE-Schnittstelle (siehe dazu auch Exkurs ALE im Abschnitt 3.10.2) im SAP-System verarbeitet. Über diese Eingangsverarbeitung wird ein Abruf und über den Abruf eine Einteilung im Lieferplan erzeugt. Die Kundenabrufe können auch manuell im System erfasst werden.

Lieferpläne für Zulieferer

Über die Historie zu den Abrufen wird das Abrufverhalten des Kunden dokumentiert. Gemäß den Richtlinien des VDA (Verband der Automobilindustrie) werden dabei verschiedene Abrufarten unterschieden:

▶ **Lieferabruf**
Über Lieferabrufe erfolgt in der Regel die mittel- und langfristige Planung. Sie dienen als Grundlage für die Produktionsplanung.

▶ **Feinabruf**
Über Feinabrufe wird das kurzfristige Abrufverhalten des Kunden gesteuert. Dies ist vor allem bei der »Just-in-time«-Produktion von Bedeutung. Der Kunde steuert das Abrufverhalten über die Vorgabe exakter Uhrzeiten für die Anlieferung.

▶ **Planabruf**
Bei Planabrufen handelt es sich um interne Abrufe zur Steuerung der Bedarfsplanung.

Über diese Abrufe werden auch *Fortschrittszahlen* ermittelt und angezeigt. Dabei handelt es sich um kumulierte Mengen (z.B. Abrufmengen, Liefermengen), die ein Kunde erhalten hat. So dokumentiert die Eingangsfortschrittszahl, welche Liefermengen der Kunde innerhalb einer Periode erhalten hat. Die *Lieferfortschrittszahl* dokumentiert die kumulierte Liefermenge des Lieferanten. Die *Warenausgangsfortschrittszahl* dokumentiert die kumulierte Liefermenge für die beim Lieferanten der Warenausgang gebucht wurde, und zwar unabhängig davon, ob diese Lieferungen beim Kunden angekommen ist. Mit Bezug zu den Lieferplanpositionen werden SD-Lieferbelege erzeugt, über die der Versand organisiert wird.

Kontrakte Im Gegensatz zu Lieferplänen wird in *Kontrakten* der Liefertermin noch nicht festgelegt. Der konkrete Liefertermin und die Liefermenge werden in *Abrufaufträgen* erfasst, die als Terminaufträge (Auftragsart TA) mit Bezug zum Kontrakt erfasst werden. Dabei kann der Anwender aus den Kontraktpositionen diejenigen auswählen, die in den Auftrag übernommen werden sollen. Damit unterscheidet sich der Kontrakt schon in der Art des Folgebelegs vom Lieferplan: Kontrakte enthalten Kopf- und Positionsdaten, aber keine Einteilungen. Auf den Lieferplan folgt der SD-Lieferbeleg. Auf den Kontrakt hingegen folgt der Abrufauftrag mit Bezug zum Abrufauftrag wird anschließend ein SD-Lieferbeleg erzeugt. Abbildung 3.101 zeigt einen Überblick zur Kontraktabwicklung.

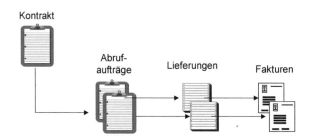

Abbildung 3.101 Überblick Kontraktabwicklung

Kontraktarten Grundsätzlich lassen sich folgende Kontraktarten unterscheiden:

- **Gruppenkontrakt (Auftragsart GK)**
  In Gruppenkontrakten werden nur Kopfdaten gepflegt (Zahlungsbedingungen, Gültigkeitszeiträume). Die Daten aus dem Gruppenkontrakt werden in die untergeordneten Kontrakte kopiert. Im Customizing wird festgelegt, welche Daten in einen Kontrakt kopiert werden. Gruppenkontrakte dienen zur Vereinheitlichung von Rahmenverträgen.

- **Wertkontrakt allgemein (Auftragsart WK1)**
  Im Unterschied zu materialbezogenen Wertkontrakten (Auftragsart WK2) wird hier das Material nicht festgelegt. Stattdessen werden im Kontrakt Produkthierarchien oder Sortimente hinterlegt, auf die sich die Abrufe beziehen. Erst bei der Erfassung des Abrufauftrags wird das konkrete Material festgelegt. Zulässig sind dann alle Materialien, die zu der im Kontrakt festgelegten Produkthierarchie bzw. zu dem festgelegten Sortiment gehören.

- **Wertkontrakt für ein Material (Auftragsart WK2)**
  Bei Wertkontrakten wird mit dem Kunden die Abnahme eines bestimmten Werts vereinbart. Eine Abnahmemenge wird hingegen nicht festgelegt. Im Kontrakt werden die Auftragswerte der Abrufaufträge fortgeschrieben., außerdem können Preise und Konditionen für das Material festgelegt und in die Abrufaufträge übernommen werden. Über die Funktion »Belegfluss« lässt sich die Entwicklung des Abrufverhaltens des Kunden nachvollziehen.

- **Mengenkontrakte (Auftragsart KM)**
  In einem Mengenkontrakt wird mit dem Kunden die Abnahme einer Zielmenge vereinbart. Im Kontrakt werden außerdem die Materialien hinterlegt. Die konkrete Abrufmenge wird in einem Abrufauftrag mit der Auftragsart TA (Terminauftrag) erfasst.

Eine wichtige Funktion im Kontrakt besteht in der Festlegung der Geschäftspartner, die sich auf den Kontrakt beziehen dürfen. In einem Kontrakt können neben dem Auftraggeber weitere so genannte *Abruf-Auftraggeber* erfasst werden. Dafür steht eigens eine Partnerrolle (AA, Abruf-Auftraggeber) bereit. Für diese Auftraggeber können ebenfalls Terminaufträge mit Bezug zum Kontrakt angelegt werden. Damit können bestehende Kontrakte von mehreren Kunden genutzt werden. Auch zusätzliche Warenempfänger können für die Abrufaufträge erlaubt werden.

3.9.3 Systembeispiel

An dieser Stelle wollen wir die Abbildung von Rahmenverträgen in SAP R/3 am Beispiel eines allgemeinen Wertkontrakts demonstrieren. Unsere Beispielfirma fertigt Schokolade und verkauft diese an Handelsunternehmen. Mit einem Kunden, der »Süßwaren Handelsgesellschaft«, hat unser Schokoladenhersteller für das Jahr 2002 einen Wertkontrakt über 250000,00 EUR für ein bestimmtes Schokoladensortiment vereinbart. Gegenstand der Vereinbarung ist, dass Schokolade in diesem Wert abgenommen wird. Der Kontrakt bezieht sich auf ein bestimmtes Sortiment. Darin sind folgende Sorten enthalten:

Ausgangslage

- Schokolade Vollmilch: Materialnummer SC11000
- Schokolade Zartbitter: Materialnummer: SC11001
- Schokolade Joghurt: Materialnummer: SC11002
- Schokolade Haselnuss: Materialnummer SC11003

Die Süßwaren Handelsgesellschaft erteilt pro Monat einen Abrufauftrag, bei dem die jeweiligen Sorten festgelegt werden. Außerdem hat unser Kunde eine Mehrheitsbeteiligung an dem Unternehmen »Lebensmittel Klein & Fein« erworben. Auch dieses Unternehmen, das bislang schon Kunde unserer Beispielfirma war, soll diesen Kontrakt beim Einkauf nutzen. Das Unternehmen Lebensmittel Klein & Fein tritt dabei als selbstständiger Auftraggeber auf.

Wir werden in unserem Beispiel folgende Schritte durchlaufen:

1. Anlegen eines Sortiments für den Wertkontrakt
2. Erfassung des Wertkontrakts für das Sortiment
3. Erfassen eines Abrufauftrags
4. Anzeigen der Aktuellen Bedarfs- und Bestandsliste
5. Belieferung des Abrufauftrags
6. Fakturierung des Abrufauftrags
7. Kontrolle des Wertkontrakts

Schritt 1: Sortiment anlegen

Über *Sortimente* können Materialien zusammengefasst werden. Im Vertrieb werden Sortimente zur Steuerung des Produktprogramms eingesetzt. Dazu gehört auch die Möglichkeit, im Wertkontrakt ein Sortiment festzulegen und im Abruf dann aus dem Sortiment das jeweilige Material auszuwählen. Abbildung 3.102 zeigt unser Schokoladensortiment (Sortimentsnummer SC001) mit den unterschiedlichen Schokoladensorten.

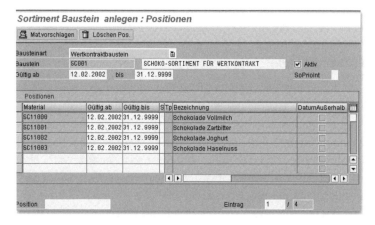

Abbildung 3.102 Erfassen des Sortiments

Auf dieses Sortiment bezieht sich der Wertkontrakt, den wir in Schritt 2 für unseren Kunden, die Süßwaren Handelsgesellschaft (Debitorennummer 95000), angelegt haben. Abbildung 3.103 zeigt uns den Kontrakt mit der Belegnummer 40000101 und der Auftragsart WK1 (Wertkontrakt allgemein). Als Zielwert für wurde der Betrag von 250000,00 EUR erfasst. Unser Schokoladensortiment (SC001) wird in der Position erfasst. In der Position 10 erkennen wir außerdem das Material mit der Materialnummer 188.

Schritt 2: Wertkontrakt anlegen

Abbildung 3.103 Positionsübersicht Wertkontrakt

Es handelt sich dabei lediglich um einen »Pseudo-Materialstamm«, über den die Belegsteuerung, z.B. die Steuerermittlung, erfolgt. Somit wird dieses Material aus rein technischen Gründen benötigt. Es wird im Customizing dem Positionstyp WKN zugeordnet und automatisch in den Kontrakt übernommen. Im Kontrakt erkennen wir auch, dass der bisher abgerufene Wert Null ist.

Da der Kontrakt auch von der Firma Lebensmittel Klein & Fein (Debitorennummer: 95100) genutzt werden soll, ist dieser Debitor als zusätzlicher Abruf-Auftraggeber zu definieren. Wir sehen dies im Partnerbild im Kopf unseres Wertkontrakts (siehe Abbildung 3.104).

Außerdem wurde mit dem Kunden, der Süßwaren Handelsgesellschaft, vereinbart, dass auf jeden Abrufauftrag, der sich auf den Kontrakt bezieht, ein zusätzlicher Rabatt von 2% gewährt wird. Dieser Rabatt wird über die Konditionsart K007 in der Preisfindung des Wertkontrakts festgehalten (siehe Abbildung 3.105).

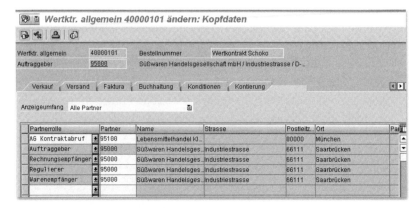

Abbildung 3.104 Partner im Wertkontrakt

Abbildung 3.105 Konditionen im Wertkontrakt

Schritt 3: Abrufauftrag erfassen Erfassen wir nun den ersten Abrufauftrag. Es handelt sich dabei um einen »normalen« Terminauftrag (Auftragsart TA), der mit Bezug zu unserem Kontrakt angelegt wird. Wir erfassen die Kontraktnummer (40000101) und wählen den Abruf-Auftraggeber aus. In unserem Beispiel erfolgt der Abruf durch die Firma Lebensmittel Klein & Fein (Debitorennummer 95100). Der Einstieg in die Erfassung des Abrufauftrags wird in Abbildung 3.106 gezeigt.

Normalerweise wird beim *Anlegen mit Bezug zum Vorgängerbeleg* die Position in den Folgebeleg kopiert. Beim Abruf zu unserem Wertkontrakt sind jedoch zunächst die konkreten Materialnummern und deren Abrufmengen festzulegen. Dabei stehen die Materialien des Sortiments zur Auswahl. In Abbildung 3.107 sehen wir die Auswahl der Materialien für den Abrufauftrag und die Erfassung der Abrufmenge.

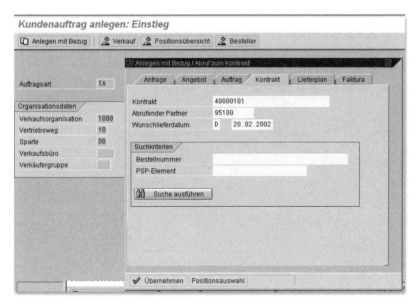

Abbildung 3.106 Erfassung eines Abrufauftrags zum Wertkontrakt

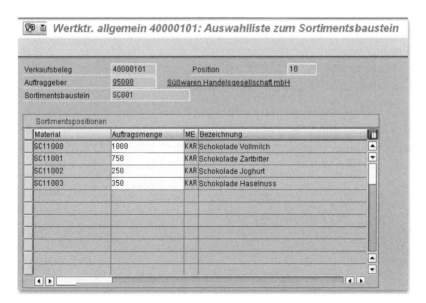

Abbildung 3.107 Auswahl der Materialien aus dem Sortiment beim Anlegen des Abrufauftrags

Die ausgewählten Materialien werden als Auftragspositionen in den Abrufauftrag übernommen. Wird bei der Erfassung des Abrufs der Zielwert überschritten, erhält der Anwender eine Information. Er kann den

Rahmenverträge **279**

Abruf jedoch trotzdem anlegen. Abbildung 3.108 zeigt uns den Abrufauftrag mit der Belegnummer 7065.

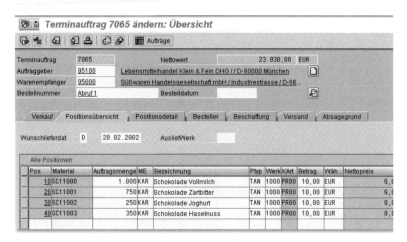

Abbildung 3.108 Abrufauftrag zum Kontrakt

In Abbildung 3.108 sehen wir, dass für die ausgewählten Materialien Positionen mit dem Positionstyp TAN (Normalposition, siehe Abschnitt 3.3) angelegt wurden. Alle Materialien haben den gleichen Verkaufspreis (Feld »Betrag« in Abbildung 3.108). Im Feld »Nettopreis« erkennen wir, dass der Rabatt in Höhe von 2% berücksichtigt wird.

Schritt 4: Aktuelle Bedarfs- und Bestandsliste

Nach der Erfassung des Abrufauftrags werfen wir einen Blick auf die Aktuelle Bedarfs- und Bestandsliste, die uns aus vorherigen Kapiteln bekannt ist. Abbildung 3.109 zeigt uns die Liste für unser Material SC11003 (Schokolade Haselnuss).

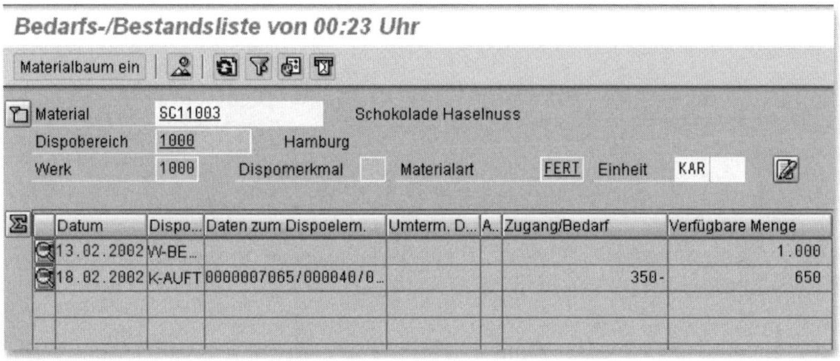

Abbildung 3.109 Aktuelle Bedarfs- und Bestandsliste für das Material SC11003 im Werk 1000 (Hamburg).

Im Werk 1000 ist für unser Material ein Bestand von 1000 Kartons (Basismengeneinheit: KAR) vorhanden. Der Abrufauftrag 7065 hat einen Bedarf in Höhe von 350 Kartons an die Disposition übergeben. Der Wertkontrakt hat keinerlei Auswirkungen auf die Disposition: Bedarfsübergabe und Verfügbarkeitsprüfung erfolgen vielmehr in den Abrufaufträgen.

Mit Bezug zum Abrufauftrag erzeugen wir einen Lieferbeleg. Die Auftragspositionen werden kopiert. Abbildung 3.110 zeigt uns den kommissionierten Lieferbeleg, für den anschließend die Warenausgangsbuchung vorgenommen wird.

Schritt 5: Belieferung

Abbildung 3.110 Lieferbeleg zum Abrufauftrag

An die Lieferung schließt sich die Erstellung der Rechnung an. Abbildung 3.111 zeigt die Faktura zur Lieferung.

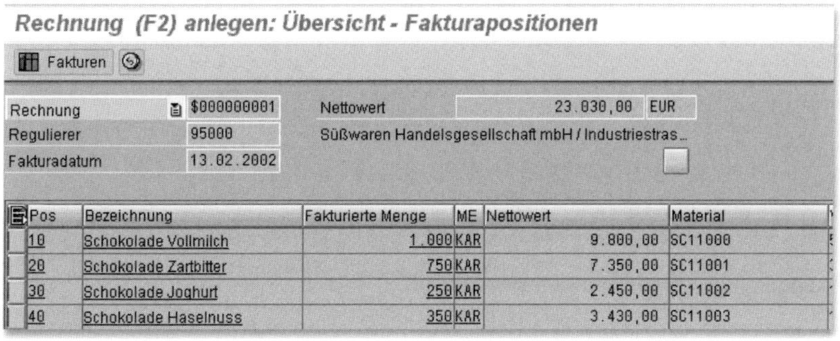

Schritt 6: Fakturierung

Abbildung 3.111 Fakturabeleg

Schritt 7: Mit der Erfassung der Rechnung haben wir den Abrufauftrag abgeschlos-
Überwachung sen. Betrachten wir nun die Auswirkungen im Wertkontrakt. Wir erken-
Wertkontrakt nen sie daran, dass jetzt die »abgerufene« Menge um den Auftragswert
erhöht worden ist (siehe Abbildung 3.112).

Abbildung 3.112 Überwachung des Wertkontrakts

Zudem wird der Belegfluss entsprechend aufgebaut. Abbildung 3.113 zeigt uns den Belegfluss zum Wertkontrakt. Über diese Funktion können wir jederzeit nachvollziehen, welche Abrufe zu unserem Wertkontrakt getätigt wurden und welchen Status diese Abrufaufträge derzeit haben.

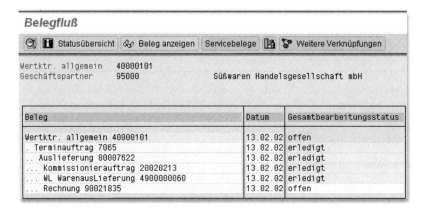

Abbildung 3.113 Belegfluss zum Wertkontrakt

3.10 Cross-Company-Geschäfte

Wohl zu keiner Zeit haben sich Organisationsstrukturen in den Konzernen schneller und nachhaltiger verändert als in den letzten Jahren. Steuerliche, organisatorische und rechtliche Gründe führen dazu, dass innerhalb eines Konzerns mehrere rechtlich selbstständige Einheiten entstehen, die Geschäfte miteinander abwickeln. Vertriebs- und Servicegesellschaften spezialisieren sich auf den Absatz in unterschiedlichen Märkten, während sich produzierende Einheiten auf die Entwicklung und die Herstellung der Produkte konzentrieren. Gerade die Prozesse zwischen Unternehmen eines Konzerns sollten effizient, einfach und transparent sein. Gleichzeitig müssen die Anforderungen an das Controlling erfüllt werden. Mit Hilfe einer integrierten Standardsoftware ist dieses Ziel erreichbar. Aber auch hier gilt grundsätzlich: Selbst mit der besten Software lässt sich nicht jede Struktur abbilden. Im Folgenden zeigen wir Gestaltungsspielräume für die Entwicklung von Cross-Company-Prozessen.

3.10.1 Betriebswirtschaftliche Grundlagen

Konzerne sind in mehrere rechtlich selbständige Einheiten untergliedert. Zwischen diesen Einheiten bestehen häufig vielfältige Kunden- und Lieferantenbeziehungen, d.h. die einzelnen Gesellschaften kaufen und verkaufen einander Produkte und Dienstleistungen. Wir wollen dabei zwei Geschäfte unterscheiden:

Zwei Geschäftsmodelle

- **Verkauf an Endkunden**
  Dabei kauft ein Endkunde außerhalb des Konzerns Produkte bei einer Konzerngesellschaft, der Vertriebsgesellschaft. Die Lieferung erfolgt jedoch direkt aus dem Bestand einer anderen Konzerneinheit, der Produktionsgesellschaft. Die Vertriebsgesellschaft berechnet die Ware an den Endkunden, die Produktionsgesellschaft liefert die Ware direkt an den Endkunden und stellt eine interne Rechnung an die Vertriebsgesellschaft

- **Konzerninterne Beschaffung**
  Dabei sind Kunde und Lieferant jeweils Unternehmen **eines** Konzerns. Der Kunde bestellt die Ware, diese wird vom Lieferanten geliefert und berechnet. Der Kunde wird Eigentümer und führt die Ware in seinem Bestand. Anschließend verbraucht er die Ware als Rohstoff oder Komponente in der eigenen Produktion oder verkauft diese als Handelsware weiter.

Verkauf an Endkunden

Beide Vorgänge sind eigentlich »normale« Verkaufsvorgänge. Grundsätzlich könnte man demnach diese Vorgänge auch als »normalen« Vertriebsprozess abbilden. Abbildung 3.114 zeigt den Prozess *Verkauf an Endkunden* innerhalb eines Konzerns als konventionellen Vertriebsprozess.

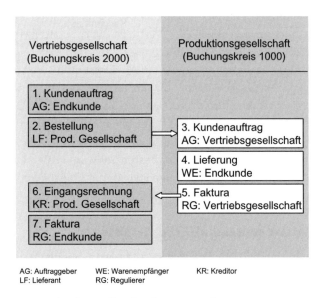

Abbildung 3.114 Verkauf an Endkunden, konventionell

Die Vertriebsgesellschaft erfasst in diesem Prozess zunächst den Kundenauftrag vom Endkunden, erzeugt dann eine Bestellung und leitet diese an die Produktionsgesellschaft weiter. Dort wird ein Kundenauftrag (Auftraggeber: Vertriebsgesellschaft) angelegt. Die Auslieferung an den Endkunden erfolgt über einen SD-Lieferbeleg. Mit Bezug zu dieser Lieferung erfolgt die Fakturierung an die Vertriebsgesellschaft, die abschließend die Rechnung an den Endkunden stellt. Dieser Prozess entspricht dem klassischen Streckengeschäft (siehe Abschnitt 3.4).

Interne Beschaffung

Auch der Prozess der internen Beschaffung lässt sich als konventioneller Liefervorgang abbilden. Er hat dann das Aussehen wie in Abbildung 3.115 dargestellt.

Dabei wird in der Vertriebsgesellschaft eine Bestellung erfasst. Lieferant ist die Produktionsgesellschaft, die bei sich einen Kundenauftrag (Auftraggeber: Vertriebsgesellschaft) erfasst. Über eine SD-Lieferung wird die Ware geliefert. In der Vertriebsgesellschaft verbucht man den Wareneingang. In der Produktionsgesellschaft wird eine Rechnung gestellt, die in der Vertriebsgesellschaft zu einer Eingangsrechnung führt.

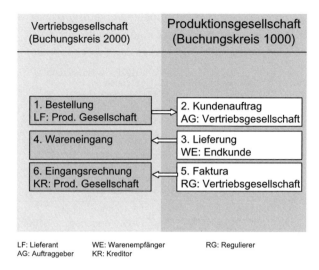

Abbildung 3.115 Interne Beschaffung, konventionell

3.10.2 Cross-Company-Konzept in SAP R/3

In Kapitel 1 wird unter anderem die Bedeutung der unterschiedlichen Organisationsstrukturen im System SAP R/3 beschrieben. Für die Abwicklung von Cross-Company-Prozessen rücken die Objekte

- Buchungskreis
- Vertriebsbereich
- Werk

in den Mittelpunkt.

Die in Abschnitt 3.10.1 beschriebenen Abläufe werden in SAP R/3 durch folgende Szenarien abgebildet:

- Buchungskreisübergreifender Verkauf (Verkauf an Endkunden)
- Buchungskreisübergreifende Umlagerung (konzerninterne Beschaffung)

Diese Szenarien ermöglichen eine wesentlich schlankere Abbildung von Cross-Company-Prozessen, als die in Abbildung 3.114 und Abbildung 3.115 beschriebene »konventionelle« Vorgehensweise. Beschäftigen wir uns zunächst mit dem Szenario *Buchungskreisübergreifender Verkauf*.

Buchungskreisübergreifender Verkauf

Abbildung 3.116 gibt uns hierzu einen Überblick. Im Folgenden werden wir die dort gezeigten Schritte näher vorstellen:

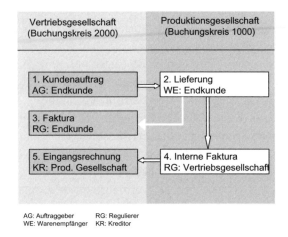

Abbildung 3.116 Buchungskreisübergreifender Verkauf

1. Cross-Company-Auftrag im verkaufenden Buchungskreis erfassen
2. Lieferung im produzierenden Buchungskreis erfassen
3. Externe Faktura im verkaufenden Buchungskreis
4. Interne Faktura im produzierenden Buchungskreis
5. Eingangsrechnung im verkaufenden Buchungskreis

Schritt 1: Cross-Company-Auftrag im verkaufenden Buchungskreis

Im Buchungskreis der Vertriebsgesellschaft wird ein Kundenauftrag (Auftragsart TA, Positionstyp TAN) erfasst. In der Position des Kundenauftrags wird jedoch ein Auslieferwerk ermittelt, das dem Buchungskreis der Produktionsgesellschaft zugeordnet ist. Die Versandstelle gehört ebenfalls zu dem Werk aus der Produktionsgesellschaft. Über die Preisfindung wird in diesem Auftrag die Konditionsart PI01 (Interner Verrechnungspreis) ermittelt. Im Auftrag ist diese Kondition statistisch. Damit beeinflusst sie den Auftragswert nicht. Sie stellt lediglich den Verrechnungspreis der Produktionsgesellschaft an die Vertriebsgesellschaft als zusätzliche Information dar. Da als Auslieferungswerk der Position direkt das Werk der Produktionsgesellschaft erfasst wurde, erfolgt die Bedarfsübergabe direkt in dieses Werk. Auch die Verfügbarkeitsprüfung prüft gegen die Bestände bzw. die geplanten Zu- und Abgänge im Produktionswerk. Dadurch kann sowohl die Bestellung in der Vertriebsgesellschaft als auch der Kundenauftrag in der Produktionsgesellschaft entfallen. Im Vergleich zu Abbildung 3.114 hat Abbildung 3.116 deshalb zwei Prozessschritte weniger. Auch erhält der Sachbearbeiter, der den Auftrag anlegt, sofort eine aktuelle Information über die möglichen Liefertermine! Dies wäre bei einer konventionellen Abwicklung ebenfalls nicht möglich, zumindst nicht auf der Basis der dispositiven Situation im Lieferwerk.

Mit Bezug zum Kundenauftrag in der Vertriebsgesellschaft wird dann im Werk der Produktionsgesellschaft (Buchungskreis 1000) ein Lieferbeleg erzeugt. Dieser unterscheidet sich zunächst nicht von der Lieferungsbearbeitung im normalen Auftragsprozess (siehe Abschnitt 3.3). Allerdings stellt sich bei dieser Lieferung die Frage nach der Ermittlung des Vertriebsbereichs (Kombination aus Verkaufsorganisation, Vertriebsweg, Sparte). Normalerweise wird der Vertriebsbereich aus dem Kundenauftrag übernommen. Bei einer buchungskreisübergreifenden Lieferung ist dies nicht möglich, da der Kundenauftrag in einem anderen Buchungskreis liegt. Deshalb wird der Vertriebsbereich aus dem Customizing ermittelt. Jedem (Liefer-)Werk wird ein Vertriebsbereich für die interne Verrechnung zugeordnet. Abbildung 3.117 zeigt die Customizingeinstellung. Dort ist dem Werk 1000 der Vertriebsbereich 1000/10/00 zugeordnet.

Schritt 2: Lieferung im produzierenden Buchungskreis

Werk	Bezeichnung	VOrgIV	VerkaufsorgIV	VtwIV	VertriebswegIV	SpIV	SparteInterneVerr
0001	Werk 0001						
0002							
0099	Walldorf (LO-Customizin...						
1000	Werk Hamburg	1000	Deutschl. Frankfurt	10	Endkundenverkauf	00	Spartenübergreifend
1100	Berlin	1000	Deutschl. Frankfurt	10	Endkundenverkauf	00	Spartenübergreifend
1200	Dresden	1000	Deutschl. Frankfurt	12	Wiederverkäufer	00	Spartenübergreifend
1300	Frankfurt	1000	Deutschl. Frankfurt	12	Wiederverkäufer	00	Spartenübergreifend
1400	Stuttgart	1000	Deutschl. Frankfurt	12	Wiederverkäufer	00	Spartenübergreifend
1900	ALE Portugal (Dummy)						
1901	ALE Portugal						
2000	Heathrow / Hayes	2000	UK Heathrow/Hayes	12	Wiederverkäufer	00	Spartenübergreifend
2100	Porto						
2200	Paris	2200	Frankreich Paris	1	Wiederverkäufer	00	Spartenübergreifend
2300	Barcelona	2300	Spanien Barcelona	12	Wiederverkäufer	00	Spartenübergreifend

Abbildung 3.117 Ermittlung des Vertriebsbereichs in der buchungskreisübergreifenden Lieferung

Nur wenn diese Einstellung vorhanden ist, kann aus diesem Werk buchungskreisübergreifend verkauft werden. Der Vertriebsbereich in der Produktionsgesellschaft wird also abhängig vom Werk der zugrunde liegenden Lieferung ermittelt: Wird also im Werk 1000 eine Lieferung für einen Auftrag aus einem anderen Buchungskreis erfasst, so wird in dieser Lieferung der Vertriebsbereich 1000/10/00 ermittelt.

Im Unterschied zur »normalen« Auftragsabwicklung werden im Szenario *Buchungskreisübergreifender Verkauf* **zwei** Fakturen mit Bezug zur SD-Lieferung angelegt. Zunächst wird die *Externe Faktura* (Fakturaart F2) im Buchungskreis der Vertriebsgesellschaft erzeugt. Über diese fakturiert die Vertriebsgesellschaft die Lieferung an den Endkunden. Die Erlöse werden

Schritt 3: Externe Faktura im verkaufenden Buchungskreis

in der Finanzbuchhaltung gebucht und an die Ergebnisrechnung im CO-PA übergeben (siehe Abschnitt 2.12). Allerdings werden die Kosten in der Ergebnisrechnung hier in der Regel nicht aus dem Verrechnungspreis VPRS ermittelt, denn dieser spiegelt bekanntlich den Bewertungspreis in der Produktionsgesellschaft und damit die Plan-Herstellkosten aus Sicht eines anderen Buchungskreises wider. Die Kosten im CO-PA werden daher häufig über die Konditionsart PI01 (Interner Verrechnungspreis) ermittelt. Dies ist der Preis, den die Vertriebsgesellschaft an die Produktionsgesellschaft zahlt. Aus Sicht der Vertriebsgesellschaft stellt die Konditionsart PI01 also die Kosten des Umsatzes dar. Die Konditionsart PI01 ist somit im Customizing der Ergebnis- und Marktsegmentrechnung (siehe Abschnitt 2.12) dem Wertfeld »Umsatzkosten« zugeordnet. Auf diese Einstellung kommen wir im vierten Schritt unseres Szenarios noch zurück.

Exkurs: Umsatzsteuer bei Cross-Company und Export

Besonderheiten gibt es in der Cross-Company-Abwicklung auch bei der Ermittlung des richtigen Mehrwertsteuerkennzeichens. Im Inlandsgeschäft ist dies unkritisch: Sind Endkunde, Vertriebsgesellschaft und Produktionsgesellschaft in einem Land angesiedelt, sind beide Vorgänge (externe Faktura und interne Faktura) umsatzsteuerpflichtig. Der Mehrwertsteuersatz hängt dann nur am Steuerkennzeichen des Debitors und des Materials. Allerdings gibt es die Möglichkeit, mit den Finanzbehörden zu vereinbaren, dass die *Interne Faktura* von der Umsatzsteuerpflicht ausgenommen wird (umsatzsteuerliche Organschaft innerhalb eines Konzerns). Interessant dagegen ist der Exportfall ermittelt das System das Steuerkennzeichen abhängig von folgenden Kriterien:

- Abgangsland
- Empfangsland
- Steuerkennzeichen Debitor
- Steuerkennzeichen Material

Das Abgangsland wird dabei aus dem Lieferwerk ermittelt. Für die externe Faktura ist das im Exportfall aber problematisch. Nehmen wir an, unsere Vertriebsgesellschaft hat ihren Sitz in England und die Produktionsgesellschaft ihren Sitz in Deutschland. Die englische Vertriebsgesellschaft verkauft an einen Kunden in England, und zwar buchungskreisübergreifend aus dem Werk der Produktionsgesellschaft in Deutschland. Wird das Abgangsland jetzt aus dem Lieferwerk ermittelt, so ist dies Deutschland. Für die externe Faktura ergäbe sich folgende Situation:

- Abgangsland: Deutschland (aus Lieferwerk)
- Empfangsland: England (aus dem Debitorenstamm des Kunden)

In diesem Fall müsste das System einen Mehrwertsteuersatz von 0% ermitteln, da Lieferungen innerhalb der Europäischen Union unter bestimmten Voraussetzungen (der Kunde muss über eine Umsatzsteuer-Identifikationsnummer verfügen) von der Umsatzsteuer befreit sind. Tatsächlich gilt dies aber nur für die Verrechnung der Produktionsgesellschaft in Deutschland an die Vertriebsgesellschaft in England. Die englische Vertriebsgesellschaft dagegen liefert innerhalb eines Landes an einen Kunden in England – auch wenn die Ware direkt geliefert wird. Dieser Vorgang, und damit die externe Faktura, unterliegen normalerweise der Umsatzsteuer. Für diesen Fall sieht SAP die Möglichkeit vor, das Abgangsland aus der Verkaufsorganisation im Kundenauftrag zu ermitteln. Dazu ist ein so genannter USER-EXIT im Programm MV45AFZZ vorgesehen. Die genaue Vorgehensweise ist dem SAP-Service-Hinweis mit der Nummer 381348 zu entnehmen. Damit ist England sowohl das Abgangs- als auch das Empfangsland für die externe Faktura und die Umsatzsteuer wird entsprechend ermittelt. Wir sehen die Umsatzsteuerermittlung auch im Systembeispiel in Abschnitt 3.10.3.

Ebenfalls mit Bezug zur Lieferung wird die *Interne Faktura* (Fakturaart IV) im produzierenden Buchungskreis erzeugt. In dieser Faktura ist die Konditionsart PI01 nicht mehr statistisch, vielmehr dient sie jetzt der Ermittlung des Fakturawerts. Der Vertriebsbereich wird aus der Lieferung übernommen. In unserem Fall wird der Vertriebsbereich 1000/10/00 übergeben (siehe Schritt 3). Eine weitere Besonderheit besteht in der Ermittlung des Regulierers und des Rechnungsempfängers. Beide werden im Standardablauf (Terminauftragsabwicklung) aus dem Kundenauftrag übernommen. Dies ist bei der internen Verrechnung nicht möglich: Als Rechnungsempfänger und Regulierer fungiert die Vertriebsgesellschaft und nicht der Endkunde. Also ist für die Vertriebsgesellschaft ein entsprechender Debitorenstammsatz im Buchungskreis der Produktionsgesellschaft zu verwenden! Auch dieser Stammsatz wird über das Customizing ermittelt, und zwar wird jeder Verkaufsorganisation ein entsprechender Debitorenstamm zugeordnet (siehe Abbildung 3.118).

Schritt 4: Interne Faktura im produzierenden Buchungskreis

Damit wird abhängig von der Verkaufsorganisation im Kundenauftrag der Vertriebsgesellschaft der Debitorenstammsatz der Internen Faktura in der Produktionsgesellschaft ermittelt. In unserem Beispiel (siehe Abbildung 3.118) heißt das: Wenn in der Verkaufsorganisaton 2000 ein Kundenauftrag mit buchungskreisübergreifendem Verkauf angelegt wird, dann wird in der zugehörigen Internen Faktura der Debitor 13000 über das Customizing ermittelt.

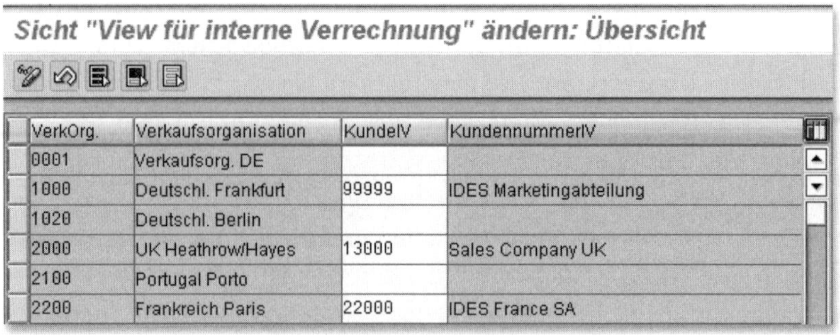

VerkOrg.	Verkaufsorganisation	KundeIV	KundennummerIV
0001	Verkaufsorg. DE		
1000	Deutschl. Frankfurt	99999	IDES Marketingabteilung
1020	Deutschl. Berlin		
2000	UK Heathrow/Hayes	13000	Sales Company UK
2100	Portugal Porto		
2200	Frankreich Paris	22000	IDES France SA

Abbildung 3.118 Zuordnung einer Kundennummer zur Verkaufsorganisation

Die Interne Faktura erzeugt einen Buchhaltungsbeleg im liefernden Buchungskreis. Dieser enthält die Erlösbuchung »Debitorenkonto/ Umsatzerlöse + Mehrwertsteuer«. Genau wie in der externen Faktura erfolgt eine Fortschreibung der Ergebnisrechnung (CO-PA) im liefernden Buchungskreis. Übergeben werden die geplanten Erlöse sowie die Plan-Umsatzkosten. Die Ermittlung der Erlöse basiert auf der Konditionsart PI01 und damit auf dem Preis, den der verkaufende Buchungskreis an den liefernden Buchungskreis bezahlen muss. In Schritt 3 haben wir jedoch gesehen, dass diese Konditionsart dem Wertfeld »Umsatzkosten« im CO-PA-Customizing zugeordnet ist. Um zu erreichen, dass die Konditionsart PI01 in der internen Faktura dem Wertfeld »Erlöse« zugeordnet wird, sind Ergänzungen im CO-PA-Customizing erforderlich. Dabei wird abhängig von der Fakturaart (IV-Interne Verrechnung) der Wert der Kondition PI01 in das Wertfeld »Erlöse« fortgeschrieben. Die Umsatzkosten werden »ganz normal« aus der Konditionsart VPRS (Bewertungspreis des Materialstamms des liefernden Werks) ermittelt.

Schritt 5: Eingangsrechnung im verkaufenden Buchungskreis

Kommen wir damit zum Schritt 5, der Verbuchung der Eingangsrechnung im verkaufenden Buchungskreis. Im »normalen« Einkaufsprozess (Bestellanforderung, Bestellung, Wareneingang, Rechnung) wird die Eingangsrechnung über die Komponente Rechnungsprüfung im Modul MM (Materialwirtschaft) mit Bezug zu Bestellung und Wareneingang verbucht. Im konventionellen Ablauf (siehe Abbildung 3.114) würde dies genauso erfolgen. Da aber im Szenario *Buchungskreisübergreifender Verkauf* Bestellung und Wareneingangsbuchung in der Vertriebsgesellschaft entfallen, ist diese Funktion hier nicht einsetzbar, weshalb ist die Rechnung direkt in der Finanzbuchhaltung als Kreditorenbeleg zu erfassen ist. Der Buchungssatz lautet dann »Aufwandskonto (z.B. Wareneinsatz oder Verbrauch Handelsware) und Vorsteuer an Kreditorenkonto«.

Auch dieser Schritt lässt sich automatisieren. Dabei kommt die ALE- (Application-Link-Enabling-)Komponente der SAP-Software zum Einsatz. Es handelt sich dabei um ein generelles Werkzeug zur Verteilung von Daten. Mit Hilfe der ALE-Werkzeuge kann man

Automatisierung durch ALE

- Daten an ein EDI-Subsystem zur Versendung von EDI-Nachrichten übergeben
- Daten von einem EDI-Subsystem empfangen und verarbeiten
- Daten zwischen verschiedenen SAP-Systemen austauschen
- Daten zwischen Mandanten austauschen
- Aktivitäten innerhalb eines Mandanten anstoßen

Als Datenbasis für den Datenaustausch dienen so genannte *Zwischendateien* – IDocs genannt. IDoc steht für *Intermediate Document*. In unserem Beispiel wird über die Nachrichtenfindung in der Internen Faktura eine Nachrichtenart mit dem Typ ALE ermittelt. Diese initiiert das Anlegen eines IDocs mit dem IDoc-Typ INVOICE. Diese Datei enthält sämtliche Daten der Faktura. Dazu gehören Kopfdaten, wie der Regulierer, der Rechnungsempfänger oder die Zahlungsbedingungen. Genauso enthalten sind Positionsdaten, wie Material, Menge, Preise, Konditionen. Es werden jedoch nur die Konditionen in das IDoc übergeben, für die im Kalkulationsschema das Druckkennzeichen gesetzt wurde. Dieses dient normalerweise der Drucksteuerung auf dem Fakturaformular. Ist das Kennzeichen gesetzt, so wird die Kondition auf dem Formular gedruckt. Dieses Kennzeichen ist also auch für die Erstellung der IDoc-Datei bei der Ausgangsrechnung zuständig.

IDocs

Nachdem die Zwischendatei erzeugt ist, wird im Modul FI eine so genannte *Eingangsverarbeitung* für diese Datei gestartet. Somit dient dieses IDoc gleichermaßen als Eingangs- und als Ausgangsdatei. Dabei wird auf der Basis der Rechnungsdaten die Eingangsrechnung im Modul FI (Financial Accounting) gebucht – vorausgesetzt, dass entsprechende Customizingeinstellungen im Modul FI vorgenommen worden sind. Die wichtigsten Einstellungen sind die Folgenden:

Eingangsverarbeitung

- Ermittlung des Kreditorenstamms für den liefernden Buchungskreis
- Ermittlung des Aufwandskontos für die Verbuchung (siehe Abbildung 3.119). Dabei wird abhängig vom Materialstamm ein Sachkonto ermittelt.
- Ermittlung einer kostenrechnungsrelevanten Zusatzkontierung (Kostenstelle, Projekt, Innenauftrag). Diese Zuordnung muss dann vorge-

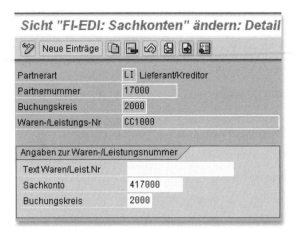

Abbildung 3.119 Ermittlung des Sachkontos bei der automatischen Verbuchung der Eingangsrechnung im verkaufenden Buchungskreis

nommen werden, wenn es sich bei dem Aufwandskonto um eine Kostenart handelt. Nicht jedes Aufwandskonto ist zwingend auch als Kostenart angelegt.

▶ Ermittlung des Vorsteuerkennzeichens

▶ Ermittlung von Programmparametern für die Durchführung der Buchung (siehe Abbildung 3.120)

Sind diese Parameter gepflegt, so wird mit der Verbuchung der Ausgangsrechnung in der Produktionsgesellschaft automatisch die Verbuchung der Eingangsrechnung in der Vertriebsgesellschaft initiiert. Um eine gewisse Kontrolle im verkaufenden Buchungskreis zu haben, kann der Beleg mit einer Zahlsperre versehen werden. In diesem Fall muss der Sachbearbeiter in der Kreditorenbuchhaltung diese Sperre zunächst entfernen, bevor die Zahlung erfolgen kann.

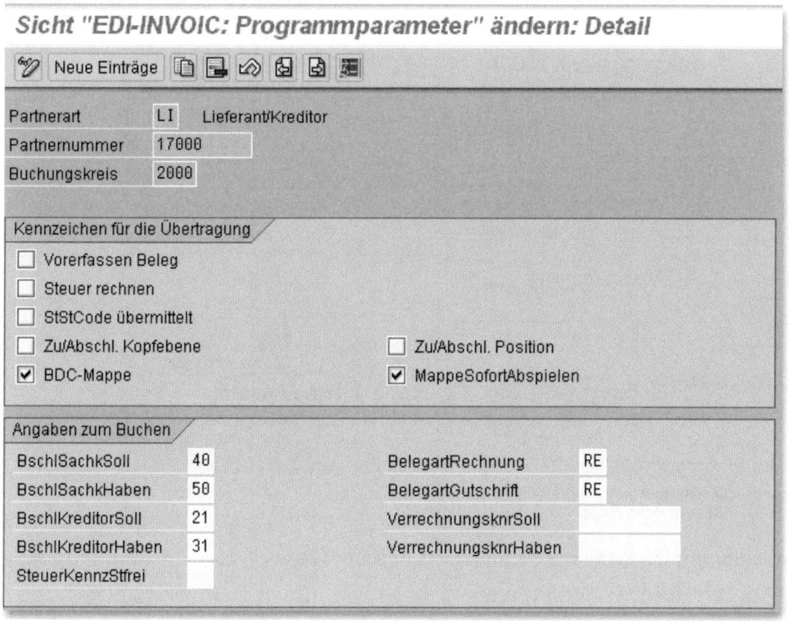

```
Sicht "EDI-INVOIC: Programmparameter" ändern: Detail

    Neue Einträge

Partnerart         LI    Lieferant/Kreditor
Partnernummer      17000
Buchungskreis      2000

┌─ Kennzeichen für die Übertragung ─────────────────────────┐
│  ☐ Vorerfassen Beleg                                      │
│  ☐ Steuer rechnen                                         │
│  ☐ StStCode übermittelt                                   │
│  ☐ Zu/Abschl. Kopfebene      ☐ Zu/Abschl. Position        │
│  ☑ BDC-Mappe                 ☑ MappeSofortAbspielen       │
└───────────────────────────────────────────────────────────┘

┌─ Angaben zum Buchen ──────────────────────────────────────┐
│  BschlSachkSoll      40    BelegartRechnung      RE       │
│  BschlSachkHaben     50    BelegartGutschrift    RE       │
│  BschlKreditorSoll   21    VerrechnungsknrSoll            │
│  BschlKreditorHaben  31    VerrechnungsknrHaben           │
│  SteuerKennzStfrei                                        │
└───────────────────────────────────────────────────────────┘
```

Abbildung 3.120 Eingangsparameter im Customizing des Moduls FI zur automatischen Verbuchung der Eingangsrechnung im verkaufenden Buchungskreis

Kommen wir jetzt zum zweiten Szenario im Cross-Company-Geschäft, der *Buchungskreisübergreifenden Umlagerung*. Dabei kauft die Vertriebsgesellschaft (Buchungskreis 2000) Produkte von der Produktionsgesellschaft (Buchungskreis 1000). Anstatt diese aber wie beim buchungskreisübergreifenden Verkauf direkt an den Kunden zu liefern, erfolgt die Lieferung an die Vertriebsgesellschaft. Diese übernimmt die Materialien in ihren Bestand und verwendet sie dann entweder als Komponente oder Rohstoff in der eigenen Produktion oder verkauft sie als Handelsware an ihre Kunden weiter. Abbildung 3.121 gibt uns hierzu einen Überblick.

Buchungskreisübergreifende Umlagerung

Wir werden uns jetzt im Detail mit den folgenden Schritten beschäftigen:

1. Umlagerungsbestellung erfassen
2. SD-Nachschublieferung erfassen
3. Interne Verrechnung durchführen
4. Wareneingangsbuchung in der Vertriebsgesellschaft
5. Eingangsrechnung erfassen

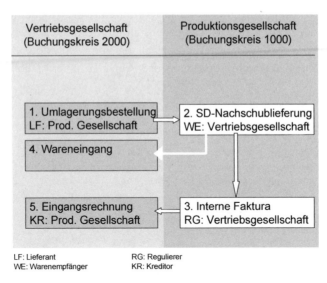

Abbildung 3.121 Buchungskreisübergreifende Umlagerung

Schritt 1: Umlagerungsbestellung

Im ersten Schritt wird in der Vertriebsgesellschaft eine Umlagerungsbestellung erfasst. Grundsätzlich könnte vor der Umlagerungsbestellung auch eine Umlagerungsbestellanforderung stehen. Diese wird dann anschließend in eine Umlagerungsbestellung umgewandelt. Jede Umlagerungsbestellanforderung wird im Werk der Vertriebsgesellschaft als geplanter Zugang in der Disposition wirksam. Gleichzeitig wird sie als geplanter Abgang (Bestellanforderungsabruf) in der Produktionsgesellschaft eingelastet. Mit der Umsetzung der Umlagerungsbestellanforderung in eine Umlagerungsbestellung wird der Abrufbedarf zu einem Bestellabruf (Zur Thematik der werksübergreifenden Beschaffung siehe auch Abschnitt 4.1). Jede Bestellung hat im Belegkopf einen Lieferantenstamm. Die Umlagerungsbestellung enthält den Lieferantenstamm, der die Produktionsgesellschaft als Kreditor in der Vertriebsgesellschaft repräsentiert. In diesem Kreditorenstamm ist das Lieferwerk hinterlegt, wodurch das System erkennt, dass es sich um eine Umlagerung aus einem anderen Werk handelt. In den Positionen der Umlagerungsbestellung werden außerdem Materialien und Mengen sowie das Lieferdatum festgelegt.

Schritt 2: SD-Nachschublieferung anlegen

Mit Bezug zur Umlagerungsbestellung kann nun im Modul SD eine Lieferung mit der Lieferart *Nachschublieferung Cross-Company* in der Produktionsgesellschaft (Buchungskreis 1000) angelegt werden. Bei der Terminauftragsabwicklung wird der Warenempfänger im Auftrag erfasst und in den Lieferbeleg kopiert. Dies ist bei dieser Abwicklung nicht möglich, da es keinen Kundenauftrag gibt. Vielmehr wird der Warenempfänger über

Customizingeinstellungen im Modul MM ermittelt. Dort ist jedem Empfangswerk ein entsprechender Debitorenstamm zugeordnet. Das Empfangswerk wird in der Umlagerungsbestellung vom Anwender erfasst. Abbildung 3.122 zeigt die Zuordnung des Werks zu einem Debitorenstammsatz.

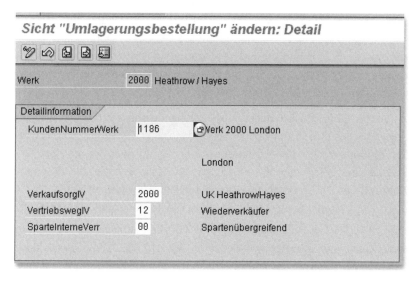

Abbildung 3.122 Zuordnung Debitorenstamm zum Werk

Die Abbildung zeigt uns damit Folgendes: Wenn eine Umlagerungsbestellung in der Vertriebsgesellschaft (Werk 2000) erfasst wird, dann wird in der Nachschublieferung der Produktionsgesellschaft der Debitorenstamm 1186 (Debitorenname: Werk 2000 London) über die Customizingeinstellung ermittelt.

Neben dem Debitorenstammsatz muss auch der Vertriebsbereich über das Customizing ermittelt werden. Dies geschieht nach der gleichen Logik wie in der SD-Lieferung im Szenario *Buchungskreisübergreifender Verkauf* (siehe Abbildung 3.117). Jedem Lieferwerk wird dabei ein Vertriebsbereich zugeordnet. Für eine SD-Nachschublieferung im Buchungskreis 1000 (Produktionsgesellschaft) wird der Vertriebsbereich 1000/10/00 im Customizing ermittelt. Es handelt sich hierbei um die gleiche Tabelle wie im SD-Customizing des Szenarios Buchungskreisübergreifender Verkauf (siehe Abbildung 3.117). Damit kann jedem Werk nur ein Vertriebsbereich zugeordnet werden. Dieser wird bei beiden Szenarien herangezogen.

Schritt 3: Interne Verrechnung

Mit Bezug zur Lieferung wird in der Produktionsgesellschaft (Buchungskreis 1000) eine Faktura mit der Fakturaart *Interne Verrechnung* angelegt. Im Unterschied zum Szenario Buchungskreisübergreifender Verkauf entfällt die externe Faktura. Es können hier auch keinerlei Konditionen aus dem Kundenauftrag übernommen werden. Die Preisbestandteile, z. B. die Konditionsart PI01, müssen neu ermittelt werden. Ansonsten unterscheidet sich der Fakturierungsvorgang nicht von der Erstellung der Internen Faktura beim buchungskreisübergreifenden Verkauf. Durch die Faktura wird also ein Buchhaltungsbeleg »Debitor an Umsatz und Mehrwertsteuer« erzeugt. Auch werden die Daten in die Ergebnis- und Marktsegmentrechnung (CO-PA) fortgeschrieben.

Schritt 4: Wareneingangsbuchung in der Vertriebsgesellschaft

Im vierten Schritt wird der Wareneingang in der Vertriebsgesellschaft gebucht. Dies erfolgt mit Bezug zur Umlagerungsbestellung. Damit werden die entsprechenden Bestellpositionen zur Auswahl angeboten. Der Buchhaltungsbeleg zur Wareneingangsbuchung enthält die Buchung »Bestand an Wareneingangs-/Rechungseingangs-Verrechnungskonto«. Über die Wareneingangsbuchung wird die Bestellentwicklungsstatistik der Umlagerungsbestellung fortgeschrieben.

Schritt 5: Eingangsrechnung erfassen

Im letzten Schritt des Ablaufs ist die Eingangsrechnung in der Vertriebsgesellschaft zu erfassen. Im Unterschied zum Szenario Buchungskreisübergreifender Verkauf existiert jetzt in der Vertriebsgesellschaft eine Bestellung. Damit kann auch die Funktion *Rechnungsprüfung* im Modul MM genutzt werden. Für den Anwender ergeben sich keine Unterschiede zur Erfassung einer »normalen« Eingangsrechnung. Der Buchungssatz des Beleges in der Finanzbuchhaltung lautet »Wareneingangs-/Rechnungseingangs-Verrechnungskonto und Vorsteuer an Kreditor«. Auch bei diesem Ablauf kann die Rechnungserfassung über die ALE-Komponente automatisiert werden (siehe Schritt 6 im Szenario Buchungskreisübergreifender Verkauf). Dabei ist es sehr wichtig, das ALE-Customizing so zu steuern, dass die Rechnungsprüfung der Materialwirtschaft genutzt wird. Die Eingangsverarbeitung simuliert gewissermaßen die Prüfung einer Eingangsrechnung über die Komponente Rechnungsprüfung und erzeugt den entsprechenden Beleg. Nur wenn die Komponente Rechnungsprüfung genutzt wird, wird die Umlagerungsbestellung richtig fortgeschrieben und erhält dadurch den Status »endgeliefert«. Damit ist die Umlagerungsbestellung erledigt. Vor allem wird das WE/RE-Konto (Wareneingangs-/Rechnungseingangs-Verrechnungskonto), das beim Wareneingang bebucht wurde, wieder korrekt ausgeglichen.

3.10.3 Systembeispiel

In unserem Systembeispiel wollen wir das Szenario *Buchungskreisübergreifender Verkauf* demonstrieren. Wir bleiben bei den in Abschnitt 3.10.2 eingeführten Organisationseinheiten. Unser Endkunde in England, die Chemical Machines Ltd. (Debitorennummer 12500), bestellt das Material CC1000 (Reinigungslösung im 5L-Kanister) bei unserer Vertriebsgesellschaft in England. Diese wird im System über den Buchungskreis 2000 abgebildet. Für den Verkauf ist der Vertriebsbereich 2000/10/00 zuständig. Die Lieferung erfolgt aus der Produktionsgesellschaft (Buchungskreis 1000) in Deutschland direkt an den Endkunden in England, die Rechnung an den Endkunden stellt die Vertriebsgesellschaft in England (Buchungskreis 2000). Die Produktionsgesellschaft (Buchungskreis 1000) stellt eine Interne Faktura an die Vertriebsgesellschaft in England (Buchungskreis 2000). In unserem Beispiel durchlaufen wir folgende Schritte:

Ausgangslage

1. Anzeige der Bestandssituation in der Produktionsgesellschaft (Buchungskreis 1000, Werk 1000)
2. Erfassen des Kundenauftrags im Vertriebsbereich 2000/10/00 (Buchungskreis 2000, Vertriebsgesellschaft in England)
3. Anlegen der Lieferung in der Produktionsgesellschaft
4. Anzeige der Bestandssituation in der Produktionsgesellschaft (Buchungskreis 1000, Werk 1000)
5. Erstellung der Externen Faktura in der Vertriebsgesellschaft (Buchungskreis 2000)
6. Erstellung der Internen Faktura in der Produktionsgesellschaft (Buchungskreis 1000)
7. Automatisches Verbuchen der Eingangsrechnung in der Vertriebsgesellschaft (Buchungskreis 2000)
8. Gesamtüberblick durch Anzeige des Belegflusses zum Kundenauftrag

Zunächst betrachten wir die Bestände im Produktionswerk 1000 im Buchungskreis 1000 (siehe Abbildung 3.123). Für unser Material CC1000 befinden sich noch 200 Stück im Lagerort 0002 (Fertigwarenlager).

Schritt 1: Bestandsanzeige Buchungskreis 1000

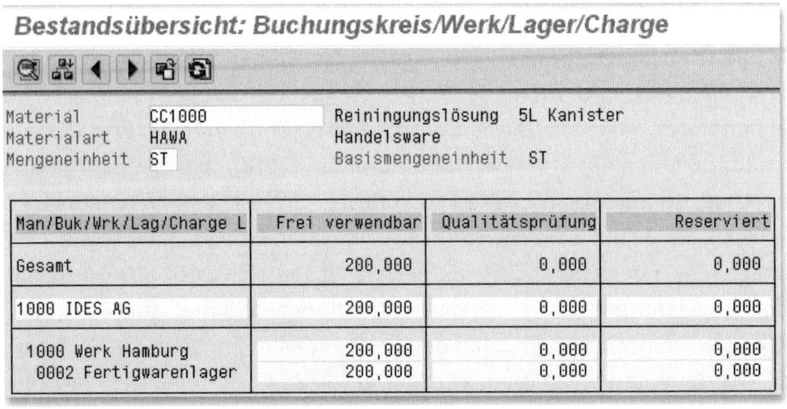

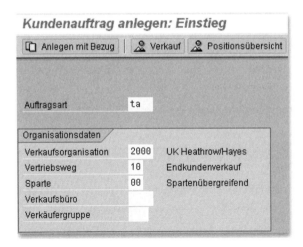

Abbildung 3.123 Bestandsübersicht im Werk 1000 (Produktionsgesellschaft)

Schritt 2:
Kundenauftrag

Erfassen wir jetzt den Kundenauftrag mit der Auftragsart TA (Terminauftrag) im Vertriebsbereich der Vertriebsgesellschaft (2000/10/00). Abbildung 3.124 zeigt den Einstieg in die Auftragserfassung.

Abbildung 3.124 Erfassung Kundenauftrag im Vertriebsbereich 2000/10/00 der Vertriebsgesellschaft

Der Kunde Chemical Machines Ltd. (Debitorennummer 12500) bestellt 10 Stück des Materials CC1000 (Reinigungslösung in 5L-Kanister). In der Positionsübersicht im Kundenauftrag (siehe Abbildung 3.125) sehen wir, dass als Auslieferungswerk das Werk 1000 aus dem Buchungskreis der Produktionsgesellschaft erfasst wurde. Damit gehört das Werk zu einem anderen Buchungskreis als die Verkaufsorganisation des Kundenauftrags.

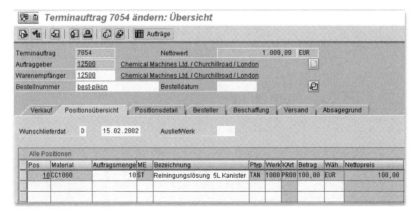

Abbildung 3.125 Positionsübersicht im Kundenauftrag

In der Preisfindung für diese Position erkennen wir die Konditionsarten PR00 (Verkaufspreis des Endkunden) und PI01 (Interner Verrechnungspreis). Die Konditionsart PI01 ist im Auftrag »statistisch« und beeinflusst den Nettowert der Position nicht (siehe Abbildung 3.126). Als Verkaufspreis für den Endkunden wurden 100,00 EUR/Stück festgelegt. Der Verkaufspreis der Produktionsgesellschaft an die Vertriebsgesellschaft beträgt 75,00 EUR/Stück.

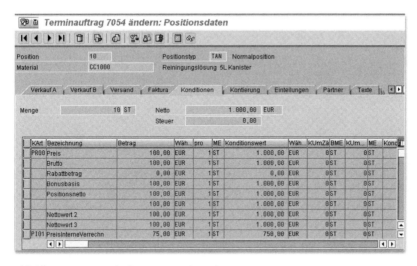

Abbildung 3.126 Preisfindung im Kundenauftrag

Über die Konditionsart PI01 wird der Preis festgelegt, den die Vertriebsgesellschaft (Buchungskreis 2000) an die Produktionsgesellschaft (Buchungskreis 1000) bezahlt.

Schritt 3: Lieferung

Mit Bezug zum Kundenauftrag wird ein SD-Lieferbeleg im Werk der Produktionsgesellschaft angelegt. Die Kommissionierung wird über die Pickmenge dokumentiert. Abbildung 3.127 zeigt uns die Lieferung.

Abbildung 3.127 Lieferbeleg in der Cross-Company-Abwicklung

Schritt 4: Bestandsanzeige im Werk 1000

Durch die Warenausgangsbuchung hat sich die Bestandssituation im Werk der Produktionsgesellschaft verändert (siehe Abbildung 3.128). Die Bestände im Werk 1000 wurden um 10 Stück auf 190 Stück reduziert. Der Warenausgang wurde wie üblich mit der Bewegungsart 601 gebucht. Der zugehörige Buchhaltungsbeleg enthält den Buchungssatz Bestandsveränderungen an Bestand.

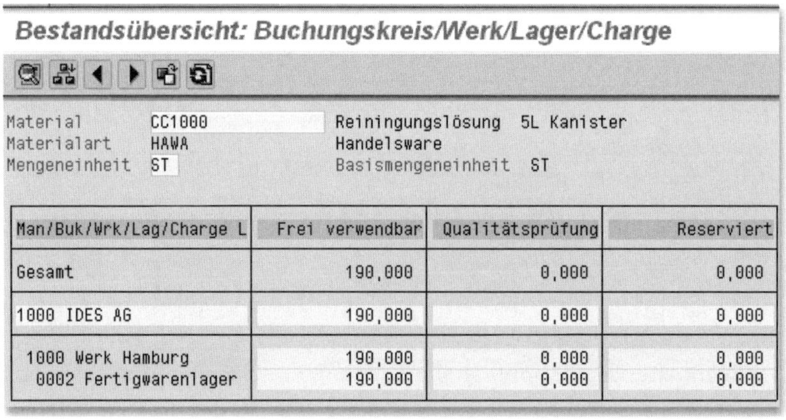

Abbildung 3.128 Bestandsübersicht nach der Warenausgangsbuchung im Werk 1000

Im fünften Schritt wird die externe Faktura der Vertriebsgesellschaft an den Endkunden erstellt. Abbildung 3.129 zeigt sowohl den Preis des Endkunden (1 000,00 EUR) als auch den Preis der Internen Verrechnung als statistischen Wert (750,00 EUR). Diese Preise wurden aus dem Auftrag übernommen.

Schritt 5: Externe Faktura

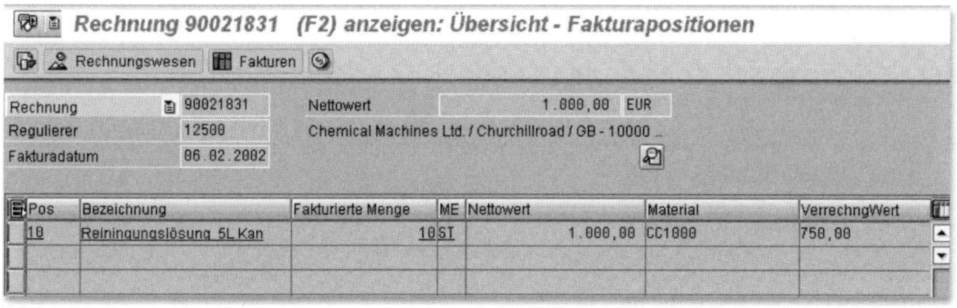

Abbildung 3.129 Faktura der Vetriebsgesellschaft an den Endkunden

Als Regulierer erscheint der externe Kunde im Kopf der Faktura. In unserem Beispiel ist dies der Kunde Chemical Machines Ltd. mit der Debitorennummer 12500. Die Faktura führt zu dem Abbildung 3.130 in gezeigten Buchhaltungsbeleg.

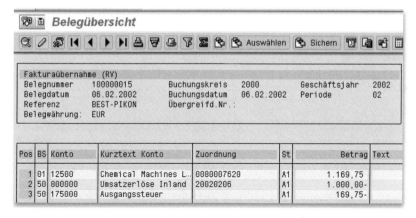

Abbildung 3.130 Buchhaltungsbeleg zur externen Faktura im Buchungskreis 2000 (Vertriebsgesellschaft)

Der Buchhaltungsbeleg enthält die Buchung »Debitorenkonto an Umsatz und Mehrwertsteuer«. In unserem Beispiel tritt der Fall ein, der in Abschnitt 3.10.2 (Exkurs: Umsatzsteuer bei Cross-Company und Export) beschrieben wurde. Die Rechnung der englischen Vertriebsgesellschaft an den Kunden in England ist umsatzsteuerpflichtig. Unser System wurde so eingestellt, dass das Abgangsland in der externen Faktura aus der Verkaufsorganisation (in unserem Fall: Verkaufsorganisation 2000 mit Sitz in England) ermittelt wird. In der Ergebnisrechnung (CO-PA) spiegeln sich Erlöse (aus der Konditionsart PR00) und Kosten (aus der statistischen Kondition PI01) wider. In Abbildung 3.131 sehen wir den Beleg der Ergebnisrechung in der Vertriebsgesellschaft. Wir erkennen, dass die fakturierte Menge (10 Stück), die Erlöse (1 000,00 EUR) und die Umsatzkosten (750,00 EUR) in der Ergebnis- und Marktsegmentrechnung (CO-PA) der Vertriebsgesellschaft fortgeschrieben wurden.

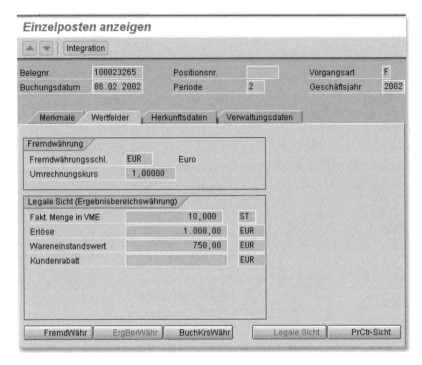

Abbildung 3.131 Beleg der Ergebnisrechnung zur externen Faktura (Erlöse)

Schritt 6: Interne Faktura Ebenfalls mit Bezug zur Lieferung erstellen wir nun die Interne Faktura. Der Nettowert wird nun aus der Konditionsart PI01 ermittelt (siehe Abbildung 3.132).

Über die Interne Faktura stellt die Produktionsgesellschaft (Buchungskreis 1000) eine Rechnung an die Vertriebsgesellschaft (Buchungskreis 2000). Folgerichtig tritt die Vertriebsgesellschaft hier als Regulierer (Debitorenstamm 13000) auf. Der Debitor wird über das Customizing ermittelt (siehe auch Abbildung 3.118). Der Buchhaltungsbeleg in der Produktionsgesellschaft enthält den Buchungssatz »Debitor an Umsatzerlöse« (siehe Abbildung 3.133).

Abbildung 3.132 Interne Faktura im Cross-Company-Geschäft

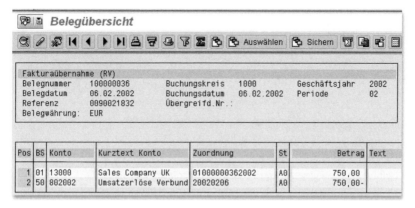

Abbildung 3.133 Buchhaltungsbeleg der Internen Faktura im Buchungskreis der Produktionsgesellschaft

Da es sich beim Verkauf der deutschen Produktionsgesellschaft an die englische Vertriebsgesellschaft um ein Geschäft innerhalb der Europäischen Union handelt und der Debitorenstammsatz der Vertriebsgesellschaft über eine Umsatzsteuer-Identifikationsnummer verfügt, bleibt der Vorgang von der Umsatzsteuer befreit. Auch in der Produktionsgesellschaft werden Erlöse und Umsatzkosten an die Ergebnis- und Marktsegmentrechnung weitergeleitet. Die Erlöse stammen von der Konditionsart PI01 (750,00 EUR), die Umsatzkosten werden nun über die Konditionsart VPRS aus dem Bewertungspreis im Materialstamm ermittelt. Damit werden an die Ergebnisrechnung in der Produktionsgesellschaft die Plan-Herstellkosten übergeben. Abbildung 3.134 zeigt den Beleg der Ergebnisrechnung in der Produktionsgesellschaft.

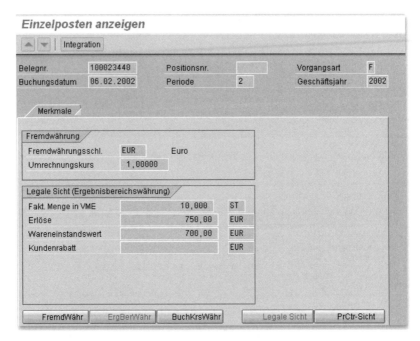

Abbildung 3.134 Beleg der Ergebnisrechnung zur internen Faktura

Schritt 7:
Eingangsrechnung in der Vertriebsgesellschaft

In der Vertriebsgesellschaft ist nun eine Eingangsrechnung zu buchen. In unserem Systembeispiel haben wir diesen Schritt automatisiert. Über die Nachrichtenfindung wurde die Nachrichtenart RD04 ermittelt. Diese Nachrichtenart initiiert die Verbuchung der Eingangsrechnung. Abbildung 3.135 zeigt uns das Nachrichtenbild zur Internen Faktura.

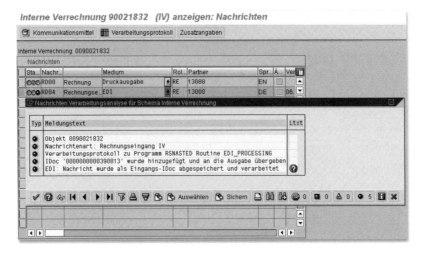

Abbildung 3.135 Nachrichten in der Internen Faktura

Die Abbildung enthält auch das Verarbeitungsprotokoll (Verarbeitungsanalyse) zur Nachrichtenart RD04. Aus diesem geht hervor, dass das System ein IDoc (Intermediate Document) mit der Nummer 390813 angelegt hat. Diese Datei enthält die Rechnungsdaten. Lassen wir uns den Verarbeitungsstatus dieser Datei einmal anzeigen (siehe Abbildung 3.136).

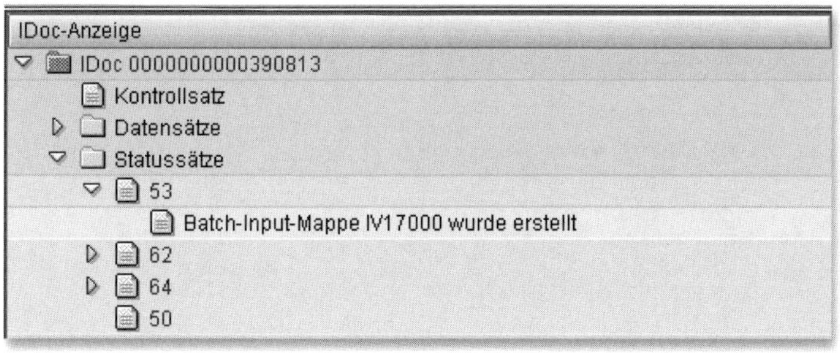

```
IDoc-Anzeige
▽ 📦 IDoc 0000000000390813
      📄 Kontrollsatz
   ▷ 📁 Datensätze
   ▽ 📁 Statussätze
      ▽ 📄 53
            📄 Batch-Input-Mappe IV17000 wurde erstellt
      ▷ 📄 62
      ▷ 📄 64
         📄 50
```

Abbildung 3.136 IDoc zur Internen Faktura

Der Status 53 zeigt, dass über die Eingangsverarbeitung eine so genannte Batch-Input-Mappe erzeugt wurde. Mit Hilfe des Batch-Input-Verfahrens werden Anwendertransaktionen durch ein Programm automatisch ausgeführt. In unserem Fall wird also, basierend auf den Rechnungsdaten aus dem IDoc 390813, eine Eingangsrechnung im Modul FI (Financial Accounting) gebucht. Das Protokoll der Batch-Input-Verarbeitung hat das in Abbildung 3.137 gezeigte Aussehen.

Wir sehen, dass der Beleg 510000005 automatisch erzeugt wurde. Abbildung 3.138 zeigt uns den Beleg in der Finanzbuchhaltung. In der Internen Faktura haben wir gesehen, dass dieser Vorgang von der Umsatzsteuer befreit war, da es sich um eine innergemeinschaftliche Lieferung handelt. Folgerichtig ist auch die Eingangsrechnung ohne Mehrwertsteuer zu buchen. Gemäß Umsatzsteuerrecht der Europäischen Union sind hier jedoch zwei Buchungszeilen zu erfassen: Eine über die Ausgangssteuer und eine über die Eingangssteuer (Erwerbsteuer). Die Produktionsgesellschaft muss somit Erwerbssteuer entrichten, darf diese aber in gleicher Höhe als abzugsfähige Vorsteuer geltend machen. Somit heben sich die Effekte gegenseitig auf, es erfolgt jedoch ein getrennter Ausweis in der Umsatzsteuervoranmeldung.

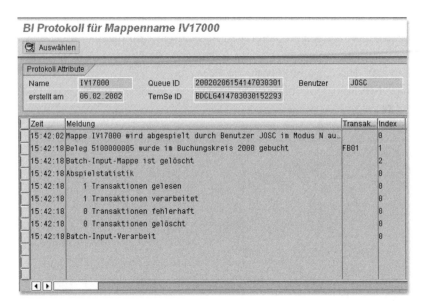

Abbildung 3.137 Protokoll der Batch-Input-Verarbeitung zur Buchung einer Eingangsrechnung im Modul FI

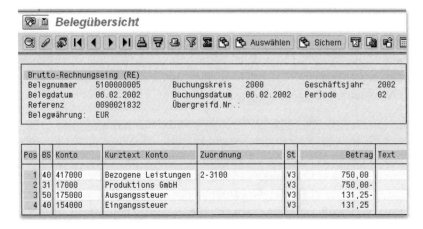

Abbildung 3.138 Beleg über die Eingangsrechnung im Buchungskreis 2000

Schritt 8: Belegfluss Werfen wir abschließend einen Blick auf den Belegfluss unseres Kundenauftrags mit der Auftragsnummer 7054 (siehe Abbildung 3.139). Wir sehen, dass zunächst ein Kundenauftrag angelegt wurde. Der erste Folgebeleg ist die Lieferung aus einem Werk, das zu einem anderen Buchungskreis gehört. Die Lieferung löst zwei Fakturen aus: Die Externe Faktura mit Fakturaart F2 und die Interne Verrechnung mit Fakturaart IV. Die Eingangsrechnung in der Vertriebsgesellschaft sehen wir im Belegfluss zum Kundenauftrag nicht. Damit ist unser Cross-Company-Beispiel abgeschlossen.

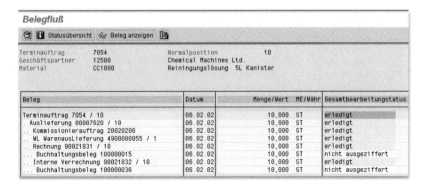

Abbildung 3.139 Belegfluss im Kundenauftrag

4 Gestaltung von Wertschöpfungsketten in SAP R/3

Die Kapitel 2 und 3 haben wir eine Einführung in Funktionen und Prozesse des Moduls SD gegeben. Kapitel 4 zeigt nun, wie die vorher beschriebenen Funktionen und Prozesse zur Gestaltung und Optimierung modulübergreifender Wertschöpfungsketten eingesetzt werden können.

Die Idee der Beschreibung von Wertschöpfungsketten in einem Buch über Vertriebsprozesse basiert auf der folgenden Überlegung: Die Gestaltung der Prozesse und Funktionen im Vertrieb ist immer im Kontext des jeweiligen Gesamtprozesses zu sehen. So wird eine Verfügbarkeitsprüfung beim Vertrieb einer kundenindividuell gefertigten Großanlage (z.B. eines Kraftwerks) völlig anders ablaufen als beim Verkauf eines massenhaft produzierten Produkts (z.B. eines Pharmaprodukts). Dem wollen wir Rechnung tragen, indem wir im Folgenden die beschriebenen Funktionen im Lichte unterschiedlicher Szenarien betrachten. Schon in Abschnitt 2.4 wurde auf den engen Zusammenhang zwischen Planungsszenarien der Produktion, der Prüfung von Verfügbarkeiten in Vertriebsbelegen und auch der Controllingstrategie hingewiesen. Diese Aspekte stehen bei der Betrachtung der jeweiligen Szenarien im Mittelpunkt.

Grundlagen

In den Abschnitten 4.1, 4.2 und 4.3 beschreiben wir konkrete Szenarien modulübergreifend: von der Absatzplanung über die Disposition und die Kundenauftragsbearbeitung, die Beschaffung von Komponenten und die Fertigung der Endgeräte bis zum Versand und der Fakturierung. Diese Kapitel enthalten Systembeispiele für die unterschiedlichen Wertschöpfungsketten. Wir beschreiben in Abschnitt 4.1 zunächst ein Szenario der reinen Massenproduktion. Anschließend betrachten wir in Abschnitt 4.2 einen Prozess, bei dem zwar die Komponenten und Baugruppen unabhängig von Kundenaufträgen geplant und beschafft werden, die Endmontage aber erst durch einen konkreten Kundenauftrag ausgelöst wird. Beide Szenarien sind aus der Sicht des Controllings (siehe Abschnitt 2.12.3) der »Anonymen Massenfertigung« zuzurechnen. Im Gegensatz dazu behandeln wir in Abschnitt 4.3 ein klassisches Beispiel der Kundeneinzelfertigung. Abschließend bieten wir in Abschnitt 4.4 einen Überblick über weitere Szenarien an.

Aufbau des Kapitels

4.1 Lagerverkauf mit Chargenfertigung

In diesem Szenario beschreiben wir den Lagerverkauf von Produkten mit Chargenpflicht. Diese sollen in großen Mengen hergestellt und an Handelsunternehmen verkauft werden. In der Praxis sind solche Prozesse vor allem in der chemisch-pharmazeutischen Industrie zu finden.

4.1.1 Produkte

Das Beispielunternehmen fertigt apothekenpflichtige Pharmaprodukte (Medikamente, Hautpflegepräparate), die an Pharma-Großhändler vertrieben werden. Diese übernehmen die Versorgung von Apotheken. Das Sortiment ist in einer Produkthierarchie geordnet und umfasst sehr viele unterschiedliche Produktgruppen. Außerdem haben viele Produkte identische Inhaltsstoffe, werden aber in unterschiedlichen *Darreichungsformen* angeboten. So gibt es einen bestimmten Hustensaft beispielsweise in folgenden Darreichungsformen:

- Hustensaft 20 ml Reiseflasche
- Hustensaft 100 ml Glasflasche
- Hustensaft 100 ml Plastikflasche
- Hustensaft 250 ml Plastikflasche

In der Praxis wird hier jeweils pro Darreichungsform ein eigener Materialstammsatz (Bezeichnung »Hustensaft 100 ml Glasflasche«) im System hinterlegt.

4.1.2 Organisationsstruktur

Produktion und Vertrieb der Produkte erfolgen in unterschiedlichen Werken. Während die Produktion im Werk 1100 (Berlin) angesiedelt ist, wird der Vertrieb über das Werk 1000 (Hamburg) abgewickelt. Im weiteren Verlauf bezeichnen wir das Werk 1000 (Hamburg) als Vertriebs- und das Werk 1100 (Berlin) als Produktionswerk. Abbildung 4.1 zeigt uns die Organisationsstruktur für unser Beispielunternehmen.

Wir gehen davon aus, dass beide Werke in einem Buchungskreis liegen. Gleichzeitig liegt zwischen dem Vertriebswerk und den Produktionswerken eine große räumliche Distanz. Dies ist für die Abbildung der Liefervorgänge zwischen den Werken bedeutsam. Die Verfügbarkeit der Produkte hat die höchste Priorität. Um diese zu gewährleisten, werden auch höhere Bestände in Kauf genommen.

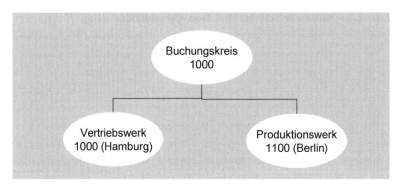

Abbildung 4.1 Organisationsstruktur

4.1.3 Prozessbeschreibung

Das Zusammenspiel zwischen Absatz- und Produktionsgrobplanung, Programmplanung, Materialbedarfsplanung, Kundenaufträgen, Versand und Fakturierung ist eine der entscheidenden Aspekte beim Gestalten einer Wertschöpfungskette im Unternehmen. Unterschiedliche Bereiche im Unternehmen (Marketing, Vertrieb, Produktion, Disposition), aber auch unterschiedliche Module der SAP-Software sind betroffen. Die Komplexität ist hoch und modulübergreifendes Wissen von außerordentlicher Bedeutung. Wertschöpfungsketten wie in Abbildung 4.2 veranschaulichen den Gesamtprozess in 11 Schritten – hier für das Szenario *Verkauf ab Lager*.

Überblick

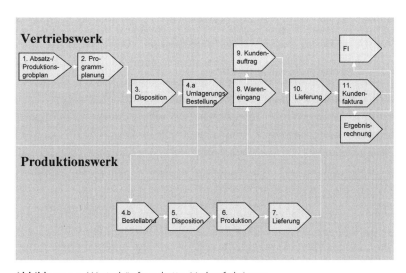

Abbildung 4.2 Wertschöpfungskette: Verkauf ab Lager

Im ersten Schritt wird der Absatz- und Produktionsgrobplan erstellt. Dieser wird im zweiten Schritt an die Programmplanung übergeben. Anschließend betrachten wir in Schritt 3 die Materialbedarfsplanung. Die Schritte

4a und 4b erfolgen gleichzeitig: Mit dem Anlegen der Umlagerungsbestellung im Vertriebswerk (Schritt 4a) wird ein Bestellabruf im Produktionswerk (Schritt 4b) eingelastet. Im fünften Schritt wird die Materialbedarfsplanung im Produktionswerk durchgeführt. Danach erfolgt die eigentliche Produktion (Schritt 6). Der Versand (Schritt 7) führt zu einer Auslieferung an das Vertriebswerk, dort wird im achten Schritt der Wareneingang gebucht. Sodann wird ein Kundenauftrag erfasst (Schritt 8). Mit Bezug zum Auftrag erfolgt im zehnten Schritt die Lieferung aus dem Vertriebswerk an den Endkunden und danach die Fakturierung (Schritt 11). Im Folgenden werden wir diese elf Schritte im Detail erläutern.

Schritt 1: Absatz- und Produktionsgrobplanung

Zunächst wird die Vertriebsplanung wird für das Vertriebswerk vorgenommen. Dort gibt es die Möglichkeit, Absatz- und Produktionsmengen zu planen. Die Planung erfolgt im Modul PP (Production Planning) innerhalb der Komponente *Absatz- und Produktionsgrobplanung*. Für die Erstellung der Planung gibt es jedoch unterschiedliche Möglichkeiten:

- Im Sinne einer integrierten Planung können die Informationen aus der Ergebnisplanung ins Modul CO-PA (Ergebnis- und Marktsegmentrechnung) übernommen werden. Dort werden zunächst Absatzmengen, Umsatz und Ergebnis für die kommende Periode geplant. Die Absatzmengen können auf der Ebene von Produktgruppen an die Absatz- und Produktionsplanung übergeben werden. Über die Funktion »Disaggregation« wird die Absatzmenge dann auf konkrete Materialien verteilt.

- Die Vertriebsplanung kann im Modul SD innerhalb der Komponente VIS (Vertriebsinformationssystem) vorgenommen werden. Dort können Absatzplanzahlen erfasst und anschließend an die Komponente Absatz- und Produktionsgrobplanung übergeben werden. Da im VIS auch die tatsächlichen Absatzmengen aus den Vertriebsbelegen heraus fortgeschrieben werden, lässt sich hierbei eine guter Plan/Ist-Vergleich ableiten.

- Die Vertriebsplanung kann direkt in der Komponente Absatz- und Produktionsgrobplanung vorgenommen werden. Es ist möglich, hierarchische Produktgruppen für die Planung anzulegen. Auf der untersten Ebene ordnet man zunächst konkrete Materialstämme zu. Die Planung kann dann auf der Ebene einer Produktgruppe vorgenommen und über die Funktion »Disaggregation« auf einzelne Materialien heruntergebrochen werden.

Innerhalb der Absatz- und Produktionsgrobplanung kann zwischen verschiedenen Planversionen unterschieden werden. Damit lassen sich mehrere Planungsszenarien (optimistisch, pessimistisch) abbilden. Die

Absatzplanung kann anschließend über eine Funktion an die Programmplanung übergeben werden. Erst dann werden konkrete Vorplanungsbedarfe in der Aktuellen Bedarfs- und Bestandsliste sichtbar.

Wir haben schon in Abschnitt 2.4 gesehen, wie über Parameter im Materialstamm (Strategiegruppe, Dispositionsgruppe) die Bedarfsart des Kundenauftrags ermittelt wird. Über die gleichen Parameter wird auch die Bedarfsart für die Vorplanungsbedarfe automatisch ermittelt. Die Steuerung der Vorplanungsbedarfe erfolgt im Customizing des Moduls PP. Dort wird beispielsweise festgelegt, ob sich Kundenauftragsbedarfe und Vorplanungsbedarfe gegenseitig verrechnen. In unserem Fall verwenden wir im Materialstamm die Strategiegruppe »Anonyme Lagerfertigung«. Dies führt zu Vorplanungsbedarfen (Bedarfsart LSF), die für die Disposition relevant sind. Wir gehen von einer *Nettoplanung* aus, bei der die Vorplanungsbedarfe mit vorhandenen Beständen abgeglichen werden. Es wird also nur produziert, wenn die Vorplanung nicht durch vorhandene Bestände gedeckt ist. Bei der *Bruttoplanung* erfolgt die Produktion unabhängig von vorhandenen Beständen (siehe Abschnitt 4.4.2).

Schritt 2: Programmplanung

Die Vorplanungsbedarfe werden beim Starten des *Dispositionslaufs* in der Komponente Materialbedarfsplanung automatisch in entsprechende Beschaffungs- bzw. Produktionsvorschläge umgesetzt. Und zwar unabhängig davon, ob bereits konkrete Kundenauftragsbedarfe vorliegen. In unserem Szenario werden im Vertriebswerk über die Materialbedarfsplanung Umlagerungs-Bestellanforderungen anlegt.

Schritt 3: Disposition im Vertriebswerk

Die Bedeutung von Umlagerungs-Bestellanforderungen haben wir bereits bei der Beschreibung des Cross-Company-Prozesses in Abschnitt 3.10 kennengelernt. Diese wird anschließend in eine Umlagerungsbestellung umgesetzt. Umlagerungs-Bestellanforderungen führen automatisch zu so genannten Abrufbedarfen im Produktionswerk. Damit erscheint die benötigte Menge im Vertriebswerk als geplanter Zugang und im Produktionswerk als geplanter Abgang.

Schritte 4a und 4b: Umlagerungsbestellung

Im Produktionswerk führen die Abrufbedarfe aus der Umlagerungsbestellung über die Materialbedarfsplanung (*Disposition*) zu Planaufträgen. Diese sind das Werkzeug des Disponenten zur Feinsteuerung der Produktion. Selbstverständlich können im Produktionswerk Bedarfe aus unterschiedlichen Vertriebswerken (z. B. im In- und Ausland) zusammengefasst werden.

Schritt 5: Disposition im Produktionswerk

Die *Planaufträge* werden anschließend in *Fertigungsaufträge* umgesetzt. Über die Stücklistenauflösung werden die Komponenten ermittelt, die für die Herstellung des Endprodukts benötigt werden. In *Arbeitsplänen*

Schritt 6: Produktion

Lagerverkauf mit Chargenfertigung

werden die notwendigen Produktionsschritte zur Herstellung eines Materials definiert: Im Fertigungsauftrag aufgelöst werden die Arbeitspläne aufgelöst und initiieren über den Druck von Fertigungspapieren die tatsächliche Produktion. Sobald die Produktion abgeschlossen ist, erfolgt eine Rückmeldung des Fertigungsauftrags. Mit der Rückmeldung kann der Komponentenverbrauch und der Wareneingang des Fertigprodukts im Produktionswerk verbucht werden.

Der Fertigungsauftrag hat zusätzlich zur Steuerung der Produktion eine wichtige Bedeutung für das Modul CO (Controlling). Über die Stücklisten und die Arbeitspläne werden die geplanten Kosten für die Herstellung der Produkte durch eine Kalkulation bestimmt. Über die tatsächlich entnommenen Komponenten und die tatsächlich zurückgemeldeten Zeiten werden die Istkosten ermittelt. In unserem Szenario »Verkauf ab Lager« werden also lediglich Plan/Ist-Abweichungen an die Ergebnisrechnung im CO-PA abgerechnet.

Schritt 7: Lieferung — Über eine SD-Nachschublieferung wird die Auslieferung aus dem Produktionswerk abgebildet. Da wir in unserem Fall davon ausgehen, dass zwischen Produktions- und Vertriebswerk ein großer räumlicher Abstand besteht, ist es sehr wichtig, die Warenauslieferung mit SD-Nachschublieferungen zu organisieren. Darüber kann die gesamte Versandorganisation (Kommissionierung, Warenausgang, Erstellung der Lieferpapiere) abgedeckt werden. In der SD-Lieferung kann auch die Funktion »Chargenfindung« genutzt werden. Darüber werden die zu entnehmenden Chargen automatisch ermittelt. Eine Fakturierung der Lieferung – wie im Cross-Company-Fall – ist nicht erforderlich, da Produktions- und Vertriebswerk zu einem Buchungskreis gehören.

Schritt 8: Wareneingang — Sobald die Ware im Vertriebswerk angekommen ist, wird dort mit Bezug zur Umlagerungsbestellung ein Wareneingang gebucht.

Schritt 9: Kundenauftrag — Eingehende Kundenaufträge werden im Vertriebswerk mit der Bedarfsart KSL eingelastet. Diese sind nicht relevant für die Disposition. Damit verändern eingehende Kundenaufträge die Produktionsplanung nicht, sie werden in der Aktuellen Bedarfs- und Bestandsliste nur als Information angezeigt. Die Produktion wird somit ausschließlich über die Vorplanung gesteuert. Die Verfügbarkeitsprüfung im Kundenauftrag berücksichtigt physische Bestände sowie die Umlagerungs-Bestellanforderung (bzw. Umlagerungsbestellungen) als geplante Zugänge.

Die Preisfindung in dem beschriebenen Szenario wird häufig durch folgende Konditionen gekennzeichnet:

- Kundenindividuelle Preise für die einzelnen Produkte
- Zusätzliche Rabatte auf der Ebene von Produktgruppen oder Produkthierarchien
- Mindermengenzuschläge bei Unterschreitung von Mindestmengen
- Zeitlich begrenzte Sonderkonditionen für einzelne Produkte und Produktgruppen

Schritt 10: Auslieferung aus dem Vertriebswerk

Die Belieferung des Endkunden erfolgt über einen SD-Lieferbeleg. Dieser wird im Vertriebswerk mit Bezug zum Auftrag angelegt. Hier ist die Funktion »Chargenfindung« von besonderer Bedeutung, da die speziellen Anforderungen des Kunden (Haltbarkeit, Qualität etc.) zu berücksichtigen sind. In Abschnitt 3.3 haben wir die Bedeutung des Moduls WM (Warehouse Management) erläutert. In der Regel wird die Lagerverwaltung in einem Zentrallager über diese Komponente organisiert. Sowohl Kommissionierung als auch die automatische Chargenfindung erfolgen dann in einem Transportbeleg im Modul WM. Über die Anbindung eines Lagersteuerrechners kann auch die physische Entnahme weitgehend automatisiert werden.

Exkurs: Externe Lagerhalter

Viele Unternehmen haben die Funktionen des Zentrallagers auch völlig auf einen externen Logistikdienstleister ausgelagert. Dies ist vor allem in der Pharmaindustrie sehr häufig der Fall. Da der Dienstleister die Verantwortung für Bestände und die korrekte Auslieferung (Menge, Termin, Charge) übernimmt, wird er in der Regel ein eigenes System zur Bestandsführung einsetzen. Dabei kommt es darauf an, das unternehmensübergreifende Zusammenspiel unterschiedlicher ERP-Systeme möglichst reibungslos zu gestalten. Innerhalb der Komponente SD gibt es dazu entsprechende Werkzeuge.

Zunächst wird analog zum bisherigen Ablauf im Modul SD ein Lieferbeleg angelegt. Allerdings wird die Kommissioniernachricht jetzt als elektronische Nachricht an den Lagerhalter versendet. Dazu wird im SAP-System eine so genannte IDoc-(Intermediate-Document-)Datei erzeugt. Im Standard steht dafür der IDoc-Typ DELVRY01 zur Verfügung. Diese wird dann über ein weiteres System (EDI-Subsystem) in eine Standard-EDI-Nachricht umgesetzt und an den Lagerhalter gesendet. Dessen System verarbeitet die EDI-Nachricht und steuert auf dieser Basis den Kommissionierprozess. Die tatsächlich entnommene Menge erfasst der Lagerhalter zunächst in seinem System. Dieses erzeugt dann eine elektronische Nachricht zur Rückmeldung der Kommissionierung. Diese Nachricht wird dann in einem EDI-Format an das verkaufende Unternehmen gesendet.

Im gleichen Subsystem, das die Versendung der Kommissionierung übernommen hat, wird nun die Rückmeldung empfangen. Anschließend wird eine Umwandlung der EDI-Datei in eine IDoc-Datei vorgenommen. Auch für die Kommissionierdatenrückmeldung wird der IDoc-Typ DELVRY01 verwendet. Über die Eingangsverarbeitung wird die Pickmenge im Lieferbeleg aktualisiert. Anschließend kann der Warenausgang in der SD-Lieferung gebucht werden.

In diesem systemübergreifenden Zusammenspiel sind vor allem zwei Probleme zu berücksichtigen:

- Verarbeitung von geänderten Kommissionierlisten
- Bestandsabgleich

Die Verarbeitung von geänderten Kommissionierlisten wird dann erforderlich, wenn der Lagerhalter andere Mengen und/oder andere Chargen ausgeliefert hat. In diesem Fall ist meist eine manuelle Abstimmung per Telefon notwendig. Programme für den Bestandsabgleich vergleichen die Bestände in den unterschiedlichen Systemen und zeigen Differenzen an. Anschließend können entsprechende Korrekturbuchungen initiiert werden. Aufgrund der heterogenen Landschaften handelt es sich bei diesen Programmen meist um Eigenentwicklungen.

Schritt 11: Fakturierung Der Auftragsprozess wird, wie in Kapitel 3 beschrieben, durch die Fakturierung abgeschlossen. In unserem Szenario ist die Integration in die Ergebnisrechnung (siehe Abschnitt 3.3.4) relativ einfach. Umsatz, Absatzmenge Erlösschmälerungen und die Planumsatzkosten werden über die SD-Faktura übergeben. Die Abrechnung des Fertigungsauftrags liefert die Produktionsabweichungen und damit die IST-Kosten.

4.1.4 Systembeispiel

Für unser Beispiel stehen folgende Werke zur Verfügung:

- Werk 1000: Vertriebswerk in Hamburg
- Werk 1100: Produktionswerk in Berlin

Das Beispielmaterial mit der Materialnummer SZCHF4711 hat die Bezeichnung »Hustensaft in 100 ml Glasflasche«.

In unserem Systembeispiel werden wir folgende Schritte durchlaufen:

1. Durchführung der Vertriebsplanung
2. Übergabe der Vertriebs- in die Produktionsplanung

3. Materialbedarfsplanung im Vertriebswerk
4. Umlagerungsbestellungen im Vertriebswerk anlegen
5. Nachschublieferung im Produktionswerk
6. Wareneingang im Vertriebswerk
7. Kundenauftrag im Vertriebswerk
8. Auslieferung aus dem Vertriebswerk
9. Erstellung der Faktura

Bevor wir eine Absatzplanung für unser Produkt anlegen, werfen wir einen Blick auf die Ausgangssituation in den beiden Werken. In Abbildung 4.3 sehen wir die Aktuelle Bedarfs- und Bestandsliste im Vertriebswerk (Werk 1000). Im Vertriebswerk gibt es demnach weder Bestände noch geplante Zu- oder Abgänge.

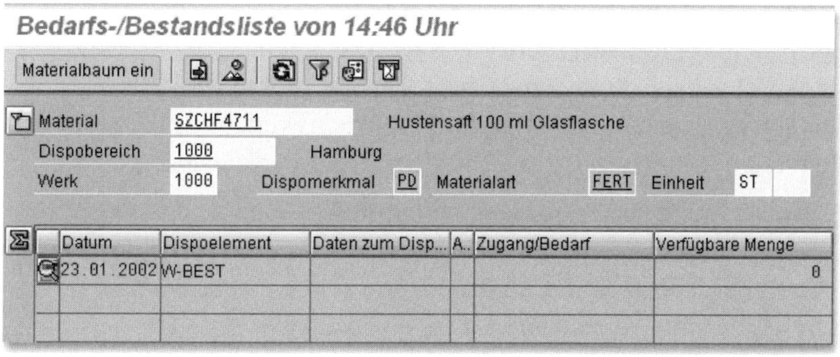

Schritt 1: Durchführung der Vertriebsplanung

Abbildung 4.3 Aktuelle Bedarfs- und Bestandsliste im Vertriebswerk (Werk 1000)

Abbildung 4.4 zeigt uns die Aktuelle Bedarfs- und Bestandsliste im Produktionswerk. Im Produktionswerk in Berlin (Werk 1100) ist noch ein Bestand von 900 Stück vorhanden.

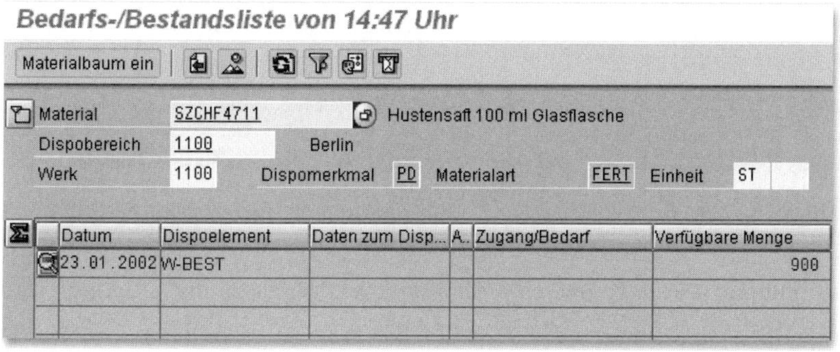

Abbildung 4.4 Aktuelle Bedarfs- und Bestandsliste im Produktionswerk (Werk 1100)

Wir wollen jetzt im Vertriebswerk 1000 (Hamburg) mit Hilfe der Komponente *Absatz- und Produktionsgrobplanung* im Modul PP eine Absatzplanung vornehmen. Abbildung 4.5 zeigt die Erfassung der Planwerte.

Produktionsgrobplanung ändern									
Merkmal									
Material	SZCHF4711		Hustensaft 100 ml Glasflasche						
Werk	1000								
Version	006 Version 006					Inaktiv			
Planungstableau	EH	M 01.2002	M 02.2002	M 03.2002	M 04.2002	M 05.2002	M 06.2002	M 07.2002	M 08.2002
Absatz	ST		100	100	100	100	100	100	
Produktion	ST		200		200		200		
Lagerbestand	ST		100		100		100		

Abbildung 4.5 Absatzplanung im Vertriebswerk

In der Abbildung sehen wir, dass die Vertriebsabteilung in den Monaten Februar (M 02.2002) bis Juli (M 07.2002) mit einem konstanten Absatz von 100 Stück für das Produkt rechnet. Dies geht aus der Zeile »Absatz« hervor. Die Zeile »Produktion« zeigt, dass im Rhythmus von zwei Monaten eine Menge von 200 Stück im Produktionswerk bestellt werden soll. Somit hat man eine gewisse Sicherheit bei Schwankungen.

Schritt 2: Übergabe der Absatz- in die Programmplanung
Diese Planwerte haben noch keinerlei Auswirkungen auf die dispositive Situation in den Vertriebs- und Produktionswerken. Erst im zweiten Schritt, der Übergabe der Absatzplanung an die *Programmplanung*, werden so genannte *Vorplanungsbedarfe* eingelastet.

Bedarfs-/Bestandsliste von 15:03 Uhr							
Materialbaum ein							
Material	SZCHF4711		Hustensaft 100 ml Glasflasche				
Dispobereich	1000		Hamburg				
Werk	1000	Dispomerkmal	PD	Materialart	FERT	Einheit	ST
Datum	Dispo...	Daten zum Dispoelem.	Umterm. D	A.	Zugang/Bedarf	Verfügbare Menge	
23.01.2002	W-BE...					0	
01.02.2002	VP-BED	LSF			200-	200-	
02.04.2002	VP-BED	LSF			200-	400-	
03.06.2002	VP-BED	LSF			200-	600-	

Abbildung 4.6 Aktuelle Bedarfs- und Bestandsliste nach Übergabe der Absatzplanung

Abbildung 4.6 zeigt uns die Planungssituation nach der Übergabe der Absatzplanung. Die Vorplanungsbedarfe ergeben sich aus dem Beschaffungsrhythmus, der in der Grobplanung festgelegt wurde. Die einzelnen Vorplanungsbedarfe (VP-BED) wurden mit der Bedarfsart LSF angelegt.

Wir führen jetzt eine *Materialbedarfsplanung* (Dispositionslauf) im Vertriebswerk 1000 (Hamburg) durch. Im Materialstamm unseres Beispielmaterials wurde über einen so genannten *Sonderbeschaffungsschlüssel* festgelegt, dass die Beschaffung über eine Umlagerungsbestellung aus dem Produktionswerk 1100 in Berlin erfolgen soll. In Abbildung 4.7 sehen wir den Start des Dispositionslaufs im Modul PP.

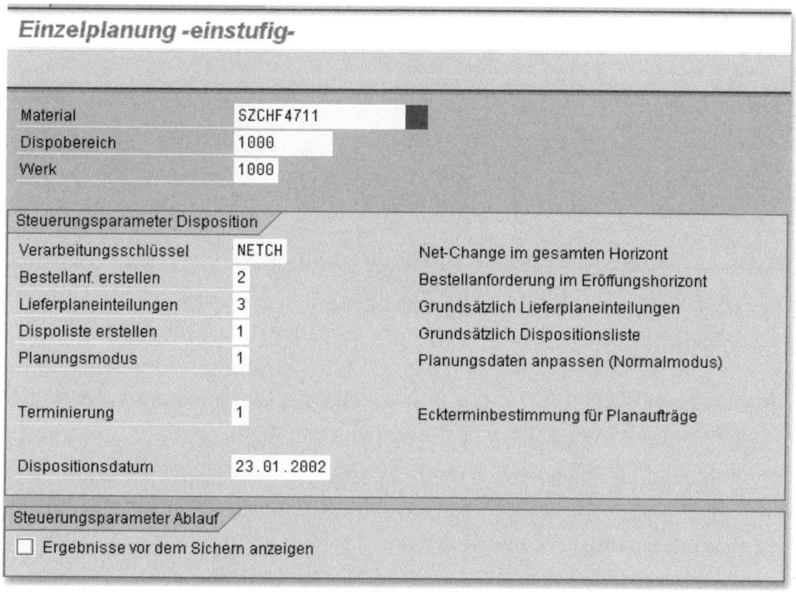

Schritt 3: Materialbedarfsplanung im Vertriebswerk

Einzelplanung -einstufig-	
Material	SZCHF4711
Dispobereich	1000
Werk	1000

Steuerungsparameter Disposition		
Verarbeitungsschlüssel	NETCH	Net-Change im gesamten Horizont
Bestellanf. erstellen	2	Bestellanforderung im Eröffnungshorizont
Lieferplaneinteilungen	3	Grundsätzlich Lieferplaneinteilungen
Dispoliste erstellen	1	Grundsätzlich Dispositionsliste
Planungsmodus	1	Planungsdaten anpassen (Normalmodus)
Terminierung	1	Eckterminbestimmung für Planaufträge
Dispositionsdatum	23.01.2002	

Steuerungsparameter Ablauf	
☐ Ergebnisse vor dem Sichern anzeigen	

Abbildung 4.7 Start des Dispositionslaufs im Vertriebswerk 1000

Wichtig ist hier vor allem die Option »Bestellanforderung erstellen«. Mit dem gewählten Schlüssel 2 wird festgelegt, dass in einem bestimmten Zeithorizont, dem Eröffnungshorizont, Bestellanforderungen angelegt werden sollen. Für Planbedarfe mit einem späteren Termin werden lediglich Planaufträge angelegt. Der *Eröffnungshorizont* wird im Materialstamm hinterlegt und beträgt bei unserem Beispielmaterial zehn Tage. Folgerichtig wird in Abbildung 4.8 der erste Vorplanungsbedarf (Anfang Februar) durch eine Bestellanforderung gedeckt, die weiteren hingegen durch Planaufträge.

Doch die Materialbedarfsplanung hat in unserem Beispielszenario nicht nur Auswirkungen im Vertriebswerk. Im Produktionswerk wird gleichzeitig zu jeder Umlagerungs-Bestellanforderung ein Bestellanforderungsabruf angelegt (siehe Dispositionselement BA-ABR in Abbildung 4.9). Außerdem wurde zu jedem Planauftrag im Vertriebswerk 1000 (Hamburg) ein Planauftragsabruf im Produktionswerk 1100 (Berlin) erzeugt (siehe Dispositionselement PA-ABR in Abbildung 4.9). Damit ist dem Disponenten im Produktionswerk 1100 (Berlin) die gesamte Planungssituation des Vertriebs bekannt.

Bedarfs-/Bestandsliste von 15:07 Uhr

Materialbaum ein

Material SZCHF4711 Hustensaft 100 ml Glasflasche
Dispobereich 1000 Hamburg
Werk 1000 Dispomerkmal PD Materialart FERT Einheit ST

Datum	Dispo...	Daten zum Dispoelem.	Umterm. D...	A..	Zugang/Bedarf	Verfügbare Menge	Lief. / Empf. Werk
23.01.2002	W-BE..					0	
01.02.2002	VP-BED	LSF			200-	200-	
04.02.2002	BS-ANF	0010010408/00010			200	0	1100
02.04.2002	PL-AUF	0000031732/NB			200	200	1100
02.04.2002	VP-BED	LSF			200-	0	
03.06.2002	PL-AUF	0000031733/NB			200	200	1100
03.06.2002	VP-BED	LSF			200-	0	

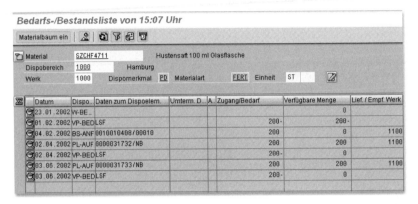

Abbildung 4.8 Aktuelle Bedarfs- und Bestandsliste im Vertriebswerk 1000 nach der Materialbedarfsplanung

Die Abrufe in Werk 1100 führen dazu, dass die entsprechende Bestandsmenge reserviert wird. Sobald die geplanten Abgänge die vorhandenen Bestände überschreiten, werden in der Materialbedarfsplanung des Produktionswerks entsprechende Beschaffungsvorschläge erzeugt. In der Regel werden dies Planaufträge sein, die dann in Fertigungsaufträge umgesetzt werden.

Bedarfs-/Bestandsliste von 15:09 Uhr

Materialbaum ein

Material SZCHF4711 Hustensaft 100 ml Glasflasche
Dispobereich 1100 Berlin
Werk 1100 Dispomerkmal PD Materialart FERT Einheit ST

Datum	Dispo...	Daten zum Dispoelem.	Umterm. D...	A..	Zugang/Bedarf	Verfügbare Menge	Lief. / Empf. Werk
23.01.2002	W-BE..					900	
24.01.2002	BA-ABR	0010010408/00010			200-	700	1000
22.03.2002	PA-ABR	0000031732/NB			200-	500	1000
24.05.2002	PA-ABR	0000031733/NB			200-	300	1000

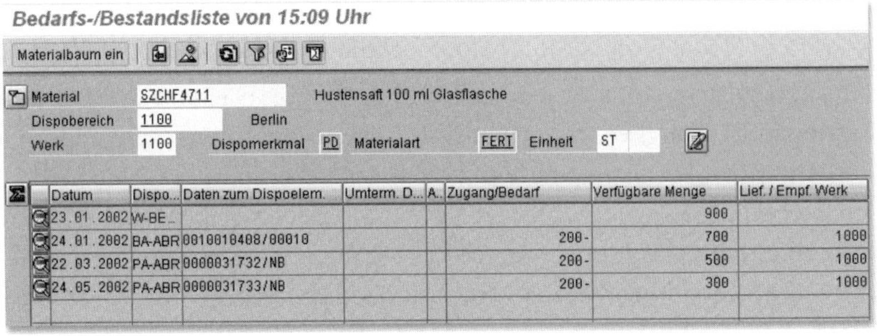

Abbildung 4.9 Aktuelle Bedarfs- und Bestandsliste im Produktionswerk 1100 (Berlin) nach der Durchführung der Materialbedarfsplanung im Vertriebswerk 1000 (Hamburg)

Schritt 4: Umlagerungsbestellungen im Vertriebswerk anlegen

Bislang wurde über die Disposition im Vertriebswerk lediglich eine Umlagerungs-Bestellanforderung angelegt. Diese wird nun im vierten Schritt unseres Beispiels in eine Bestellung umgesetzt. Die Umsetzung kann direkt aus der Aktuellen Bedarfs- und Bestandsliste heraus erfolgen. In

Abbildung 4.10 wurde das Dispositionselement in der Aktuellen Bedarfs- und Bestandsliste von BS-ANF (Bestellanforderung) auf BS-EIN (Bestellung) geändert.

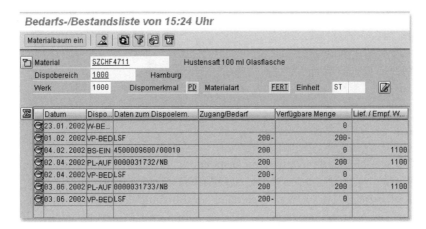

Abbildung 4.10 Aktuelle Bedarfs- und Bestandsliste im Vertriebswerk 1000 nach Umsetzung der Bestellanforderung in eine Bestellung

Diese Änderung bewirkt, dass nunmehr im Produktionswerk 1100 in Berlin eine SD-Nachschublieferung mit Bezug zur Umlagerungsbestellung (Beleg 4500009680) angelegt werden kann. Abbildung 4.11 zeigt die bereits kommissionierte Lieferung im Produktionswerk.

Schritt 5: Nachschublieferung im Produktionswerk

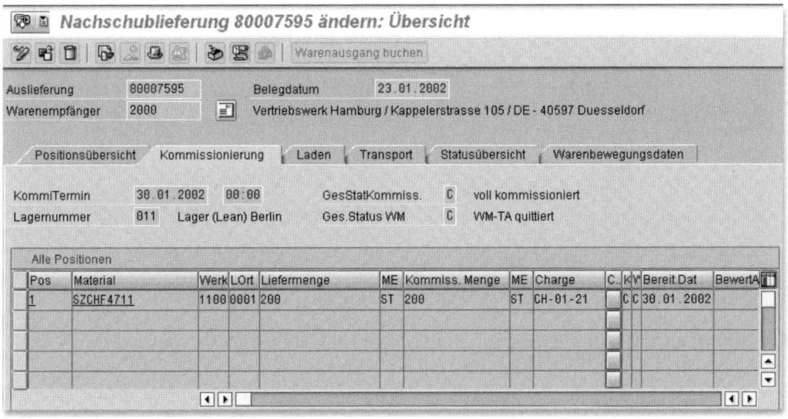

Abbildung 4.11 Nachschublieferung im Produktionswerk

Mit der Erfassung der Nachschublieferung im Modul SD wird das Dispositionselement »Bestellabruf« (BS-ABR) im Produktionswerk 1100 in einen Lieferbedarf umgesetzt (siehe Dispositionselement LIEFER in Abbildung 4.12).

Lagerverkauf mit Chargenfertigung **321**

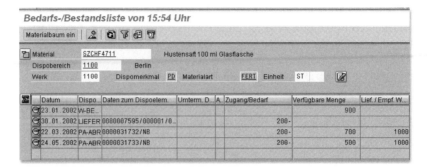

Abbildung 4.12 Aktuelle Bedarfs- und Bestandsliste im Produktionswerk 1100 nach dem Anlegen der Nachschublieferung

Schritt 6:
Wareneingang
im Vertriebswerk

Die anschließende Warenausgangsbuchung aktualisiert die Bestände im Produktionswerk 1100. Sobald das Material im Vertriebswerk angeliefert wird, erfolgt dort auch die Wareneingangsbuchung. Diese wird mit Bezug zur Umlagerungsbestellung erfasst. Abbildung 4.13 zeigt die Wareneingangsbuchung im Modul MM im Werk 1000.

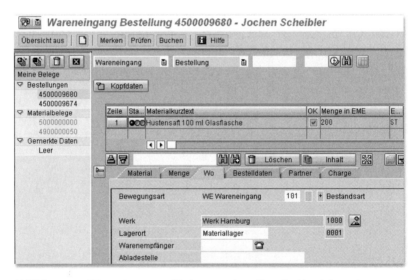

Abbildung 4.13 Wareneingang zur Umlagerungsbestellung im Vertriebswerk

Die Buchung des Wareneingangs im Vertriebswerk 1000 verändert die Aktuelle Bedarfs- und Bestandsliste (siehe Abbildung 4.14). Im Vertriebswerk zeigt sie nun einen Bestand von 200 Stück. Der Vorplanungsbedarf zum 01.02.2002 wird jetzt durch diesen Bestand gedeckt. Er ist aber nach wie vor als Planbedarf vorhanden.

Bedarfs-/Bestandsliste von 16:03 Uhr

	Datum	Dispo...	Daten zum Dispoelem.	Umterm. D...	A.	Zugang/Bedarf	Verfügbare Menge	Li
	23.01.2002	W-BE..					200	
	01.02.2002	VP-BED	LSF			200-	0	
	02.04.2002	PL-AUF	0000031732/NB			200	200	11
	02.04.2002	VP-BED	LSF			200-	0	
	03.06.2002	PL-AUF	0000031733/NB			200	200	11
	03.06.2002	VP-BED	LSF			200-	0	

Abbildung 4.14 Aktuelle Bedarfs- und Bestandsliste im Vertriebswerk nach der Wareneingangsbuchung

Im nächsten Schritt erfassen wir einen Kundenauftrag im Vertriebswerk. In der Verfügbarkeitsprüfung im Kundenauftrag (siehe Abbildung 4.15) sehen wir im Bereich »Liefervorschlag«, dass im Vertriebswerk 1000 (Hamburg) 200 Stück zum 01.02.2002 bestätigt werden können. Die restlichen 50 Stück werden durch den Planauftrag zum 05.04.2002 bestätigt.

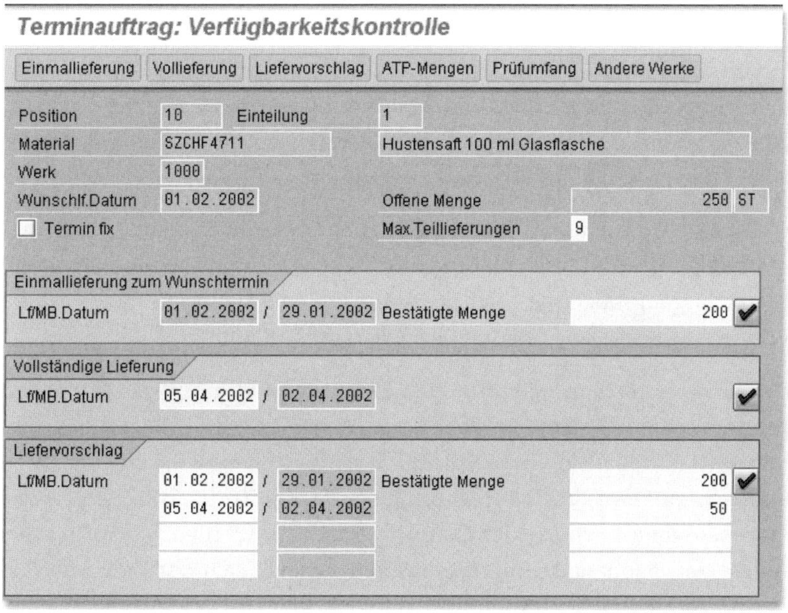

Schritt 7:
Kundenauftrag
im Vertriebswerk

Abbildung 4.15 Verfügbarkeitsprüfung im Kundenauftrag der aus dem Vertriebswerk 1000 geliefert werden soll

Lagerverkauf mit Chargenfertigung

Wir akzeptieren den Liefervorschlag. Wie verändert sich jetzt die Aktuelle Bedarfs- und Bestandssituation im Vertriebswerk? Der Kundenauftragsbedarf (siehe Abbildung 4.16) wird in der Aktuellen Bedarfs- und Bestandsliste im Vertriebswerk als Dispositionselement K-AUFT angezeigt.

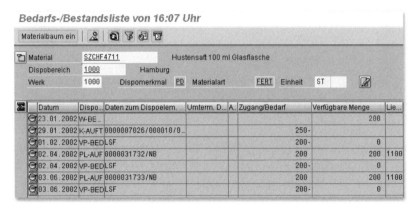

Abbildung 4.16 Aktuelle Bedarfs- und Bestandsliste im Vertriebswerk 1000 nach Erfassung des Kundenauftrags

Würde man allerdings jetzt eine weitere Materialbedarfsplanung durchführen, fände der ungedeckte Teil des Auftrags (50 Stück) keine Berücksichtigung: Das System würde keine Umlagerungs-Bestellanforderung anlegen, denn die Bedarfsklasse des Auftrags wurde im Customizing als »nicht dispositionsrelevant« gekennzeichnet.

Schritt 8: Auslieferung aus dem Vertriebswerk

Mit Bezug zu unserem Auftrag wird jetzt ein Lieferbeleg erstellt. Über diesen erfolgt die Kommissionierung und Warenausgangsbuchung. Nach der Warenausgangsbuchung zeigt die Aktuelle Bedarfs- und Bestandsliste im Vertriebswerk das in Abbildung 4.17 dargestellte Bild.

Da zu diesem Zeitpunkt nur 200 Stück im Vertriebswerk vorhanden waren, wird ein Lieferbeleg über diese Menge erstellt. Es bleibt ein offener Auftragsbedarf in Höhe von 50 Stück bestehen. Sehr wichtig ist zu beobachten, dass der Vorplanungsbedarf zum 01.02.2002 durch die Warenausgangsbuchung der Lieferung abgebaut worden ist. Mit diesem Abbau der Planbedarfe im Vertriebswerk schließt sich der Kreis von Planung, Produktion, Vertrieb und Versand.

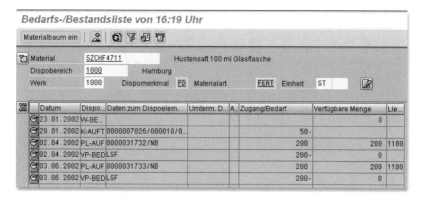

Abbildung 4.17 Aktuelle Bedarfs- und Bestandsliste im Vertriebswerk 1000 nach der Warenausgangsbuchung

Der Prozess wird durch die Erstellung der Debitorenrechnung abgeschlossen. Diese wird als lieferbezogene Faktura erzeugt (siehe Abbildung 4.18). In der Abbildung wird unter anderem auch die Liste der Belege im Rechnungswesen angezeigt.

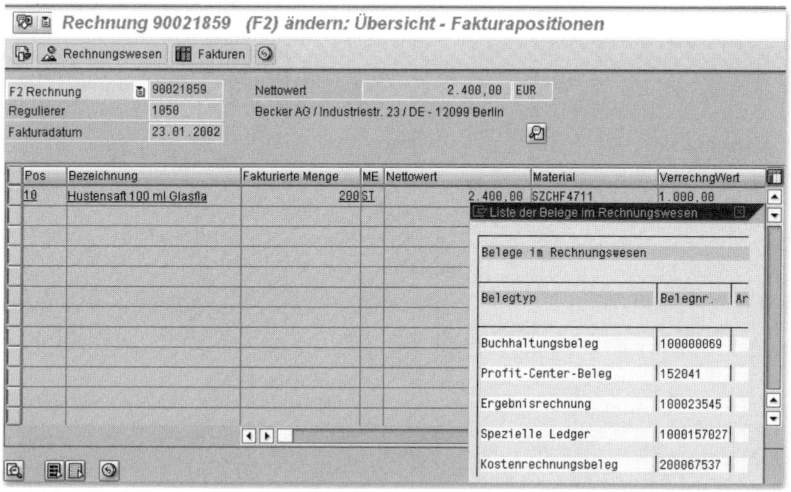

Schritt 9: Fakturierung

Abbildung 4.18 Fakturierung

Uns interessiert wieder der Buchhaltungsbeleg (siehe Abbildung 4.19). Er zeigt die Buchung »Debitor an Umsatz und Mehrwertsteuer«. Da es sich bei diesem Beispiel aus Sicht des Controllings um ein klassisches Massenfertigungsszenario handelt, werden aus der Faktura Erlöse und Umsatzkosten, ermittelt über den Bewertungspreis aus dem Materialstamm, an die Ergebnis- und Marktsegmentrechnung (CO-PA) weitergeleitet.

Lagerverkauf mit Chargenfertigung

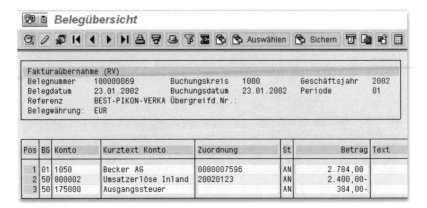

Abbildung 4.19 Buchhaltungsbeleg zur Debitorenrechnung

Abbildung 4.20 zeigt den Ergebnisbeleg. Der Ergebnisrechnungsbeleg enthält unter anderem die fakturierte Menge, die Erlöse in Höhe von 2400,00 EUR und die Planherstellkosten in Höhe von 1000,00 EUR.

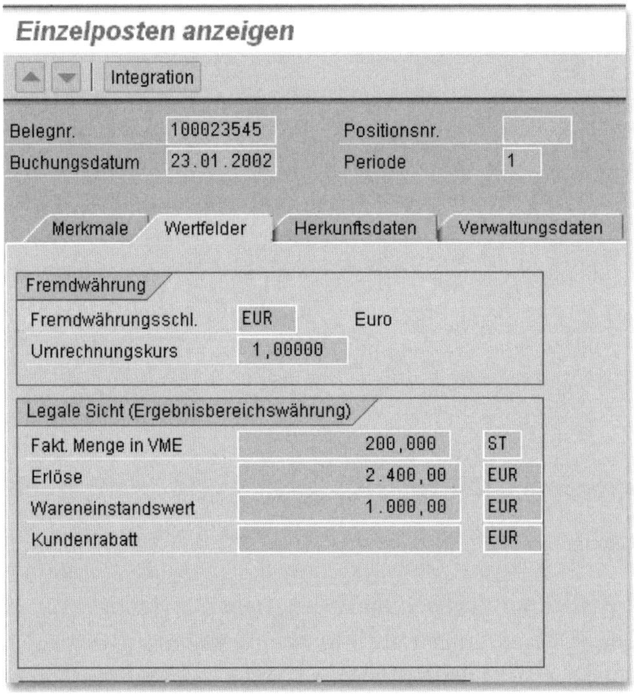

Abbildung 4.20 Ergebnisrechnungsbeleg zur Debitorenrechnung

Wir schließen unser Beispiel mit einem Gesamtüberblick ab. Dazu lassen wir uns in Abbildung 4.21 den Belegfluss der Faktura anzeigen. Der Terminauftrag 7026 hat den Status »in Arbeit«, da noch nicht die gesamte Menge ausgeliefert werden konnte.

Abbildung 4.21 Belegfluss in der Debitorenrechnung

4.2 Vorplanung ohne Endmontage

Hohe Lagerbestände an Fertigerzeugnissen sind problematisch: Sie verursachen Lagerkosten und gehen mit einer hohen Kapitalbindung im Lager einher. Auch die Flexibilität ist gering, Kundenwünsche können kaum mehr berücksichtigt werden. Das andere Extrem, eine rein kundenauftragsbezogene Fertigung, ist aber auch nicht immer zielführend, denn die Lieferzeiten verlängern sich, und die Einhaltung zugesagter Termine ist schwierig. Schließlich können viele Ereignisse die Terminerfüllung beeinträchtigen. Das Szenario Vorplanung ohne Endmontage stellt einen Mittelweg dar. Die Absatzplanung erfolgt auf der Ebene des Fertigprodukts. Diese Planung löst die Beschaffung der benötigten Komponenten aus. Die Endmontage erfolgt jedoch erst, nachdem ein Kundenauftrag vorliegt.

4.2.1 Produkte und Märkte

Diesmal fertigt unser Beispielunternehmen Pumpen. Unsere Beispielpumpe mit dem Materialstamm PMP-10000 wird häufig in Privathaushalten für den Anschluss einer Regenwasserzisterne benötigt. Sie besteht aus fünf Komponenten. Diese fertigen wir nur zum Teil selbst. Die übrigen Teile beziehen wir von Zuliefererbetrieben. Die Stückliste für unsere Pumpe besteht aus folgenden Positionen:

Beispielfertigung

- Standard-Pumpengehäuse (Fremdbezug)
- Stromaggregat (Fremdbezug)

- Pumpe (Eigenfertigung)
- Eingangsschlauch (Eigenfertigung)
- Ausgangsschlauch (Eigenfertigung)

Abbildung 4.22 zeigt uns die Stückliste, die im Modul PP (Produktionsplanung und -steuerung) für unser Material angelegt wurde.

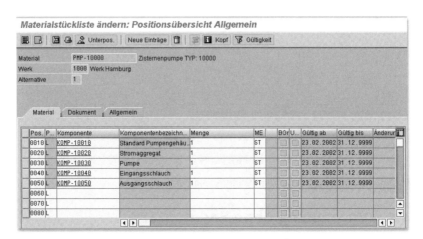

Abbildung 4.22 Stückliste für unser Beispielmaterial PMP-10000, eine Zisternenpumpe

Schon vor längerer Zeit hat unser Unternehmen die Zahl der Komponenten drastisch reduziert. Wir verwenden deshalb standardisierte Halbfertigerzeugnisse, die in unterschiedliche Endgeräte eingebaut werden können. Außerdem werden die Komponenten als Ersatzteile verkauft. Aus diesem Grund erfolgt die Endmontage der Pumpe erst, wenn ein entsprechender Kundenauftrag vorliegt. Um jedoch den Kunden eine Lieferzeit von 2 Wochen garantieren zu können, werden die benötigten Komponenten auftragsanonym disponiert. Dabei erarbeiten wir zunächst eine Absatzplanung für die Fertigerzeugnisse, auf deren Basis dann die Beschaffung der Komponenten erfolgt.

Unsere Kunden sind in der Regel Großabnehmer (Großhändler, Baumarktketten). Als Mindestabnahme wurde mit den Kunden eine Menge von 50 Stück vereinbart. Diese Information haben wir im Materialstamm (PMP-10000) hinterlegt. Da wir für unsere Produkte auch den technischen Kundendienst übernehmen, wird für jedes Einzelteil eine eindeutige Gerätenummer vergeben. Diese wird im SAP-System mit Hilfe der Serialnummer abgebildet (siehe Abschnitt 2.6). Aus diesem Grund wurde im Materialstamm ein Serialnummernprofil zugeordnet. In unserem Systembeispiel (siehe Abschnitt 4.2.4) werden wir auch die Vergabe und die Statusveränderung der Serialnummer verfolgen.

4.2.2 Organisationsstruktur

Im Vergleich zu unserem Beispiel aus Abschnitt 4.1 wählen wir diesmal eine einfache Organisationsstruktur: Die Pumpen werden insgesamt im Werk 1000 (Hamburg) gefertigt. Aus diesem Werk erfolgt auch direkt die Lieferung an unsere Kunden. Der zuständige Vertriebsbereich besteht aus der folgenden Kombination:

- Verkaufsorganisation 1000
- Vertriebsweg 10
- Sparte 00

Abbildung 4.23 gibt uns einen Überblick zu dieser Struktur.

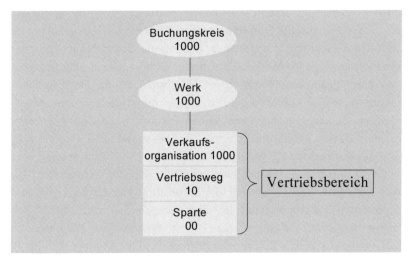

Abbildung 4.23 Organisationsstruktur

4.2.3 Prozessbeschreibung

Auch in diesem Szenario beschäftigt uns die modulübergreifende Gestaltung von Geschäftsprozessen. Abbildung 4.24 zeigt das Szenario *Vorplanung ohne Endmontage* in zehn Schritten.

Überblick

Auch dieses Szenario beginnt mit der Planung der Absatzmenge (Schritt 1 »Programmplanung«) für das Endprodukt. Durch die Programmplanung werden Planprimärbedarfe angelegt. Über die Disposition (Schritt 2) wird die Stückliste aufgelöst, und es werden Sekundärbedarfe für die Beschaffung der Komponenten erzeugt. Die Komponenten werden auftragsanonym beschafft, die Beschaffung erfolgt also unabhängig von der Frage, ob für das Endprodukt bereits Kundenaufträge vorliegen. Grundsätzlich ste-

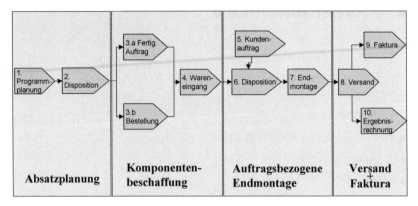

Abbildung 4.24 Szenario: Vorplanung ohne Endmontage

hen die Beschaffungsarten *Eigen-* oder *Fremdbeschaffung* zur Verfügung Im SAP-System wird die Fremdbeschaffung über Einkaufsbestellungen im Modul MM (Schritt 3b) abgebildet. Die interne Beschaffung wird über Fertigungsaufträge im Modul PP gesteuert (Schritt 3a). In Schritt 4 wird der Wareneingang für die Komponenten gebucht. Bei der Strategie »Vorplanung ohne Endmontage« gibt es zum Zeitpunkt der Kundenauftragserfassung (Schritt 5) in der Regel keinen Bestand an Fertigerzeugnissen. Trotzdem ist ein Liefertermin zu ermitteln. Dies erfolgt über eine Verrechnung des *Auftragsbedarfs* gegen die *Vorplanung*. Der Auftragsbedarf wird in die Disposition (Schritt 6) als geplanter Abgang eingelastet. Zur Deckung dieses Bedarfs erzeugt die Disposition Planaufträge, die vom Disponenten in Fertigungsaufträge umgesetzt werden. Über diese Fertigungsaufträge wird die Endmontage (Schritt 7) eingeplant. Nach der Fertigung wird das Produkt versendet (Schritt 8) und fakturiert (Schritt 9). Mit der Fakturierung werden die Umsätze und Kosten an die Ergebnisrechnung übergeben (Schritt 10). Diese einzelnen Schritte der Wertschöpfungskette wollen wir im Folgenden näher betrachten:

Vorplanung ohne Endmontage

Bei der Strategie *Vorplanung ohne Endmontage* gibt es zum Zeitpunkt der Kundenauftragserfassung in der Regel keinen Bestand an Fertigerzeugnissen. Trotzdem ist ein Liefertermin zu ermitteln. Dies erfolgt über eine Verrechnung des Auftragsbedarfs gegen die Vorplanung. Der Auftragsbedarf wird in die Disposition als geplanter Abgang eingelastet. Zur Deckung dieses Bedarfs erzeugt die Disposition Planaufträge, die vom Disponenten in Fertigungsaufträge umgesetzt werden. Über diese Fertigungsaufträge wird die Endmontage eingeplant. Nach der Fertigung wird das Produkt versendet und fakturiert. Die einzelnen Schritte der Wertschöpfungskette wollen wir im Folgenden näher betrachten.

Im ersten Schritt nehmen wir eine Absatzplanung für das Fertigprodukt vor. Grundsätzlich stehen dazu die gleichen Instrumente zur Verfügung, wie in Abschnitt 4.1 für den anonymen Lagerverkauf beschrieben, z. B. die Absatz- und Produktionsgrobplanung. In diesem Beispiel verzichten wir jedoch auf die Funktionen der Absatz- und Produktionsgrobplanung und erfassen die Planprimärbedarfe für das Fertigerzeugnis direkt in der *Programmplanung*. Die Planung kann auf Monats-, Wochen- oder Tagesbasis erfolgen. Über die Strategiegruppe im Materialstamm ermittelt das System automatisch die Bedarfsarten – sowohl für die Vorplanung als auch für den Kundenauftrag.

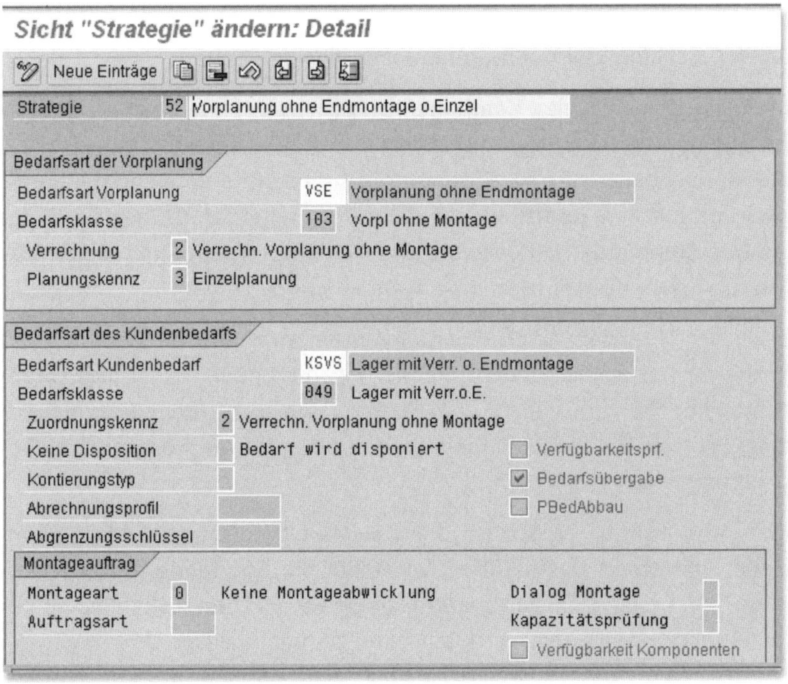

Schritt 1: Programmplanung

Abbildung 4.25 Customizing der Planungsstrategie im Modul PP

Abbildung 4.25 zeigt uns das Customizing für die Strategiegruppe 52, die unserem Beispielmaterial PMP-10000 zugeordnet ist. Wir erfahren, dass für die Vorplanung die Bedarfsart VSE zur Verfügung steht. Außerdem wird an dieser Stelle festgelegt, dass sich diese Bedarfsart mit Kundenauftragsbedarfen verrechnet. Über die Bedarfsart der Vorplanung (VSE) wird gesteuert, dass für Planprimärbedarfe ein eigenes Planungssegment »Vorplanung ohne Endmontage« für das Material angelegt wird. In der Aktuellen Bedarfs- und Bestandsliste wird also ein eigener Bereich nur für die Vorplanungsbedarfe eingerichtet.

Schritt 2: Disposition	Im zweiten Schritt wird dann ein Dispositionslauf für das Enderzeugnis gestartet. Dabei handelt es sich um eine mehrstufige Planung. Auf der Ebene des Enderzeugnisses – in unserem Beispiel das Material PMP-10000 – werden zur Deckung der Vorplanungsbedarfe spezielle Planaufträge erzeugt. Diese Planaufträge werden in dem Planungssegment »Vorplanung ohne Endmontage« angelegt und erhalten das Kennzeichen »Vorplanung«. Damit können sie nicht in Fertigungsaufträge umgesetzt werden. Dies soll im Zuge der Strategie »Vorplanung ohne Endmontage« ja erst geschehen, wenn Kundenaufträge vorliegen. Über diese Planaufträge erfolgt aber die Auflösung der Stückliste. Durch die mehrstufige Planung werden so genannte Sekundärbedarfe für die Komponenten erzeugt. Sind diese Sekundärbedarfe nicht durch Bestand gedeckt, erzeugt das System einen Beschaffungsvorschlag für die jeweilige Baugruppe.
Schritt 3: Komponentenbeschaffung	Im Materialstamm der Komponente wird festgelegt, ob das Material selbst hergestellt oder zugekauft wird. Im Falle der Eigenfertigung erzeugt die Materialbedarfsplanung Planaufträge, die vom Disponenten in Fertigungsaufträge umgesetzt werden. Bei der Fremdbeschaffung kann das System direkt Bedarfsanforderungen erstellen, die vom Einkauf über das Modul MM in Bestellungen umgewandelt werden.
Schritt 4: Wareneingang der Komponenten	Nach der Lieferung durch den Lieferanten wird ein Wareneingang mit Bezug zur Bestellung gebucht. Bei der Eigenfertigung erfolgt die Wareneingangsbuchung mit Bezug zum Fertigungsauftrag. Durch diese Wareneingänge werden die Sekundärbedarfe gedeckt – die Komponentenbeschaffung ist abgeschlossen.
Schritt 5: Kundenauftrag	Im fünften Schritt erfassen wir den Kundenauftrag für das Enderzeugnis. Dabei interessiert uns natürlich vor allem die Ermittlung des Liefertermins. Ein Bestand an Fertigerzeugnissen ist bei dieser Strategie in der Regel nicht vorhanden, wodurch eine Verfügbarkeitsprüfung nach der ATP-(Available-to-Promise-)Logik (siehe Abschnitt 2.3) nicht sinnvoll ist. Deshalb nutzen wir hier die *Verrechnung gegen die Vorplanung*. In Abbildung 4.25 sehen wir das Customizing für die Strategiegruppe 52, die unserem Beispielmaterial (PMP-10000) zugeordnet ist. Darin wird nicht nur die Bedarfsart für die Vorplanungsbedarfe (VSE), sondern auch die Bedarfsart für den Kundenauftrag (KSVS) festgelegt. Im Vertriebscustomizing wurde dieser Bedarfsart die Bedarfsklasse 049 zugeordnet. Für diese Bedarfsklasse erfolgt eine Bedarfsübergabe, aber keine Verfügbarkeitsprüfung. Die Verfügbarkeitsprüfung wird also ausgeschaltet. Statt dessen verrechnet sich der Auftragsbedarf mit dem Vorplanungsbedarf. In Abbildung 4.25 erkennen wir dies am Feld »Zuordnungskennzeichen«. Dort ist die Option 2 (Vorplanung ohne Endmontage) eingetragen.

Noch ein kleiner Tipp für die Leser, die sich künftig stärker mit dem Customizing beschäftigen wollen: Die Einstellungen zur Bedarfsart im Kundenauftrag erfolgen im Vertriebscustomizing. Die Daten sind im PP-Customizing (siehe Abbildung 4.25) zwar sichtbar, sie können aber nicht geändert werden. In Abschnitt 2.3 wird das Customizing einer Bedarfsklasse im Modul SD gezeigt!

Tipp für das Customizing

Kommen wir zurück zur Logik der Verrechnung gegen die Vorplanung im Kundenauftrag. So lange ein Vorplanungsbedarf vorhanden ist, gegen den sich der Kundenauftrag verrechnen kann, erhält der Auftrag eine bestätigte Menge. Auf dem Dispositionsbild im Materialstamm werden die Verrechnungshorizonte definiert. Folgende Optionen stehen zur Auswahl:

Verrechnungshorizonte definieren

- Der Auftragsbedarf verrechnet sich nur gegen Vorplanungsbedarfe, die exakt den gleichen Bedarfstermin haben.
- Der Auftragsbedarf verrechnet sich nur gegen Vorplanungsbedarfe in der Zukunft. Ein Tageshorizont für die Verrechnung wird im Materialstamm hinterlegt.
- Der Auftragsbedarf verrechnet sich nur gegen Vorplanungsbedarfe in der Vergangenheit. Ein Tageshorizont für die Verrechnung wird im Materialstamm hinterlegt.
- Der Auftragsbedarf verrechnet sich zuerst gegen Vorplanungsbedarfe in der Zukunft und dann gegen Vorplanungsbedarfe in der Vergangenheit.
- Der Auftragsbedarf verrechnet sich zuerst gegen Vorplanungsbedarfe in der Vergangenheit und dann gegen Vorplanungsbedarfe in der Zukunft.

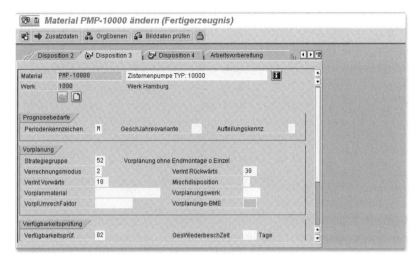

Abbildung 4.26 Materialstamm Dispositionsbild

Wie ist die Verrechnungslogik bei unserer Pumpe eingestellt? Ein Blick auf den Materialstamm (siehe Abbildung 4.26) hilft uns weiter. Wir sehen, dass im Feld »Verrechnungsmodus« die Option 2 eingestellt ist. Damit versucht das System, zunächst eine Rückwärts- und anschließend eine Vorwärtsverrechnung durchzuführen. Als Verrechnungsintervall wurden 30 Tage (Rückwärtsverrechnung) und 10 Tage (Vorwärtsverrechnung) eingestellt. Wir sehen in Abbildung 4.26 auch, dass dem Materialstamm die Strategiegruppe 52 (Verrechnung ohne Endmontage) zugeordnet wurde.

Eine weitere Besonderheit unseres Beispiels liegt darin, dass es sich um ein Material mit Serialnummernpflicht handelt. Im Serialnummernprofil wurde im Customizing eingestellt, dass die Vergabe der Serialnummer im Kundenauftrag erfolgen kann, aber nicht erfolgen muss. In unserem konkreten Fall sind die Geräte zum Zeitpunkt der Auftragserfassung noch nicht gefertigt, weshalb die Serialnummer nicht im Auftrag vergeben wird. Wir werden darauf bei der Auslieferung zurückkommen.

Schritt 6: Disposition
Nach der Auftragserfassung wird ein Auftragsbedarf für das Enderzeugnis an die Disposition übergeben. In Schritt 1 wurden Vorplanungsbedarfe in einem eigenen Planungssegment (Vorplanung ohne Endmontage) angelegt. Mit der Auftragserfassung hat eine Verrechnung des Kundenbedarfs mit dem Vorplanungsbedarf stattgefunden. Dabei wurde der Vorplanungsbedarf abgebaut. Gleichzeitig wird für das Material PMP-10000 ein Kundenauftragsbedarf **außerhalb** des Planungssegments für die Vorplanung angelegt!

Über den Dispositionslauf wird zur Deckung dieses Auftragsbedarfs ein Planauftrag angelegt. Im Gegensatz zu den Planaufträgen aus dem ersten Schritt können diese Planaufträge auch in Fertigungsaufträge umgesetzt werden. Die Planaufträge erzeugen jetzt keine Sekundärbedarfe für die Komponenten. Bei der Umsetzung des Planauftrags in einen Fertigungsauftrag werden die bereits aus Schritt 2 vorhandenen Sekundärbedarfe in abhängige Reservierungen umgesetzt. Damit reserviert sich der Fertigungsauftrag die benötigte Menge aus dem Lagerbestand an Komponenten. Die abhängige Reservierung auf Ebene der Komponente liefert dem Disponenten die wichtige Information darüber, ob die Endmontage des Fertigprodukts bereits eingeplant ist oder ob es sich lediglich um eine Vorplanung handelt.

Schritt 7: Endmontage
Über die Materialbedarfsplanung (Disposition) wurde im vorangegangenen Schritt ein Planauftrag vom Disponenten in einen Fertigungsauftrag umgesetzt, über den nun die Endmontage unserer Pumpe abgebildet wird. Über die Stückliste (Abbildung 4.22) werden die benötigten

Komponenten in den Fertigungsauftrag eingestellt, und durch einen Arbeitsplan (siehe Abbildung 4.27) werden die Vorgänge definiert, die zur Endmontage ausgeführt werden müssen.

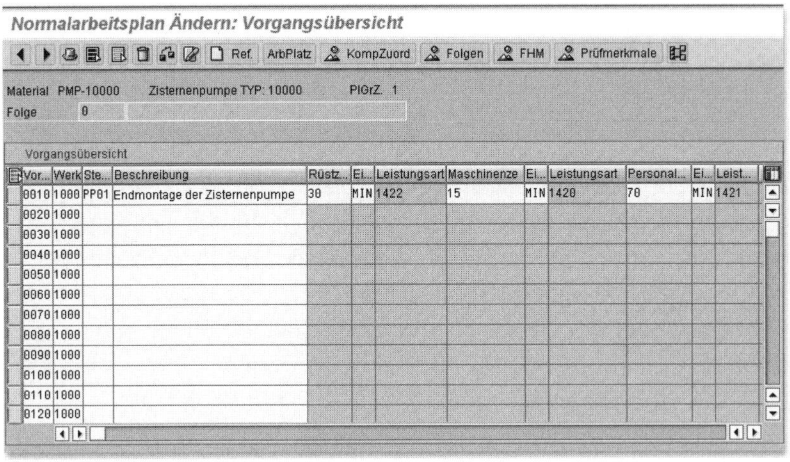

Abbildung 4.27 Arbeitsplan für das Material PMP-10000

Unser Arbeitsplan enthält einen einzigen Vorgang – die Endmontage. Zu diesem Vorgang wurden entsprechende Zeiten (Rüstzeit, Maschinenzeit, Personenzeit) hinterlegt. Den einzelnen Zeiten werden Leistungsarten zugeordnet. Für diese Leistungsarten werden im Modul CO Tarife festgelegt. Diese Tarife werden mit den Planzeiten des Fertigungsauftrags multipliziert. Der errechnete Wert geht in die Plankalkulation des Materials ein.

Diese Plankalkulation wurde im Modul CO für unser Material angelegt. **Kalkulation** Dabei wurden über die Stückliste, den Arbeitsplan und entsprechende Gemeinkostenzuschläge die Planselbstkosten für das Enderzeugnis ermittelt. Über diese Kalkulation wurde auch der Standard-Bewertungspreis im Materialstamm ermittelt. Abbildung 4.28 zeigt das Buchhaltungsbild mit dem Bewertungspreis (Standardpreis: 1812,86 EUR).

Nach der Freigabe des Fertigungsauftrags werden nun die benötigten Komponenten aus dem Lager entnommen. Dies erfolgt über eine Warenausgangsbewegung im Modul MM (Materials Management). Mit dieser Warenausgangsbuchung werden die Ist-Kosten auf dem Fertigungsauftrag verbucht. Verbraucht man mehr Komponenten als in der Stückliste geplant, so entsteht eine Plan/Ist-Abweichung bei den Herstellkosten.

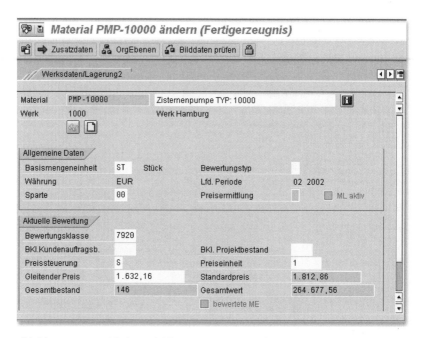

Abbildung 4.28 Buchhaltungsbild im Materialstamm für das Material PMP-10000

Im Fertigungsauftrag erfolgt nun auch die Vergabe der Serialnummern für unsere Enderzeugnisse. Diese können vom Anwender manuell vorgegeben werden. Es ist jedoch auch möglich, die Serialnummern automatisch vom System ermitteln zu lassen.

Ist die Endmontage unserer Pumpe abgeschlossen, so wird zum Fertigungsauftrag eine Rückmeldung gebucht. Dabei werden die tatsächlich benötigten Zeiten für die Montage erfasst. Abweichungen zu den Planzeiten im Arbeitsplan führen ebenfalls zu Plan/Ist-Abweichungen bei den Herstellkosten.

Nach der Rückmeldung des Fertigungsauftrags wird der Wareneingang für unsere Pumpe gebucht. Auch dabei können Abweichungen durch Unter- oder Überlieferung des Auftrags entstehen. Durch die Ablieferung der Pumpen an das Lager wird der Fertigungsauftrag kostenmäßig entlastet (Wert = Gutmenge mal Standard-Bewertungspreis aus dem Materialstamm). Die eventuell entstandenen Differenzen (zwischen Plan-Kosten und Ist-Kosten) können durch die Abrechnung des Fertigungsauftrags in die Finanzbuchhaltung und die Ergebnisrechnung weitergeleitet werden.

Schritt 8: Versand Mit Bezug zum Kundenauftrag aus Schritt 5 wird ein SD-Lieferbeleg erfasst. Die Verfügbarkeitsprüfung im Lieferbeleg erfolgt nach der ATP-Logik. In der Lieferung ist die Verfügbarkeitsprüfung so einzustellen, dass vor allem die tatsächlich vorhandenen Bestände eingehen. Ebenfalls im Lieferbeleg sind die Serialnummern auszuwählen, die an den Kunden versendet werden. Da die Serialnummern bereits im Fertigungsauftrag (Schritt 7) angelegt wurden, müssen wir hier aus den vorhandenen Nummern diejenigen zuordnen, die tatsächlich geliefert werden. Über die Warenausgangsbuchung werden die Bestände in der Materialwirtschaft und in der Finanzbuchhaltung aktualisiert.

Im letzten Schritt des Szenarios erfolgt nun die Fakturierung. Dabei werden Preise aus dem Auftrag und Liefermengen aus dem Lieferbeleg übernommen. Zur Faktura wird ein Buchhaltungsbeleg erzeugt. Dieser enthält die Erlösbuchung »Debitor an Umsatz und Mehrwertsteuer«. An die Ergebnisrechnung werden die Erlöse sowie die Kosten des Umsatzes (Planherstellkosten) übergeben. Die geplanten Herstellkosten werden in der Preisfindung über die Konditionsart VPRS ermittelt. Diese Konditionsart ermittelt die geplanten Herstellkosten aus dem Bewertungspreis des Materialstamms.

Schritt 9: Fakturierung

4.2.4 Systembeispiel

In unserem Systembeispiel werden wir nun für unsere Pumpe (Materialstamm: PMP-10000) die gesamte Wertschöpfungskette im System abbilden. Dabei wollen wir insbesondere auch das modulübergreifende Zusammenspiel von Vertrieb, Kalkulation, Herstellung, Materialwirtschaft, Versand, Fakturierung und Betriebsergebnis aufzeigen. Im einzelnen werden dabei folgende Schritte durchlaufen:

1. Ausgangssituation anzeigen (Aktuelle Bedarfs- und Bestandsliste)
2. Programmplanung Endprodukt (PMP-10000)
3. Materialbedarfsplanung (Disposition)
4. Beschaffung der Komponenten
5. Kundenauftrag erfassen
6. Materialbedarfsplanung (Disposition)
7. Endmontage Endprodukt
8. Versand
9. Fakturierung
10. Betriebsergebnis für das Endprodukt analysieren

Zu Beginn wollen wir uns die dispositive Ausgangssituation für unser Endprodukt und die benötigten Komponenten (siehe Stückliste aus Abbildung 4.22) ansehen. Für unser Endprodukt sind lediglich ein Material-

Schritt 1: Ausgangssituation anzeigen

Vorplanung ohne Endmontage

stamm, die Stückliste und der Arbeitsplan (siehe Abbildung 4.27) vorhanden. Im Modul CO wurde für das Material eine Kalkulation der Planherstellkosten vorgenommen. Diese spiegeln sich im Bewertungspreis des Materialstamms (siehe Abbildung 4.28) wider. Ansonsten existiert für das Material PMP-10000 weder ein Bestand noch eine Vorplanung. Dies bestätigt uns die Aktuelle Bedarfs- und Bestandsliste in Abbildung 4.29.

Abbildung 4.29 Aktuelle Bedarfs- und Bestandsliste Material PMP-10000 (Endprodukt Pumpe)

Für unsere Komponenten aus der Stückliste existieren zum Teil noch Lagerbestände. Eine Planung für die Komponenten wurde ebenfalls noch nicht durchgeführt. Die Aktuelle Bedarfs- und Bestandsliste (siehe Abbildung 4.30) für das Gehäuse (Material KOMP-10010) zeigt uns, dass ein Bestand von 10 Stück vorhanden ist. Geplante Zu- und Abgänge existieren nicht.

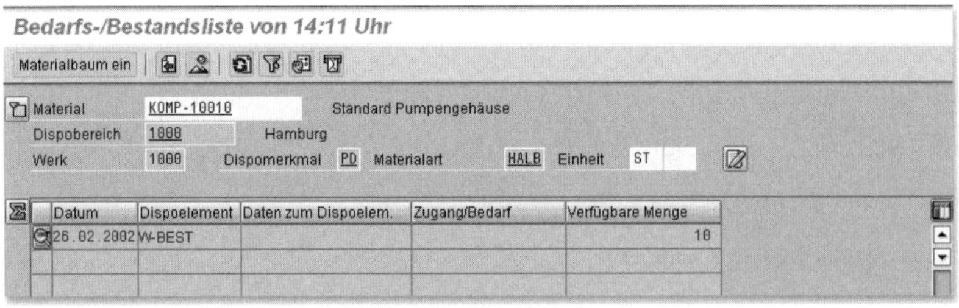

Abbildung 4.30 Aktuelle Bedarfs- und Bestandsliste für das Material KOMP-10010 (Zukaufteil)

Auch bei den Stromaggregaten haben wir noch einen Bestand von 10 Stück im Lager. Auch hier gibt es weder geplante Zu- noch Abgänge. Abbildung 4.31 zeigt uns die Aktuelle Bedarfs- und Bestandsliste. Für die übrigen Komponenten liegen keinerlei Bestände und auch keine geplanten Zu- oder Abgänge vor.

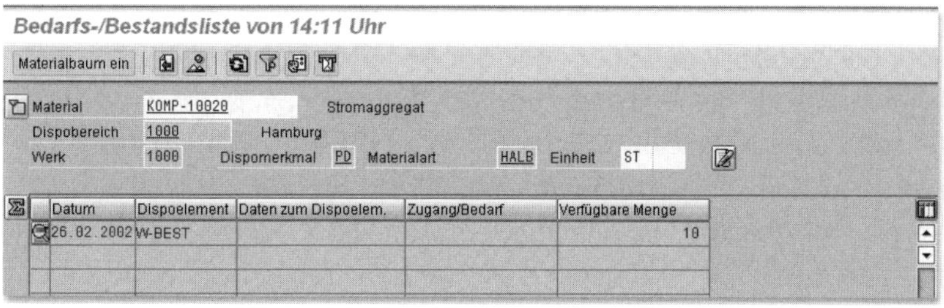

Abbildung 4.31 Aktuelle Bedarfs- und Bestandsliste für das Material KOMP-10020 (Halbfabrikat in Eigenfertigung)

Im zweiten Schritt erfassen wir jetzt die Programmplanung für das Endprodukt, unsere Pumpe mit der Materialnummer PMP-10000. Im Unterschied zum Vorgehen in Abschnitt 4.1 legen wir die Vorplanungsbedarfe direkt in der Programmplanung an und planen somit direkt die Produktionsmengen auf Wochenbasis. Abbildung 4.32 zeigt uns den Programmplan für unser Endprodukt.

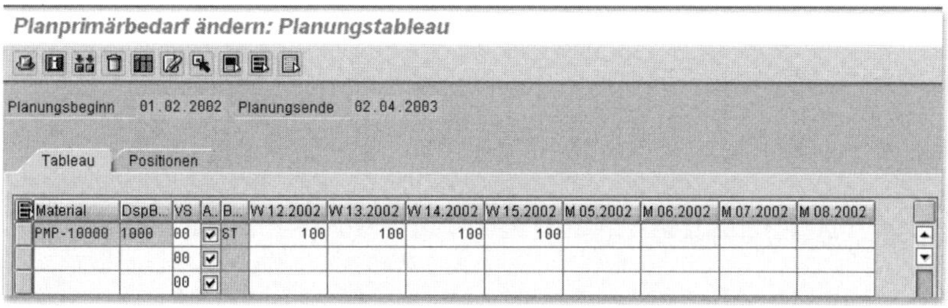

Schritt 2: Programmplanung

Abbildung 4.32 Programmplanung für das Material PMP-10000 im Werk 1000

Unsere Planung beginnt in der Kalenderwoche 12. Um die Übersichtlichkeit zu erhalten, wurde die Planung für vier Wochen erstellt. Wir planen, pro Woche 100 Pumpen zu produzieren. Bei der Erstellung der Programmplanung können unterschiedliche Planversionen angelegt werden. Wir haben eine Planung mit der Version 00 angelegt und diese auch gleich aktiviert. Abbildung 4.33 zeigt die Positionsdaten zu unserem Programmplan.

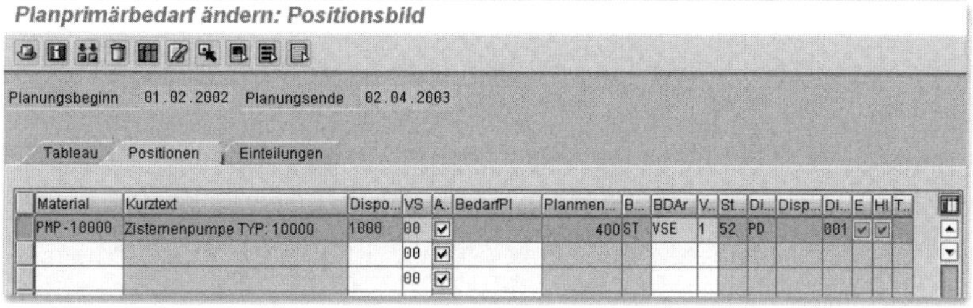

Abbildung 4.33 Positionsbild in der Programmplanung

In der Position werden die Planmengen kumuliert. Außerdem sehen wir, dass die Vorplanungsbedarfe mit der Bedarfsart VSE angelegt wurden. Wie wirkt sich die Erfassung unseres Programmplans auf die Aktuelle Bedarfs- und Bestandsliste unserer Pumpe (Abbildung 4.34) aus? In der Aktuellen Bedarfs- und Bestandsliste für unsere Pumpe erscheinen die Vorplanungsbedarfe in einem eigenen Segment (Vorplanung ohne Montage). In diesem Bereich werden die Planprimärbedarfe verwaltet.

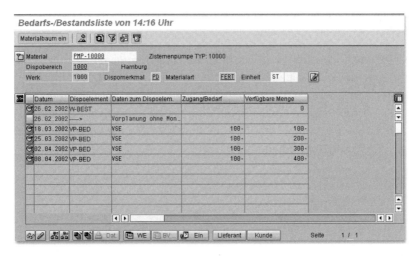

Abbildung 4.34 Aktuelle Bedarfs- und Bestandsliste für das Material PMP-10000 nach Erfassung der Programmplanung

Schritt 3: Materialbedarfsplanung

Nach der Erfassung der Programmplanung wollen wir im dritten Schritt nun einen mehrstufigen Materialbedarfsplanungslauf für unsere Pumpe (PMP-10000) starten. Im Zuge des Dispositionslaufs werden auf der Basis der Vorplanungsbedarfe (siehe Abbildung 4.34) Planaufträge erzeugt. Die Aktuelle Bedarfs- und Bestandsliste für unsere Pumpe hat nach der Disposition das Aussehen wie in Abbildung 4.35.

Die Planaufträge werden ebenfalls in dem Planungssegment für die Vorplanung geführt. Im Feld »Daten zum Dispositionselement« erkennen wir das Kennzeichen VP (Vorplanung). Planaufträge mit diesem Kennzeichen dienen nur der Vorplanung und können nicht in Fertigungsaufträge umgesetzt werden. Zu jedem Vorplanungsbedarf wurde ein Planauftrag angelegt. Über diese Planaufträge erfolgt auch eine Stücklistenauflösung für die Komponenten. Dadurch werden Sekundärbedarfe (geplante Abgänge) für unsere Materialien KOMP-10010, KOMP-10020, KOMP-10030, KOMP-10040 und KOMP-10050 gebildet.

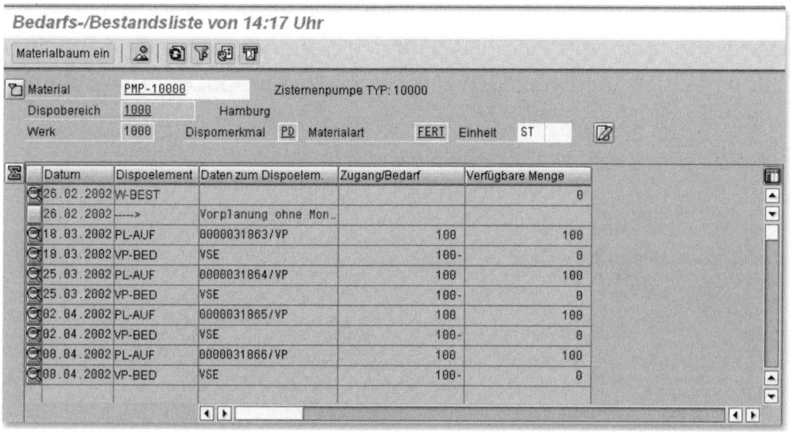

Abbildung 4.35 Aktuelle Bedarfs- und Bestandsliste für das Endprodukt nach der Programmplanung und der Disposition

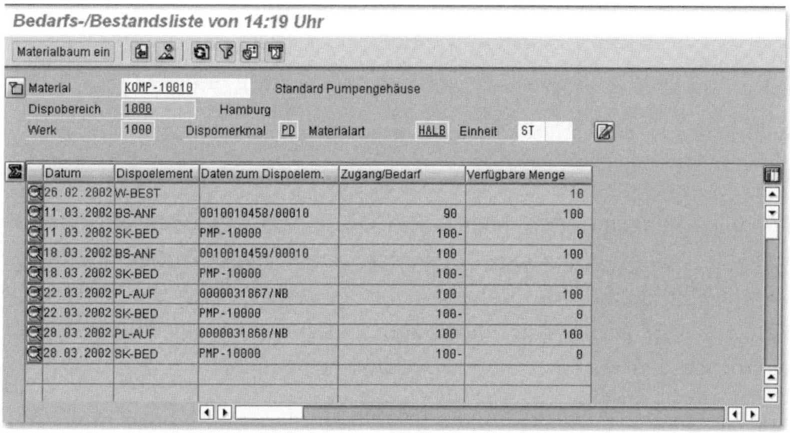

Abbildung 4.36 Aktuelle Bedarfs- und Bestandsliste für das Gehäuse unserer Pumpe (KOMP-10010)

Die Auswirkungen in der Dispositionssituation zeigen wir exemplarisch für das Gehäuse (KOMP-10010) zu unserer Pumpe (siehe Abbildung 4.36). Es wurden über einen mehrstufigen Planungslauf Sekundärbedarfe für unser Gehäuse angelegt. Im Feld »Daten zum Dispositionselement« erscheint auch ein Bezug zu dem Endprodukt, über dessen Planung der Sekundärbedarf erzeugt wurde. Diese Bedarfe werden nur zum Teil durch den vorhandenen Bestand (10 Stück) gedeckt. Für die restlichen geplanten Abgänge wurden über den Dispositionslauf Bestellanforderungen im Einkauf in Modul MM angelegt. Das System hat am Beschaffungskennzeichen (F, Fremdbeschaffung) im Materialstamm erkannt, dass es sich um ein Kaufteil handelt, und deshalb Bestellanforderungen angelegt! Bei unserer Komponente KOMP-10030, der eigentlichen Pumpe, handelt es sich um ein Halbfertigerzeugnis, das wir selbst produzieren. Aus diesem Grund werden bei diesem Material keine Bestellanforderungen, sondern Planaufträge erfasst (siehe Abbildung 4.37).

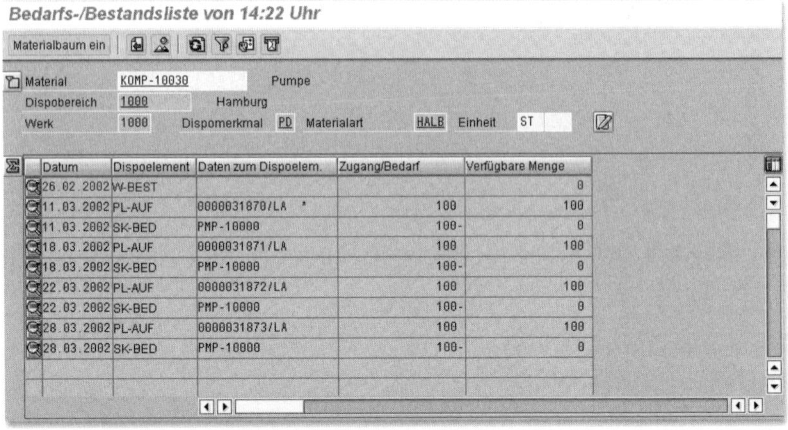

Abbildung 4.37 Aktuelle Bedarfs- und Bestandsliste für das Material KOMP-10030 nach der Materialbedarfsplanung

Schritt 4: Beschaffung der Komponenten

Für die eigengefertigten Teile (z.B. KOMP-10030) werden die Planaufträge in Fertigungsaufträge umgesetzt. Über diese Fertigungsaufträge wird die Produktion der Komponenten gesteuert. Nach der Herstellung wird ein Wareneingang mit Bezug zum Fertigungsauftrag gebucht. Diesen Schritt werden wir für unser Endprodukt noch sehen.

Für die Einkaufsteile werden die Bestellanforderungen vom Einkauf weiterbearbeitet. Zunächst wird eine Bezugsquelle (Lieferant) zugeordnet. Im zweiten Schritt erfolgt die Umsetzung in eine Bestellung. Nach der Lieferung durch den Lieferanten wird ein Wareneingang mit Bezug zur Bestellung gebucht. Die Bearbeitung der Bestellanforderung kann direkt aus der Aktuellen Bedarfs- und Bestandsliste heraus erfolgen. In Abbildung 4.36 erkennen wir die Bestellanforderung 10010424. Diese enthält eine Bedarfsmenge von 90 Stück. Es wird also exakt die Menge bestellt, die zur Bedarfsdeckung benötigt wird. Dies wird über den Losgrößenschlüssel im Materialstamm festgelegt.

In Abbildung 4.38 wird die Bestellanforderung in eine Bestellung umgesetzt. Nach der Umsetzung hat die Aktuelle Bedarfs- und Bestandsliste das in Abbildung 4.39 gezeigte Bild.

Abbildung 4.38 Umsetzen einer Bestellanforderung in eine Bestellung aus der Aktuellen Bedarfs- und Bestandsliste heraus

Abbildung 4.39 Aktuelle Bedarfs- und Bestandsliste für das Material KOMP-10010 nach Umsetzung der Bestellanforderung

Das Dispositionselement wurde von BS-ANF in BS-EIN geändert. Mit Bezug zur Bestellung 4500009696 kann jetzt der Wareneingang für die Komponente verbucht werden. Danach wird der Bestand für das Material bei 100 Stück liegen. Auch für die anderen Komponenten wurde die Herstellung bzw. der Einkauf in die Wege geleitet. Jeweils der erste Planauftrag bzw. die erste Bestellanforderung wurde umgesetzt. Damit haben alle Komponenten jetzt einen Bestand von mindestens 100 Stück. In Abbildung 4.40 zeigen wir die Aktuelle Bedarfs- und Bestandsliste für unser Gehäuse. Der geplante Zugang (BS-EIN) wurde mit dem Wareneingang gelöscht. Statt dessen wurde der Bestand (W-BEST) auf 100 Stück erhöht.

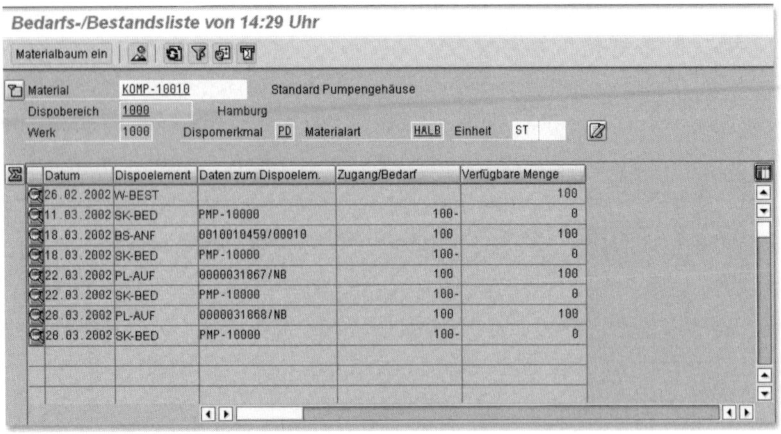

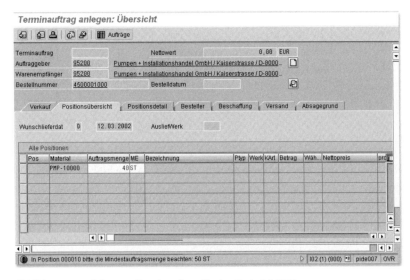

Abbildung 4.40 Aktuelle Bedarfs- und Bestandsliste für das Material KOMP-10010 (Standard-Pumpengehäuse) nach der Wareneingangsbuchung zur Bestellung

Schritt 5: Kundenauftrag erfassen

In den Schritten 1 bis 4 haben wir die Planung für unser Endgerät, die Pumpe, durchgeführt. Auf der Basis dieser Planung wurden die Komponenten, die wir für die Fertigung eines Endgeräts benötigen, bereits beschafft, obwohl kein Kundenauftrag vorlag. Diesen erfassen wir jetzt im nächsten Schritt. Dabei bestellt ein neuer Kunde 40 Stück unseres Materials PMP-10000.

Abbildung 4.41 Erfassung Terminauftrag für das Material PMP-10000

344 Gestaltung von Wertschöpfungsketten in SAP R/3

In Abschnitt 4.2.1 haben wir erfahren, dass eine Mindestbestellmenge von 50 Stück definiert worden ist. Wie reagiert das System? Erfassen wir einen Kundenauftrag zunächst mit der Menge 40 Stück (siehe Abbildung 4.41). Das System gibt dem Anwender eine Fehlermeldung (siehe Abbildung 4.41, unterste Zeile). Er kann die Bearbeitung erst fortsetzen, wenn er mindestens eine Positionsmenge von 50 Stück erfasst hat.

Wir erhöhen die Menge also auf 50 Stück. Anschließend ermittelt das System den Liefertermin über die Logik »Verrechnung gegen die Vorplanung« (siehe Abbildung 4.42). Als Wunschliefertermin wurde im Kundenauftrag der 12.03.2002 erfasst. Das System sucht nun gemäß den Einstellungen im Materialstamm (siehe Abbildung 4.26) nach einem Vorplanungsbedarf, und zwar zunächst über die Rückwärtsverrechnung. Allerdings wissen wir aus Abbildung 4.34, dass der erste Bedarf für den 18.03.2002 eingeplant wurde. Über die Vorwärtsverrechnung ermittelt das System diesen Vorplanungsbedarf und verrechnet den Kundenbedarf entsprechend. Die Position wird demzufolge zum 18.03.2002 bestätigt. Über die Versandterminierung (siehe Abschnitt 2.4) wird das frühestmögliche Lieferdatum (20.03.2002) errechnet!

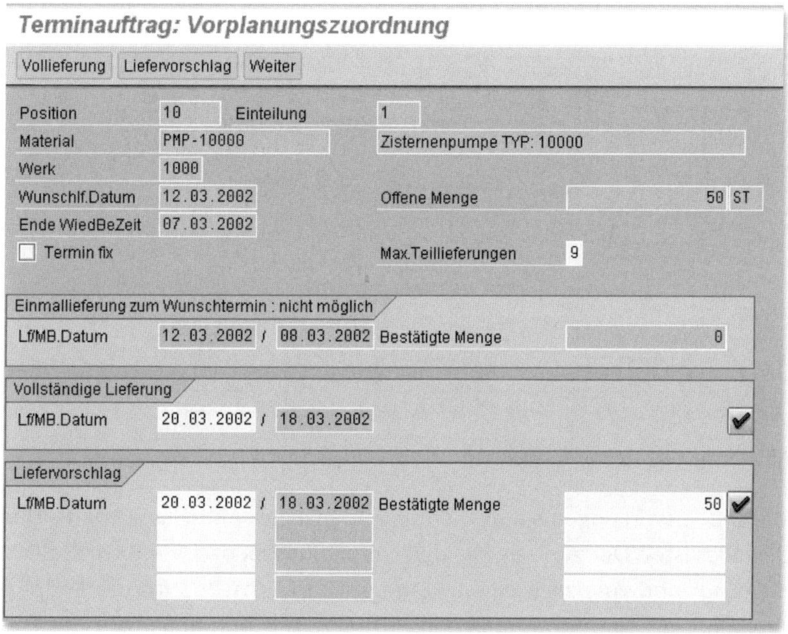

Abbildung 4.42 Verrechnung gegen die Vorplanung im Kundenauftrag

Kennzeichen »Termin fix«

Besondere Beachtung wollen wir an dieser Stelle dem Kennzeichen »Termin fix« schenken (siehe Abbildung 4.42). In unserem Auftrag ist dieses Kennzeichen **nicht** gesetzt. In diesem Fall übergibt der Auftrag den Bedarfstermin, der zur Einhaltung des ursprünglichen Wunschlieferdatums führen würde. Dies ist der 08.03.2002! In der Produktion wird nach dieser Information der Versuch unternommen, die Fertigung zu beschleunigen, um das ursprüngliche Lieferdatum des Kunden zu halten.

Wird das Kennzeichen gesetzt, so wird der Bestätigungstermin im Kundenauftrag **fixiert**. Der Auftragsbedarf wird dann zum Bestätigungsdatum, also dem 18.03.2002 übergeben und nicht der Versuch unternommen, den ursprünglichen Termin zu halten. Die Disposition plant lediglich die Einhaltung des so nun bestätigten Termins, da sie davon ausgeht, dass dieser Termin mit dem Kunden abgestimmt wurde.

Nach der Bestätigung der Liefertermine und der Kontrolle der Preisfindung wird ein Kundenauftrag mit der Auftragsnummer 7099 angelegt. Wir sehen den Kundenauftrag in Abbildung 4.43. Unter anderem erkennen wir, dass die Bedarfsart KSVS ermittelt wurde. Die Position wird zum 18.03.2002 bestätigt. Als Kundenlieferdatum wurde der 20.03.2002 errechnet.

Abbildung 4.43 Terminauftrag 7100

Welche Auswirkungen hat der Terminauftrag in der Aktuellen Bedarfs- und Bestandsliste? Der Auftrag hat den Vorplanungsbedarf vom 18.03.2002 abgebaut und zusätzlich einen Auftragsbedarf (K-AUFT) für das Endprodukt an die Disposition übergeben. Dieser wird nun außerhalb des Planungssegments »Vorplanung ohne Endmontage« verwaltet. Betrachten wir die aktualisierte Aktuelle Bedarfs- und Bestandsliste nach der Auftragserfassung (siehe Abbildung 4.44). Damit steht dem Vorplanungsbedarf in

Höhe von 50 Stück vom 18.03.2002 jetzt ein Planauftrag (mit Kennzeichen VP, siehe Schritt 2!) in Höhe von 100 Stück gegenüber. Der Auftragsbedarf zum 08.03.2002 in Höhe von 50 Stück ist nicht gedeckt.

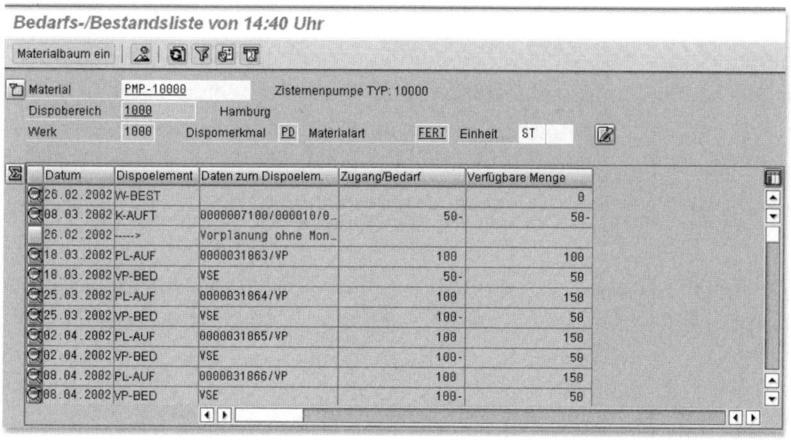
Bedarfs-/Bestandsliste von 14:40 Uhr

Materialbaum ein

Material PMP-10000 Zisternenpumpe TYP: 10000
Dispobereich 1000 Hamburg
Werk 1000 Dispomerkmal PD Materialart FERT Einheit ST

Datum	Dispoelement	Daten zum Dispoelem.	Zugang/Bedarf	Verfügbare Menge
26.02.2002	W-BEST			0
08.03.2002	K-AUFT	0000007100/000010/0..	50-	50-
26.02.2002	----->	Vorplanung ohne Mon..		
18.03.2002	PL-AUF	0000031863/VP	100	100
18.03.2002	VP-BED	VSE	50-	50
25.03.2002	PL-AUF	0000031864/VP	100	150
25.03.2002	VP-BED	VSE	100-	50
02.04.2002	PL-AUF	0000031865/VP	100	150
02.04.2002	VP-BED	VSE	100-	50
08.04.2002	PL-AUF	0000031866/VP	100	150
08.04.2002	VP-BED	VSE	100-	50

Abbildung 4.44 Aktuelle Bedarfs- und Bestandsliste nach Auftragserfassung mit Vorplanugsverrrechnung

Schritt 6: Materialbedarfsplanung

Der Disponent analysiert die Situation aus Abbildung 4.44. Er sieht, dass der Kundenauftrag einen Bedarf zum 08.03.2002 übergeben hat. Er will jedoch die ursprüngliche Produktionsplanung nicht gefährden und vereinbart mit dem Vertrieb, dass im Auftrag die bestätigten Termine fixiert werden. Dazu setzt er das Termin-fix-Kennzeichen im Auftrag nachträglich. Anschließend führt er einen Dispositionslauf durch. Das Ergebnis sehen wir in Abbildung 4.45.

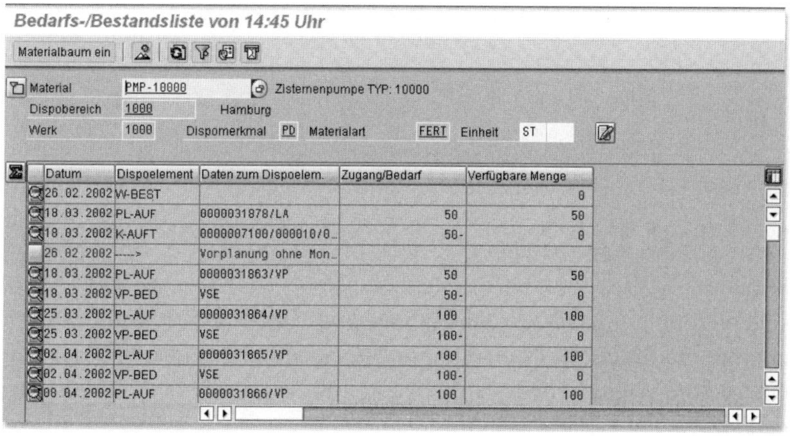
Bedarfs-/Bestandsliste von 14:45 Uhr

Materialbaum ein

Material PMP-10000 Zisternenpumpe TYP: 10000
Dispobereich 1000 Hamburg
Werk 1000 Dispomerkmal PD Materialart FERT Einheit ST

Datum	Dispoelement	Daten zum Dispoelem.	Zugang/Bedarf	Verfügbare Menge
26.02.2002	W-BEST			0
18.03.2002	PL-AUF	0000031870/LA	50	50
18.03.2002	K-AUFT	0000007100/000010/0..	50-	0
26.02.2002	----->	Vorplanung ohne Mon..		
18.03.2002	PL-AUF	0000031863/VP	50	50
18.03.2002	VP-BED	VSE	50-	0
25.03.2002	PL-AUF	0000031864/VP	100	100
25.03.2002	VP-BED	VSE	100-	0
02.04.2002	PL-AUF	0000031865/VP	100	100
02.04.2002	VP-BED	VSE	100-	0
08.04.2002	PL-AUF	0000031866/VP	100	100

Abbildung 4.45 Aktuelle Bedarfs- und Bestandsliste für das Material PMP-10000 nach Auftragserfassung und Dispositon

Der Auftragsbedarf wurde nach dem Setzen des Fixierungskennzeichens auf den 18.03.2002 geändert. Durch den Dispositionslauf wurde ein Planauftrag (Auftragsnummer 31878) zur Deckung des Kundenauftrags angelegt. Dieser Planauftrag kann entgegen den Planaufträgen im Planungssegment »Vorplanung ohne Montage« in einen Fertigungsauftrag umgesetzt werden. Über diesen Fertigungsauftrag wird nun die Endmontage unserer Pumpe angestoßen. Der Fertigungsauftrag wird so terminiert, dass die bestätigten Termine im Kundenauftrag eingehalten werden. Durch den Dispositionslauf wurde außerdem der Planauftrag 31844 um 50 Stück verringert. Er deckt den Vorplanungsbedarf vom 18.03.2002 jetzt wieder exakt!

Wie wirkt sich dieser erneute Dispositionslauf auf die dispositive Situation bei den Komponenten aus? Abbildung 4.46 zeigt uns die Aktuelle Bedarfs- und Bestandsliste zu unserem Standard-Pumpengehäuse. Wir sehen, dass der ursprüngliche Sekundärbedarf des Materials KOMP-10010 um 50 Stück reduziert wurde. Gleichzeitig wurde ein neuer Sekundärbedarf in Höhe von 50 Stück aufgebaut. In den Detaildaten zum Dispositionselement erkennen wir, dass der Sekundärbedarf dem neuen Planauftrag mit der Auftragsnummer 31861 zugeordnet ist!

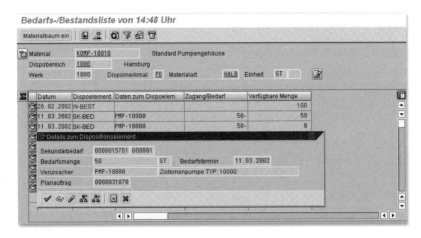

Abbildung 4.46 Aktuelle Bedarfs- und Bestandsliste der Komponente Standard-Pumpengehäuse (Material: KOMP-10010)

Schritt 7: Endmontage Genau dieser Planauftrag (31861) wird vom Disponenten in einen Fertigungsauftrag zur Montage des Endgeräts umgesetzt. Bevor der Fertigungsauftrag freigegeben werden kann, müssen die Seriennummern vergeben werden. Wir erinnern uns:

- Im Materialstamm wurde die Serialnummernpflicht festgelegt. Dazu wurde ein Serialnummernprofil zugeordnet.
- Im Customizing des Serialnummernprofils wurde festgelegt, dass im Fertigungsauftrag Serialnummern vergeben werden **müssen** (siehe Abschnitt 2.6).

Die Serialnummern können durch das System fortlaufend vergeben werden. Es ist auch möglich, die Serialnummern manuell zu vergeben. Wir entscheiden uns, die Serialnummern automatisch vergeben zu lassen. Das System vergibt die Nummern 161 bis 210 für unsere 50 Pumpen (siehe Abbildung 4.47).

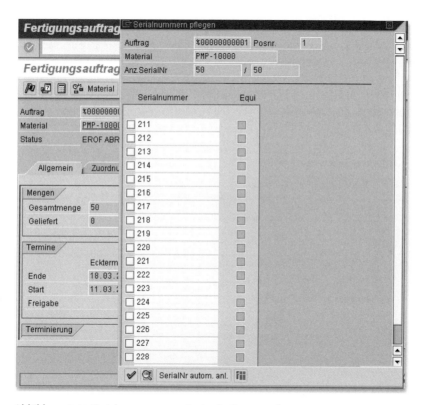

Abbildung 4.47 Serialnummernvergabe im Fertigungsauftrag

Nach der Vergabe der Serialnummern wird der Auftrag freigegeben. Über die Stückliste werden die benötigten Komponenten (und die Planmengen) im Fertigungsauftrag ermittelt sowie über den Arbeitsplan der Vorgang zur Endmontage mit seinen Planzeiten. Abbildung 4.48 zeigt die Aktuelle Bedarfs- und Bestandsliste nach der Umsetzung des Planauftrags in einen Fertigungsauftrag.

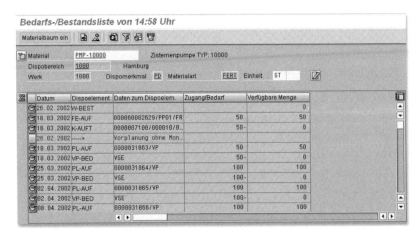

Abbildung 4.48 Aktuelle Bedarfs- und Bestandsliste nach der Erstellung des Fertigungsauftrags

Mit der Umsetzung des Planauftrags wurden die Sekundärbedarfe in eine abhängige Reservierung zum Fertigungsauftrag umgesetzt (siehe Abbildung 4.49).

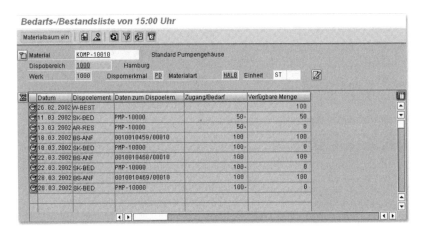

Abbildung 4.49 Aktuelle Bedarfs- und Bestandsliste zum Material KOMP-10010 mit Reservierung zum Fertigungsauftrag (AR-RES)

Die nächsten Schritte innerhalb des Fertigungsauftrags sind die Entnahme der Komponenten aus dem Lager. Die entsprechende Verbrauchsbuchung wird auf den Fertigungsauftrag kontiert. Abbildung 4.50 zeigt den Materialbeleg, der mit der Entnahmebuchung im Modul MM erzeugt wurde.

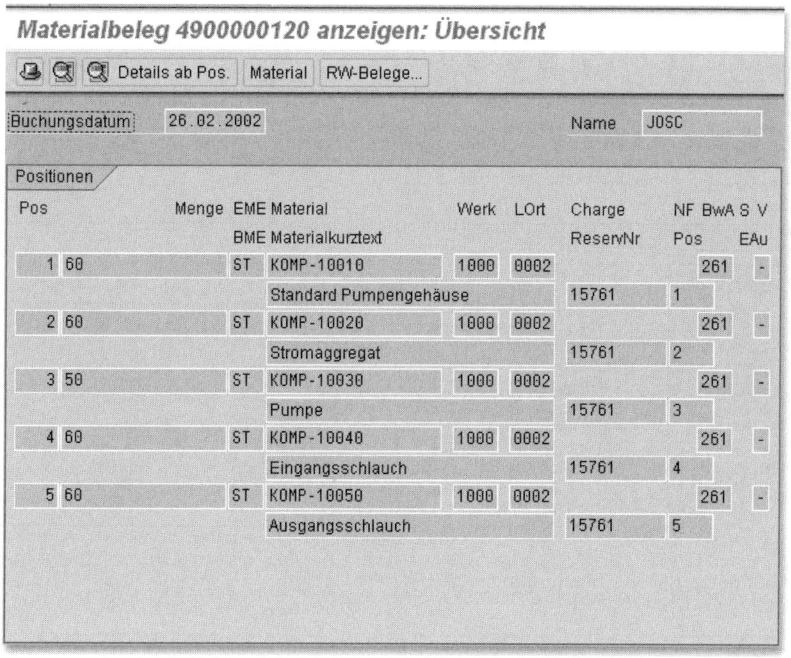

Materialbeleg 4900000120 anzeigen: Übersicht										
Details ab Pos.	Material	RW-Belege...								

Buchungsdatum	26.02.2002					Name	JOSC			

Positionen

Pos	Menge	EME	Material	Werk	LOrt	Charge	NF	BwA	S	V
		BME	Materialkurztext			ReservNr	Pos			EAu
1	60	ST	KOMP-10010	1000	0002			261		-
			Standard Pumpengehäuse			15761	1			
2	60	ST	KOMP-10020	1000	0002			261		-
			Stromaggregat			15761	2			
3	50	ST	KOMP-10030	1000	0002			261		-
			Pumpe			15761	3			
4	60	ST	KOMP-10040	1000	0002			261		-
			Eingangsschlauch			15761	4			
5	60	ST	KOMP-10050	1000	0002			261		-
			Ausgangsschlauch			15761	5			

Abbildung 4.50 Materialbeleg zur Entnahme der Komponenten

Bei der Montage unserer Pumpen wurde bei einigen Komponenten der Planverbrauch überschritten. Deshalb musste von diesen Komponenten mehr als die geplante Menge auf den Fertigungsauftrag entnommen werden. Dies wird zu einer Mengenabweichung bei der Ermittlung der Ist-Kosten im Fertigungsauftrag führen.

Zum Materialbeleg wurde auch ein Buchhaltungsbeleg in der Finanzbuchhaltung erstellt (siehe Abbildung 4.51). Dieser enthält die Verbrauchsbuchung für die Halbfertigerzeugnisse. Der Buchungssatz lautet »Verbrauch unfertige Produkte an Bestand unfertige Erzeugnisse«.

Die Verbrauchsbuchung auf das Sachkonto 890000 ist kontiert auf den Fertigungsauftrag. Abbildung 4.52 zeigt uns das Detailbild zur Buchungszeile 2 aus unserem Buchhaltungsbeleg. Dort sehen wir unter anderem die Kontierung auf den Fertigungsauftrag. Über diese Kontierung wird der Fertigungsauftrag mit Ist-Kosten belastet. Er dient als Kostensammler.

Abbildung 4.51 Buchhaltungsbeleg zur Warenentnahme

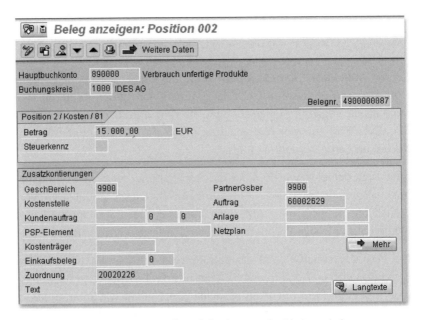

Abbildung 4.52 Detailbild zur Verbrauchsbuchung im Buchhaltungsbeleg

Im nächsten Schritt innerhalb der Endmontage erfolgt nun die Rückmeldung des Fertigungsauftrags. Dabei werden die Ist-Zeiten (Rüstzeit, Maschinenzeit, Personalzeit) von den Mitarbeitern erfasst und über die Tarife aus der Kostenrechnung bewertet. Damit werden weitere Ist-Kosten auf dem Fertigungsauftrag verbucht. Unterscheiden sich diese Zeiten von den Planzeiten im Arbeitsplan, ergeben sich Zeit- und in deren Folge Kostenabweichungen.

Schließlich erfolgt die Ablieferung unserer Pumpen an das Lager. Diese Buchung erfolgt über eine Wareneingangsbuchung mit der Bewegungsart 101 (Wareneingang mit Bezug zum Fertigungsauftrag). Dabei wird ein Materialbeleg (siehe Abbildung 4.53) erzeugt.

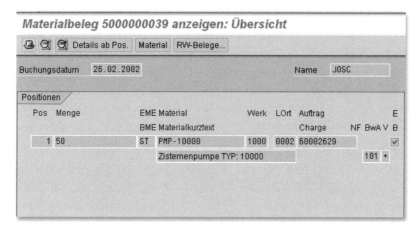

Abbildung 4.53 Materialbeleg zur Wareneingangsbuchung des Endgeräts im Lager

Über die Wareneingangsbuchung entsteht auch ein Buchhaltungsbeleg (siehe Abbildung 4.54). Dieser enthält den Buchungssatz »Bestand an Fertigerzeugnissen an Fabrikleistung Fertigungsaufträge«. Es wird also ein Ertrag gebucht.

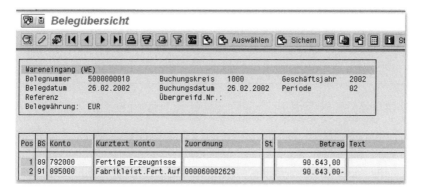

Abbildung 4.54 Buchhaltungsbeleg zur Wareneingangsbuchung für die Endgeräte

Die Buchung auf dem Ertragskonto ist auf den Fertigungsauftrag kontiert, womit dieser kostenmäßig entlastet wird. Die Wareneingangsbuchung wird dem Bewertungspreis aus dem Materialstamm und damit mit Plankosten bewertet. Die Menge (50 Stück) wurde mit dem Bewertungspreis (1812,86 EUR) multipliziert.

Abweichungsanalyse Mit der Buchung des Wareneingangs für unsere Pumpen ist der Fertigungsauftrag aus logistischer Sicht abgeschlossen. Im Controlling kann nun eine *Abweichungsanalyse* und anschließend die Abrechnung des Auftrags durchgeführt werden. Bei der Abweichungsanalyse wird die Differenz zwischen den Plankosten aus der Materialkalkulation und den Ist-Kosten im Fertigungsauftrag errechnet. Über die Abrechnung des Fertigungsauftrags wird diese Differenz als Preisabweichung in der Finanzbuchhaltung gebucht. Dabei entsteht der Buchungssatz »Fabrikleistung Fertigungsauftrag an Preisdifferenzen«. Damit bleibt der Wert auf dem Bestandskonto unberührt, und die Differenzen werden separat ausgewiesen.

Auftragsberechnung Die Auftragsabrechnung übergibt die Abweichungen zusätzlich an die Ergebnisrechnung (CO-PA). Die Auswirkungen in der Ergebnisrechnung werden uns nach der Fakturierung des Kundenauftrags noch beschäftigen. In unserem Fertigungsauftrag hat die Abweichungsermittlung einen Wert von 1629,06 EUR ergeben. Abbildung 4.55 zeigt den Buchhaltungsbeleg mit der Preisdifferenz.

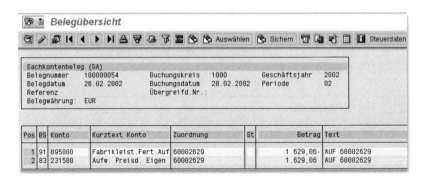

Abbildung 4.55 Buchung der Preisdifferenz auf der Basis der Abweichungsermittlung

Schritt 8: Versand Nachdem die Montage unserer Pumpen abgeschlossen ist, kann jetzt der Versand beginnen. Nach der Zubuchung der Bestände für die Endgeräte hat die Aktuelle Bedarfs- und Bestandsliste nun das in Abbildung 4.56 Aussehen.

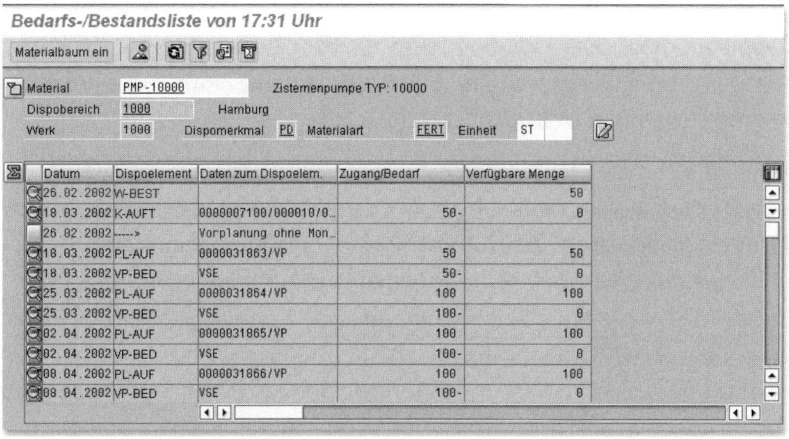

Bedarfs-/Bestandsliste von 17:31 Uhr

Materialbaum ein

Material PMP-10000 Zisternenpumpe TYP: 10000
Dispobereich 1000 Hamburg
Werk 1000 Dispomerkmal PD Materialart FERT Einheit ST

Datum	Dispoelement	Daten zum Dispoelem.	Zugang/Bedarf	Verfügbare Menge
26.02.2002	W-BEST			50
18.03.2002	K-AUFT	0000007100/000010/0...	50-	0
26.02.2002	----->	Vorplanung ohne Mon...		
18.03.2002	PL-AUF	0000031863/VP	50	50
18.03.2002	VP-BED	VSE	50-	0
25.03.2002	PL-AUF	0000031864/VP	100	100
25.03.2002	VP-BED	VSE	100-	0
02.04.2002	PL-AUF	0000031865/VP	100	100
02.04.2002	VP-BED	VSE	100-	0
08.04.2002	PL-AUF	0000031866/VP	100	100
08.04.2002	VP-BED	VSE	100-	0

Abbildung 4.56 Aktuelle Bedarfs- und Bestandsliste nach der Endmontage

Der Kundenauftragsbedarf in Höhe von 50 Stück ist jetzt durch Lagerbestand gedeckt und mit Bezug zum Kundenauftrag kann eine Lieferung angelegt werden. Da die Serialnummern für unsere Pumpen bereits im Fertigungsauftrag vergeben wurden, müssen nun die Serialnummern im Lieferbeleg ausgewählt werden. Das System zeigt in der Auswahlliste nur die Serialnummern an, die den Status ELAG (am Lager) ausweisen.

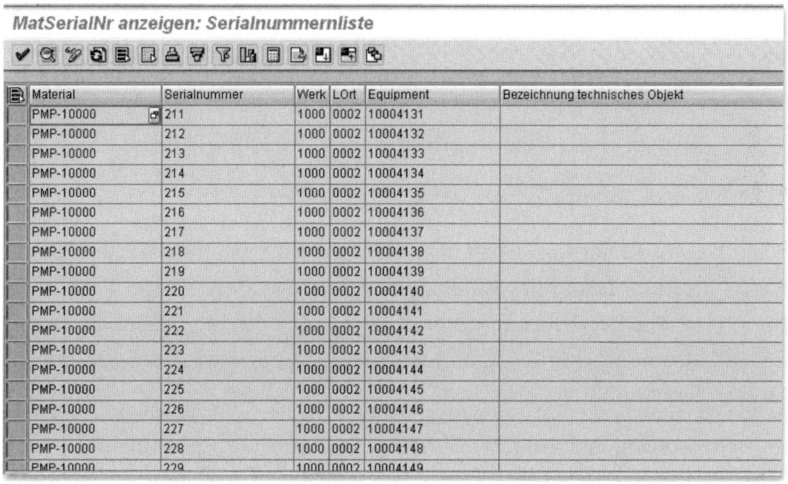

MatSerialNr anzeigen: Serialnummernliste

Material	Serialnummer	Werk	LOrt	Equipment	Bezeichnung technisches Objekt
PMP-10000	211	1000	0002	10004131	
PMP-10000	212	1000	0002	10004132	
PMP-10000	213	1000	0002	10004133	
PMP-10000	214	1000	0002	10004134	
PMP-10000	215	1000	0002	10004135	
PMP-10000	216	1000	0002	10004136	
PMP-10000	217	1000	0002	10004137	
PMP-10000	218	1000	0002	10004138	
PMP-10000	219	1000	0002	10004139	
PMP-10000	220	1000	0002	10004140	
PMP-10000	221	1000	0002	10004141	
PMP-10000	222	1000	0002	10004142	
PMP-10000	223	1000	0002	10004143	
PMP-10000	224	1000	0002	10004144	
PMP-10000	225	1000	0002	10004145	
PMP-10000	226	1000	0002	10004146	
PMP-10000	227	1000	0002	10004147	
PMP-10000	228	1000	0002	10004148	
PMP-10000	229	1000	0002	10004149	

Abbildung 4.57 Auswahl der Serialnummern in der Lieferung

In Abbildung 4.57 sehen wir die Selektion der Serialnummern in der Lieferung. Das System bietet uns die Liste der Materialnummern an, die im Fertigungsauftrag vergeben wurden (211 bis 260). Die Warenausgangsbuchung in der Lieferung erfolgt über die Bewegungsart 601 (Warenausgang Lieferung). Die Buchung wird mit dem Bewertungspreis aus dem Materialstamm bewertet. Der Buchhaltungsbeleg enthält die Buchung »Fertigerzeugnisse an Bestandsveränderungen«.

Wie hat sich der Status der Serialnummer durch die Warenausgangsbuchung verändert? In Abbildung 4.57 erkennen wir, dass eine der ausgelieferten Serialnummern die Nummer 211 ist. Lassen wir uns den zugehörigen Serialnummernstammsatz anzeigen (siehe Abbildung 4.58).

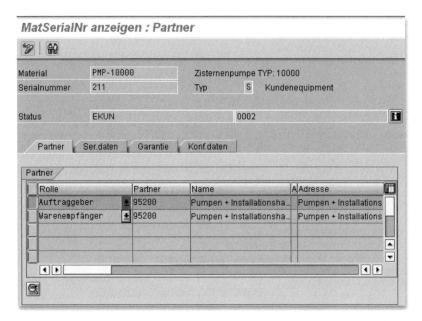

Abbildung 4.58 Serialnummernstamm nach der Auslieferung

Nach der Auslieferung erhält der Serialnummernstammsatz den Status EKUN (Kundenbestand). Im Bereich »Partner« sehen wir, dass unser Kunde mit der Debitorennummer 95200 das Gerät mit der Serialnummer 211 erhalten hat. Damit können wir jederzeit nachvollziehen, wann und an wen ein Gerät geliefert wurde.

Schritt 9: Fakturierung Im neunten und letzten Schritt unseres Szenarios »Vorplanung ohne Endmontage« geht es um die Fakturierung. Mit Bezug zur Lieferung wird eine Kundenrechnung im System erzeugt. Der Nettowert (115 000,00 EUR) ergibt sich aus einem Stückpreis von 2 300,00 EUR, der aus dem Auftrag übernommen wurde. Der Verrechnungspreis entspricht dem Bewertungspreis aus dem Materialstamm und – wie oben erwähnt – auch den Planherstellkosten (siehe Abbildung 4.59).

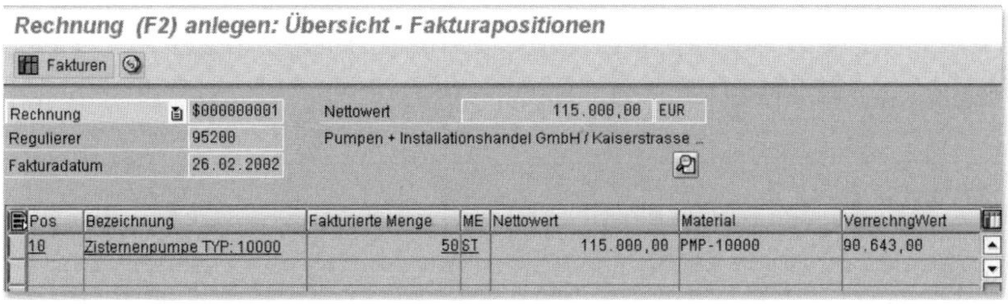

Abbildung 4.59 Fakturierung

Der Vollständigkeit halber wollen wir uns auch den Buchhaltungsbeleg ansehen (siehe Abbildung 4.60). Er enthält die Erlösbuchung »Debitor an Umsatzerlöse und Mehrwertsteuer«. Die Erlöse und die Planherstellkosten werden an die Ergebnisrechnung übergeben.

Abbildung 4.60 Buchhaltungsbeleg zur Kundenrechnung

Im Verlauf des Szenarios haben wir auch die Entstehung der Ist-Kosten auf dem Fertigungsauftrag verfolgt. Wir haben gesehen, dass die Abweichungen ermittelt und an die Finanzbuchhaltung weitergeleitet wurden (siehe Abbildung 4.55). Der Betrag der Abweichung wurde jedoch auch an die Betriebsergebnisrechnung übermittelt. Aus diesem Grund wollen wir uns zum Abschluss ein Beispiel für einen Ergebnisbericht im Modul CO-PA betrachten. Die Auswertung wurde auf der Artikelbasis erstellt, wir sehen also lediglich Daten, die auf unserem Systembeispiel beruhen (siehe Abbildung 4.61).

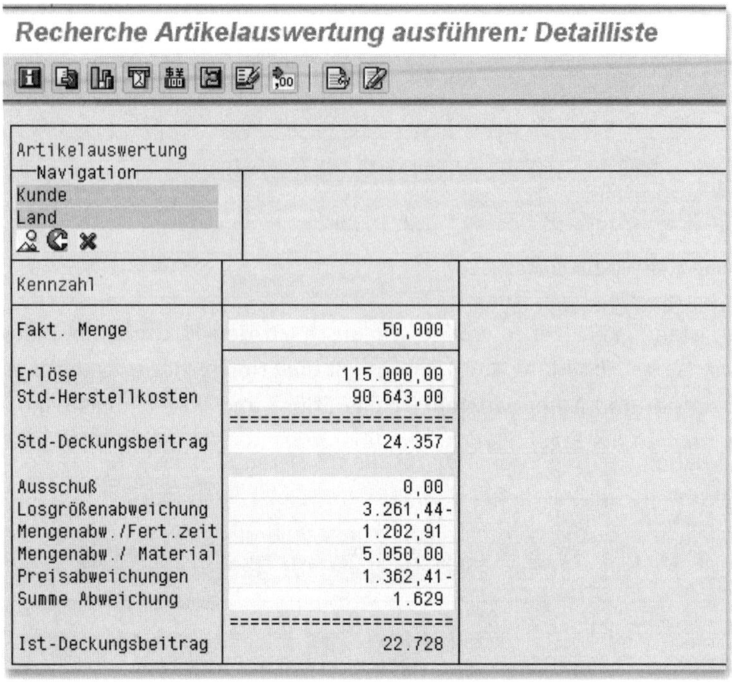

```
Recherche Artikelauswertung ausführen: Detailliste

Artikelauswertung
  ─Navigation─
  Kunde
  Land

Kennzahl

Fakt. Menge              50,000

Erlöse              115.000,00
Std-Herstellkosten   90.643,00
===============================
Std-Deckungsbeitrag      24.357

Ausschuß                   0,00
Losgrößenabweichung     3.261,44-
Mengenabw./Fert.zeit    1.202,91
Mengenabw./ Material    5.050,00
Preisabweichungen       1.362,41-
Summe Abweichung        1.629
===============================
Ist-Deckungsbeitrag     22.728
```

Abbildung 4.61 Ergebnisbericht für das Material PMP-10000

Die fakturierte Menge (50 Stück), die Umsätze (115 000,00 EUR) und die Standard-Herstellkosten (90 643,00 EUR) stammen aus der Faktura. Daraus errechnet sich der Standard-Deckungsbeitrag. Von ihm werden die Abweichungen der Ist-Kosten aus dem Fertigungsauftrag in Höhe von insgesamt 1 629,00 EUR abgezogen. Somit verbleibt ein Ist-Deckungsbeitrag in Höhe von 22 728,00 EUR. Die Mengenabweichung ergibt sich aus dem erhöhten Verbrauch an Komponenten (siehe Abbildung 4.50). Damit schließen wir das Beispiel mit einem Auszug aus der Betriebsergebnisrechnung ab.

Zusammenfassung Abschließend wollen wir anhand des Belegflusses im Kundenauftrag (Abbildung 4.62) das Szenario »Vorplanung ohne Endmontage« zusammenfassen. Bereits vor der Erfassung des Auftrags wurde für unsere Pumpe eine Programmplanung angelegt. Diese wurde als Basis für die Beschaffung der Komponenten genutzt. Der eingehende Kundenauftrag mit der Auftragsnummer 7100 übergab einen Bedarf an die Disposition. Der Auftragsbedarf verrechnete sich mit der Vorplanung und führte über die Disposition zu einem Fertigungsauftrag für die Endmontage. Nach dem Wareneingang der Endprodukte im Lager folgten der Lieferbeleg mit der Nummer 80007634 und die Kundenrechnung mit der Rechnungsnummer 90021848.

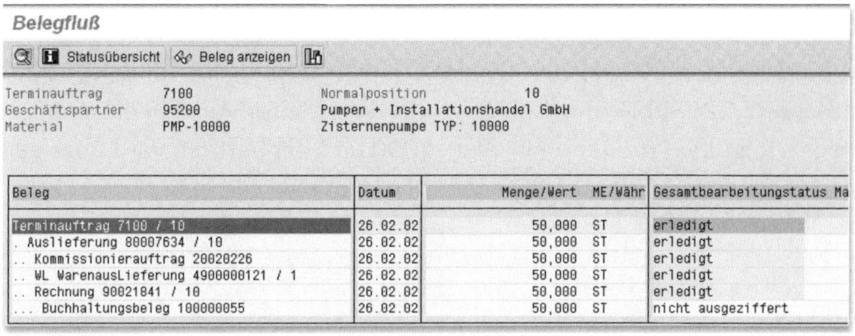

```
Belegfluß
 Statusübersicht  Beleg anzeigen

Terminauftrag      7100           Normalposition              10
Geschäftspartner   95200          Pumpen + Installationshandel GmbH
Material           PMP-10000      Zisternenpumpe TYP: 10000

Beleg                                    Datum        Menge/Wert   ME/Währ  Gesamtbearbeitungsstatus Ma
Terminauftrag 7100 / 10                  26.02.02       50,000     ST       erledigt
. Auslieferung 80007634 / 10             26.02.02       50,000     ST       erledigt
. Kommissionierauftrag 20020226          26.02.02       50,000     ST       erledigt
.. WL WarenausLieferung 4900000121 / 1   26.02.02       50,000     ST       erledigt
. Rechnung 90021841 / 10                 26.02.02       50,000     ST       erledigt
... Buchhaltungsbeleg 100000055          26.02.02       50,000     ST       nicht ausgeziffert
```

Abbildung 4.62 Belegfluss im Kundenauftrag

4.3 Kundeneinzelfertigung

Bislang haben wir zwei Szenarien für die anonyme Massenfertigung kennen gelernt. In diesem Kapitel beschäftigt uns jetzt die klassische Kundeneinzelfertigung. Dabei wird ein Produkt speziell für einen Kundenauftrag entwickelt, hergestellt und geliefert. Neben der entsprechenden Gestaltung der logistischen Abläufe in der Produktion, der Materialwirtschaft und dem Vertrieb ist ein auftragsbezogenes Controlling von außerordentlicher Bedeutung.

4.3.1 Produkte und Märkte

Auch in diesem Beispiel bleiben wir bei der Herstellung von Pumpen, die wir schon aus dem Szenario »Vorplanung ohne Endmontage« kennen. Neben den Standard-Pumpen aus dem Abschnitt 4.2 fertigt unser Unternehmen auch Spezialpumpen. Wir erhalten von unseren Kunden die kompletten Konstruktionszeichnungen für die Pumpe und sind anschließend für die Herstellung des Geräts verantwortlich. Das Gerät wird als Ganzes ausgeliefert und anschließend vom Kunden eingebaut. Da es sich um hochindividuelle Produkte handelt, können nur in sehr begrenztem Ausmaß Standardkomponenten eingesetzt werden. Viele der benötigten Komponenten werden nach detaillierten Vorgaben des Kunden individuell beschafft. Demzufolge wird pro Kundenauftrag eine so genannte *Auftragsstückliste* erstellt. Auch der Arbeitsplan für die Herstellung des Produkts wird pro Kundenauftrag angelegt. Auf der Basis dieser Daten erfolgt eine Kalkulation der Herstell- und Selbstkosten im Kundenauftrag. Im Gegensatz zu den Abschnitten 4.1 und 4.2 werden Aufträge immer erst nach Abgabe eines entsprechenden Angebots abgeschlossen. Der Materialstamm PMP-20000 (Spezialpumpe Kundeneinzel) dient uns als Beispiel. Die benötigten Komponenten, Stücklisten und Arbeitspläne werden erst im Laufe des Beispiels erstellt.

4.3.2 Organisationsstrukturen

Wir verwenden die gleichen Organisationsstrukturen wie im Beispiel aus Abschnitt 4.2. Abbildung 4.63 zeigt uns die Struktur. Auch in diesem Beispiel erfolgt die Produktion in Werk 1000 und der Vertrieb wird über den Vertriebsbereich 1000/10/00 organisiert.

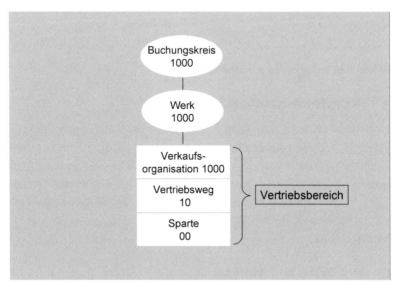

Abbildung 4.63 Organisationsstruktur für die Wertschöpfungskette Kundeneinzelfertigung

4.3.3 Prozessbeschreibung

Überblick

In Abschnitt 2.12 haben wir bereits auf den Zusammenhang zwischen Produktions- und Planungsszenarien, Vertrieb und Materialwirtschaft einerseits und den Controllingkonzepten andererseits hingewiesen. In dieser Wertschöpfungskette beschäftigt uns die reine Kundeneinzelfertigung mit einem unbewerteten Kundeneinzelbestand. Abbildung 4.64 liefert in Form einer Wertschöpfungskette den Überblick.

Im Gegensatz zu den bisherigen Szenarien wird in dem Szenario »Einzelfertigung« keine Absatzplanung vorgenommen. Es handelt sich um sehr individuelle Produkte, für die eine solche Planung nicht sinnvoll ist. Der erste Schritt in unserer Prozesskette besteht in der Erfassung eines Angebots. Bei Aufträgen dieser Größenordnung (unsere Spezialpumpen haben einen Wert bis zu 100 000,00 EUR) holen die Kunden unseres Beispielunternehmens immer mehrere Angebote ein.

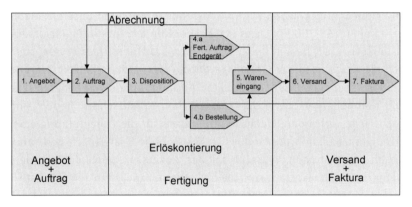

Abbildung 4.64 Wertschöpfungskette Kundeneinzelfertigung

Im nächsten Schritt wird mit Bezug zum Angebot ein Kundenauftrag erfasst. Zum Kundenauftrag wird eine Auftragsstückliste für unsere Spezialpumpe entwickelt. Ebenso ein Arbeitsplan, der nur für das Material in **diesem** Auftrag gültig ist. Aus dem Kundenauftrag heraus wird bei der Kundeneinzelfertigung ein so genanntes *Einzelbestandssegment* angelegt. Es handelt sich um einen Bestand, der nur der Auftragsposition zugeordnet ist. Zusätzlich wird der Auftragsbedarf übergeben. In Schritt 3 erfolgt dann die Disposition (Materialbedarfsplanung) im Modul PP. Als Dispositionsergebnis liegt ein Planauftrag für die Herstellung unserer Spezialpumpe vor. Über die mehrstufige Stücklistenauflösung in der Disposition werden in Schritt 4b Sekundärbedarfe für die Beschaffung der Komponenten ausgelöst. Der Planauftrag für das Endgerät wird in Schritt 4a in einen Fertigungsauftrag umgesetzt. Im Unterschied zum vorherigen Kapitel ist dieser Fertigungsauftrag aber auf den Kundenauftrag »kontiert«. Diese Kontierung bewirkt zweierlei: Zum einen wird das Endgerät beim Wareneingang in das Lager in den Einzelbestand der Kundenauftragsposition gebucht. Damit ist es nur für den bedarfsauslösenden Kundenauftrag verfügbar. Zum anderen werden mit der Auftragsabrechnung die Ist-Kosten der Fertigung an den Kundenauftrag abgerechnet. Die Kundenauftragsposition in der Einzelfertigung verfügt über ein so genanntes CO-Objekt. Dieses sammelt Kosten und Erlöse. In Schritt 5 erfolgt die Wareneingangsbuchung mit Bezug zum Fertigungsauftrag für das Endgerät in den Kundeneinzelbestand. Anschließend wird ein Lieferbeleg erzeugt (Schritt 6). Im letzten, dem siebten Schritt, erfolgt die Fakturierung. Im Unterschied zu den bisherigen Szenarien wird hier in der Ergebnisrechnung noch kein Beleg erzeugt. Vielmehr werden die Erlöse auf die Kundenauftragsposition kontiert. Erst über die Abrechnung des Kundenauftrags gelangen Kosten und Erlöse in die Ergebnis- und Marktsegmentrechnung.

Schritt 1: Angebot erfassen

Im ersten Schritt erfassen wir eine Angebotsposition mit unserem Materialstamm (PMP-20000). Da es sich bei der Kundeneinzelfertigung um ein Produkt handelt, dass in dieser Form noch nicht produziert wurde, stellt sich die Frage nach der Grundlage für die Preisfindung. Stücklisten und Arbeitspläne, die bei Serienprodukten Auskunft über die benötigten Teile und Komponenten sowie die erforderlichen Arbeitsschritte geben, sind noch nicht vorhanden. Damit fehlt die Basis für die Durchführung einer Erzeugniskalkulation im Modul CO: Diese basiert schließlich genau auf diesen Informationen. Wie aber soll der Verkaufspreis kalkuliert werden, wenn die Herstellkosten bzw. die Selbstkosten (Selbstkosten = Herstellkosten + Vertriebs- und Verwaltungskosten) noch nicht bekannt sind? Grundsätzlich gibt es zwei Möglichkeiten:

Erzeugniskalkulation und Einzelkalkulation

- Die erste Möglichkeit besteht darin, auf der Basis der detaillierten Kundeninformation (z. B. Zeichnungen, Pflichtenhefte) Stücklisten und Arbeitspläne anzulegen und anschließend eine *Erzeugniskalkulation* durchzuführen. In der Praxis scheuen sich jedoch die meisten Unternehmen, diesen Schritt bereits im Angebot durchzuführen. Die Gründe dafür liegen im hohen Aufwand (mehrstufige Stücklisten und entsprechende Arbeitspläne sind anzulegen) und in der Inflation an Materialstämmen, die entstünde, würde man für jedes Angebot die komplette Datenerfassung betreiben.

- Die zweite Möglichkeit besteht in der Durchführung einer *Einzelkalkulation* im Angebot. Im Gegensatz zur Erzeugniskalkulation benötigt diese Art der Kalkulation keine Stücklisten und Arbeitspläne. Die Bestandteile einer Einzelkalkulation können in einer Tabelle erfasst werden, wobei es möglich ist, auf bereits vorhandene Stammdaten (z. B. Materialstämme, Baugruppen) zurückzugreifen. Auch können Leistungen von Kostenstellen (z. B. Fertigungskostenstellen, Montagekostenstellen, Maschinenstunden, Personalstunden) in der Einzelkalkulation berücksichtigt werden. Darüber hinaus gibt es einfache Wertpositionen, mit deren Hilfe man eine differenzierte Ermittlung der Kosten durchführen kann. Das Ergebnis der Einzelplanung kann an eine spezielle Konditionsart der SD-Preisfindung übergeben werden. Im Standard ist dies u. a. die Konditionsart EK01. Damit hat man dann einen Anhaltspunkt für die Gestaltung der Verkaufspreise im Angebot. Die Kalkulation der Kosten und die Ermittlung des Verkaufspreises sind die Hauptaufgaben des Angebots im Szenario der Kundeneinzelfertigung.

Es stellt sich aber auch die Frage nach den Funktionen *Verfügbarkeitsprüfung* und *Bedarfsübergabe*. Eine Verfügbarkeitsprüfung nach der ATP- (Available-to-Promise-)Logik (siehe Abschnitt 2.3) ist im Angebot nicht sinnvoll, da die Produkte auf Kundenwunsch gefertigt werden und daher nicht am Lager vorrätig sein können. Wie aber sieht es mit der Bedarfsübergabe aus? Erinnern wir uns nochmal an Abschnitt 2.3. Dort haben wir gelernt, dass im Vertriebsbeleg die Bedarfsart automatisch ermittelt wird und dieser im Customizing eine Bedarfsklasse zugeordnet ist. Diese Bedarfsklasse steuert die Verfügbarkeitsprüfung und die Bedarfsübergabe, aber zusätzlich auch Einstellungen, die für das Controlling relevant sind. Für unser Szenario ermitteln wir im Angebot die Bedarfsart ZAK (Kundeneinzel-Angebot). Diese Bedarfsart wird über die Strategiegruppe ZA (Kundeneinzelfertigung) im Materialstamm ermittelt. Abbildung 4.65 zeigt die Zuordnung der Strategiegruppe im Dispositionsdatenbild im Materialstamm PMP 20000.

Verfügbarkeitsprüfung und Bedarfsübergabe

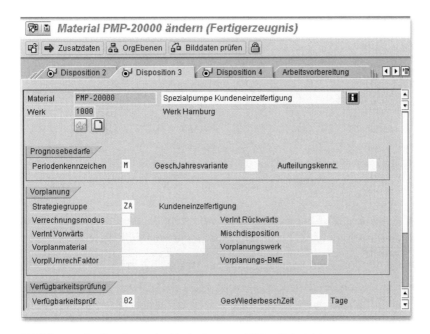

Abbildung 4.65 Zuordnung der Strategiegruppe ZA im Materialstamm

Sowohl die Strategiegruppe als auch die im Customizing zugeordnete Bedarfsart ZAK (Kundeneinzel-Angebot) wurden neu angelegt, d.h. sie sind in dieser Form nicht im Standard-Customizing enthalten. Über die Bedarfsart ZAK wird im Customizing die Bedarfsklasse Z40 ermittelt.

Kundeneinzelfertigung   **363**

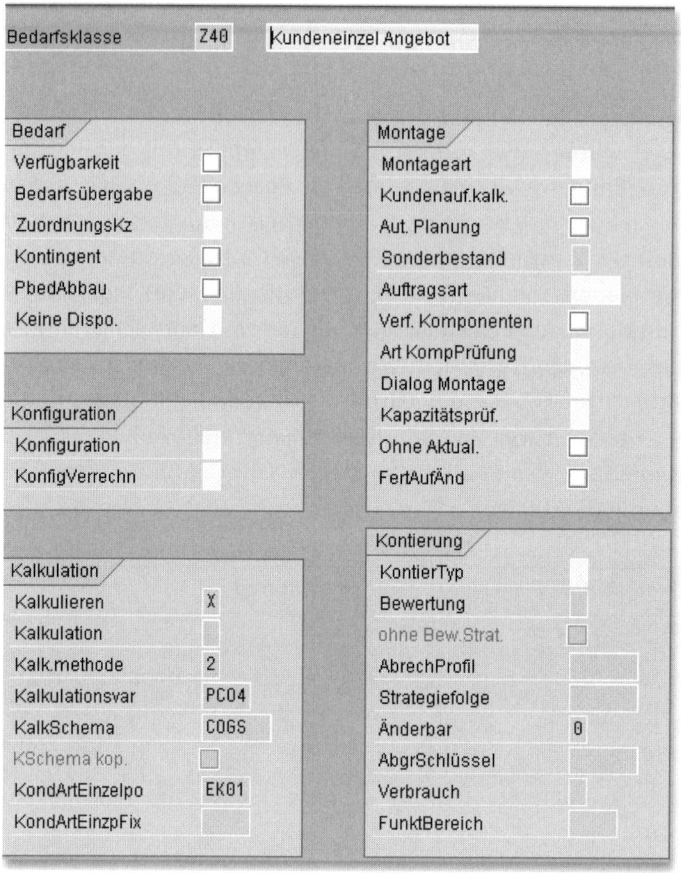

| Bedarfsklasse | Z40 | Kundeneinzel Angebot |

Bedarf	
Verfügbarkeit	☐
Bedarfsübergabe	☐
ZuordnungsKz	
Kontingent	☐
PbedAbbau	☐
Keine Dispo.	

Montage	
Montageart	
Kundenauf.kalk.	☐
Aut. Planung	☐
Sonderbestand	
Auftragsart	
Verf. Komponenten	☐
Art KompPrüfung	
Dialog Montage	
Kapazitätsprüf.	
Ohne Aktual.	☐
FertAufÄnd	☐

Konfiguration	
Konfiguration	
KonfigVerrechn	

Kalkulation	
Kalkulieren	X
Kalkulation	
Kalk.methode	2
Kalkulationsvar	PC04
KalkSchema	COGS
KSchema kop.	☐
KondArtEinzelpo	EK01
KondArtEinzpFix	

Kontierung	
KontierTyp	
Bewertung	
ohne Bew.Strat.	☐
AbrechProfil	
Strategiefolge	
Änderbar	0
AbgrSchlüssel	
Verbrauch	
FunktBereich	

Abbildung 4.66 Customizing der Bedarfsklasse

In Abbildung 4.66 sehen wir das Customizing für die Bedarfsklasse Z40. In dieser Abbldung ist für unser Szenario das Folgende wesentlich:

▶ Die Option »Verfügbarkeitsprüfung« ist deaktiviert.

▶ Die Option »Bedarfsübergabe« ist deaktiviert; somit wird in der Aktuellen Bedarfs- und Bestandsliste nach der Angebotserfassung weder ein Kundenbedarf noch ein Einzelbestandssegment sichtbar.

▶ Als Kalkulationsmethode wurde die Option 2 (Einzelkalkulation) eingestellt. Damit ist die Voraussetzung dafür geschaffen, dass zu der Position eine Einzelkalkulation im Modul CO angelegt werden kann.

▶ Das Feld »Kontierungstyp« bleibt leer. Normalerweise haben Bedarfsklassen für die Kundeneinzelfertigung hier einen Kontierungstyp, der zu einem Sonderbestand (Kundeneinzelbestand) führt, z.B. den Kontierungstyp E. Für Positionen mit diesem Kennzeichen wird ein CO-

Objekt zur Kundenauftragsposition angelegt. Im SAP-Standard wird das CO-Objekt bereits im Angebot angelegt. Die Kundenauftragsposition »erbt« dann das CO-Objekt der Angebotsposition. Der Vorteil besteht in diesem Szenario darin, dass es möglich ist, Kosten (z. B. Reisekosten für Vertriebsmitarbeiter) auf die Angebotsposition zu erfassen. In unserem Szenario ist dieses aber nicht gewünscht, weil in der Regel sehr viele Angebote erstellt werden müssen, bis es zu einem Auftrag kommt. Eine Kostenkontrolle der Angebote wäre somit zu aufwändig. Wir wollen vielmehr eine Einzelkalkulation im Angebot durchführen, um eine grobe Kostenschätzung auf der Basis vorhandener Daten (Tarife, Bewertungspreise, Gemeinkostenzuschläge) zu erhalten. Ein CO-Objekt ist dazu nicht erforderlich. Aus diesem Grund werden wir erst im Kundenauftrag eine Bedarfsklasse mit einem Einzelbestandskennzeichen ermitteln.

Aus diesen Überlegungen heraus wird abermals deutlich, wie über die Bedarfsklasse die Vertriebs-, Produktions- und Controllingstrategien im Customizing definiert werden!

Zusätzlich werden Liefertermine, Mengen, Gültigkeitstermine und die Partnerdaten (Warenempfänger, Regulierer) erfasst. Auch die Erfassung von Texten ist bei der Kundeneinzelfertigung von größerer Bedeutung als im Prozess der Massenfertigung. Hier können Sonderwünsche des Kunden bezüglich der Angebots- und Auftragsabwicklung hinterlegt werden. Schließlich wird das Angebot gedruckt und an den Kunden versendet.

Im zweiten Schritt wird mit Bezug zum Angebot der Auftrag angelegt. Dabei werden die Informationen wiederum in den Auftrag kopiert. Auch im Kundenauftrag ist die Ermittlung der *Bedarfsklasse* von besonderer Bedeutung, da wir jetzt eine andere Bedarfsklasse benötigen als im Angebot. Da die Bedarfsklasse über die Bedarfsart ermittelt wird, können wir diese nicht automatisch über die Strategiegruppe im Materialstamm ermitteln. Entweder definiert man in der Strategiegruppe eine alternative Bedarfsart und erfasst diese im Kundenauftrag manuell, oder man steuert die Ermittlung über die Kombination »Positionstyp« und »Dispomerkmal«. Genau diese Möglichkeit wollen wir nutzen, um im Kundenauftrag die Bedarfsart ZAA (Kundeneinzel-Auftrag) zu ermitteln.

Schritt 2: Kundenauftrag erfassen

Abbildung 4.67 zeigt uns die notwendigen Einstellungen im SD-Customizing. Wir können erkennen, dass bei dem Positionstyp TAN in Kombination mit dem Dispomerkmal PD die Bedarfsart ZAA ermittelt wird. Der Eintrag 1 im Feld »Quelle« bewirkt, dass diese Einstellung Priorität vor der Ermittlung der Bedarfsart über die Strategiegruppe genießt.

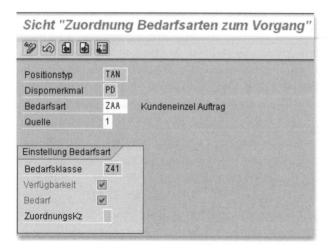

Abbildung 4.67 Ermittlung der Bedarfsart über die Kombination »Positionstyp« und »Dispomerkmal«

Tipp zum Customizing An dieser Stelle ist darauf hinzuweisen, dass es in der Praxis in den meisten Fällen sinnvoll wäre, diese Einstellung nicht für den Positionstyp TAN vorzunehmen. Stattdessen wird man einen eigenen Positionstyp im Customizing anlegen. Dabei kann man den vorhandenen Positionstyp kopieren und dann die Einstellungen ändern. Eigene Objekte im Customizing sind dabei immer in einem kundeneigenen Namensraum anzulegen (z. B. Positionstyp ZTAN).

Über die Bedarfsart ZAA wird im Customizing die Bedarfsklasse Z41 ermittelt. Diese Bedarfsklasse steuert den Ablauf der Verfügbarkeitsprüfung und der Bedarfsübergabe im Kundenauftrag. Abbildung 4.68 zeigt diese Bedarfsklasse.

Folgende Optionen sind zu beachten:

- Die Option »Verfügbarkeitsprüfung« ist aktiviert. Dies ist notwendig, auch wenn bei der Auftragserfassung natürlich noch kein Bestand vorhanden ist. Nach der Fertigung unserer Pumpe erhält der Auftrag über die Verfügbarkeitsprüfung eine bestätigte Menge und kann geliefert werden.
- Die Option »Bedarfsübergabe« ist ebenfalls aktiv. Damit wird ein Einzelbestandssegment angelegt, innerhalb dessen ein Kundenauftragsbedarf übergeben wird.
- Die Option »Kalkulation« ist aktiv. Als Kalkulationsmethode wurde die Option 1 (Erzeugniskalkulation) eingestellt. Damit ist die Vorausset-

zung dafür geschaffen, dass zu der Position eine Erzeugniskalkulation im Modul CO angelegt werden kann.

▶ Der Kontierungstyp E wurde eingestellt. Damit wird die Position zur Einzelfertigungsposition mit einem CO-Objekt. Über diese Einstellung wird auch festgelegt, dass es sich um einen unbewerteten Kundeneinzelbestand handelt (siehe Abschnitt 2.12).

▶ Im Feld »KondArtEinzelPo« (Konditionsart Einzelposition) wurde die Konditionsart EK01 hinterlegt. Damit wird das Kalkulationsergebnis (und somit die Selbstkosten) an die SD-Preisfindung als Basis für die Verkaufspreiskalkulation übergeben.

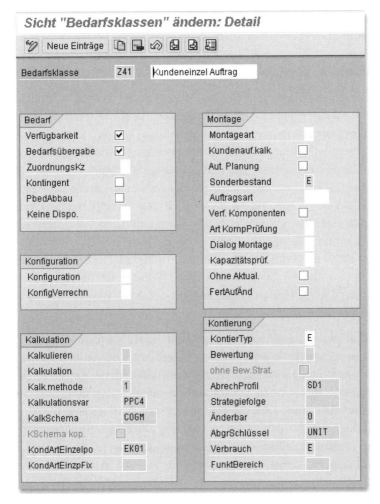

Abbildung 4.68 Customizing der Bedarfsklasse Z41

Nach der Erfassung des Kundenauftrags werden die auftragsbezogenen Stücklisten und Arbeitspläne im System angelegt. Die kalkulierten Kosten werden aus dem Angebot übernommen, ebenso der festgelegte Verkaufspreis. Allerdings wird jetzt eine Erzeugniskalkulation auf exakter Datenbasis (Stückliste, Arbeitsplan, Mengengerüst) durchgeführt. Das Ergebnis aktualisiert die Konditionsart EK01.

Schritt 3: Materialbedarfsplanung (Disposition durchführen)

Über den Kundenauftrag wurde ein Einzelbestandssegment zur Auftragsposition erzeugt. Innerhalb dieses Segments ist nach der Auftragserfassung kein Bestand vorhanden. Dem Einzelbestandssegment ist ebenfalls der Auftragsbedarf (als geplanter Abgang) zugeordnet. Dieser Logik folgend, kann der Kundenauftrag jetzt auch disponiert werden. Ergebnis der Disposition (Materialbedarfsplanung) ist ein Planauftrag, der auf den Kundenauftrag kontiert ist. Im Planauftrag wird die im vorangegangenen Schritt erfasste Auftragsstückliste aufgelöst, und für die erforderlichen Komponenten werden Sekundärbedarfe erzeugt.

Schritt 4: Fertigungsauftrag für das Endgerät

In der Fertigungssteuerung wird der Planauftrag für unsere Individualpumpe in einen Fertigungsauftrag umgesetzt. Wie der Planauftrag ist auch der Fertigungsauftrag auf den Kundenauftrag kontiert. Die Vorgänge werden über den auftragsbezogenen Arbeitsplan und die Komponenten über die Stückliste ermittelt. Die Sekundärbedarfe werden in abhängige Reservierungen umgewandelt. Im Laufe der Fertigung werden die Komponenten aus dem Lager mit Kontierung auf den Fertigungsauftrag entnommen. Die Kontierung bewirkt, dass die wertmäßigen Verbräuche als Ist-Kosten auf dem Fertigungsauftrag gesammelt werden. Über die Rückmeldung des Fertigungsauftrags werden Ist-Zeiten (Fertigungszeiten, Rüstzeiten usw.) erfasst. Damit werden die Ist-Kosten der Fertigung fortgeschrieben. Der Fertigungsauftrag rechnet die Ist-Kosten an den Kundenauftrag ab und wird dadurch vollständig entlastet.

Schritt 5: Beschaffung der Komponenten

Die Beschaffung der Komponenten unterscheidet sich nicht wesentlich von unserem Szenario in Abschnitt 4.2. Allerdings kann im Unterschied zur anonymen Fertigung auch für die Sekundärbedarfe ein Einzelbestandssegment zur Kundenauftragsposition angelegt werden. Dies ist dann erforderlich, wenn auch die Komponenten individuell gefertigt werden und die entstehenden Ist-Kosten auf den Kundenauftrag abzurechnen sind. In diesem Fall ist auch der Fertigungsauftrag für eine Komponente auf den Kundenauftrag kontiert und rechnet seine Kosten auf diesen ab. Ob auch für die Komponenten Kundeneinzelbestände erzeugt werden, hängt vom Einzel-/Sammelbedarfskennzeichen im Materialstamm der Komponente ab.

Werden die Komponenten ebenfalls über unbewertete Kundeneinzelbestände verwaltet, so ergeben sich auch bei den Bestandsbuchungen Besonderheiten. So wird bei dem Wareneingang der Komponente mit Bezug zum Fertigungsauftrag in einen unbewerteten Kundeneinzelbestand kein Buchhaltungsbeleg erzeugt. Ebenso verhält es sich bei der Entnahme der Komponente für den Fertigungsauftrag des Endgeräts: Auch hierbei entsteht keine Buchung in der Finanzbuchhaltung, da die Komponenten in diesem Fall aus einem unbewerteten Bestand entnommen werden.

Der Wareneingang für das Endgerät wird als »Wareneingang zum Fertigungsauftrag« gebucht. Die Zubuchung erfolgt in das Einzelbestandssegment zur Kundenauftragsposition. Diese Bestände sind für andere Kundenaufträge nicht verfügbar. Es handelt sich um einen unbewerteten Bestand (siehe Abschnitt 2.12). Aus diesem Grund entsteht bei der Wareneingangsbuchung in diesem Szenario kein Buchhaltungsbeleg.

Schritt 6: Wareneingang für das Endgerät

Jetzt kann im Kundenauftrag eine erneute Verfügbarkeitsprüfung durchgeführt werden. Das Ergebnis der Prüfung ist ein bestätigtes Lieferdatum. Anschließend wird ein Lieferbeleg mit Bezug zum Kundenauftrag erfasst. Die Bearbeitung der Lieferung unterscheidet sich zunächst nicht von den übrigen Szenarien. Erst beim Buchen des Warenausgangs ist zu berücksichtigen, dass kein Buchhaltungsbeleg erzeugt wird (unbewerteter Bestand).

Schritt 7: Auslieferung

Im letzten Schritt wird mit Bezug zur Lieferung eine Faktura angelegt. Beim Sichern wird ein Buchhaltungsbeleg »Debitor an Umsatz und Mehrwertsteuer« erzeugt. Allerdings wird kein Beleg in der Ergebnisrechnung erzeugt, vielmehr sind die Erlöse auf den Kundenauftrag kontiert. Nach der Erfassung der Faktura kann ein Ergebnis im Kundenauftrag ermittelt und über die Abrechnung an die Ergebnis- und Marktsegmentrechnung übergeleitet werden.

Schritt 8: Fakturierung

4.3.4 Systembeispiel

In unserem Systembeispiel werden wir jetzt die komplette Auftragsabwicklung und das Controlling für eine Kundeneinzelfertigung am Beispiel unserer Pumpe durchlaufen. Unser Kunde in diesem Beispiel ist das Ingenieurbüro Meier, das als Generalunternehmer ein bestehendes Kraftwerk erweitern soll. Wir haben die Aufgabe, eine spezielle Pumpe für dieses Kraftwerk zu bauen und zu liefern, die Pumpe ist direkt an das Kraftwerk zu liefern. Im Einzelnen sind folgende Schritte erforderlich:

1. Angebotserfassung für unser Material PMP-20000
2. Durchführung der Einzelkalkulation im Angebot
3. Ermittlung des Angebotspreises über die SD-Preisfindung
4. Kundenauftrag mit Bezug zum Angebot erfassen
5. Anlegen der auftragsbezogenen Stückliste und des auftragsbezogenen Arbeitsplans
6. Durchführung der Erzeugniskalkulation im Kundenauftrag
7. Disposition des Kundenauftrags
8. Fertigung der Pumpe
9. Entnahmen der Komponenten für den Fertigungsauftrag
10. Wareneingang für das Endgerät und Rückmeldung des Fertigungsauftrags
11. Erstellung der Lieferung
12. Fakturierung und Auftragsabrechnung

Schritt 1: Angebotserfassung
Im ersten Schritt lassen wir uns die Ausgangssituation für unser Material PMP-20000 in der Aktuellen Bedarfs- und Bestandsliste anzeigen. Bislang existieren keinerlei Bestände, Zu- oder Abgänge (siehe Abbildung 4.69).

Abbildung 4.69 Aktuelle Bedarfs- und Bestandsliste für das Material PMP-20000

Da die Pumpe direkt an das Kraftwerk zu liefern ist, erfassen wir im Kundenstamm des Ingenieurbüros das Kraftwerk als zusätzlichen Warenempfänger mit der Kundennummer 95900 und wählen diesen bei der Angebotserfassung aus. Abbildung 4.70 zeigt uns die Übersicht bei der Angebotserfassung. Wir sehen hier auch, dass bislang kein Preis im Angebot festgelegt wurde; der Nettowert der Position ist null!

Abbildung 4.70 Angebotserfassung für die Spezialpumpe

Um den Verkaufspreis zu ermitteln, wollen wir zunächst eine Grobkalkulation der Kosten auf der Basis einer Einzelkalkulation vornehmen. In Abbildung 4.71 sehen wir die Angebotskalkulation.

Schritt 2: Einzelkalkulation im Angebot

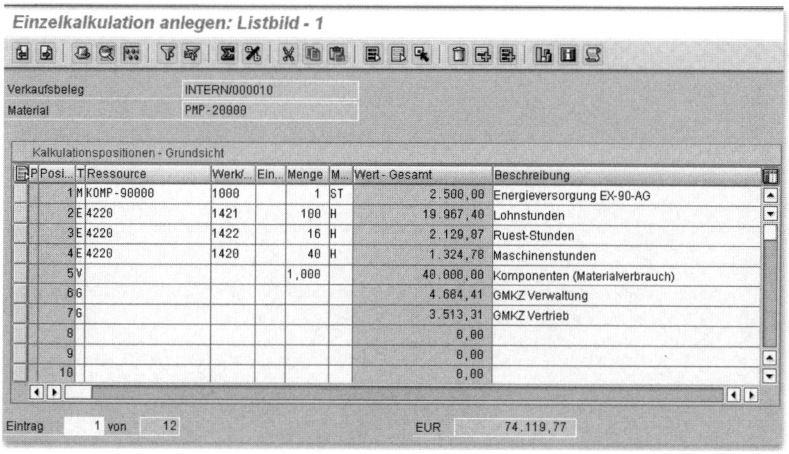

Abbildung 4.71 Einzelkalkulation im Angebot

Bestandteil unserer Einzelkalkulation sind eine Materialposition (Typ M), drei Positionen mit Eigenleistung (Typ E), eine variable Wertposition (Typ V) und zwei Gemeinkostenpositionen mit prozentualen Zuschlägen zur Deckung der Vertriebs- und Verwaltungskosten:

- Die *Materialposition* enthält das Bauteil mit der Materialnummer KOMP-90000, das als Standardkomponente in unsere Pumpe eingebaut wird. Die Kosten werden über den Bewertungspreis aus dem Materialstamm ermittelt.

- Die Einzelkosten der Fertigung planen wir als *Eigenleistungen*. Dazu erfassen wir jeweils eine Kostenstelle und Leistungen (Maschinenstunden, Rüststunden, Personalstunden), die von dieser Kostenstelle erbracht werden. Die Leistungen werden mit Tarifen bewertet, die für die Kostenstelle hinterlegt sind.

- Mit Hilfe der *variablen Position* (Typ V) planen wir den Verbrauch an Komponenten, für die zum Angebotszeitpunkt noch keine Materialstämme vorhanden sind, weil diese individuell gefertigt oder beschafft werden müssen. In unserem Angebot planen wir einen Komponentenverbrauch von insgesamt 40 000,00 EUR.

- Schließlich erfolgt eine automatische Zuschlagsrechnung für die *Gemeinkosten*. Das System berechnet den Wert auf der Basis einer Zuschlagskalkulation, die im Customizing des Moduls CO definiert wird. Für die Gemeinkosten erzeugt das System Positionen mit dem Typ G.

Schritt 3: Ermittlung des Angebotspreises über die SD-Preisfindung

Die geplanten Selbstkosten in Höhe von 74 119,77 EUR werden an die Konditionsart EK01 in der Preisfindung übergeben. Abbildung 4.72 zeigt das Ergebnis.

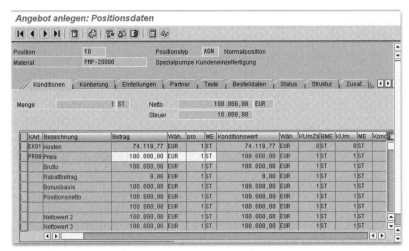

Abbildung 4.72 Preisfindung auf der Basis der Konditionsart EK01 (kalkulierte Kosten)

Auf der Basis der kalkulierten Kosten setzen wir den Verkaufspreis für unsere Pumpe auf 100000,00 EUR fest und sichern das Angebot. Bevor wir im nächsten Schritt den Kundenauftrag erfassen, kontrollieren wir nochmals die Aktuelle Bedarfs- und Bestandsliste (siehe Abbildung 4.73). Da wir im Angebot keine Bedarfsübergabe durchführen (siehe Abbildung 4.66 zum Customizing der Bedarfsklasse), ändert sich die Aktuelle Bedarfs- und Bestandsliste nicht.

Abbildung 4.73 Aktuelle Bedarfs- und Bestandsliste nach der Angebotserfassung

Mit Bezug zu diesem Angebot erfassen wir jetzt den Kundenauftrag. Dabei werden die Angebotsdaten kopiert. Abbildung 4.74 zeigt die Erfassung des Kundenauftrags.

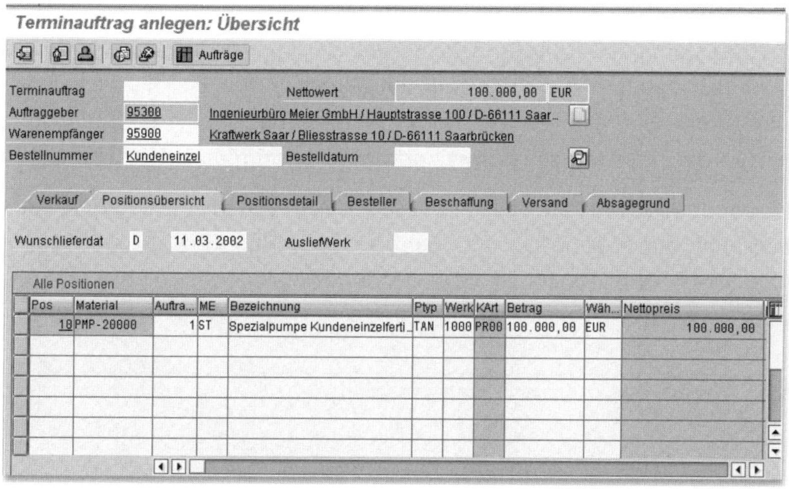

Schritt 4: Kundenauftrag mit Bezug zum Angebot erfassen

Abbildung 4.74 Anlegen Terminauftrag mit Bezug zum Angebot

Abhängig vom Positionstyp (TAN) im Kundenauftrag und dem Dispomerkmal (PD) im Materialstamm ermittelt das System im Kundenauftrag die Bedarfsklasse Z41 (siehe Abbildung 4.67). Jetzt wird zunächst eine Verfügbarkeitsprüfung durchgeführt. Deren Ergebnis sehen wir in Abbildung 4.75.

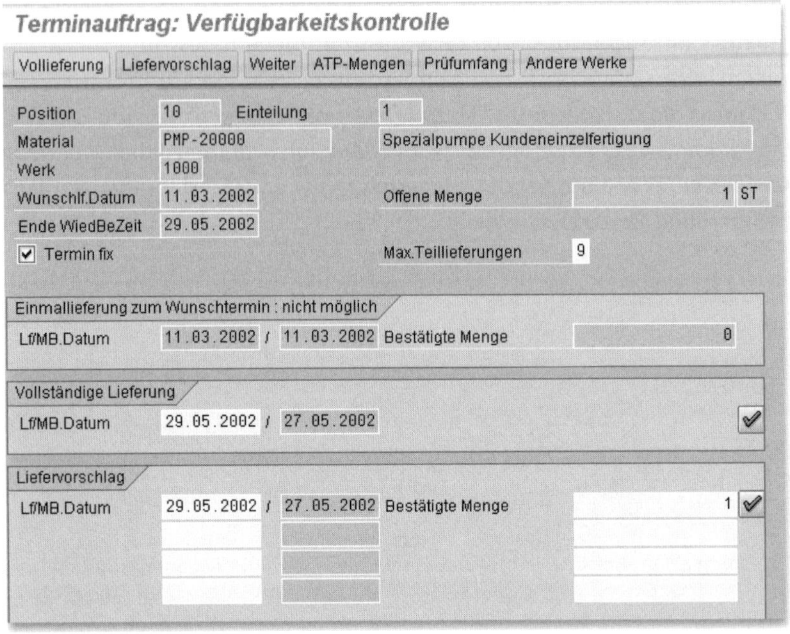

Abbildung 4.75 Ergebnis der Verfügbarkeitsprüfung im Kundenauftrag

Natürlich gilt auch hier, dass es für unsere Pumpe keinen Bestand geben kann. Trotzdem ermitteln wir über die Wiederbeschaffungszeit aus dem Materialstamm das frühestmögliche Lieferdatum. Wir sehen in Abbildung 4.75, dass das Termin-fix-Kennzeichen gesetzt wurde. Der Kunde hat diesen Liefertermin akzeptiert, und das System übergibt diesen Bedarfstermin an die Disposition. Er dient dort als Ecktermin für die Fertigung.

Da wir den Auftrag mit Bezug zu unserem Angebot angelegt haben, werden auch die Angebotskonditionen in der Preisfindung an den Auftrag übergeben. Abbildung 4.76 zeigt uns einen Ausschnitt aus der Preisfindung im Kundenauftrag.

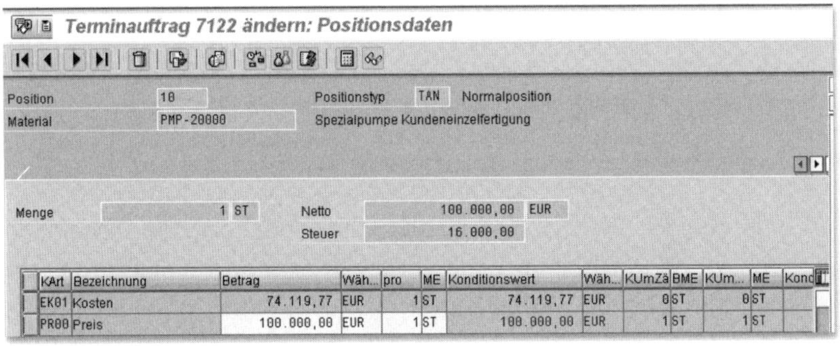

Abbildung 4.76 Auszug aus der Preisfindung im Kundenauftrag

374 Gestaltung von Wertschöpfungsketten in SAP R/3

Dabei erkennen wir, dass auch die kalkulierten Kosten aus der Einzelkalkulation im Angebot (Konditionsart EK01) übergeben worden sind. Der manuell vorgegebene Preis (Konditionsart PR00) wurde ebenfalls aus dem Auftrag übernommen. Unser Kundenauftrag wurde unter der Auftragsnummer 7122 im System erfasst. Wie hat sich die Aktuelle Bedarfs- und Bestandsliste durch die Auftragserfassung verändert? Abbildung 4.77 uns darüber Aufschluss.

Abbildung 4.77 Aktuelle Bedarfs- und Bestandsliste nach der Auftragserfassung

Aus dem Kundenauftrag wird ein Bedarf an die Disposition übergeben. Da es sich um eine Kundeneinzelfertigung handelt, wird, wie bereits erwähnt, ein Einzelbestandssegment erzeugt. Es handelt sich dabei um einen separaten Bereich in der Aktuellen Bedarfs- und Bestandsliste. Dieser ist der Auftragsposition zugeordnet. Das Einzelbestandssegment für unseren Auftrag erhält das Dispositionselement K-BEST (siehe Abbildung 4.77). Gleichzeitig wird innerhalb des Kundeneinzelbestandes ein Bedarf für unseren Kundenauftrag übergeben (Dispositionselement K-AUFT). In Abbildung 4.77 werden auch die Detaildaten zum Auftragsbedarf angezeigt. Unter anderem erkennen wir die Bedarfsklasse des Kundenauftrags (Kundeneinzel-Auftrag). Das Customizing dieser Bedarfsklasse haben wir in Abbildung 4.67 kennen gelernt. Von Interesse ist auch der Bedarfstermin. Dieser Termin (27.05.2002) wurde in der Verfügbarkeitsprüfung über die Wiederbeschaffungszeit ermittelt, mit dem Kunden abgestimmt und als fixierter Termin an die Disposition übergeben.

Schritt 5: Auftragsbezogene Stückliste, auftragsbezogener Arbeitsplan

Erinnern wir uns jetzt nochmal an Schritt 2. Im Angebot haben wir über die *Einzelkalkulation* die Kosten sozusagen grob kalkuliert. Im Auftrag wollen wir mit Hilfe einer *Erzeugniskalkulation* die Kosten exakt kalkulieren. Dies geschieht auf der Basis der Stückliste, des Arbeitsplans und der neu berechneten Gemeinkostenzuschläge. Voraussetzung für die Erzeugniskalkulation ist das Anlegen von Stückliste und Arbeitsplan. In Abbildung 4.78 sehen wir die Auftragsstückliste für unsere Pumpe mit der Materialnummer PMP-20000.

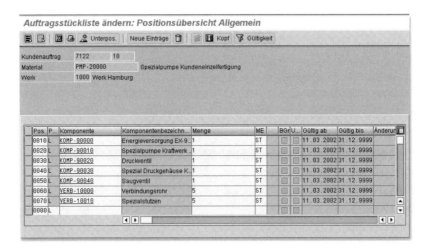

Abbildung 4.78 Auftragsstückliste

Die entsprechenden Materialstämme für die Komponenten wurden zuvor ebenfalls neu angelegt. Lediglich die Standardkomponente KOMP-90000 existierte bereits vor der Auftragserfassung.

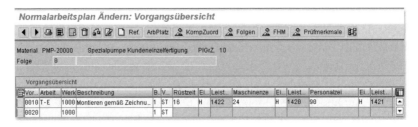

Abbildung 4.79 Arbeitsplan zur Kundenauftragsposition

Neben der Stückliste wird auch der Arbeitsplan für unseren Kundenauftrag angelegt. Abbildung 4.79 gibt uns einen Überblick. Auch in diesem Beispiel wollen wir einen sehr einfachen Arbeitsplan verwenden: Er besteht lediglich aus einem Vorgang. Für diesen Vorgang haben wir Rüstzeiten (16 Stunden), Maschinenzeiten (24 Stunden) und Personenstunden (90 Stunden) geplant. Über diese Zeiten werden – über die Tarife der Kostenstelle – die Fertigungseinzelkosten ermittelt.

Nachdem die erforderlichen Stammdaten nun vorhanden sind, kann im Kundenauftrag eine Erzeugniskalkulation durchgeführt werden. Abbildung 4.80 zeigt uns das Ergebnis der Erzeugniskalkulation im Kundenauftrag.

Schritt 6: Erzeugniskalkulation im Kundenauftrag

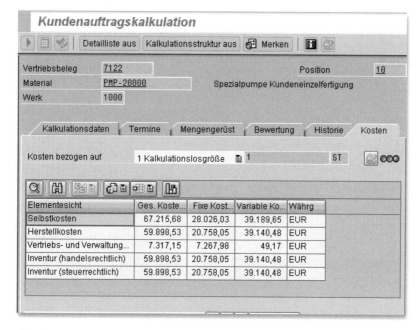

Abbildung 4.80 Ergebnis der Erzeugniskalkulation

Basierend auf den Informationen der Stückliste und des Arbeitsplans, hat das System zunächst die Herstellkosten (Materialverbrauch, Kosten der Fertigung) ermittelt. Über ein Kalkulationsschema im CO-Customizing wurden die Gemeinkostenzuschläge (Vertriebs- und Verwaltungskosten) ermittelt. Daraus errechnen sich die Selbstkosten in Höhe von 67.215,68 EUR.

Abbildung 4.81 zeigt das Kalkulationsergebnis im Detail. Dabei können wir die Herkunft der einzelnen Kostenbestandteile nachvollziehen. Die ersten drei Positionen beziehen sich auf die Planfertigungsstunden aus dem Arbeitsplan. Die Stunden werden mit Tarifen der Kostenstelle bewertet. Für jede Komponente aus der Stückliste wird der geplante Verbrauch ermittelt. Die Wertermittlung basiert auf dem Bewertungspreis im Materialstamm.

Kundenauftragskalkulation

Detailliste aus | Kalkulationsstruktur aus | Merken

Kalkulationsstruktur	Kostenart (Text)	Me...	M..	Wert Ges...	W..	Ressource
Spezialpumpe Kundene		1	ST	67.215,68	EUR	1000 PMP-20000
Montieren gemäß Ze	Direkte Leistungsverr. Rüsten	16	H	2.129,87	EUR	4220 T-E 1422
Montieren gemäß Ze	Dir.Leistungsverr. Maschinenkosten	24	H	794,87	EUR	4220 T-E 1420
Montieren gemäß Ze	Dir.Leistungsverr. Fertigungsstund...	90	H	17.970,66	EUR	4220 T-E 1421
Energieversorgung E	Verbrauch Halbfabrikate	1	ST	2.500,00	EUR	1000 KOMP-90000
Spezialpumpe Kraftw	Verbrauch Halbfabrikate	1	ST	30.000,00	EUR	1000 KOMP-90010
Druckventil	Verbrauch Halbfabrikate	1	ST	1.000,00	EUR	1000 KOMP-90020
Spezial Druckgehäus	Verbrauch Halbfabrikate	1	ST	4.000,00	EUR	1000 KOMP-90030
Saugventil	Verbrauch Halbfabrikate	1	ST	1.000,00	EUR	1000 KOMP-90040
Verbindungsrohr	Verbrauch Halbfabrikate	5	ST	250,00	EUR	1000 VERB-10000
Spezialstutzen	Verbrauch Halbfabrikate	5	ST	250,00	EUR	1000 VERB-10010
Arbeitsvorbereitung	Arbeitsvorbereitung	1	ST	3,13	EUR	000000300900
Kundenauftragsbear	P Kundenauftragsbearbeitung	1	ST	3,76	EUR	000000400900
GMKZ Verwaltung	Gemeinkostenzuschlag Verwaltung			4.179,08	EUR	4130 655300
GMKZ Vertrieb	Gemeinkostenzuschlag Vertrieb			3.134,31	EUR	4130 655400

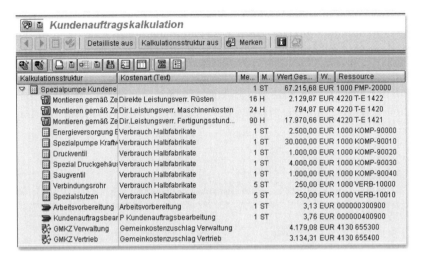

Abbildung 4.81 Ergebnis der Auftragskalkulation im Detail

Zusätzlich sehen wir die Gemeinkostenzuschläge (GMKZ Verwaltung, GMKZ Vertrieb), die das System automatisch berechnet. Außerdem wurden aus der CO-Komponente *Prozesskostenrechnung* (CO-ABC) Prozesskosten für die Arbeitsvorbereitung und die Kundenauftragsbearbeitung berechnet.

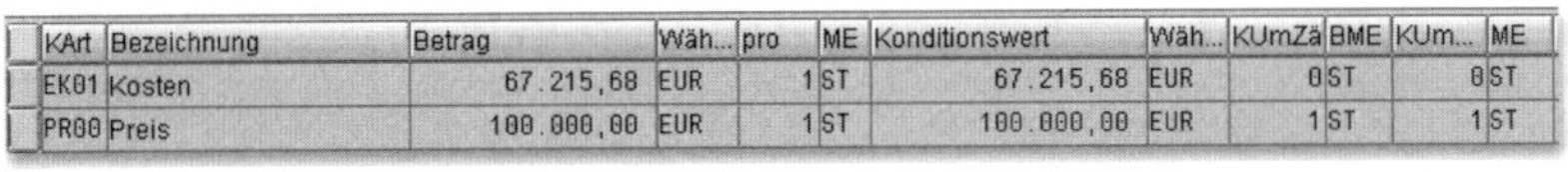

KArt	Bezeichnung	Betrag	Wäh...	pro	ME	Konditionswert	Wäh...	KUmZä	BME	KUm...	ME
EK01	Kosten	67.215,68	EUR	1	ST	67.215,68	EUR	0	ST	0	ST
PR00	Preis	100.000,00	EUR	1	ST	100.000,00	EUR	1	ST	1	ST

Abbildung 4.82 Preisfindung im Kundenauftrag

Die Erzeugniskalkulation hat auch die Konditionsart EK01 in der Preisfindung des Kundenauftrags aktualisiert. In Abbildung 4.82 sehen wir einen Auszug aus der Preisfindung im Kundenauftrag. Die Konditionsart EK01 enthält jetzt den aktuellen Wert, der über die Erzeugniskalkulation ermittelt worden ist. Die geplanten Selbstkosten sind somit geringer, als in der Einzelkalkulation angenommen. Bis jetzt liegen wir also mit unserem Verkaufspreis in Höhe von 100.000,00 EUR richtig. Wir planen einen Gewinn für diesen Auftrag in Höhe von 32784,32 EUR.

Schritt 7: Disposition des Kundenauftrags

Im nächsten Schritt führen wir eine Disposition (Materialbedarfsplanung) für unseren Kundenauftrag durch. Abbildung 4.83 zeigt das Startbild für den Dispositionslauf.

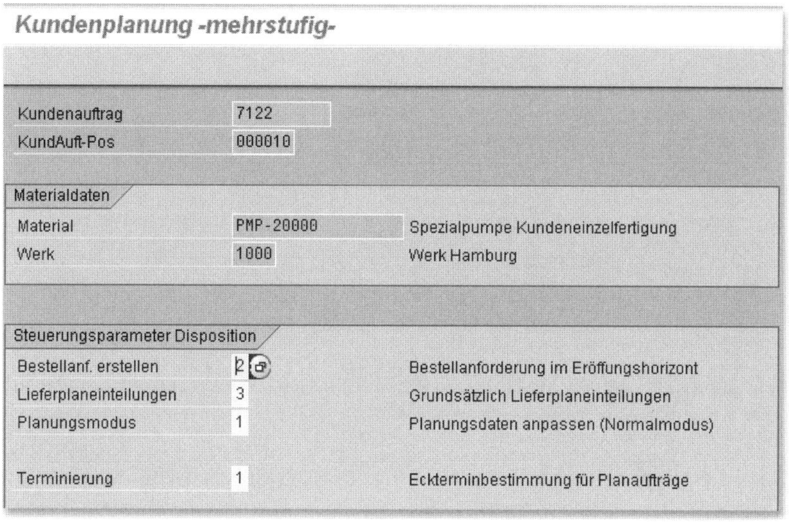

```
Kundenplanung -mehrstufig-

Kundenauftrag              7122
KundAuft-Pos               000010

Materialdaten
Material                   PMP-20000      Spezialpumpe Kundeneinzelfertigung
Werk                       1000           Werk Hamburg

Steuerungsparameter Disposition
Bestellanf. erstellen      2              Bestellanforderung im Eröffnungshorizont
Lieferplaneinteilungen     3              Grundsätzlich Lieferplaneinteilungen
Planungsmodus              1              Planungsdaten anpassen (Normalmodus)

Terminierung               1              Eckterminbestimmung für Planaufträge
```

Abbildung 4.83 Dispositionslauf für den Kundenauftrag

Über den Dispositionslauf erzeugt das System für unser Endprodukt einen Planauftrag. Abbildung 4.84 zeigt die Aktuelle Bedarfs- und Bestandsliste nach der Auftragsdisposition.

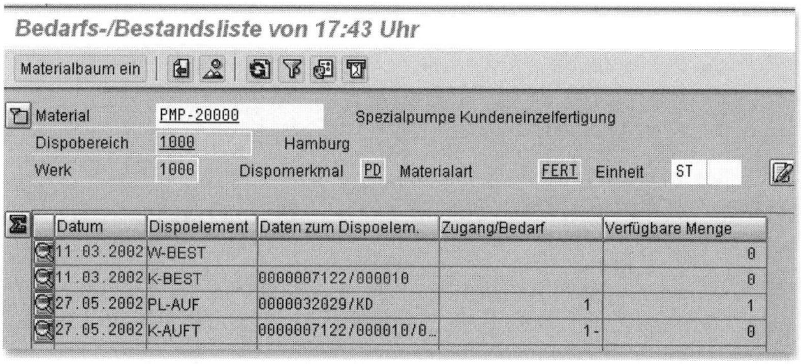

```
Bedarfs-/Bestandsliste von 17:43 Uhr

Materialbaum ein

Material         PMP-20000          Spezialpumpe Kundeneinzelfertigung
Dispobereich    1000        Hamburg
Werk            1000        Dispomerkmal  PD   Materialart  FERT  Einheit  ST
```

Datum	Dispoelement	Daten zum Dispoelem.	Zugang/Bedarf	Verfügbare Menge
11.03.2002	W-BEST			0
11.03.2002	K-BEST	0000007122/000010		0
27.05.2002	PL-AUF	0000032029/KD	1	1
27.05.2002	K-AUFT	0000007122/000010/0...	1-	0

Abbildung 4.84 Aktuelle Bedarfs- und Bestandsliste nach der Materialbedarfsplanung

Der Planauftrag für unsere Pumpe wird innerhalb des Einzelbestandssegments für unseren Kundenauftrag angelegt. Der Planauftrag deckt den Kundenbedarf zum 27.05.2002. Über die Stücklistenauflösung im Planauftrag werden Sekundärbedarfe für die Komponenten erzeugt.

Der Disponent setzt den Planauftrag 32029 aus Abbildung 4.84 in einen Fertigungsauftrag um. Nach dieser Aktion zeigt die Aktuelle Bedarfs- und Bestandsliste das in Abbildung 4.85 dargestellte Bild.

Schritt 8: Fertigung der Pumpe

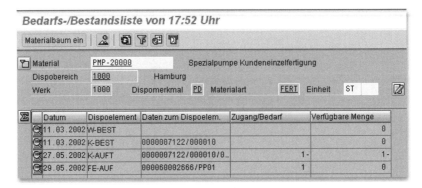

Abbildung 4.85 Aktuelle Bedarfs- und Bestandsliste nach der Umsetzung des Planauftrags

Der Fertigungsauftrag mit der Nummer 60002666 wird ebenfalls im Einzelbestand zur Kundenauftragsposition mit der Nummer 7122/00010 verwaltet. Er ist auf den Kundenauftrag kontiert. Diese Zuordnung erkennen wir in Abbildung 4.86. Neben der Auftragsnummer wird auch der Auftraggeber im Fertigungsauftrag angezeigt. Der Fertigungsauftrag kann nun durch den zuständigen Mitarbeiter in der Arbeitsvorbereitung freigegeben werden. Davor muss noch die Seriennummer für unsere Pumpe vergeben werden.

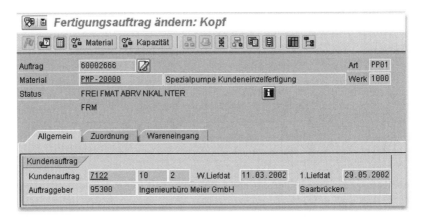

Abbildung 4.86 Fertigungsauftrag mit Kontierung auf den Kundenauftrag

Schritt 9: Entnahmen der Komponenten für den Fertigungsauftrag

Bereits durch die Disposition wurden Sekundärbedarfe für die Komponenten ausgelöst. Wir haben in Abschnitt 4.3.3 bereits erwähnt, dass auch für die Komponenten Einzelbestandssegmente zum Kundenauftrag des Endprodukts erzeugt werden können. In unserem Systembeispiel gehen wir jedoch davon aus, dass wir die Kundeneinzelfertigung nur auf der Ebene des Endprodukts einsetzen. Damit unterscheidet sich die Vorgehensweise für die Komponentenbeschaffung nicht von dem Beispiel aus Abschnitt 4.2. Demnach werden die Komponenten entweder über Fremdbezug (Einkauf) oder eigene Herstellung beschafft und über die Wareneingangsbuchung in einen anonymen (d.h. nicht auftragsbezogenen) und bewerteten Bestand eingebucht. Anschließend werden die Komponenten auf den Fertigungsauftrag entnommen. Die entsprechende Buchung in der Materialwirtschaft erfolgt über die Bewegungsart 261 (Warenausgang mit Bezug zum Fertigungsauftrag). Abbildung 4.87 zeigt den Materialbeleg für die Komponentenentnahme.

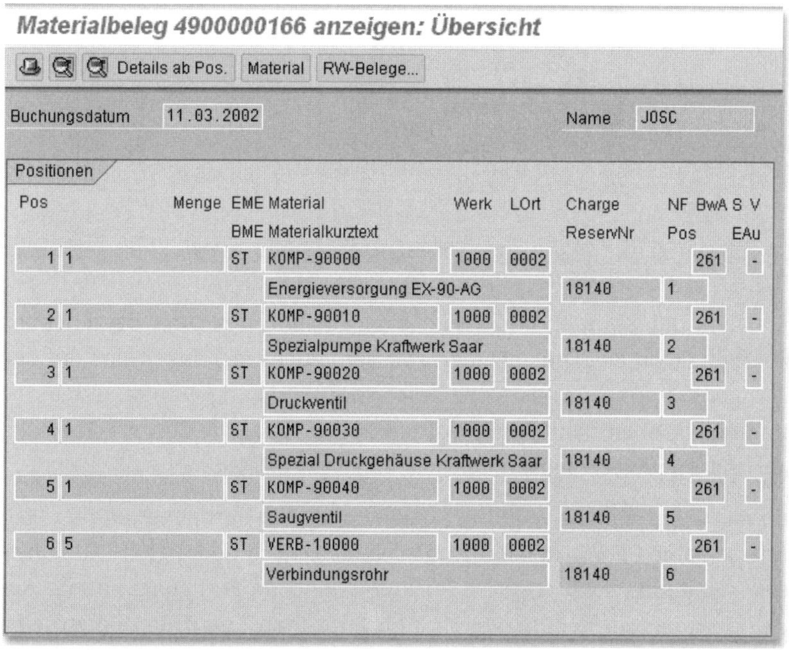
Materialbeleg 4900000166 anzeigen: Übersicht

Details ab Pos. | Material | RW-Belege...

Buchungsdatum 11.03.2002 Name JOSC

Positionen

Pos	Menge	EME / BME	Material / Materialkurztext	Werk	LOrt	Charge / ReservNr	NF / Pos	BwA	S	V / EAu
1	1	ST	KOMP-90000	1000	0002			261		-
			Energieversorgung EX-90-AG			18140	1			
2	1	ST	KOMP-90010	1000	0002			261		-
			Spezialpumpe Kraftwerk Saar			18140	2			
3	1	ST	KOMP-90020	1000	0002			261		-
			Druckventil			18140	3			
4	1	ST	KOMP-90030	1000	0002			261		-
			Spezial Druckgehäuse Kraftwerk Saar			18140	4			
5	1	ST	KOMP-90040	1000	0002			261		-
			Saugventil			18140	5			
6	5	ST	VERB-10000	1000	0002			261		-
			Verbindungsrohr			18140	6			

Abbildung 4.87 Materialbeleg zur Entnahme der Komponenten

In Abbildung 4.87 sehen wir, dass sich die Positionen auf eine Reservierungsnummer (18140) beziehen. Diese Materialreservierung wurde beim Umsetzen des Planauftrags in den Fertigungsauftrag erzeugt. Die Materialreservierung löst die Sekundärbedarfe ab, die wiederum durch den Planauftrag erzeugt wurden. Da die Komponenten aus einem bewerteten Bestand entnommen werden, wird auch ein Buchhaltungsbeleg erzeugt. Diesen sehen wir in Abbildung 4.88.

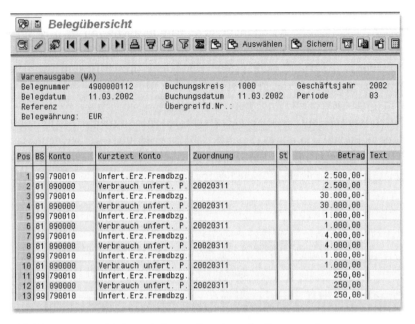

Abbildung 4.88 Buchhaltungsbeleg zur Entnahme der Komponenten

Für jede der Komponenten wird eine Buchungszeile mit der Buchung »Verbrauch an Bestand« erzeugt. Die Verbrauchsbuchungen sind auf den Fertigungsauftrag kontiert, wodurch der Fertigungsauftrag durch die Komponentenentnahme mit Kosten belastet wird. Die Bewertung erfolgt anhand des Bewertungspreises aus dem Materialstamm.

Schritt 10: Wareneingang für das Endgerät und Rückmeldung Fertigungsauftrag

Im nächsten Schritt erfolgt die Rückmeldung des Fertigungsauftrags. Wir erfassen eine Endrückmeldung mit den tatsächlich benötigten Zeiteinheiten. Abbildung 4.89 zeigt die Rückmeldung zum Fertigungsauftrag. Aus der Rückmeldung geht hervor, dass die geplanten Zeiten aus dem Arbeitsplan weitgehend eingehalten werden konnten. Bei den Personalstunden gibt es eine positive Abweichung von fünf Stunden. Damit müssten die Ist-Fertigungskosten geringer ausfallen, als im Kundenauftrag geplant.

Nach der Rückmeldung ist die Fertigung unserer Pumpe abgeschlossen. Damit kann auch der Wareneingang des Endgeräts in den Kundeneinzelbestand gebucht werden. Abbildung 4.90 zeigt den Materialbeleg mit der Bewegungsart 101 (Wareneingang mit Bezug zum Fertigungsauftrag).

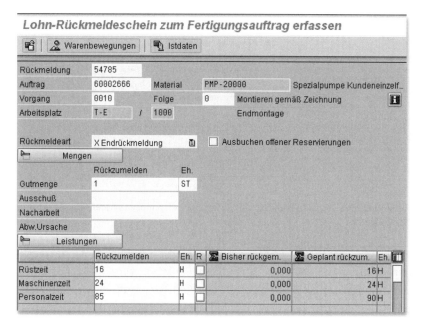

Abbildung 4.89 Rückmeldung des Fertigungsauftrags

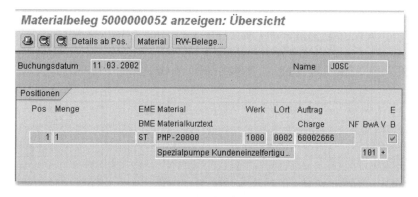

Abbildung 4.90 Materialbeleg zur Wareneingangsbuchung für das Endgerät

Da es sich bei dem Kundeneinzelbestand in unserem Szenario um einen unbewerteten Bestand handelt, wird kein Buchhaltungsbeleg erzeugt. Wie hat sich die Aktuelle Bedarfs- und Bestandsliste verändert? In Abbildung 4.91 erkennen wir, dass die Zugangsbuchung im Einzelbestandssegment (K-BEST) erfolgte. Damit steht dem Auftragsbedarf (K-AUFT) jetzt ein entsprechender Bestand gegenüber, der Lieferbeleg kann erstellt werden.

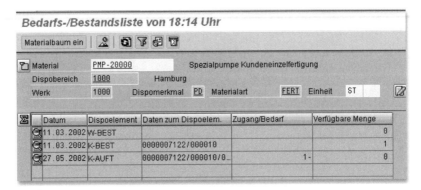

Abbildung 4.91 Aktuelle Bedarfs- und Bestandsliste nach der Wareneingangsbuchung des Endgeräts

Bevor wir jedoch zur Erstellung der Lieferung kommen, ist der Fertigungsauftrag abzurechnen. Über diese Funktion werden die Kosten an den Kundenauftrag weitergeleitet. Der Fertigungsauftrag wird entlastet, der Kundenauftrag belastet.

Schritt 11: Lieferung

Nach der Wareneingangsbuchung des Endgeräts kann die Lieferung erfolgen. Die Erstellung des Lieferbelegs in der Kundeneinzelfertigung unterscheidet sich nicht von der Abwicklung bei der auftragsanonymen Fertigung. Allerdings erfolgt die Lieferung aus dem unbewerteten Bestand – damit wird durch die Warenausgangsbuchung kein Buchhaltungsbeleg erzeugt. Abbildung 4.92 zeigt die Erstellung des Lieferbelegs.

Abbildung 4.92 Erstellung des Lieferbelegs

Da es sich auch bei unserer Pumpe um ein serialnummernpflichtiges Produkt handelt, ist auch hier die Serialnummer auszuwählen. Bereits im Fertigungsauftrag wurde für die Pumpe die Serialnummer 815 vergeben. Im Lieferbeleg wird diese dann ausgewählt. Abbildung 4.93 zeigt die Serialnummernauswahl im Versand.

Abbildung 4.93 Serialnummernauswahl in der Lieferung

Nach der Erfassung der Kommissioniermenge kann der Warenausgang gebucht werden. In Abbildung 4.94 sehen wir die Aktuelle Bedarfs- und Bestandsliste nach der Warenausgangsbuchung. Das Einzelbestandssegment ist nach der Auslieferung aufgelöst worden. Die Aktuelle Bedarfs- und Bestandsliste hat jetzt wieder den gleichen Zustand wie zu Beginn unseres Beispiels.

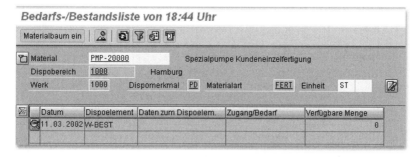

Abbildung 4.94 Aktuelle Bedarfs- und Bestandsliste nach der Warenausgangsbuchung

Nach der Warenausgangsbuchung kann die Faktura erzeugt werden. Abbildung 4.95 zeigt die Erstellung der Faktura.

Schritt 12: Fakturierung und Auftragsabrechnung

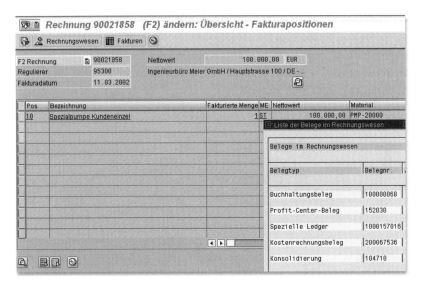

Abbildung 4.95 Faktura

An der Liste der Belege des Rechnungswesens erkennen wir, dass im Falle der Kundeneinzelfertigung mit unbewertetem Bestand kein Beleg in der Ergebnisrechnung erzeugt wird. Betrachten wir jedoch zunächst den Buchhaltungsbeleg (siehe Abbildung 4.96).

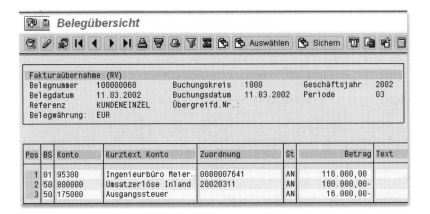

Abbildung 4.96 Buchhaltungsbeleg zur Faktura

Auf den ersten Blick gleicht die Erlösbuchung (Debitor an Erlöse und Umsatzsteuer) den bisherigen Buchungen aus den Abschnitten 4.1 und 4.2. Den Unterschied erkennt man, wenn man sich die Buchungszeile mit der Erlösbuchung (Position 2) im Detail ansieht (siehe Abbildung 4.97).

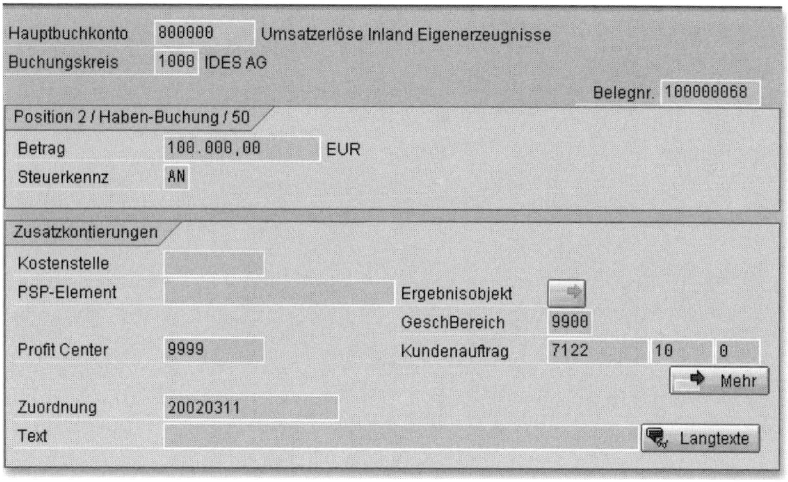

Abbildung 4.97 Detailbild zur Erlösbuchung

Das Detailbild zeigt, dass die Erlöse auf den Kundenauftrag kontiert sind. Damit werden diese Erlöse nicht wie bisher direkt in die Ergebnis- und Marktsegmentrechnung übergeleitet, sondern an die Kundenauftragsposition weitergegeben.

Die Kundenauftragsposition sammelt also Kosten aus der Abrechnung des Fertigungsauftrags und Erlöse aus der Faktura. Analog zum Vorgehen in der Auftragskalkulation zur Ermittlung der Plan-Gemeinkostenzuschläge werden jetzt die Ist-Gemeinkostenzuschläge errechnet. Anschließend wird im Modul CO eine Ergebnisermittlung durchgeführt. Dabei werden die Erlöse und Kosten periodengerecht abgegrenzt. In unserem Beispiel ist der Auftrag bereits voll fakturiert, insofern ist keine Kostenabgrenzung erforderlich. Nachdem das Auftragsergebnis ermittelt ist, wird der Kundenauftrag abgerechnet. Bei dieser Abrechnung wird ein Ergebnisbeleg erzeugt. Diesen sehen wir in Abbildung 4.98.

Damit ist unser Ist-Ergebnis etwas besser ausgefallen, als in der Erzeugniskalkulation im Kundenauftrag geplant. Den Erlösen in Höhe von 100000,00 EUR stehen Kosten in Höhe von 63842,72 EUR gegenüber. Der Erfolg des Auftrags kann somit nun beurteilt werden. Mit der Abrechnung des Kundenauftrags in das Ergebnis ist unser Beispiel der Kundeneinzelfertigung mit unbewertetem Einzelbestand abgeschlossen.

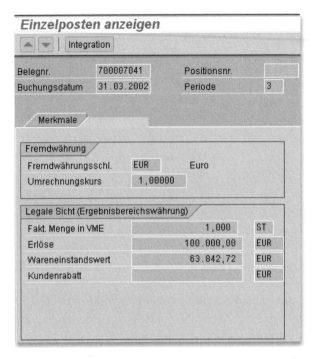

Abbildung 4.98 Ergebnisbeleg aus der Auftragsabrechnung des Kundenauftrags

4.4 Weitere Szenarien

Bisher haben wir in Kapitel 4 unterschiedliche Szenarien für die Gestaltung der betrieblichen Wertschöpfungskette kennen gelernt. An dieser Stelle wollen wir einen Überblick über weitere Szenarien geben.

In detaillierten Beispielen wurde bisher das modulübergreifende Zusammenspiel der verschiedenen Komponenten geschildert. Es sollte jedoch deutlich geworden sein, dass mit Hilfe der Customizingeinstellungen, insbesondere zur Bedarfsklasse, noch sehr viele weitere Szenarien entwickelt werden können. Dabei kann es sich durchaus um Misch- oder Ergänzungsformen derjenigen Abläufe handeln, die bereits vorgestellt wurden. Auch kommen weitere Module (z.B. PS, Projektsteuerung) oder Funktionen (z.B. die Variantenkonfiguration) zum Einsatz. Es ist nicht möglich, alle Szenarien in diesem Buch zu behandeln. Gleichwohl bietet es sich an, einen Überblick über weitere Szenarien zu geben. Dabei hilft uns das Wissen um die wesentlichen Zusammenhänge, das in den Abschnitten 4.1 bis 4.3 vermittelt wurde. Bei der Beschreibung dieser Szenarien konzentrieren wir uns auf folgende Punkte:

- Absatzplanung
- Kundenauftragsbearbeitung (Verfügbarkeit, Bedarfsübergabe)
- Produktionsplanung
- Controlling-Szenario
- Versand und Fakturierung

4.4.1 Losfertigung

In Abschnitt 4.1 haben wir die Strategie *Anonyme Lagerfertigung* kennen gelernt. Dabei wird die Produktion ausschließlich über die Vorplanung gesteuert. Kundenauftragsbedarfe sind nicht dispositionsrelevant und haben somit keinen Einfluss auf die Produktion. Im Gegensatz dazu sind Auftragsbedarfe bei der Losfertigung dispositionsrelevant. Es erfolgt keine auftragsanonyme Vorplanung der Produktion, die Produktion beginnt vielmehr erst, wenn Kundenauftragsbedarfe vorliegen. Diese können in der Produktion zu Fertigungslosen zusammengfasst werden.

Disposition

In der Auftragsbearbeitung erfolgt die Verfügbarkeitsprüfung nach der ATP-(Available-to-Promise-)Logik (siehe Abschnitt 2.3). Die Auslieferung erfolgt aus dem anonymen Bestand und baut den Auftragsbedarf in der Disposition ab.

Bezüglich des Controllings handelt es sich hier um eine Massenfertigung mit produktbezogenem Controlling, also nicht um eine Kundeneinzelfertigung mit auftragsorientiertem Controlling (siehe Abschnitt 2.12). Das bedeutet, dass durch die Faktura Erlöse und Kosten (Standard-Herstellkosten) an die Ergebnisrechung (CO-PA) übergeben werden. Aus logistischer Sicht unterscheidet sich die Losfertigung von der Kundeneinzelfertigung dadurch, dass bei der Losfertigung keine Kundeneinzelbestände wie im Szenario aus Abschnitt 4.3 aufgebaut werden.

Produktbezogenes Controlling

4.4.2 Anonyme Lagerfertigung mit Bruttoplanung

In Abschnitt 4.1 haben wir die anonyme Lagerfertigung vorgestellt. Dabei werden über eine Vorplanung so genannte *Planprimärbedarfe* erzeugt, die die Produktion auslösen. In Abschnitt 4.1 haben wir dabei zudem eine *Nettoplanung* unterstellt. Bei dieser Strategie werden die Vorplanungsbedarfe mit den vorhandenen Beständen abgeglichen: Es wird nur dann produziert, wenn die geplante Menge nicht durch Bestand gedeckt ist. Die eingehenden Kundenaufträge beeinflussen die Disposition dagegen nicht. Die Vorplanungsbedarfe werden durch die Warenausgangsbuchung im SD-Lieferbeleg abgebaut (siehe Systembeispiel in Abschnitt 4.1).

Nettoplanung

Bruttoplanung Bei der *Bruttoplanung* wird unabhängig von vorhandenen Beständen produziert. Dies ist in Industriezweigen erforderlich, die ihre Produktion nicht ohne weiteres stoppen können (Prozessfertigung, chemische Industrie, Stahlerzeugung). Der Abbau der Vorplanungsbedarfe erfolgt aber nicht wie in Abschnitt 4.1 durch den Lieferbeleg. Vielmehr wird der Planprimärbedarf durch den Wareneingang aus der Produktion abgebaut. Ansonsten entspricht diese Strategie der anonymen Lagerfertigung aus Abschnitt 4.1.

4.4.3 Kombination von Losfertigung und anonymer Lagerfertigung

Die reine Losfertigung lässt sich natürlich auch mit dem Szenario »Auftragsanonyme Lagerfertigung« kombinieren. In diesem Fall erfolgt zunächst eine auftragsanonyme Vorplanung. Diese ist dispositionsrelevant und löst damit die Fertigung von Endprodukten aus.

Bedarfsart und -klasse ermitteln Im Kundenauftrag wird dann entschieden, ob der Auftragsbedarf als zusätzlicher dispositionsrelevanter Bedarf eingelastet wird oder ob der Auftragsbedarf die Produktionsplanung nicht verändern soll. Dies hängt von den Einstellungen der Bedarfsklasse ab, die wiederum über die Bedarfsart ermittelt wird. Die Bedarfsart im Kundenauftrag wird über die Strategiegruppe im Materialstamm oder über die Kombination aus Positionstyp und Dispomerkmal im Kundenauftrag ermittelt. Demzufolge kann die Entscheidung über die Dispositionsrelevanz des Auftrags entweder durch eine manuelle Änderung der Bedarfsart im Kundenauftrag erfolgen, wobei Voraussetzung ist, dass in der Strategiegruppe eine alternative Bedarfsart zugelassen ist. Oder der Anwender ändert den Positionstyp im Kundenauftrag manuell ab, und das System ermittelt eine neue Bedarfsart.

Verfügbarkeitsprüfung Die Verfügbarkeitsprüfung im Kundenauftrag erfolgt in diesem Szenario über die ATP-Logik. Aus der Sicht des Controllings handelt es sich hierbei um ein Szenario der Massenfertigung. Erlöse und Planherstellkosten werden also durch die Faktura an die Ergebnisrechnung übergeben.

Belieferung von Großkunden Dieses Szenario kann zum Beispiel dann eingesetzt werden, wenn ein Unternehmen in erster Linie einige wenige Großkunden beliefert. Deren Kundenaufträge werden als dispositionsrelevante Bedarfe an die Produktion übergeben. Dies ist insbesondere dann sinnvoll, wenn mit den Kunden Lieferpläne (siehe Abschnitt 3.9) vereinbart werden können, so dass die Bedarfe relativ früh bekannt sind. Zusätzlich zu den Auftragsbedarfen der Großkunden erfasst man eine Vorplanung, die ebenfalls die Produktion beeinflusst. Damit können einerseits die Produktionslose optimiert werden, zum anderen können kleinere Aufträge mit nicht-dispositionsrelevanten Auftragsbedarfen dann aus dem Lager bedient werden, ohne dass der Produktionsplan geändert werden muss.

4.4.4 Vorplanung mit Endmontage

Ein weiteres in der Praxis sehr häufig eingesetztes Verfahren zur Planung des Vertriebs und der Produktion ist die Strategie »Verrechnung gegen die Vorplanung mit Endmontage«. Wir haben auf diese Verrechnungslogik bereits in Abschnitt 2.3 hingewiesen. Trotzdem sollte gerade dieses Szenario hier nicht fehlen.

Im Gegensatz zur Vorplanung **ohne** Endmontage werden hier nicht nur die Komponenten, sondern auch die Fertigprodukte auftragsanonym geplant und beschafft. Basierend auf der Absatz- und Produktionsgrobplanung werden Vorplanungsbedarfe erzeugt. Der Dispositionslauf erzeugt zur Deckung der Vorplanungsbedarfe Planaufträge. Über die Stücklistenauflösung werden Sekundärbedarfe für die Komponenten erzeugt. Schließlich erfolgt die Beschaffung der Komponenten und die Fertigung der Enderzeugnisse. Die Enderzeugnisse werden im Lager in einem anonymen Bestand verwaltet. Auch nach dem Wareneingang der Enderzeugnisse bleiben die Vorplanungsbedarfe bestehen. Sie sind jetzt lediglich durch den Bestand gedeckt.

Auftragsanonyme Planung und Beschaffung von Endprodukten

Die Vorplanungsbedarfe werden erst durch eingehende Kundenaufträge über die Verrechnungslogik (siehe Abschnitt 2.3) abgebaut. Dabei erfolgt die Verfügbarkeitsprüfung im Kundenauftrag über die ATP-Logik. Vorplanungsbedarfe, die nicht durch die Verrechnung mit Auftragsbedarfen abgebaut werden, erhöhen den Lagerbestand. Übersteigen die Auftragsbedarfe die Vorplanung, so wird die Produktionsplanung entsprechend erhöht.

Dieses Verfahren findet vor allem in Unternehmen Anwendung, die ihren Absatz relativ gut planen können, die aber auch auf zusätzliche Nachfrage flexibel reagieren wollen.

4.4.5 Kundeneinzelfertigung mit Verrechnung gegen die Vorplanung

In Abschnitt 4.2 haben wir eine Wertschöpfungskette gesehen, bei der die Vorplanung auf Komponentenebene erfolgt. Dabei werden aus dem Absatzplan für das Endprodukt Komponentenbedarfe abgeleitet. Die Beschaffung der Komponenten erfolgt auftragsanonym. Die Endmontage

Weitere Szenarien

wird erst gestartet, wenn ein Kundenauftrag vorliegt. Die Ermittlung des Lieferdatums in diesem Kundenauftrag erfolgt auf der Basis der »Verrechnung gegen die Vorplanung«. In Abschnitt 4.3 haben wir ein ausführliches Beispiel zur Kundeneinzelfertigung gesehen.

Ablauf des Szenarios

Beide Strategien werden in dem Szenario *Kundeneinzelfertigung mit Verrechnung gegen die Vorplanung* kombiniert. In diesem Fall wird die auftragsorientierte Endmontage als Kundeneinzelfertigung abgebildet. Die Absatzplanung und die Beschaffung der Komponenten unterscheiden sich nicht von dem Beispiel in Abschnitt 4.2. Für eintreffende Kundenaufträge wird eine Bedarfsklasse mit den Einstellungen zur Kundeneinzelfertigung ermittelt (siehe Abbildung 4.68). Es wird ein Einzelbestandssegment für die Auftragsposition gebildet, die entstehenden Fertigungsaufträge sind auf die Kundenauftragsposition kontiert. Die vorher auftragsanonym beschafften Komponenten werden auf den Fertigungsauftrag entnommen, die entstehenden Kosten für den Materialverbrauch werden auf den Fertigungsauftrag kontiert. Der Fertigunsauftrag verrechnet die Kosten an den Kundenauftrag weiter. Die Auslieferung zum Kundenauftrag erfolgt im Gegensatz zu den Szenarien in den Abschnitten 4.4.1 bis 4.4.3 aus dem Einzelbestand. Aus Controllingsicht handelt es sich hier um eine klassische Kundeneinzelfertigung. Man ist dabei am Ergebnis des Kundenauftrags interessiert (siehe Abschnitt 2.12).

Einsatz des Szenarios

Dieses Szenario wird dann eingesetzt, wenn bei der Endmontage kundenspezifische Komponenten eingebaut oder spezielle Dienstleistungen (z. B. Montage vor Ort) erbracht werden. Um kundspezifische Sonderwünsche zu berücksichtigen, können im Fertigungsauftrag Komponenten ersetzt, gelöscht oder ergänzt werden. Dabei ist es auch denkbar, dass zusätzliche Fertigungsschritte erforderlich sind. In diesem Fall sind die Vorgänge, die in unserem Beispiel aus dem Arbeitsplan ermittelt und an den Fertigungsauftrag übergeben werden, zu ändern. Für die Erbringung spezifischer Dienstleistungen können innerbetriebliche Leistungsverrechnungen (Zeitrückmeldungen) auf das CO-Objekt der Kundenauftragsposition gebucht werden. All diese vom Produktstandard abweichenden Komponenten und Aktivitäten können ein auftragsspezifisches Controlling erforderlich machen.

Bestandsbewertung

Bezüglich der Bestandsbewertung (bewertet/unbewertet) stellen sich die in Abschnitt 2.12 diskutierten Fragen. In unserem Beispiel zur Kundeneinzelfertigung in Abschnitt 4.3 arbeiten wir mit dem unbewerteten Einzelbestand. Sowohl dieses Beispiel als auch die Strategie »Kundeneinzelfertigung mit Verrechnung gegen die Vorplanung« können mit bewerteten, aber auch mit unbewerteten Beständen abgebildet werden. Die Unterschiede liegen in der Sichtweise des Controllings. Diese werden in Abschnitt 2.12 dargelegt.

4.4.6 Variantenkonfiguration

Eine weitere wichtige Funktion zur Gestaltung betrieblicher Wertschöpfungsketten ist die Variantenkonfiguration. Dabei werden gleichartige und standardisierte Produkte in unterschiedlichen Varianten hergestellt. Beispiele für variantenreiche Produkte sind uns allen bekannt, etwa das Auto, die Einbauküche und der Personal-Computer. Unternehmen, die diese Art von Produkten herstellen, können entweder für jede denkbare Variante einen Materialstamm, eine Stückliste und einen Arbeitsplan anlegen oder die Variantenkonfiguration nutzen. Die erste Möglichkeit führt zu einer Vielzahl von Stammdaten (Materialstämme, Stücklisten, Arbeitspläne), deren Änderungsmanagement kaum zu bewältigen ist. Kommen wir auf das Beispiel aus Abschnitt 2.12 zurück. Ein Auto eines bestimmten Typs (z. B. ein BMW der 5er Reihe) wird in einer Vielzahl von Varianten gefertigt (Farbe, Motor, Reifen, Ausstattung, Interieur, Sonderausstattung, Telefon usw.). In diesem Beispiel entsteht eine fast unendlich scheinende Variantenvielfalt!

Einsatzgebiet des Szenarios

Bei der Variantenkonfiguration in SAP wird in diesem Fall **ein** so genanntes *konfigurierbares Material* (z. B. BMW der 5er Reihe) angelegt. Dazu wird **eine** Maximal-Stückliste und **ein** Maximal-Arbeitsplan angelegt. Die Maximal-Stückliste enthält alle möglichen Komponenten des Produkts (z. B. Benzinmotor, Dieselmotor). Ebenso enthält der Maximal-Arbeitsplan alle möglichen Arbeitsvorgänge. Außerdem wird dem konfigurierbaren Material eine Klasse im SAP-Klassensystem zugeordnet. Diese Klasse enthält Merkmale, die das konfigurierbare Material beschreiben (Farbe, Motor, Bremsen usw.). Zwischen den Merkmalen kann ein Beziehungswissen hinterlegt werden. Wenn z. B. eine bestimmte Motorleistung ausgewählt wurde, kommt auch nur ein bestimmtes Bremssystem in Frage. Im Kundenauftrag wird der Erfasser aufgefordert, die Merkmale des konfigurierbaren Materials zu erfassen. Er gibt also die Farbe, die gewünschte Motorenart (z. B. Diesel, Benzin), die Motorleistung und die übrigen Merkmale ein. Das System ermittelt dann aus der Maximal-Stückliste die individuelle Auftragsstückliste, die im Fertigungsauftrag aufgelöst wird. Gleiches geschieht für den Arbeitsplan. Neben diesen Auswirkungen in der Produktion (Ableitung der Stückliste und des Arbeitsplans) kann die Merkmalsbewertung auch für die Preisfindung verwendet werden. Dazu stehen eigene Variantenkonditionsarten zur Verfügung. Damit kann auch

Konfiguration der Stückliste und des Arbeitsplans

die Verkaufspreisermittlung der konkreten Variante automatisiert werden. Zur Ermittlung der entsprechenden Variantenpreise können die Möglichkeiten der Preisfindung (siehe Abschnitt 2.1) genutzt werden.

Zusammenhang mit Kundeneinzelfertigung

Die Variantenkonfiguration basiert also ganz ähnlich wie unser Beispiel zur Kundeneinzelfertigung (siehe Abschnitt 4.3) auf einer auftragsbezogenen Stückliste. Für diese Stückliste gibt es aber keinen eigenen Materialstamm, denn schließlich wollen wir durch die Variantenkonfiguration gerade vermeiden, Materialstämme auf der Ebene der Varianten anlegen zu müssen. Ohne Materialstamm gibt es aber auch keinen Bestand! Die logische Konsequenz ist, dass die Variantenfertigung nur in Zusammenhang mit der Kundeneinzelfertigung eingesetzt werden kann. Durch den Kundenauftrag wird ein Einzelbestandssegment für das konfigurierbare Material (z. B. BMW der 5er Reihe) erzeugt. Der zugehörige Fertigungsauftrag liefert das fertige Produkt in diesen Bestand ab.

Controllingstrategie

An dieser Stelle kommt wieder die Frage der Controllingstrategie ins Spiel. Gerade die Hersteller von Automobilen werden kein Interesse an einer Ergebnisermittlung auf der Ebene des einzelnen Kundenauftrags haben. Sie sind an einem produktorientierten Controlling interessiert. In diesem Zusammenhang ist also von Bedeutung, welche Ergebnisbeiträge bestimmte Fahrzeugtypen (z. B. BMW der 5er Reihe) geleistet haben. Genau aus diesem Grund wird man die Variantenfertigung in diesem Beispiel immer in Kombination mit der Controllingstrategie »Auftragsorientierte Massenfertigung« einsetzen. Diese Strategie haben wir für die am Controlling interessierten Leser in Abschnitt 2.12 erklärt. Im Unterschied zum Beispiel in Abschnitt 4.3 werden dabei bewertete Kundeneinzelbestände eingesetzt. Die Kosten werden nicht auf dem Kundenauftrag, sondern auf einem Produktkostensammler gesammelt. Allerdings kann die Variantenkonfiguration auch zusammen mit unbewerteten Kundeneinzelbeständen eingesetzt werden.

Auch eine Kombination mit der Strategie aus Abschnitt 4.3.4 (Kundeneinzelfertigung mit Verrechnung gegen die Vorplanung) ist denkbar. Gerade bei der Variantenkonfiguration können zumindest einige Standardkomponenten, nämlich die Gleichteile, auftragsanonym geplant werden.

4.4.7 Projektfertigung

In Abschnitt 4.3 haben wir ein Beispiel zur Kundeneinzelfertigung kennengelernt. Dabei wird der Kundeneinzelbestand auf der Ebene der Auftragsposition verwaltet. Für die Entwicklung, die Planung, die Herstellung und die Montage komplexer Anlagen reichen jedoch die Strukturierungsmöglichkeiten im Kundenauftrag bzw. im Fertigungsauftrag nicht aus. In diesem Fall kommt ein weiteres Modul der SAP-Software, die Komponente PS (Projektmanagement) zum Einsatz. Das Modul PS dient der Strukturierung von komplexen Projekten hinsichtlich Aufbau und Ablauf. Der Aufbau von Projekten erfolgt über so genannte Projektstrukturplanelemente (PSP-Elemente), während der Ablauf über Netzpläne abgebildet werden kann. Die PSP-Elemente sind hierarchisch angeordnet und dienen sowohl der kaufmännischen als auch der technischen Planung und Steuerung.

In diesem Szenario wird zunächst ein Kundenauftrag erfasst. Die Auftragsposition ist kontiert auf ein PSP-Element. Auf diesem PSP-Element werden dann in der Regel auch die Einzelbestandssegmente geführt. Denkbar ist aber auch eine Verwendung von Einzelbestandssegmenten auf Kundenauftragspositionsebene, wobei dann aber die Möglichkeiten des Projektcontrollings eingeschränkt sind. Analog zum CO-Objekt der Auftragsposition wird jetzt das PSP-Element zum Kosten- und Erlössammler. Die Fertigungsaufträge können aus Netzplanvorgängen heraus ausgelöst werden. Sie sind auf das PSP-Element kontiert und liefern das Produkt in den Einzelbestand zum PSP-Element ab.

Ablauf des Szenarios

Im Gegensatz zur normalen Abwicklung im Modul SD können Lieferungen aus den Netzplanvorgängen heraus angelegt werden, d.h. ohne direkten Bezug zum Kundenauftrag. Dies ist besonders dann wichtig, wenn eine komplexe Anlage aus mehreren Lieferkomponenten besteht und erst vor Ort montiert wird. Die Fakturierung des Kundenauftrags erfolgt dann auftragsorientiert. Dabei können im Kundenauftrag auch Fakturapläne hinterlegt werden. Über diese ist die Abwicklung von Anzahlungen möglich. Fakturapläne und die auftragsbezogene Fakturierung haben wir in Abschnitt 3.6 kennen gelernt.

5 Prozessorientierte Einführung

Ansätze für ein effizientes Vorgehen in Projekten gibt es viele. Es ist nicht unser Ziel, an dieser Stelle einen weiteren Entwurf hinzuzufügen. Vielmehr wollen wir aus der Erfahrung heraus zwei wichtige Prinzipien benennen, die für den Erfolg einer SAP-Einführung ausschlaggebend sind. Anschließend geben wir ein Beispiel für den Aufbau einer Projektorganisation, die diese Prinzipien in den Mittelpunkt stellt.

Unternehmen müssen in Zeiten globalen Wettbewerbs ihre gesamte betriebliche Wertschöpfungskette optimieren – von der ersten Anfrage des Kunden über die Produktion bis hin zur Auslieferung und der Fakturierung (siehe Abbildung 5.1).

Prinzipien: Prozess- und Mitarbeiterorientierung

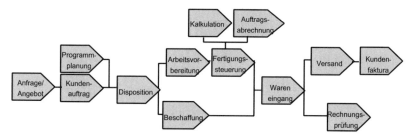

Abbildung 5.1 Optimierung der betrieblichen Wertschöpfungskette

Es kommt darauf an, die Produkte und Leistungen in der gewünschten Qualität, der gewünschten Zeit und zu konkurrenzfähigen Preisen im Markt zu platzieren. Die Optimierung von Teilaspekten (oder besser: Teilprozessen) ist dabei nicht zielführend! Anders gesagt: Sich einzig und allein auf den Vertriebsprozess zu konzentrieren, ist nicht sinnvoll. Es kommt auf das effektive und effiziente Zusammenspiel der unterschiedlichen Teilbereiche im Unternehmen an. So verstehen wir das Thema Prozessorientierung als ganzheitliche Optimierung der betrieblichen Wertschöpfungskette. Das erste Prinzip einer erfolgreichen Einführung ist deshalb die *Prozessorientierung*.

Daraus leitet sich dann auch gleich das zweite Prinzip ab, die *Mitarbeiterorientierung*. Schließlich wird das Zusammenspiel der unterschiedlichen Bereiche im Unternehmen von Menschen geprägt. Wenn nun dieses Zusammenspiel durch die Einführung einer Software verändert wird, ja wenn sogar die Einführung einer Software das Ziel hat, dieses Zusammenspiel zu verbessern, dann müssen die Mitarbeiter an dem Einführungsprozess maßgeblich beteiligt werden. Sie müssen ihn nachvollziehen, verstehen und beeinflussen können, denn nur dann werden sie die Ergebnisse in der täglichen Arbeit umsetzen können.

5.1 Prinzip Prozessorientierung

Die Erkenntnis, dass Unternehmen ihre gesamte Wertschöpfungskette und nicht Teilbereiche optimieren müssen, ist nicht revolutionär, sie ist nicht einmal besonders neu. Wenn dieser Aspekt trotzdem zu einem Thema dieses Buches wird, dann aus folgenden, noch näher darzustellenden Gründen:

- Unternehmensorganisation
- Modulorientierte Systemorganisation
- Ausrichtung der Mitarbeiter

Unternehmensorganisation

Divisionalisierung und Spartenorganisation haben in vielen Unternehmen eine stärkere Fokussierung auf die Unternehmensprozesse mit sich gebracht. Gleichwohl wird das operative Geschäft häufig von funktional gegliederten Einheiten (Vertrieb, Produktion, Controlling) erledigt. Konkurrierende Zielsetzungen (z. B. Bestandsoptimierung versus Lieferservice) machen das Zusammenspiel schwierig und fördern das alte Denken in abgegrenzten Bereichen.

Systemorganisation

Eingangs haben wir erwähnt, dass einer der größten Vorteile der SAP-Software die Vernetzung der unterschiedlichen Komponenten ist. Wenn auch vernetzt, so lässt sich dennoch eine funktionsorientierte Struktur in Modulen wie SD, PP oder CO schwerlich leugnen. Dies führt dazu, dass die Wertschöpfungskette durch unterschiedliche Module unterstützt wird. Legt man die Module über die Wertschöpfungskette, ergibt sich das in Abbildung 5.2 dargestellte Bild.

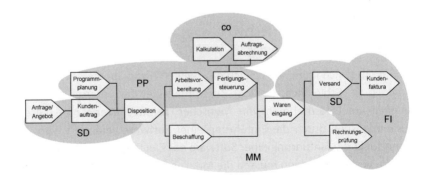

Abbildung 5.2 Unterstützung der betrieblichen Wertschöpfungskette durch Module

Erinnern wir uns an die Wertschöpfungsketten in Kapitel 4: Dort wurde deutlich, dass SAP die Prozesse integriert unterstützt und damit eine gute Voraussetzung für die ganzheitliche Betrachtung bietet. Ebenso wurde in Kapitel 4 aber auch deutlich, dass man hierfür wiederholt zwischen mehreren Modulen wechselt. Vielleicht fragen Sie sich als Leser ja auch, warum in einem Buch über Vertriebsprozesse relativ detaillierte Fragen der Produktionsplanung, der Fertigung, der Materialwirtschaft und des Controllings behandelt werden. Wir wollten aber bewusst diesen weiten Bogen spannen, um deutlich zu machen, dass die einzelnen Funktionen immer aus dem Kontext der gesamten Wertschöpfungskette betrachtet werden müssen. Wer wollte bestreiten, dass die Gestaltung der Verfügbarkeitsprüfung und der Materialdisposition in den Abschnitten 4.1, 4.2 und 4.3 völlig unterschiedlich gehandhabt wird? Und zwar abhängig von dem jeweils besprochenen Szenario. Gleiches gilt für viele andere Funktionen (z. B. Preisfindung, Serialnummernvergabe, Chargenfindung) und auch Teilprozesse (z. B. Versand, Fakturierung). Diesen Aspekt fassen wir in Abbildung 5.3 noch einmal zusammen.

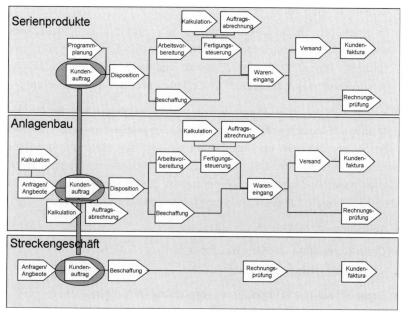

Abbildung 5.3 Der Teilprozess Kundenauftrag in unterschiedlichen Wertschöpfungsketten

Aus den vorgenannten Aspekten der Unternehmensorganisation und der Systemorganisation ergibt es sich fast zwangsläufig, dass IT-Mitarbeiter und externe Berater ihr Wissensspektrum mehr oder weniger auf ein

Ausrichtung der Mitarbeiter

Modul konzentrieren. Das ist vor dem Hintergrund der Komplexität der einzelnen Module vielleicht verständlich – akzeptabel ist es gleichwohl nicht, verstärkt es doch die genannten Probleme.

Konsequenzen Folgende Konsequenzen für die Einführungsstrategie ergeben sich aus den bisherigen Ergebnissen:

- Es geht bei der Einführung von SAP um die Optimierung der ganzheitlich betrachteten Wertschöpfungskette eines Unternehmens. Die Optimierunng von Teilprozessen (Vertrieb, Produktion, Controlling) ist suboptimal.
- Durch diese Strategie wird die Denkweise im modernen Management (Prozessorientierung, Qualitätsorientierung, Kundenorientierung) in den Einführungsprozess übernommen und umgesetzt.
- Die Optimierungspotenziale bei der Einführung liegen vor allem an den Integrationsfunktionen. Das gute *Zusammenspiel* von Prozess, Mensch und Software ist entscheidend.
- IT-Mitarbeiter und vor allem SAP-Berater müssen modulübergreifende Qualifikationen entwickeln.
- Es empfiehlt sich, die Gesamtkomplexität einer Einführung nicht durch die Zerlegung in *modulorientierte Teilprojekte* (SD-Einführung, MM-Einführung), sondern in *prozessorientierte Teilprojekte* (Prozess Streckengeschäft, Prozess Handelsware, Prozess Serienprodukt) zu reduzieren.

Aus dem letzgenannten Punkt wollen wir das Vorgehen bei der Einführung ableiten: Im ersten Schritt ist festzustellen, welche unterschiedlichen Wertschöpfungsketten im Unternehmen zu betrachten sind und welche von der SAP-Einführung betroffen sind. Diese Prozesse werden mit *Wertschöpfungsketten-Diagrammen* beschrieben (siehe die Abbildungen 5.1 bis 5.3). Beispiele für Wertschöpfungsketten liefert dieses Buch:

- Streckengeschäft (Abschnitt 3.4)
- Cross-Company-Geschäft (Abschnitt 3.10)
- Lagerverkauf (Abschnitt 4.1)
- Lagerverkauf mit Komponentenvorplanung (Abschnitt 4.2)
- Kundeneinzelfertigung (Abschnitt 4.3)
- Weitere Szenarien (Abschnitt 4.4)

Über dieses Verfahren erreicht man schnell einen umfassenden Überblick und definiert einen zweckmäßigen Rahmen für die weitere Detaillierung. Diese ist notwendig, um dann aus der konzeptionellen Vorlage das Customizing ableiten zu können.

5.2 Prinzip Mitarbeiterorientierung

Die Bedeutung der Mitarbeiter der jeweiligen Fachabteilungen innerhalb eines Einführungsprojekts wird eigentlich von niemand ernsthaft bestritten. Sie versteht sich gewissermaßen von selbst. Unter dem Druck von Budgets und Terminen gerät sie gleichwohl in der Praxis oft in den Hintergrund. Probleme beim Produktivstart, Unzufriedenheit der Mitarbeiter, Überlastung durch die Umstellung auf ein neues System und letztlich mangelnde Effizienz im Tagesgeschäft (die man sich nicht leisten kann) sind die Folge.

Die Beteiligung der Mitarbeiter basiert auf:

- Information und Verständnis
- Partizipation
- Eigenverantwortung

Eine umfassende *Information* der Mitarbeiter ist von Beginn an von größter Bedeutung. Auch Mitarbeitervertretungen dürfen dabei nicht vergessen werden. Sie müssen die Projektziele kennen und sollten sicher sein, dass die Geschäftsführung hinter diesen Zielen steht. Dies ist aber nur der Anfang. Die Mitarbeiter, die das Einführungsprojekt (z. B. als Power-User) aktiv unterstützen, benötigen Schulungen, die ihnen ein umfassendes *Verständnis* des SAP-Systems vermitteln. Erfahrungsgemäß brauchen Mitarbeiter eine gewisse Zeit, bis sich das in Schulungen Erlernte »gesetzt« hat. Erst dann können sie eine Verknüpfung zwischen den Abläufen in einem fremden System (SAP) und ihrer eigenen täglichen Arbeitswelt herstellen. — *Information und Verständnis*

Basierend auf diesem Verständnis sollten die Mitarbeiter der Fachabteilungen dann an den Entscheidungen im Einführungsprojekt auch *beteiligt* werden. Der Vorteil dabei ist, dass Mitarbeiter, die die Möglichkeiten und Grenzen des SAP-Systems kennen gelernt haben, realistische (d. h. umsetzbare) Forderungen stellen können. Auch muss andererseits die IT stets in der Lage sein, ihre Belange zu verantworten. Sie zum reinen Erfüllungsgehilfen der Fachabteilungen zu machen, hat sich in den wenigsten Fällen als Königsweg erwiesen. Dies führt häufig zu einer Philosophie, bei der zunächst ein Fachkonzept losgelöst von den Möglichkeiten der Software erstellt wird, das dann Einz zu Eins umgesetzt werden soll. Dabei werden häufig Modifikationen am Standard erforderlich, die zu erheblichen Zukunftsproblemen führen, z. B. beim Releasewechsel oder bei der Optimierung und Weiterentwicklung des Systems. — *Partizipation*

Es ist also wichtig, ein gemeinsames Verständnis von Zielen, Konzepten und Realisierungsmöglichkeiten zu entwickeln. Dies gilt sowohl im Verhältnis der IT-Mitarbeiter und Berater zu den Mitarbeitern der Fachabteilung als auch im Verhältnis zwischen den Fachabteilungen zueinander. In Abschnitt 5.1 wurde deutlich, dass bei einer prozessorientierten Einführungsstrategie modul- und bereichsübergreifendes Denken und Handeln gefragt ist. Es liegt auf der Hand, dass dies nicht immer konfliktfrei bleibt. Man sollte sich deshalb nicht davor scheuen, diese »weichen« Aspekte in einem Einführungsprojekt durch geeignete Maßnahmen zu unterstützen. Dazu gehören in jedem Fall regelmäßige Informationsveranstaltungen, die vor allem die nicht unmittelbar Beteiligten einbeziehen. Es kann auch sinnvoll sein, eine neutrale Person als Moderator für die Konfliktlösung hinzuzuziehen. Dies erscheint manchem Projektleiter vielleicht aufwändig und ungewöhnlich. Andererseits ergibt sich aus der produktiven Auflösung von Konflikten ein enormes Potenzial. Wenn es gelingt, die Probleme offen anzusprechen und diese dann auch zu lösen, ergeben sich positive Effekte, die weit über den Einführungsprozess hinaus wirken.

Eigenverantwortung

Letztlich sollen die Mitarbeiter in die Lage versetzt werden, eine eigenverantwortliche Position einzunehmen. Dies gilt sowohl für die Nutzung von Gestaltungsspielräumen in der Einführungsphase, (beispielsweise bei der Entwicklung von Vorgaben für das Customizing) als auch nach dem Produktivstart. Zu den wichtigsten Aufgaben der Anwender nach einem Produktivstart gehört die *korrekte* und *vollständige* Pflege der Stammdaten. An verschiedenen Stellen dieses Buches haben wir gesehen, wie Stammdaten und Customizing in der Anwendung zusammenspielen. Dies gilt aber auch für die Optimierung und die Weiterentwicklung des Customizings. Ein weiterer Punkt in diesem Zusammenhang ist das *Monitoring*. Dabei wird geprüft, ob alle Vorgänge korrekt abgearbeitet worden sind: Wurden z. B. alle gelieferten Artikel fakturiert bzw. konnten alle Fakturabelege ordnungsgemäß an die Finanzbuchhaltung übergeben werden?

5.3 Projektorganisation

Wir wollen dieses Kapitel mit einem groben Vorschlag zum Aufbau einer Projektorganisation abrunden. In Abbildung 5.4 sehen wir das entsprechende Diagramm.

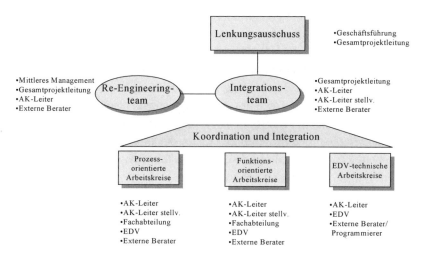

Abbildung 5.4 Projektorganisation

Im *Lenkungsausschuss* (Steering Committee) erfolgt die Gesamtkoordination des Projekts. An der Besetzung dieses Gremiums lässt sich oft die Bedeutung erkennen, die man dem Projekt vor allem in der Geschäftsführung beimisst. Der Lenkungsausschuss sollte in regelmäßigen Abständen tagen, damit der »Abstand« zur Tagesarbeit im Projekt nicht zu groß wird und die Auftraggeber einen realistischen Eindruck vom Projektfortschritt erhalten.

Lenkungsausschuss

Die operative Leitung des Projekts erfolgt in einem *Integrationsteam*. Dort sind der Projektleiter und alle Arbeitskreisleiter vertreten. Hier sollten alle wichtigen Integrationsfragen besprochen und geklärt werden. In der Regel empfehlen sich wöchentliche Meetings. Bei Bedarf wird das Team durch die Mitarbeiter ergänzt, die in den Arbeitskreisen die tatsächliche Umsetzung übernommen haben.

Integrationsteam

Das *Re-Engineering-Team* ist für jede Einführung von großer Bedeutung und besteht in der Regel aus den wichtigsten Entscheidungsträgern im Unternehmen. Das Team tritt nur bei Bedarf zusammen, zum Beispiel dann, wenn die Unternehmenspolitik berührt wird oder Geschäftsprozesse geändert bzw. neu eingeführt werden müssen. Es ist von großer Bedeutung, im Projekt sicherzustellen, dass dieses Team bei Bedarf sehr schnell Entscheidungen herbeiführen kann.

Re-Engineering-Team

In den *prozessorientierten Arbeitskreisen* werden die Wertschöpfungsketten entwickelt und anschließend detailliert. Hier werden Lösungen für Prozesse und das Customizing erarbeitet.

Prozessorientierte Arbeitskreise

Funktions-orientierte Arbeitskreise

Es muss nicht verwundern, wenn es in einer prozessorientierten Einführungsstrategie auch *funktionsorientierte Arbeitskreise* gibt. Auch wenn wir bisher die Bedeutung der Prozessorientierung in den Mittelpunkt gestellt haben, gibt es Funktionen, die für alle Prozesse gleich oder ähnlich ablaufen. Dazu gehören z. B. die Frage der Einrichtung von Kostenarten und Kostenstellen und die Frage des Aufbaus der Ergebnisrechnung oder der Finanzbuchhaltung, insbesondere der Anlagenbuchhaltung. Wo diese Funktionen die Prozesse berühren (z. B. in der Controllingstrategie wie in Abschnitt 2.12 oder Kapitel 4 diskutiert), sollten Vertreter zu den prozessorientierten Arbeitskreisen gehören.

EDV-technische Arbeitskreise

Schließlich gibt es rein EDV-technische Fragen, die in einer eigenen Arbeitsgruppe beantwortet werden können. Dazu gehören vor allem die System- und Benutzeradministration, die Konzeption und Entwicklung von Schnittstellen zu Fremdsystemen sowie die technische Seite der Altdatenübernahme.

6 Unternehmensübergreifende Geschäftsprozesse

Bislang beschäftigte uns die Frage, wie mit SAP Wertschöpfungsketten eines Unternehmens abgebildet werden können. Das prozessorientierte und damit das modul- und bereichsübergreifende Zusammenspiel von Prozessen, Menschen und Software innerhalb eines Unternehmens stand im Mittelpunkt. Mit der zunehmenden Nutzung des Internets weitet sich der Blick auf die Optimierung *unternehmensübergreifender Geschäftsprozesse* aus. In diesem Kapitel wollen wir sehen, wie diese Geschäftsprozesse – ausgehend von der Software SAP R/3 – gestaltet werden können.

6.1 Prozessorientierung und »Collaboration«

Die Unternehmen müssen sich heutzutage einer neuen, revolutionären Herausforderung stellen: Ging es bislang um die Optimierung von Geschäftsprozessen im Unternehmen, so ist die Herausforderung der Zukunft die unternehmens- und (EDV-)systemübergreifende Prozessoptimierung **zwischen** Unternehmen. Im *Collaborative Business* wachsen Prozesse, Systeme und Unternehmen über das Medium Internet zusammen. Diese Entwicklung zeigt das *Collaborative Business Integration Model* auf (siehe Abbildung 6.1).

Collaborative Business Integration

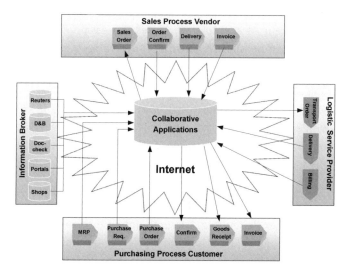

Abbildung 6.1 Collaborative Business Integration

Collaborative Applications Die verschiedenen Teilnehmer am Marktgeschehen kommunizieren über so genannte *Collaborative Applications* miteinander. Mit diesen Anwendungen arbeiten Benutzer aus mehreren Unternehmen: Collaborative Applications empfangen Daten von unterschiedlichen Systemen, verarbeiten diese Informationen anhand einer Prozesslogik und geben die Informationen an andere Systeme weiter. Diese internetbasierenden Anwendungen haben die Funktion, unternehmensübergreifende Prozesse zu unterstützen. So kann z. B. ein Kunde über einen Onlineshop einen Auftrag platzieren. Für die Preisfindung und die Verfügbarkeit des gewünschten Artikels erfolgt ein Zugriff auf das ERP-System des Lieferanten (z. B. SAP R/3), wo die relevanten Informationen über Preislisten, Rahmenverträge, Bestände und die Produktionsplanung hinterlegt sind. Dabei ist wichtig, dass die Collaborative Applications online auf die dahinterliegenden ERP-Systeme zugreifen.

ERP-Anbindung Bestellt der Kunde die Ware, kann im System des Lieferanten ein Kundenauftrag ausgelöst und im ERP-System des Kunden eine Einkaufsbestellung erzeugt werden. Aus dem ERP-System des Lieferanten können die Informationen an einen Logistik-Dienstleister weitergegeben werden. Dieser ist dann – je nach Tiefe der Logistikintegration – für Kommissionierung und Auslieferung zuständig. Über die Collaborative Application kann er ein Lieferavis an den Kunden senden. Diese Bestätigung kann sofort in die Disposition des Kunden eingehen. Da die relevanten Daten im Internet verfügbar sind, lässt sich der Gesamtprozess nicht nur auslösen und steuern. Vielmehr ist auch ein effizientes Prozessmonitoring gewährleistet, da die Daten permanent aktualisiert und fortgeschrieben werden.

One-Step-Business In dem beschriebenen Prozess löst häufig eine Aktion des Benutzers unterschiedliche Ereignisse auf den ERP-Systemen von Kunden, Lieferanten und Logistik-Dienstleistern aus. Wenn zwei Schritte in einem erfolgen, werden Kosten gespart. Dieser Vorgang wird *One-Step-Business* genannt. Collaborative Applications sind außerdem in der Lage, zusätzliche Funktionen und Dienste zu nutzen, die im Internet verfügbar sind.

Externe Daten Neben dem flexiblen Zugriff auf die ERP-Systeme sind aber auch Daten und Funktionen der Internetanwendung (Collaborative Application) selbst von großer Bedeutung. Die Einbindung externer Datenquellen im Internet, d. h. außerhalb der herkömmlichen Unternehmens-EDV, ermöglicht eine flexible kunden- und marktorientierte Präsentation des eigenen Leistungsspektrums. Produktkataloge können z. B. zielgruppenspezifisch aufgebaut und dargestellt werden, Zusatzdokumente (digitalisierte Bilder, Videos, Schriftdokumente wie Test- und Anwendungsberichte) versorgen den Käufer mit allen notwendigen Informationen, die bislang verteilt auf unterschiedliche Medien (zentrale und dezentrale EDV-Systeme, Printmedien) im Unternehmen vorhanden, aber nur schwer zugänglich waren.

Über die Funktionen der Collaborative Application lässt sich eine eigenständige Geschäftslogik abbilden. Diese sollte sich vor allem an den Anforderungen von unternehmensübergreifenden Geschäftsprozessen orientieren. Damit behalten die Unternehmen eine integrierte Unternehmens-EDV, die die internen Bereiche (Vertrieb, Produktion, Finanzbuchhaltung, Controlling) optimal vernetzt. Gleichwohl muss nicht mehr zwingend auf die individuelle Gestaltung von Geschäftsprozessen verzichtet werden.

Individuelle Logik

Die Antwort der SAP auf diese Herausforderung heißt mySAP.com. Diese Architektur beinhaltet verschiedene Bausteine für das E-Business. Wir geben einen Überblick über die wichtigsten Komponenten in Abschnitt 6.2 und liefern auch ein Beispiel für einen *One-Step-Business-Prozess*. Innerhalb dieses Ansatzes hat die SAP aber auch die Basistechnologie so weiterentwickelt, dass eigenentwickelte Web-Applikationen mit SAP-Komponenten kommunizieren können. Wir kommen auf diesen Ansatz in Abschnitt 6.3 zurück.

6.2 Vertrieb mit mySAP.com

Bei unseren bisherigen Ausführungen haben wir uns stets innerhalb eines SAP-Systems bewegt. Zwar kamen dabei mehrere Module (SD, MM, PP, FI, CO) zum Einsatz, jedoch haben wir uns allenfalls am Rande mit dem Datenaustausch mit anderen Systemen befasst (etwa im Exkurs zu externer Lagerhalter in Abschnitt 4.1). In Zukunft werden wir es mit einer komplexeren Landschaft zu tun haben, die aus unterschiedlichen Komponenten besteht. Ein wichtiger Ausgangspunkt bleiben jedoch die Kernmodule, wie wir sie auch in diesem Buch vorgestellt haben. Abbildung 6.2 zeigt die zusätzlichen Systeme. Wir beschränken uns dabei auf die Komponenten, die für die in diesem Buch diskutierten Aspekte wesentlich sind.

Das SAP-Kernsystem wird um folgende Komponenten erweitert:

- mySAP CRM (Customer Relationship Management)
- SAP APO (Advanced Planner and Optimizer)
- SAP BW (Business Information Warehouse)
- SAP EBP (Enterprise Buyer Professional)

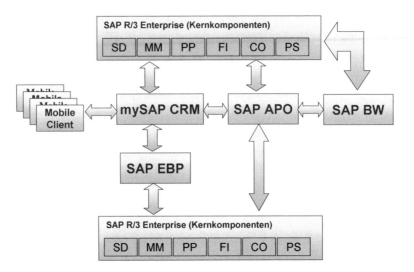

Abbildung 6.2 Architektur mySAP.com

Dabei handelt es sich jeweils um eigene SAP-Basissysteme, die spezielle Anwendungsfunktionen für das E-Business bereitstellen. Die Integration mit den Kernmodulen wird über Replikationsprogramme sichergestellt. Über diese Programme werden Stammdaten (z. B. Kundenstamm, Materialstamm), Bewegungsdaten (Aufträge, Rahmenverträge, Produktionspläne) und auch Customizingeinstellungen (z. B. zur Preisfindung) ausgetauscht. Der Datenaustausch kann in beide Richtungen erfolgen. So können in der CRM-Lösung beispielsweise Kundenaufträge erfasst und an die Kernmodule (in diesem Fall SD) weitergeleitet werden. In den Zusatzkomponenten können die R/3-Daten um weitere Informationen ergänzt werden; z. B. kann der Materialstamm um Produktbilder für eine Präsentation im Internet ergänzt werden. Genauso werden die SAP-Organisationsstrukturen in den neuen Systemen erweitert.

mySAP CRM mySAP CRM erweitert die Vertriebsfunktionen des Kernmoduls SD unter anderem um folgende Möglichkeiten:

▶ *Mobile Sales* unterstützt den Außendienst mit Hilfe einer Offline-Komponente, den so genannten *Mobile Clients*. Die Außendienstmitarbeiter replizieren ihre Daten mit dieser CRM-Komponente und haben somit die benötigten Informationen (z. B. über Stammdaten, Auftragsdaten, Umsatzstatistiken, Wettbewerberinformationen) auf ihren Außendienstrechnern verfügbar. Sie können Aufträge offline erfassen und anschließend über das CRM-System in die SAP-Kernanwendung überspielen. Des Weiteren bietet Mobile Sales Unterstützung in der

Vorverkaufsphase (Besuchsplanung, Terminpflege, Durchführung von Aktionen wie Mailings, Telefonaktionen usw.).

- *Internet Sales* ermöglicht den Onlinevertrieb über Webshops. Dabei werden den Kunden Online-Kataloge zur Verfügung gestellt, über die der Onlinekunde seine Bestellung erfassen kann. Es ist möglich, eine Online-Verfügbarkeitsprüfung durchzuführen. Dabei kann das System auf das SAP-Kernsystem zugreifen oder die Verfügbarkeit über die Komponente SAP-APO ermitteln. Über die Internet Sales-Funktionen kann eine Markplatz- oder Portalanbindung realisiert werden. Von besonderem Interesse im B2B-(Business-to-Business-)Szenario ist die Gestaltung von *One-Step-Business-Szenarien*. Dabei legt der Einkäufer in seinem EBP-System eine Bestellung an. Diese Bestellung kann über das EBP-System in das SAP-Kernmodul MM weitergeleitet werden. Gleichzeitig wird über Internet Sales ein Kundenauftrag im mySAP CRM-System des Verkäufers angelegt. Dieser Auftrag kann an das SAP-Kernmodul SD weitergeleitet und von dort aus beliefert und fakturiert werden.

- *Telesales* unterstützt den Call-Center-Betrieb. Dabei arbeiten die Funktionen von Telekommunikation, CRM-Lösung und SAP-Kernmodule Hand in Hand. So können z. B. eingehende Kundentelefonate an einen bestimmten Mitarbeiter im Call-Center weitergeleitet werden. Diesem Agenten werden die relevanten Informationen zum Kunden bereits am Bildschirm angezeigt, so dass die Verkaufsphase im Telefonat optimiert werden kann. Man bezeichnet dieses Verfahren auch als *Inbound Telesales*. Der Vertriebsmirtarbeiter erfasst Aufträge während des Telefonats, die dann über die CRM-Lösung an die SAP-Kernanwendung weitergeleitet werden können. Dagegen wird beim *Outbound Telesales* der Vertriebsmitarbeiter aktiv und ruft einen Kunden an, wobei er Anruflisten (z. B. im Rahmen einer Verkaufsaktion) nutzen kann.

- Neben diesen erweiterten Funktionen zur Auftragserfassung (Internet Sales, Telesales, Mobile Sales) ist es auch möglich, Vertriebsbelege direkt in der CRM-Software zu erfassen. Auch dabei stehen die Funktionen Preisfindung und Verfügbarkeitsprüfung zur Verfügung, sowohl über SAP APO als auch über die SAP-Kernanwendung

- Über die Komponente *Marketing* in mySAP CRM werden die Marketingaktivitäten eines Unternehmens wesentlich erweitert. Dazu zählen Funktionen wie das Cross-Selling, die Planung und Durchführung von Kampagnen sowie unterstützende Funktionen für die Qualifizierung und Weiterbearbeitung von Leads.

Es würde den Umfang des Buches sprengen, sämtliche CRM-Funktionen zu besprechen. Wir wollen an dieser Stelle exemplarisch deutlich machen, dass in Zukunft der gesamte Vertriebsprozess (insbesondere auch die Vorverkaufsphase und das Marketing) wesentlich umfassender unterstützt wird. Neue Gestaltungsspielräume entstehen. So wird zu klären sein, wo ein bestimmter Auftrag zu erfassen ist: durch den Außendienst im Mobile Sales, durch den Kunden selbst im Internet Sales, in einem Call-Center oder gewissermaßen »traditionell« in der SAP R/3- Kernanwendung.

SAP APO Darüber hinaus muss geklärt werden, welche weiteren Bausteine aus mySAP.com eingesetzt werden sollen. Mit Hilfe von SAP APO lassen sich z.B. unternehmensübergreifende Planungsszenarien für die Organisation und Optimierung von Lieferketten (Supply Chain Management) abbilden. Eine weitere Funktion besteht darin, eine Verfügbarkeitsprüfung über mehrere Systeme hinweg durchführen zu können. Dies ist z.B. dann interessant, wenn ein Unternehmen ein Produkt an verschiedenen Standorten herstellt und dabei mehrere SAP-Systeme einsetzt. Bereits in Abschnitt 1.2 haben wir gesehen, dass es dafür unterschiedliche Gründe geben kann. Im Vertriebsprozess kommt es nun darauf an, im Unterschied zur klassischen Verfügbarkeitsprüfung eine Prüfung über mehrere Systeme hinweg durchzuführen.

SAP EBP Der internetbasierende Einkauf (E-Procurement) wird durch die Komponente SAP-EBP unterstützt. Diese bietet den Einkäufern z.B. die Möglichkeit, in einem Webshop Produkte auszuwählen und diese in einen Einkaufskorb im SAP EBP zu übernehmen. Dabei kann der Anwender auf Internetshops verschiedener Hersteller zugreifen. Der Zugang muss vorher im Customizing der EBP-Software eingerichtet werden. Außerdem muss der jeweilige Internetshop über eine entsprechende Schnittstelle, das so genannte *Open Catalog Interface* (OCI), verfügen. Dort können Kontierungsinformationen ergänzt und Genehmigungsverfahren durchlaufen werden, ehe die Bestellung an das SAP-Kernmodul MM weitergeleitet wird. Im Zusammenspiel mit mySAP CRM können One-Step-Business-Szenarien realisiert werden. Der Einkäufer des Kunden nutzt auf seiner Seite SAP EBP, während der Verkäufer mySAP CRM einsetzt.

SAP BW Mit SAP BW (Business Information Warehouse) wird innerhalb der mySAP.com-Architektur eine Data Warehouse-Lösung bereitgestellt. Sie dient als einheitliche Plattform für die Sammlung, die Bereitstellung und die Analyse von Informationen. Als Informationsbasis dienen die operativen Systeme (SAP-Kernsystem, mySAP CRM, SAP EBP usw.). Über so genannte *Extraktoren* (Programme für das Auslesen von Daten) werden die Informationen aus den unterschiedlichen Systemen in das Business

Information Warehouse übernommen. Auch externe Systeme (z.B. Auswertungen in Excel) können in diese Komponente übernommen werden. Umgekehrt können die strukturierten Informationen aus SAP BW wieder in den unterschiedlichen Systemen verwendet werden. So kann man in mySAP CRM eine Marketingplanung entwickeln, die auf den Informationen des Business Information Warehouse basiert. Erinnern wir uns an die Abschnitte 2.12 (Ergebnis- und Marktsegmentrechnung) und 2.13 (Vertriebsinformationssystem). Viele dieser Informationen werden künftig an BW-Systeme weitergeleitet und dort bereitgestellt werden. Ebenfalls enthalten sind Funktionen für das Web-Reporting, über das sich Mitarbeiter im Intranet – aber auch Kunden über das Internet – die Information beschaffen können, die sie benötigen.

> Weiterführende Informationen zu mySAP CRM, SAP APO und SAP BW finden Sie in folgenden SAP PRESS-Büchern:
> ▶ Rüdiger Buck-Emden: mySAP CRM. Bonn 2002.
> ▶ Helmut Bartsch, Peter Bickenbach: Supply Chain Management mit SAP APO. 2., aktualisierte und erweiterte Auflage 2002.
> ▶ Achim Seemann, Bernd Schmalzridt, Peter Lehmann: SAP Business Information Warehouse. Bonn, 2001.

6.2.1 Beispiel

Anhand eines Beispiels wollen wir nun aufzeigen, wie ein möglicher One-Step-Business-Prozess innerhalb der beschriebenen Architektur ablaufen könnte. Abbildung 6.3 gibt uns einen Überblick.

One-Step-Buisness-Senario

Es handelt sich bei diesem Szenario um ein B2B-Szenario. Der Kunde (Einkäufer) setzt für die Abwicklung der Geschäftsprozesse ein klassisches SAP-Kernsystem mit den Modulen SD, MM, FI, CO und PP und zusätzlich die Komponente SAP EBP ein. Der Lieferant nutzt ebenfalls ein SAP-Kernsystem und zusätzlich die mySAP CRM-Lösung, über die er seine Produkte im Internet verkauft.

Der Einkäufer meldet sich im firmeneigenen *Intranet* über den Internet-Explorer an der Weboberfläche des EBP-Systems an. Von dort wählt er einen Katalog aus, mit dessen Hilfe er etwas bestellen möchte. Dabei verlässt er das Firmennetz und gelangt über das *Internet* in den entsprechenden Online-Web-Katalog des Lieferanten. Dieser wird über die mySAP CRM-Lösung des Verkäufers (bzw. deren Funktion »Internet Sales«) bereitgestellt. Hier wählt er einen oder mehrere Artikel aus und legt sie in den Warenkorb des Webshops. Dieser Einkaufskorb wird in mySAP CRM als Angebot gespeichert.

Bestellung im Online-Katalog

Bestellübergabe Nach der Bestätigung durch den Einkäufer (»An EBP übergeben«) werden die Daten über das Internet mit Hilfe einer so genannten *HOOK-URL* ins SAP EBP übertragen. Dort können fehlende Informationen ergänzt werden. Nach der Freigabe (im EBP besteht die Möglichkeit, einen eigenen Genehmigungs-Workflow zu durchlaufen) wird die Einkaufsbestellung an das SAP-Kernsystem des Einkäufers übergeben. Dort werden die Informationen in der Materialwirtschaft (z. B. in der Aktuellen Bedarfs- und Bestandsliste) aktualisiert. Es wird jetzt aus dem SAP-Kernsystem des Einkäufers eine XML-basierende Nachricht an das CRM-System des Verkäufers gesendet, wo das Angebot auf Basis dieser Information in einen Kundenauftrag umgesetzt. Dieser wird an das SAP-Kernsystem des Verkäufers – dort an das Modul SD – weitergeleitet.

Auftragsbestätigung Aus dem Kundenauftrag im SAP-Kernsystem des Verkäufers heraus kann jetzt wiederum eine XML-basierende Auftragsbestätigung an das SAP-Kernsystem des Einkäufers versendet werden. Diese Auftragsbestätigung aktualisiert dort die Bestellung.

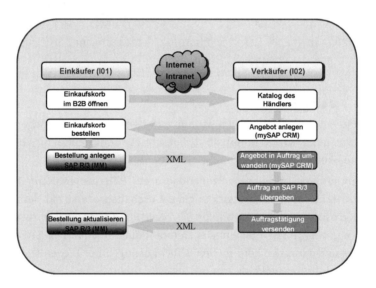

Abbildung 6.3 One-Step-Business-Szenario

6.3 SAP und Web-Applikationen

In Abschnitt 6.2 haben wir gesehen, dass SAP ein vielfältiges Instrumentarium zur Gestaltung unternehmensübergreifender Geschäftsprozesse bereitstellt. Ähnlich wie bei SAP R/3 handelt es sich dabei um Standardsysteme, die über das Customizing an die jeweiligen Anforderungen angepasst werden können. Zusätzlich hat SAP die Systembasis der Kernanwendung um den *Web Application Server* erweitert. Dieser erlaubt die Integration weiterer Web-Applikationen (z. B. Produkte anderer Hersteller, Eigenentwicklungen), wozu man bislang stets eigene EAI-(Enterprise-Application-Integration-)Plattformen benötigte. Die Aufgabe von EAI-Werkzeugen besteht in der Integration unterschiedlicher Softwaresysteme. Somit wird es SAP-Kunden jetzt ermöglicht, eigene Web-Applikationen (z. B. auf der plattformunabhängigen Java-Technologie) zu entwickeln und diese direkt in die SAP-Kernsysteme zu integrieren bzw. über entsprechende Schnittstellen auf das SAP-System zuzugreifen.

Damit solche Anwendungen erfolgreich arbeiten können, müssen sie folgende Voraussetzungen erfüllen:

- Individuelle Logik
- Eigene Datenbasis
- Abbildung synchroner Prozesse
- Abbildung asynchroner Prozesse

Ein Vorteil der Einführung der Standardsoftware SAP R/3 ist zweifelsfrei, dass mit der unternehmensweiten Implementierung auch Prozesse standardisiert und harmonisiert werden. Das schafft Transparenz und verschlankt die Abläufe. Allerdings geht damit oft ein Verzicht auf Individualität einher: Bisweilen ist man gezwungen, die Organisation auch dem System anzupassen. Es gibt Bereiche, bei denen dies ohne große Probleme akzeptiert werden kann, doch kennt jedes Unternehmen sensible Bereiche, in denen ein höheres Maß an Individualität erstrebenswert ist. Durch die Entwicklung von integrierten Web-Applikationen hat man die Möglichkeit, Standardisierung und Harmonisierung einerseits und Individualität andererseits zu verbinden. In einem Webshop kommt es beispielsweise darauf an, den Kunden durch zusätzliche Serviceleistungen und Funktionen zu unterstützen und die Produkte marktgerecht zu präsentieren. Diese Funktionen können sich eng an den Anforderungen des Marketings orientieren. Allerdings muss zusätzlich eine enge Verzahnung mit dem SAP-System sichergestellt werden, nämlich dann, wenn es um Informationen geht, die ausschließlich in diesem System verwaltet werden. Dazu gehören z. B. Preise und Verfügbarkeiten von Produkten. Zudem müssen Aufträge des Kunden an das SAP-System übergeben werden.

Individuelle Logik

Gerade solche Informationen müssen über eine synchrone Anbindung an das SAP-System realisiert werden. Was ist darunter zu verstehen? Verdeutlichen wir uns diesen Zusammenhang an einem Beispiel: Ein Anwender

Synchrone Prozesse

lässt sich in einem Onlineshop ein bestimmtes Produkt anzeigen. Er benötigt eine Aussage, wann dieses Produkt verfügbar ist und startet die Verfügbarkeitsabfrage im Webshop. Über die Programme der Web-Applikation erfolgt ein Online-Zugriff auf das SAP-System. SAP unterstützt solche Zugriffe vor allem über die BAPI-Technologie. BAPIs (Business Application Programming Interfaces) sind standardisierte und releasefeste Schnittstellen, die einen Zugriff »von außen« ermöglichen. Über eine solche Schnittstelle wird der Liefertermin in SAP ermittelt und an die Web-Applikation zurückgegeben. Der Anwender erhält die Information über den Liefertermin. Dass zwischenzeitlich ein Zugriff auf ein Backend-System (SAP R/3) erfolgte, ist für ihn unerheblich. Genauso kann er nach der Abfrage von Verfügbarkeiten und Preisen einen Auftrag platzieren: Erneut erfolgt ein Zugriff auf das SAP-System, dort wird jetzt ein Kundenauftrag angelegt. Der Anwender erhält die Information, dass ein Auftrag für diesen Vorgang erzeugt wurde.

Asynchrone Anbindung Neben diesen Onlinezugriffen ist es oft auch erforderlich, asynchrone Nachrichten zu verarbeiten. Dabei wird aus einer Web-Applikation eine Nachricht an das SAP-System gesendet, und der Anwender kann direkt nach dem Abschicken der Nachricht seine Bearbeitung fortsetzen, ohne auf das Ergebnis der Nachrichtenübermittlung zu warten. Umgekehrt können auch Informationen aus dem SAP-System an die Web-Komponente versendet werden. Solche Funktionen sind z.B. dann erforderlich, wenn das Backend-System vorübergehend nicht zur Verfügung steht. Der Anwender kann dann einen Auftrag erfassen, der auf der Ebene der Web-Applikation zwischengespeichert wird. Sobald das SAP-System wieder verfügbar ist, wird der Auftrag übermittelt. Der Anwender erhält dann beispielsweise über eine E-Mail die Meldung, dass der von ihm erfasste Auftrag jetzt in die entsprechenden Systeme übergeben wurde.

Eigene Datenbasis Um eine individuelle Geschäftslogik in der Web-Applikation abbilden zu können, ist eine eigene Datenbasis erforderlich. Diese wird benötigt, um zusätzliche, also in SAP nicht vorhandene Informationen abzubilden. Auch um eine Zwischenspeicherung von Aufträgen zu ermöglichen, ist eine eigene Datenverwaltung erforderlich. Natürlich wird die Web-Applikation auch immer SAP-Daten benötigen; dies gilt besonders für Stammdaten (Kunden, Material, Kontierung), die in SAP als führendem System gepflegt werden. Für diese Informationen bietet sich eine Replikationslogik an, bei der Daten redundant auf unterschiedlichen Systemen gehalten werden. Ein System (in der Regel das Backend-System, also z.B. SAP R/3) wird als führendes System definiert. Es aktualisiert in regelmäßigen Abständen die Daten der Web-Komponente.

In Abbildung 6.4 sehen wir den Aufbau einer entsprechenden 3-stufigen Architektur. Herzstück der Web-Applikation ist die Ebene 2 mit den Java-Programmen, die die entsprechenden Funktionen bereitstellen. Dazu gehören ERP-Funktionen, die über den Web Application Server auf das SAP-System zugreifen, um über BAPIs entsprechende Funktionen auszuführen. Dabei ist es möglich, auf unterschiedliche SAP-Systeme zuzugreifen, zu denen durchaus auch die in Abschnitt 6.2 vorgestellten Komponenten zählen. Daneben existieren Web-Funktionen, die den Ablauf der Anwendung im Internet steuern. Die Java-Programme der zweiten Ebenen generieren HTML-Seiten, die dann im Browser des Anwenders angezeigt werden (Ebene 1). Es ist auch möglich, mit Frontend-Komponenten für mobile Endgeräte (z.B. Handy, Palm) auf die Programme der zweiten Ebenen zuzugreifen.

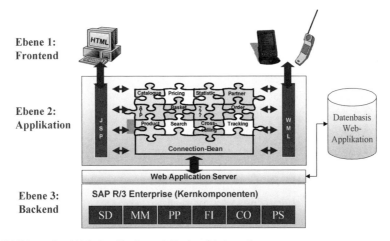

Abbildung 6.4 Web-Applikation mit Backend-Integration

Ein Beispiel für eine derartige Lösung ist die *PIKON Collaborative Sales Engine*. Es handelt sich dabei um eine Web-Applikation für den Vertrieb von Produkten über das Internet. Dabei werden Materialstämme aus dem SAP-Kernsystem repliziert und in einer eigenen Datenbank um vielfältige multimediale Informationen ergänzt. Die Produkte können in unterschiedlichen Katalogen hinterlegt werden. Zu den weiteren Webfunktionen gehören unter anderem das Cross-Selling, die Anzeige von Zusatzinformationen und die Auftragsverfolgung. Der Benutzer wählt die Produkte aus, speichert sie in einen Warenkorb und hat dann die Möglichkeit, eine Verfügbarkeitsprüfung und eine Preisfindung auf dem SAP-System durchzuführen. Zudem wird mit der Bestellung ein Kundenauftrag im SAP-System erzeugt.

Beispiel

7 Zusammenfassung

Zunächst haben wir uns mit der Abbildung der Unternehmensorganisation in SAP R/3 beschäftigt und dabei schon einen ersten Hinweis auf die weitreichende Integration unterschiedlicher Komponenten (Vertrieb, Materialwirtschaft, Produktion, Controlling und Finanzwesen) erhalten – eine Erkenntnis, die uns über weite Strecken in diesem Buch begleitet hat.

In Kapitel 2 beschäftigten uns die wichtigsten Funktionen des Moduls SD: Wir wollten in diesem Kapitel die grundsätzliche Systematik der wichtigsten Funktionen beschreiben und das Zusammenspiel zwischen Customizing, Stammdaten und Anwendung erläutern. Zwar dürfte auch der aufmerksame Leser des Buches noch nicht in der Lage sein, das Customizing selbstständig durchzuführen, aber die Einarbeitung in diese komplexe Problematik wird nun doch erheblich leichter fallen. Vor allem sollte es möglich sein, die einzelnen Teilfunktionen in einen Gesamtzusammenhang einzuordnen.

Dazu gehört das Verständnis der Prozesse, die in Kapitel 3 beschrieben worden sind. Beginnend mit dem Belegaufbau und dem Überblick über den Belegfluss haben wir die Standardabwicklung des Vertriebs in Abschnitt 3.3 intensiv besprochen. Dort wurde die Grundlage für das Verständnis von Abläufen im System SAP R/3 gelegt. Gleichzeitig sollten Gestaltungsspielräume für die Anpassung dieser Abläufe an die eigenen Anforderungen deutlich werden.

Basierend auf der Kenntnis von Funktionen und Prozessen stellte sich dann inj Kapitel 4 die eigentlich spannende Frage, wie sich bereichs- und modulübergreifende Wertschöpfungsketten in SAP R/3 abbilden lassen. Dabei wurde deutlich, wie sehr Vertriebsprozesse in die Strategien der Produktionsplanung, der Materialwirtschaft, der Finanzbuchhaltung und des Controllings integriert sind.

Dieses hohe Maß an Integration macht vernetztes Denken erforderlich. Genau dies ist bei einer SAP-Einführung gefragt – bei allen Beteiligten. Daraus leitet sich das Prinzip der Prozessorientierung für den Einführungsprozess geradezu zwangsläufig ab. Da aber Prozesse zuerst von Menschen gestaltet werden, müssen auch sie in den Mittelpunkt des Interesses rücken.

Schließlich beschäftigten wir uns mit aktuellen und zukünftigen Entwicklungen. Das Fazit aus Kapitel 6 lautet, dass in Zukunft die Prozesse wesentlich umfangreicher durch Software unterstützt werden und dass dabei unterschiedliche Systeme eingesetzt werden. Dies erhöht die Gestaltungsspielräume, aber auch die Komplexität dramatisch. Umso wichtiger ist es, die neuen Funktionen sinnvoll in die prozessorientierten Zusammenhänge einordnen zu können, die unser Buch zu vermitteln versucht. Die Gestaltung der Prozesse in den Kernkomponenten ist nach wie vor ein entscheidender Aspekt für die Optimierung von Geschäftsprozessen – Nur wer ein schlüssiges Gesamtkonzept für die Abbildung von Wertschöpfungsketten hat, wird die neuen Möglichkeiten des Internet und des E-Business für sich nutzen können.

Index

A

ABC-Analyse 169
Abgangsland 288
Ablauforganisation 140
Abrufauftrag 274, 278
Abruf-Auftraggeber 275
Abrufpartner 271
Absagegrund 214
Absatz- und Produktionsgrobplanung 311f., 318
Abweichungsanalyse 354
Advanced Planner and Optimizer 407
Aktuelle Bedarfs- und Bestandsliste 64, 69, 81, 114, 117, 202, 280, 314, 317, 324, 340, 373, 379
Alternativposition 185
Analyse 46, 137, 167, 170, 354
Analyse für Cross-Selling 137
Analyse für Materiallistung und -ausschluss 122
Analysewerkzeuge 169
Angebot 362, 373
Angebotserfassung 370
Angebotskondition 374
Anonyme Lagerfertigung 313
Anonyme Massenfertigung 155
Anonymer Lagerverkauf 331
Application-Link-Enabling 291
Arbeitsplan 335, 376, 393
Artikelnummer 105, 160
Asset Accounting (AA) 14
Asynchrone Anbindung 414
ATP 61
ATP-Logik 65, 105, 332, 363
ATP-Prüfung 61, 67f., 106
Aufbauorganisation 139
Aufrissliste 167
Auftragsabrechnung 385
Auftragsabwicklung 215, 287, 369
Auftragsanonyme Planung und Beschaffung 391
Auftragsart 52, 176, 217, 262
Auftragsberechnung 354
Auftragsbezogene Faktura 221
Auftragsbezogene Stückliste 376

Auftragsbezogener Arbeitsplan 376
Auftragserfassung 115
Auftragskopf 173
Auftragsnummer 380
Auftragsposition 188, 199, 236
Auftragsstückliste 359
Auftragswahrscheinlichkeit 185
Auftragszusammenführung 188
Auslieferung 229, 241, 315, 324, 369
Ausrichtung der Mitarbeiter 399
Automatische Chargenfindung 93, 315
Automatische Fakturasperren 263
Automatische Produktselektion 105, 113
Automatischen Materialfindung 105
Automatisierung 291
Available-to-Promise 59

B

BAPI 414
Batch-Input-Verarbeitung 305
Bedarfsart 63, 390
Bedarfsklasse 63, 333, 365, 390
Bedarfsübergabe 66, 179, 185, 205, 363f., 366
Bedingungen 142
Belegdaten 166
Belegfluss 180, 208, 213, 217, 231, 242, 265, 269, 282, 297, 306, 327
Beleginformation 204
Belegnummer 179, 203
Belegschema 38, 135
Belegstruktur 173
Belieferung 281
Beschaffung 284, 368
Bestandsabgleich 316
Bestandsanzeige 202, 231, 300
Bestandsbewertung 392
Bestandsübersicht 230, 238, 251, 254
Bestellanforderung 219f., 342
Bestellanforderungsabruf 319
Bestellung 220, 224, 342
Bewertung 162, 244
Bewertungsart 251, 253, 255
Bewertungspreis 251, 335

Bewertungsstrategie 161
Bewertungstyp 249
Bezugsquelle 224
Bonus 261
Buchhaltungsbeleg 209, 225, 242, 255, 268, 351, 381
Buchungskreis 16, 285f., 289, 291, 297, 310
Buchungskreisdaten 29
Buchungskreisübergreifende Umlagerung 285, 293
Buchungskreisübergreifender Verkauf 285, 295
Buchungssatz 225
Business Application Programming Interface 414
Business Information Warehouse 407
Business-to-Business-Szenario 409

C

Call-Center-Vertrieb 127
Charge 84, 95, 249, 260
Chargenbestand 90
Chargenfertigung 310
Chargenfindung 84, 86, 314
Chargenklassifizierung 86
Chargenmerkmal 90
Chargenpflicht 310
Chargenstammsatz 254
Chargensuchschema 87
Chargenverwaltung 85
Collaboration 405
Collaborative Application 406
Collaborative Business 405
Collaborative Business Integration 405
Collaborative Business Integration Model 405
Controlling (CO) 14, 154, 199, 283, 314, 325, 369, 389
Controllingstrategie 394
Cross-Company 283, 286, 288, 293
Cross-Company-Abwicklung 288
Cross-Company-Auftrag 286
Cross-Company-Geschäft 283, 293
Cross-Company-Konzept 285
Cross-Selling 126, 135f., 415
Cross-Selling-Konditionssatz 135

Cross-Selling-Materialien 136
Cross-Selling-Profil 135
Customer Relationship Management 407
Customer Service (CS) 14
Customizing 15, 34, 67, 79, 82, 88, 97, 107, 134, 136, 141, 144, 147, 159, 176, 182, 196, 201, 217f., 236, 246, 263, 271, 287, 324, 331, 333, 363, 366

D

Darreichungsform 310
Datenquellen 127, 129, 164
Datenselektion 128
Debitor 186, 200, 212, 225, 268, 288, 325
Debitorenkonto 200
Debitorennummer 203, 242
Debitorenstamm 201, 288
Debitorenstammsatz 289
Disaggregation 312
Dispomerkmal 365, 373
Disposition 73, 115, 205, 313, 332, 334, 368, 378, 389
Dispositionselement 341, 343
Dispositionsgruppe 313
Dispositionslauf 313, 319, 379
Druckprogramm 55
Dynamische Prüfung 144
Dynamische Verfügbarkeitsprüfung 61
Dynamischer Produktvorschlag 126, 132

E

EAI-Werkzeug 413
EAN-Nummer 105
EBP-System 411
EDI-Nachricht 291, 315
EDV-technischer Arbeitskreis 404
Eigen-/Fremdfertigung 249
Eigenleistung 372
Eigenverantwortung 402
Einführung 397
Einführungsprojekt 401
Eingangsrechnung 224, 290, 293, 297, 304
Eingangsverarbeitung 291
Einteilung 173

Einteilungstyp 178f., 217
Einzelbedarfskennzeichen 72
Einzelbestand 155
Einzelbestandssegment 66, 361, 375
Einzelfertigung 360
Einzelkalkulation 362, 371
Einzelposition 367
Elektronische Übertragung 51
Empfangsland 288
Endmontage 334, 348
Enterprise Application Integration 413
Enterprise-Application-Integration-Plattform 413
Enterprise Buyer Professional 407
Entnahmemeldung 227
E-Procurement 410
Equipmentstammsatz 99
Erfassung der Vertriebsbelege 34
Ergebnis- und Marktsegmentrechnung 151, 247, 257, 264, 288, 302, 312, 325
Ergebnisbereich 22
Ergebnisrechnung 152, 255, 259, 303
Ergebnisrechnungsbeleg 326
Ergebnisrechung 389
Erlösbuchung 290
Erlöskontenschlüssel 201
Erlöskonto 200f.
Eröffnungshorizont 319
ERP-Anbindung 406
ERP-Funktion 415
Ersatzlieferung 244
Erzeugniskalkulation 362, 376, 387
Exception 172
Export 288
Externe Daten 406
Externe Faktura 287, 297
Externe Lagerhalter 315
Extraktor 410

F

Faktura 162, 198, 210, 221, 225, 248
Fakturaart 180, 246
Fakturabeleg 175, 210, 267
Fakturaplan 239
Fakturaposition 201
Fakturasperre 252, 263
Fakturasplit 198

Fakturierung 139, 155, 182, 184, 198, 281, 311, 316, 325, 337, 356, 369, 385
Feinabruf 273
Fertigung 379
Fertigungsauftrag 313, 368, 380, 382
Financial Accounting (FI) 14, 40, 139, 270, 291
Finanzbuchhaltung 199, 201, 248, 255, 351
Finanzwesen 139
Flexible Analyse 170
Folgebelegsteuerung 271
Formulargestaltung 54
Fortschrittszahl 274
Funktionsbaustein 129
Funktionsbausteinattribute 130
Funktionsorientierter Arbeitskreis 404

G

Garantiedaten 102
Garantiefaktura 248
Garantielieferung 248
Gemeinkosten 372
Geschäftsprozess 405
Getrennte Bewertung 249
Gleitender Preis 249
Grobkalkulation 371
Grundliste 167
Gruppenkontrakt 274
Gutschrift 244, 256, 261, 264, 268
Gutschriftabwicklung 265
Gutschriftanforderung 262, 265
Gutschriftposition 262

H

Herkunft 249
Hierarchien 168
HOOK-URL 412
Human Resources (HR) 14

I

Identifikation 244
IDoc 291, 315
Inbound Telesales 409
Individualisierung 94
Individuelle Logik 407, 413
Information 401

Informationsstruktur 165
Integration 182, 199, 247
Integration Controlling 151
Integrationsteam 403
Intermediate Document 291, 315
Interne Beschaffung 284
Interne Faktura 288, 297, 302
Interne Verrechnung 293, 296
Internet 411
Internet Sales 409
Intranet 411

J

Java-Programm 415

K

Kalkulation 335, 366
Kalkulationsschema 36, 52, 136, 138
Kennzahl 171
Kommissionierliste 316
Kommissionierung 190, 193, 208, 232, 241, 246, 315, 324
Komponente 332, 368, 380
Kondition 181, 270
Konditionenpflege 34
Konditionsanalyse 123, 137
Konditionsart 36, 39, 107, 120, 143, 154, 161, 201, 299
Konditionsklasse 39
Konditionssatz 40, 44, 56, 92, 106, 108, 110, 114, 121, 123, 135f.
Konditionstabelle 55, 123, 136
Konditionstechnik 34, 51, 86, 106, 120, 135
Konditionstyp 39
Konfiguration 393
Konfigurierbares Material 393
Konsignationsabholung 229f.
Konsignationsabwicklung 227
Konsignationsbeschickung 229, 231, 235
Konsignationsentnahme 229f., 232
Konsignationslager 227, 229
Konsignationsretoure 229f.
Kontenfindung 220
Kontengruppe 31
Kontierungsgruppe 201
Kontierungstyp 219

Kontrakt 274
Kontraktarten 274
Konventionelle Übertragung 51
Konzerninterne Beschaffung 283, 285
Kopfkondition 43
Kopiersteuerung 217
Kostenlose Lieferung 247
Kostenrechnungskreis 22
Kreditkontrollbereich 141
Kreditkontrollbereichsdaten 140
Kreditlimit 139, 141, 150, 176
Kreditlimitprüfung 145
Kreditmanagement 139, 143
Kreditorenstamm 291
Kreditprüfung 141
Kreditstammdaten 140, 146, 150
Kundenanfrage 184, 203
Kundenangebot 184f.
Kundenauftrag 133, 135f., 182, 222, 232, 239, 262, 269, 286, 297f., 311, 314, 323, 332, 344, 365, 373
Kundenauftragsbezogene Massenfertigung 158
Kundenauftragscontrolling 157
Kundenauftragskalkulation 157
Kundenauftragsposition 156, 387
Kundeneinzel-Angebot 363
Kundeneinzel-Auftrag 365
Kundeneinzelbestand 196, 382
Kundeneinzelfertigung 155, 157, 196, 359, 391, 394
Kundengruppe 160
Kundenhierarchien 32
Kundennummer 184
Kundenschema 38
Kundenstamm 28, 135, 187

L

Ladedatum 78
Ladezeit 78
Lagerhaltung 216
Lagernummer 192
Lagerort 18
Lagerplatz 192
Lagertyp 192
Lagerverkauf 310
Lagerverkauf mit Chargenfertigung 310

Lastschrift 261, 264
Lastschriftanforderung 262
Lastschriftposition 262
Lead 409
Lean-WM 207, 232
Leihe 236
Leihe und Miete 234
Leihgutabholung 235
Leihgutabwicklung 234, 243
Leihgutbeschickung 235
Leihgutnachbelastung 235
Lenkungsausschuss 403
Lieferabruf 273
Lieferant 228, 284
Lieferantenlager 227
Lieferart 179
Lieferbedarf 321
Lieferbeleg 75, 93, 118, 188, 193, 265, 273, 281
Lieferbezogene Faktura 198
Lieferbezogene Gutschrift 260
Lieferfortschrittszahl 274
Liefergruppe 188
Liefermenge 209
Lieferplan 181, 271
Lieferplanabwicklung 272
Liefertermin 214, 286
Lieferung 287, 297, 300, 314, 384
Lieferungsbearbeitung 184, 188
Lieferwerk 288
Logistikinformation 100
Logistikmodul 14

M

Mandant 16, 85
Manuelle Kondition 47
Manuelle Materialfindung 105, 110
Marketing 409
Marketing-Mix 126
Material 288
Materialarten 26
Materialausschluss 119, 125, 129
Materialbedarfsplanung 205, 311, 319, 340, 347, 368
Materialbeleg 209, 255
Materialdisposition 399
Materialfindung 104, 115
Materiallistung 119, 124, 129

Materialnummer 96, 125
Materialposition 372
Materialreservierung 381
Materials Management (MM) 14, 179, 217
Materialstamm 23, 96, 100, 181, 201, 236, 243, 272, 291, 313, 327, 333, 373
Materialstammsatz 249
Mengenkontrakt 275
Merkmal 152, 159, 171
Miete 236
Miete und Leihe 236
Mietfaktura 242
Mietvertrag 235
Mitarbeiterorientierung 397, 401
Mobile Sales 408
Modulorientierte Teilprojekt 400
Monitoring 402
mySAP CRM 407
mySAP.com 407

N

Nachrichtenart 53
Nachrichtenfindung 49, 58, 149, 184, 220
Nachrichtenschema 52
Nachschublieferung 293f., 321
Nettoplanung 389
Nummernkreis 179

O

Offener Auftragswert 197
Offener Posten 212
One-Step-Business 406
One-Step-Business-Prozess 407, 411
One-Step-Business-Szenario 409, 412
Open Catalog Interface 410
Organisationseinheit 15, 151
Organisationsstruktur 310, 329, 360
Outbound Telesales 409

P

Partizipation 401
Partnerbild 277
Partnerinformation 101
Partnerrolle 30, 120, 219, 275
Pickmenge 209

Planabruf 273
Planauftrag 313, 343
Plan-Herstellkosten 303
Plankalkulation 335
Planprimärbedarf 340, 389
Planselbstkosten 335
Plant Maintenance (PM) 14
Planungssegment 340
Planverbrauch 351
Position 142, 173, 175
Positionen ohne Einteilungen 175
Positionsdaten 184
Positionsdatenbild 127
Positionsnummer 132
Positionstyp 177, 206, 217, 219, 236, 262, 365
Positionsübersicht 203
Positionsvorschlag 129
Preisfindung 33, 46, 132, 182, 236, 277, 286, 372
Production Planning (PP) 14
Produktbezogenes Controlling 389
Produktgruppe 271
Produkthierarchie 27, 160, 310
Produktion 313
Produktionsgesellschaft 286, 289, 292, 297
Produktionsplanung und steuerung 328
Produktionswerk 286, 313
Produktivstart 401
Produktselektion 113
Produktvorschlag 127, 130
Produktvorschlagsschema 127, 131, 133, 135
Programmplanung 311, 313, 318, 331, 339
Project Management 15
Projektfertigung 158, 394
Projektorganisation 402
Projektstrukturplanelemente 395
Prozesskostenrechnung 378
Prozessorientierte Einführung 397
Prozessorientierter Arbeitskreis 403
Prozessorientiertes Teilprojekt 400
Prozessorientierung 397, 405

Q
Quality Management (QM) 14

R
Rabatt 261
Rahmenvertrag 270, 275
Rechnungsempfänger 187
Rechnungswesen 247
Re-Engineering-Team 403
Regulierer 187
Reservierungsnummer 381
Retourenabwicklung 244
Retourenanlieferung 254
Retourenauftrag 245, 251, 258
Retourengutschrift 246, 252, 256
Retourenlieferung 246, 251, 258
Retourensperrbestand 246
Richtzeit 79
Routenfindung 80
Rückwärtsterminierung 77

S
Sales and Distribution (SD) 14, 136, 139, 151, 192, 312, 333
Sammelrechnung 198
SAP APO 407, 410
SAP BW 407, 410
SAP EBP 407, 410
SAP-Einführung 397
Schema 107, 127, 135
Schemaermittlung 38, 131
Schemazuordnung 106
Serialnummer 94, 99, 355
Serialnummernpflicht 238
Serialnummernstammsatz 100, 356
Serialnummernvergabe 98
Sonderbeschaffungsschlüssel 319
Sonderbestandsführer 229
Sortiment 276
Sparte 18, 201
Stammdaten 176
Statischen Prüfung 144
Statistik 166
Statistikfortschreibung 197
Statusinformationen 103
Steering Committee 403
Steuerkennzeichen 288

Steuerkonto 201
Strategiegruppe 313
Strategiesatz 89
Streckenauftragsabwicklung 215
Streckenbestellung 219
Streckengeschäft 215, 217, 224, 227
Stückliste 376, 393
Substitutionsergebnis 109
Substitutionsgrund 108
Substitutionsmaterial 112
Substitutionsstrategie 109
Synchroner Prozess 413
Systemorganisation 398

T

Tageshorizont 333
Telefonverkauf 126
Telesales 409
Termin fix 346
Terminauftrag 184, 186, 206, 214
Terminauftragsabwicklung 183, 272
Tranportdispositionszeit 78
Transitzeit 79
Transportbeleg 208, 315
Transportdispositionsdatum 78
Transportdispositionszeit 79

U

Umbuchung 246, 255
Umlagerung 293
Umlagerungsbestellung 293, 313, 320
Umsatzkosten 154
Umsatzsteuer 288
Unbewerteter Bestand 196
Unbewertetes Material 196
Unternehmenslogistik 227
Unternehmensorganisation 398
Unternehmensübergreifender Geschäftsprozess 405
Unterposition 116, 175

V

Variable Position 372
Variantenkonfiguration 393
Vendor Managed Inventory 228
Verarbeitungsprotokoll 305
Verarbeitungszeitpunkt 54

Verbrauchsbuchung 351
Verfügbarkeitsprüfung 61, 69, 116, 174, 179, 182, 185, 272, 309, 363, 390, 399
Verkäufergruppe 20
Verkauf ab Lager 154, 311
Verkauf an Endkunden 283, 285
Verkaufsbeleg 127, 132
Verkaufsbelegart 123, 135
Verkaufsbüro 20
Verkaufsorganisation 18, 160, 168, 201
Verkaufsphase 181
Vermietung 234
Verrechnung gegen die Vorplanung 62
Verrechnungshorizont 333
Verrechnungslogik 334
Verrechnungspreis 43, 48
Versand 182, 311, 336, 354
Versandfähigkeit 175
Versandorganisation 314
Versandstelle 21
Versandterminierung 76, 81
Verständnis 401
Vertriebsbeleg 141, 150, 174, 180, 184, 309
Vertriebsbereich 18, 135, 184, 285, 297
Vertriebsdaten 29
Vertriebsgesellschaft 284, 293, 297
Vertriebsinformationssystem 163, 197, 312
Vertriebskanäle 126
Vertriebsplanung 312, 317
Vertriebsprozess 284, 309
Vertriebsunterstützung 181
Vertriebsweg 18, 160, 201
Vertriebswerk 315, 319
Verwendungsentscheidung 244
Vorplanung mit Endmontage 65, 391
Vorplanung mit Vorplanungsmaterial 65
Vorplanung ohne Endmontage 65, 327, 329, 346
Vorplanungsbedarf 318, 333
Vorwärtsterminierung 78

W

Warehouse Management (WM) 192, 195, 315

Warenausgangsbewegung 335
Warenausgangsbuchung 118, 194, 209, 230, 281, 324
Warenausgangsfortschrittszahl 274
Wareneingang 314, 322, 332, 369, 382
Wareneingangsbuchung 221, 246, 293, 296, 322, 353
Warenempfänger 187, 219, 370
Web Application Server 413
Web-Applikation 412, 414
Werk 17, 85, 191, 285, 287, 297
Wertfelder 162
Wertfeldzuordnung 161
Wertkontrakt 275f.
Wertschöpfungskette 309, 360, 397
Wiederbeschaffungszeit 374
Wunschlieferdatum 272
Wunschliefermenge 134
Wunschliefertermin 127

Z

Zahlungseingang 213
Zugriff 55
Zugriffsfeld 55
Zugriffsfolge 39, 55, 89, 108, 120, 128, 134
Zugriffshierarchie 160
Zulieferer 273
Zuordnungskennzeichen 65
Zusatzkontierung 291
Zwischensumme 36

Kundenbeziehungsmanagement
– aktuell und
kompetent vermittelt

480 S., 2004, 59,90 Euro
ISBN 3-89842-380-8

mySAP CRM

www.sap-press.de

Rüdiger Buck-Emden, Peter Zencke

mySAP CRM

Kundenbezogene Geschäftsprozesse mit
SAP CRM 4.0

Dieses Buch führt Sie fundiert in die Funktionen und Neuerungen von SAP CRM 4.0 ein. Die zentralen Aspekte des Customer Interaction Cycle werden schrittweise erläutert und in Beispielen veranschaulicht. Ein weiterer Fokus liegt auf den funktionalen Schlüsselbereichen und Geschäftsszenarien von CRM. Die Darstellung der Einführungsmethodik und technischen Grundlagen von SAP CRM 4.0 auf SAP NetWeaver-Basis beschließt das Werk.

>> www.sap-press.de/568

Erfolgreicher Einsatz von mySAP CRM und SAP-Branchenlösungen

Branchenspezifische Anforderungen und Herangehensweisen an CRM

Kundenorientierte Geschäftsabläufe in der Praxis

408 S., 2004, 79,90 Euro
ISBN 3-89842-458-8

Kundenbeziehungsmanagement mit SAP-Branchenlösungen
www.sap-press.de

Rüdiger Buck-Emden, Jochen Böder

Kundenbeziehungsmanagement mit SAP-Branchenlösungen

Das Buch beschreibt die unterschiedlichen Anforderungen und Herangehensweisen an CRM in verschiedenen Branchen:
Wie sehen die Kundenanforderungen jeweils aus? Wo sind Gemeinsamkeiten, wo können Branchen voneinander lernen? Welche Möglichkeiten bietet mySAP CRM für die einzelnen Branchen und wie wird es gewinnbringend eingesetzt? Antworten auf alle wichtigen Fragen für ein erfolgreiches, individuelles Kundenbeziehungsmanagement gibt Ihnen dieses Buch.

>> www.sap-press.de/569

Gut informiert?

Abonnieren Sie jetzt unseren kostenlosen Mail-Newsletter.

Wir informieren Sie monatlich über:

- ✔ Neue Bücher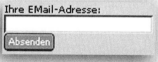
- ✔ Aktuelles zu Ihren registrierten Büchern

www.sap-press.de

**Hat Ihnen dieses Buch gefallen?
Hat das Buch einen hohen Nutzwert?**

Wir informieren Sie gern über alle Neuerscheinungen von SAP PRESS. Abonnieren Sie doch einfach unseren monatlichen Newsletter:

www.sap-press.de